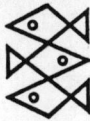

Über dieses Buch Literarische und dichterische Tätigkeit, die als Beruf betrieben wird, ist eine historisch späte Erscheinung; erst gegen Ende des 18. Jahrhunderts, mit der Entstehung einer gebildeten bürgerlichen Öffentlichkeit, vermochte eine nennenswerte Zahl »freier« Autoren ökonomisch zu überleben. Zu den Paradoxien dieses neuen Berufs zählte von Anbeginn das Fehlen eines festumrissenen »Berufsbilds«. Was Schreiben eigentlich sei, hatte vielmehr der einzelne Autor – unter hohem Risiko und nicht selten scheiternd – stets neu zu definieren: Die Rolle der Tradition, des literarischen Marktes, des Lesers; das Verhältnis von Literatur und Politik, von subjektivem Ausdruck und sozialem Engagement, von Begabung, Genie und sprachlichem Handwerk – all dies blieb Gegenstand individueller Not ebenso wie öffentlicher Kontroverse.

Anhand von neunzehn Porträts deutschsprachiger Schriftsteller – von Brokkes und Klopstock bis Heiner Müller und Thomas Bernhard – verfolgen namhafte Literaturwissenschaftler den historischen Wandel jenes Berufsbilds. Dabei zeigt sich, daß die Frage nach der literarischen Arbeit als einer sinnvollen und »sinnstiftenden« Tätigkeit heute noch weit prekärer ist als in vorangegangenen Literaturepochen. Der Zusammenbruch überkommener Wertesysteme, politische Weltkatastrophen und nicht zuletzt die zunehmende Standardisierung des Massengeschmacks stellen den Anspruch des Schriftstellers auf öffentliches Gehör immer radikaler in Frage.

Der Herausgeber Gunter E. Grimm, geboren 1945, ist Professor für Literaturgeschichte an der Universität Würzburg. Er ist Herausgeber der Gedichte Lessings sowie Mitherausgeber von Werkausgaben Lessings und Herders. 1977 erschien *Rezeptionsgeschichte. Grundlegung einer Theorie*, 1983 *Literatur und Gelehrtentum in Deutschland*.

Metamorphosen des Dichters

Das Selbstverständnis deutscher Schriftsteller
von der Aufklärung bis zur Gegenwart

Herausgegeben
von Gunter E. Grimm

Fischer Taschenbuch Verlag

Originalausgabe
Veröffentlicht im Fischer Taschenbuch Verlag GmbH,
Frankfurt am Main, Februar 1992

© 1992 by Fischer Taschenbuch Verlag GmbH, Frankfurt am Main
Umschlaggestaltung: Buchholz/Hinsch/Hensinger
Umschlagabbildung: Tullio Pericoli ›Sekundärliteratur‹, Mailand
© M. Hubauer
Gesamtherstellung: Clausen & Bosse, Leck
Printed in Germany
ISBN 3-596-10722-9

Inhalt

GUNTER E. GRIMM

Einleitung

Zwischen Beruf und Berufung – Aspekte und Aporien des modernen Dichterbildes

Die Anfänge des modernen deutschen Schriftstellers sind mittlerweile unter vielen Gesichtspunkten erforscht: Seit Habermas und Haferkorn kennt man sein Selbstverständnis und seine Sozialstatistik, würdigt seine Verdienste bei der Herstellung von Öffentlichkeit und weiß um seine Nöte, mit den schmalen Einkünften eine auch nur einigermaßen unabhängige Existenz zu fristen. Zwischen Klopstock, dem gottbegeisterten Sänger des *Messias* in der Anfangsperiode bürgerlicher Emanzipation und Karl Spitzwegs »armem Poeten«, dessen ›Dichtertum‹ nur durch rigide ökonomische Selbstbeschränkung möglich ist, klaffen Welten. Trotz der auffälligen gesellschaftlichen Diskrepanz gehören beide Autoren demselben Typus an – einem Typus, dem die Verwirklichung des dichterischen Auftrags existentielle Priorität besitzt, ob es sich nun um die Existenz eines Winkelpoeten oder eines gefeierten Nationaldichters handelt.

Der Dichter als Sprachrohr Gottes, als Seher und Verkünder – dieses auf die Spitze getriebene Modell der Genieapotheose hat freilich Wurzeln in der Antike. Die drei klassischen Dichterkonzeptionen – Platons Inspirationslehre, Aristoteles' Mimesistheorie und das rhetorische Poesiemodell – finden sich in den humanistischen Poetiken der Renaissance wie in den deutschsprachigen Poetik-Lehrbüchern zwischen Opitz und Gottsched. Während bei Plato die Verbindung des Dichters mit dem Numinosen im Vordergrund stand, dominierte bei Aristoteles der Abbildungsauftrag; die pragmatischen Rhetorikschulen legten den Schwerpunkt auf die dreifache Wirkung, auf das *prodesse*, *delectare* und *movere*, also das Belehren, Unterhalten und Bewegen. Im Barockzeitalter freilich hat die rhetorische Auffassung von der Poesie als einer *oratio ligata* die anderen Modelle zurückgedrängt; sie reicht vom Humanismus bis zur Spätaufklärung. Erst in der frühen Aufklärung gewinnt das aristotelische Mimesispostulat an Gewicht – eine Folge des mentalitätsgeschichtlich bedingten Wandels im Naturverständnis.

Dem jeweiligen Poesieideal entsprach ein spezifisches Dichterbild.

So standen sich im Zeitalter des *Barock* zwei Literatentypen diametral gegenüber: der gelehrte Autor, der im internationalen Humanismus zu Hause war, und der Volksdichter, der sich ganz auf heimische Quellen stützte und sich an ein nichtgebildetes Publikum wandte.

Im 17. Jahrhundert war die Beschäftigung mit Literatur in die Nebenstunden verdrängt. Nur wirtschaftlich unabhängige Autoren konnten sich diesen Luxus leisten. So finden sich unter den barocken Autoren umfangreicher Romane und Dramen nicht zufällig Aristokraten, Verwaltungsbeamte und Geistliche. Und wer sonst sich der Literatur widmete, benutzte sie nicht, um damit den Lebensunterhalt zu bestreiten.

Martin Opitz, der von seinen Zeitgenossen vielgepriesene Reformator deutscher Sprache und Literatur, hat – so epochemachend die Abkehr vom Latein als der allein möglichen Sprache der Dichtergelehrten war – das Modell *poeta doctus* keineswegs verabschiedet: er hat es vielmehr in die Muttersprache transponiert. Die Abkehr vom *poeta doctus* erfolgte erst gegen Ende des 17. Jahrhunderts, und auch hier in verschiedenen Stufen. Die pragmatisch an Lebensbedürfnissen orientierte Realienbewegung etwa verfocht gegen die Humanisten die Vorherrschaft der *realia*. Stammväter der neuen Bewegung sind Naturwissenschaftler vom Schlage eines Leonardo da Vinci, eines Galileo Galilei, eines Francis Bacon, und Philosophen oder Pädagogen wie Wolfgang Ratke, Johann Valentin Andreae und Johann Amos Comenius. Auf deren Spuren haben dann die Popularisatoren wie Christian Thomasius und Christian Weise poetologische Programme entwickelt, die den Gebrauchswert in den Vordergrund stellten. Der Typus des *poeta doctus* hat sich vom 16. bis zum 18. Jahrhundert verändert, wobei jedoch der Status des Gelehrtseins selten in Frage gestellt wurde. Modifiziert wurde lediglich der Charakter der geforderten Gelehrsamkeit: Aus dem humanistisch beschlagenen Philologen wurde ein in Logik versierter Populärphilosoph. Gottscheds vielgerügte Reform hat sich denn auch gegen zwei Fronten gewandt: gegen den barocken Schwulst mit dem Hauptvertreter Lohenstein *und* gegen den platten Geschmack der Realienpoeten, denen Poesie nur zur Vermittlung philosophischer oder fachwissenschaftlicher Inhalte diente. Gottsched selbst stand freilich der zweiten Richtung viel näher, als er dies wahrhaben wollte. Denn sein System, das die Wirklichkeitsabbildung zum Ziel hatte, diente im Grunde zwei Prinzipien, die nicht selten einander widersprachen: einmal dem Prinzip des Grundes, zum andern dem Prinzip des Zweckes. Für Gottsched stand die Dichtung, sosehr sie auch logisch organisiert war, unterhalb der Philosophie, und was Gellert in einer Fabel ihr als Aufgabe zuerkannt hatte – »Dem der nicht viel Verstand besitzt, die Wahrheit durch ein Bild zu sagen« – galt *cum grano salis* für den Leipziger Literaturpapst auch.

Gellert folgt Gottsched, wenn er die Unerläßlichkeit von Regeln (als dem vernünftigen Grund der Poesie) behauptet, öffnet sich jedoch auch neuen Erkenntnissen, wenn er ›poetisches Genie‹ als unabdingbare Voraussetzung des Dichters postuliert. Kunst gilt ihm als die »in Methode gebrachte« Natur. Die vernünftigen Regeln werden durch die Absicht der einzelnen Künste näher bestimmt, also durch den Nutzen, das Vergnügen, die Belehrung, die Überzeugung oder die Rührung, lauter edle Zwecke, die zumindest als Korrektiv für ein maßloses Genie wirken können. Ohne »schöpferischen Geist« indes gelangt kein Dichter über das Mittelmaß hinaus, denn die Regeln können immer nur allgemeine Richtlinien geben, sie versagen jedoch in der Erfindung des Details. Es wird deutlich, daß das Selbstverständnis der Dichter in engem Zusammenhang mit ihrem Poesieideal und ihrer sozialen Wirklichkeit steht. Der humanistische Gelehrte wird eine ganz andere Art von Literatur pflegen als der aufklärerische Philosoph oder gar als der nicht wissenschaftlich gebildete, zudem in einem wirtschaftlichen und sozialen Abhängigkeitsverhältnis lebende Autor der Barockepoche.

Die erste Hälfte des 18. Jahrhunderts ist eine Epoche des Übergangs mit verschiedenen Dichterkonzeptionen. Hans Jürgen Haferkorn unterscheidet den traditionellen ›ständischen‹ Dichter, der in seinen Nebenstunden zum poetischen Gänsekiel greift, vom modernen ›freien‹ Schriftsteller, der aus seinem Metier einen Brotberuf macht. Es versteht sich, daß Dichten den Charakter der Freizeitbeschäftigung und der Liebhaberei verlieren mußte, als ein bürgerliches Lesepublikum entstand und sich ein freier Markt entwickelte, der dem Produzenten schöngeistiger Literatur einen existenzsichernden Absatz garantierte. Von nun an produzierte er für eine berechenbare Käuferschicht. Freilich, wie mehrere fehlgeschlagene Versuche belegen, ist mit einer solchen ökonomischen Situation erst nach 1800 zu rechnen, und die wenigen Autoren, die sich ausschließlich vom Schreiben ernähren konnten, reüssierten nicht zufällig auf dem Feld der Unterhaltungsbzw. Trivialliteratur.

In der *Aufklärung* wuchsen dem Schriftsteller neue Aufgaben zu: Er sollte das Publikum schulmeisterlich bilden und argumentativ erziehen. In ihr beginnt die von Balet/Gerhard beschriebene »Verbürgerlichung der deutschen Kunst, Literatur und Musik«, zeichnen sich die Konstel-

lationen ab, die letztes Endes bis heute das Selbstverständnis bürgerlicher Autoren geprägt haben. Deshalb ein Blick auf einige dieser Konsequenzen, die sich aus dem Aufstieg des Bürgertums und der Herausbildung des Berufsstandes Schriftsteller ergeben haben.

In der ständisch geprägten Literaturdiskussion des 17. Jahrhunderts
taucht die Frage, ob eine literarische Öffentlichkeit wünschenswert sei,
nicht explizit auf; sie stellt sich naturgemäß erst, als Wirtschaftslage und
Ausbildungsgrad das Bürgertum befähigen, literarische Diskussionen
zu führen. Wer sollte auf diesem öffentlichen Forum aber maßgebliche
Urteilsinstanz sein? Eine Instanz, die ihre Autorität nur von der Vernunft ableiten durfte? Gellert und Lessing haben auf diese Frage unterschiedliche Antworten gegeben. Gellert will das Publikum erziehen: zu
den bekannten und schon etwas abgedroschenen Idealen der Vernunft,
des *bon goût*, der planen Nützlichkeit und natürlich der Tugend.
Lessing dagegen erkennt im Publikum bereits eine Instanz, die der
Schriftsteller bei allen seinen Auseinandersetzungen anrufen kann, die
er allerdings auch überzeugen muß. Der Part des Autors hat sich nicht
unwesentlich geändert: Er ist aus dem härenen Gewand des Logikleh-
rers und Moralmissionars herausgeschlüpft und hat sich die funkelnde
Robe des Vernunft-Anwalts übergestreift.

Wie die Anschauung vom Publikum und vom Kunstkritiker, so wan-
delte sich auch das Selbstverständnis der Schriftsteller selbst. Lessing
ist für diesen Entwicklungsprozeß eine repräsentative Gestalt. Seine
Leitgröße ist zweifellos noch der *Kalkül*. Er opponiert sowohl gegen die
poetische Konstruktionstheorie als auch gegen die humanistische Imita-
tionspraxis. An deren Stelle setzt er die nicht erlernbaren ›natürlichen‹
Eigenschaften: den individuellen Geschmack, die Schöpfung und das
vom Genie entzündete Genie. Deutlicher als seine Vorgänger wertet er
Regelkenntnis und Schulgelehrsamkeit gegenüber der angeborenen Begabung ab, im bekannten Diktum vom Genie, dem es vergönnt sei,
»tausend Dinge nicht zu wissen, die jeder Schulknabe weiß«. »Nicht
der erworbene Vorrath seines Gedächtnisses, sondern das, was es aus
sich selbst, aus seinem eigenen Gefühl, hervor zu bringen vermag,
macht seinen Reichthum aus.« Das klingt fortschrittlich, und die Stürmer und Dränger werden es mit Wohlgefallen gelesen haben. Dazu paßt
auch, daß Lessing das angeborene »fühlend Herz« und »harmonisch
Ohr« höher einschätzt als angelernte poetologische Regeln. Von den
Empfindsamkeitspoeten und von den ›Originalgenies‹ grenzt er sich
freilich mit der Souveränität des ›Denkers‹ ab: »Alles Genie haben jetzt
gewisse Leute in Beschlag genommen, mit welchen ich mich nicht gern

auf einem Wege möchte finden lassen.« Mit seinem eigenen Dichtungs-ideal, der Synthese von »Herz« und »Vernunft«, wendet er sich an das aufgeklärte Bürgertum, also jene Schicht von gebildeten Amtsträgern, denen er letzten Endes selbst angehörte. Daß Lessing dem Traum vom freien Schriftsteller Valet sagte und in den ständischen Status zurück-kehrte, belegt nichts anderes als den geringen Stellenwert, den das Le-sepublikum in der Gesellschaft spielte. Eine Existenz ließ sich darauf jedenfalls nicht gründen.

Ein neues Dichterbild formiert sich im sogenannten ›Sturm und Drang‹, die Leitworte lauten: Natur und Leidenschaft, Genie und Frei-heit, Kraft und Begeisterung. Aus der Verabsolutierung des Gefühls und der Unmittelbarkeit des Erlebens folgt die rigide Absage an das gelehrt-wissenschaftliche Poetenideal des Humanismus. Die Konse-quenzen der Autoren fallen unterschiedlich aus: Die einen steigern den Geniekult in einen zur radikalen Isolierung tendierenden Subjektivis-mus, die anderen suchen demgegenüber angestrengte Kontakte zum »Volk«. Esoterik und Volkstümlichkeit sind beides Resultate einer Ent-wicklung, in der sich die Autoren von der gelehrten Tradition abkop-peln.

Johann Gottfried Herder radikalisiert Lessings evolutionären Stand-punkt. Er fordert eine Sprache des Herzens und verlangt vom Dichter, daß er sich an das »Volk« wende. Seine Intention hat zwei Komponen-ten: neben der Befreiung von akademischer Gelehrsamkeit und höfischer Galanterie die Tendenz einer antiabsolutistischen Emanzipation. Bei Herder soll der Dichter gerade *Empfindungen* ausdrücken; in ihnen, so vermutet er, komme die Natur des Menschen, seine individuelle Wahrheit, unverstellt zum Ausdruck. Seine neue Zauberformel heißt: Rückführung der Wissenschaften und der Sprache auf die Sinne. Im Ideal des »Volkssängers« verbinden sich die beiden Eigenschaften des Genialen und des Volkstümlichen. Den Gedanken, den Opitz erst zag-haft antippt – die Zukunft gehöre der »reinen und unverfälschten« deut-schen Sprache –, greift Herder mit allem Nachdruck auf. Erst er fragt nach den Trägern dieser unverfälschten Sprache und entdeckt das »Volk«. Diese Fragestellung unterscheidet ihn gravierend vom Huma-nismus eines Opitz. Dieser hatte eine durchaus gelehrte und damit so-zial privilegierte deutschsprachige Dichtung im Sinne gehabt. Keine Frage war, daß die muttersprachliche Literatur den gelehrten Idealen des Humanismus folgen mußte. Humanistisch war auch der dahinter-stehende Wettstreit-Gedanke: Deutschland müsse es mit seiner deut-schen Literatur endlich den Nachbarvölkern nicht nur gleichtun, es müsse sie sogar übertreffen. Opitz zielt auf die soziale Erhöhung deutschsprachiger Literatur. Herders Zielrichtung ist ganz anders – er entwirft sein Modell einer Volkspoesie als den Versuch, die anonyme und entfremdete Situation literarischer Kommunikation zu überwinden, wie sie mit dem Expandieren des Buchmarkts sich herausgebildet hatte. Seine Fragen nach dem sozialen Träger der unverfälschten Muttersprache schließen die Ablehnung gelehrter Poesie fast zwangsläufig in sich. Denn das Ursprüngliche ist für ihn allemal das Nicht-Gelehrte, und es findet sich nach Herders Überzeugung in der Dichtung des Volkes. Wie in den »alten Zeiten der schönen Sinnlichkeit« soll die moderne Dichtung den Zusammenhang mit dem Volk wiederherstellen, soll die getrennten Schichten des Volkes miteinander verbinden. Wenn Herder sich bewußt von einem Eskapismus à la Rousseau absetzt, so darf die Problematik seines Programms dennoch nicht verkannt werden. Es ist letzten Endes nichts anderes als eine in die Vergangenheit projizierte Utopie. Für den späteren, illusionslos gewordenen Herder ist die Emanzipation der Literatur untrennbar gebunden an die Emanzipation des Bürgertums aus den Zwängen des Feudalstaates.

Für die praktische Umsetzung von Herders Postulaten bildet das Werk Gottfried August Bürgers ein beredtes Beispiel. Schiller hat in seiner bekannten Bürger-Rezension über diesen unzeitgemäßen Versuch einer populären Poesie ein schneidendes Verdikt gesprochen und ihr eine idealisierende, ästhetisch erzieherische Kunst gegenübergestellt. Nach seiner Auffassung leistet Bürgers Muse gerade das nicht, was die Dichtung ihrer Gegenwart schuldig ist: die allgemeine Entfremdung aufzuheben. Statt sich an alle zu wenden, bleibt sie stehen und paßt sich lediglich dem »Kinderverstand des Volks« an.

Eine solche Anbiederung an das einfache Volk genügt Schiller nicht. Dem um Popularität bemühten Dichter, der sich »ausschließend der Fassungskraft des großen Haufens« bequemt und auf den Beifall der gebildeten Klasse verzichtet, setzt er den wahren »Volksdichter für unsre Zeiten« entgegen. Dessen »allerschwereste« Aufgabe sieht er darin, den »ungeheuern Abstand, der zwischen beiden sich befindet, durch die Größe seiner Kunst« aufzuheben und »beide Zwecke vereinigt« zu verfolgen.

Schiller hat von diesem Idealtypus ein folgenreiches Charakterbild entworfen. Der Dichter gilt ihm als der eigentliche Mensch, und er nennt ihn – im Briefwechsel mit Goethe – den »einzigen wahren Menschen«. In einer zunehmend arbeitsteilig organisierten Gesellschaft vermöge nur der Künstler, die Besonderung zu überwinden und in seiner schöpferischen Gestaltung der Ganzheit sich selbst zu verwirklichen: als Individuum und Repräsentant zugleich. »Bei der Vereinzelung und getrennten Wirksamkeit unsrer Geisteskräfte, die der erweiterte Kreis des Wissens und die Absonderung der Berufsgeschäfte notwendig macht, ist es die Dichtkunst beinahe allein, welche die getrennten Kräfte der Seele wieder in Vereinigung bringt, welche Kopf und Herz, Scharfsinn und Witz, Vernunft und Einbildungskraft in harmonischem Bunde beschäftigt, welche gleichsam den *ganzen Menschen* in uns wieder herstellt.«

Herders Ideal des Volksdichters hat sich in der zweiten Hälfte des 18. Jahrhunderts nicht realisieren lassen. Die literarische Zukunft gehörte dem gebildeten Bürgertum und nicht dem unverbildeten »Volk«. Die sozialen Verhältnisse ließen für eine »populäre Kultur« keinen Raum; die Zensur gestattete keine freie Öffentlichkeit, der Buchhandel orientierte sich an den finanzstarken Schichten. So wurde die gesamte Literaturentwicklung vom ausgehenden 18. Jahrhundert bis ins 20. Jahrhundert vom kaufkräftigen und bildungswilligen Bürgertum gefördert und geprägt. Um ein breiteres Publikum zu erreichen, war der Autor auf die Mechanismen des Buchmarkts angewiesen: auf Drukker, Verleger und Buchhändler.

Dennoch gab es neben der breiten bürgerlichen Heerstraße immer einen Weg, auf dem Schriftsteller zogen, die auch dem »Volk« das Seine geben wollten, ohne dabei den Anspruch, hohe Literatur zu liefern, zu vernachlässigen. Es wäre also in der Tat eine Untersuchung wert, ob es im 19. und 20. Jahrhundert nicht doch den von Schiller erhofften idealen ›Volksdichter‹ gegeben hat, der beiden Anliegen Genüge tut: dem »großen Haufen« und der »gebildeten Klasse«. Johann Peter Hebel, Jeremias Gotthelf, Hermann Kurz, Klaus Groth und Fritz Reuter im 19. Jahrhundert, Oskar Maria Graf, Ödön von Horváth und Bert Brecht im 20. Jahrhundert sind nur einige Namen von Autoren, die auf sehr unterschiedliche Weise diese Synthese anstrebten und dem Auseinanderfallen der einen Literatur in eine Reihe schichtenspezifischer Literaturen entgegenzuwirken versuchten.

Das 19. Jahrhundert steht im Schatten der Klassiker. Gleichwohl haben sich neben und nach diesen Vorbildern verschiedene Rollentypen profiliert: der Hölderlinsche »Volkssänger«, der einerseits auf antike Vorstellungen zurückgreift, andererseits sich den Aufgaben des Tages entschieden zuwendet; der unpolitische Biedermeierdichter, der sich ausschließlich mit den Problemen des Innenlebens und der bürgerlichen Privaträume befaßt und selbst Gefühle des Weltschmerzes und der Langeweile entwickelt; der politisch engagierte Schriftsteller mit dem Anspruch, Sprachrohr für eine demokratisch gesonnene Öffentlichkeit zu sein. Wo die neuen Tendenzen – meist im Widerspruch zu den Positionen der Klassiker – aufgenommen werden, finden sich dezidierte Ansätze eines neuen gesellschaftlichen Rollenverständnisses: bei den Autoren des Vormärz und des Jungen Deutschland, bei Gutzkow, Weerth und Herwegh, bei Büchner, Börne und Heine.

Nach dem Scheitern der deutschen Demokratiebewegung und dem erzwungenen Rückzug ins Private entstehen keine neuen gesellschaftsbezogenen Autorenbilder. Historisierende Rückwendung in die Vergangenheit, Beschränkung auf den (Philister-) Alltag oder unverbindliche Causerie sind auch Dokumente eines Sichabfindens nicht nur mit der *conditio humana*, sondern auch mit den politischen Zuständen. Erst gegen Ende des Jahrhunderts äußerte sich der Protest gegen die kulturelle Erstarrung in der Apotheose eines den Tagesereignissen enthobenen Dichter-Priesters, des Verfechters der Maxime »l'art pour l'art«. Im Kreis um Stefan George gipfelt diese Apotheose des genialen Künstlers, der höchsten Verkörperung des Menschentums, der keine anderen Ziele und Verantwortlichkeiten kennt als die Verwirklichung seines Selbst und die Umsetzung seiner pseudoreligiösen Erneuerungsbotschaft.

Die Opposition zum Wilhelminismus hat als neuen Typus den demokratisch-kritischen Schriftsteller hervorgebracht, der sich an politischen Vorstellungen Westeuropas orientiert. An der schwankenden Position eines Gerhart Hauptmann wird freilich die Unsicherheit, wie der Schriftsteller seine Rolle in der Gesellschaft zu begreifen hat, deutlich sichtbar: Mit seiner Kehrtwende vom progressiven Regimekritiker zum konservativen ›Statthalter Goethes‹ steht er keineswegs vereinzelt in seiner Zeit.

Die Abhängigkeit des modernen Autors von den ökonomischen Gegebenheiten ist im 20. Jahrhundert tendenziell gewachsen; hinzu kommt – dies hat insbesondere die erste Jahrhunderthälfte gelehrt – eine kaum vermeidbare Bezugnahme auf ideologische Bewegungen. Dennoch erschöpft sich eine Definition des modernen Autors nicht im Auflisten von Abhängigkeitsverhältnissen. Nach wie vor besitzt er eine besondere Dignität: die Repräsentanz, das Bewußtsein seiner Zeit und ihrer Tradition öffentlich zu reflektieren und zu gestalten.

Wie eh und je geben Schriftsteller Antworten auf die Fragen ihrer Zeit, sie machen oftmals Probleme erst allgemein transparent, hellsichtiger und sensibler als in den offiziellen, wirtschaftliche und politische

Interessen spiegelnden Verlautbarungen. Fast jeder moderne Autor ist ›sentimentalisch‹ im Schillerschen Sinn. Er reflektiert unablässig seinen Standort im Interessengeflecht von Privatheit und Öffentlichkeit, von Ästhetik und Literaturpolitik, von moralischer Sendung und ökonomischem Bedürfnis, und die Formen, deren er sich bedient, reichen von direkten Bekenntnissen und Appellen bis zu den großen Verrätselungen eines Franz Kafka oder Jorge Luis Borges und zu den hart am Rand des Verstummens angesiedelten Versen eines Paul Celan. Hat er eine Botschaft zu verkünden? Mit welchen Mitteln spricht er am wirkungsvollsten sein Zielpublikum an? Wie hält er, im Konflikt zwischen Wahrheitsanspruch und Warenangebot, zwischen Musenbotschaft und Markterfordernis, als schreibende Individualität sich selbst die Treue?

Der Sammelband präsentiert achtzehn Porträts deutschsprachiger Autoren seit dem Zeitalter der Aufklärung, also jener Epoche, in der sich erstmals ein bürgerliches Bewußtsein gebildet und den Beruf des ›freien‹ Schriftstellers hervorgebracht hat. Aus der ständischen Hierarchie entlassen, versucht er seine ›Freiheit‹ auf verschiedene Weise zu dokumentieren: in der freien Wahl der Themen und ihrer Behandlung, in der Unabhängigkeit von Höfen und Mäzenen, letztendlich im Versuch, aus dem Schreiben selbst einen eigenständigen Beruf und zuweilen eine innere Berufung mit quasireligiösem Anspruch zu machen. Mit voller Absicht enthält das Sample nur bedeutsame Autoren; ausgeschlossen blieben Erfolgsliteraten, deren Produkte als modische Ware ein nur kurzfristiges Interesse bedient haben; ebenso moderne Varianten eines gewandelten Berufsbildes, also Texter, Drehbuchverfasser, Reporter und Nur-Journalisten.

Ein einheitliches und überzeitliches Selbstverständnis der Dichter existiert nicht. Die Schriftsteller haben sich selbst zu allen Zeiten ein wenig anders gesehen, je nachdem, in welcher Tradition sie standen und in welcher Gesellschaft sie wirkten. Tradition und Gesellschaft prägen – neben Charakter und Intention des Autors – die Schriftstellerrolle entscheidend. Wenn der geplante Sammelband versucht, an einer Reihe von Schriftstellerporträts dieses Rollenverständnis herauszuarbeiten, so tut er dies immer im Blick auf die historischen Umstände. Die (am Geburtsjahr orientierte) chronologische Anordnung ermöglicht es dem Leser, die Entwicklung des dichterischen Selbstverständnisses vor dem Wandel der Gesellschaft zu verstehen.

UWE-K. KETELSEN

Nur kein Spaßmacher und Schmarutzer!
Zum Verständnis der Rolle des Schriftstellers bei Barthold Heinrich Brockes und seinen Zeitgenossen

Für E.

Der Hinweis, dieser oder jener Zeitraum stelle eine »Epoche des Übergangs« zwischen dem einen und einem anderen dar, enthält ein gerüttelt Maß an Banalität, ist doch alle Geschichte ein Übergang. Wenn man für die Jahrzehnte zwischen 1670/80 und 1740/50, die in unseren Literaturgeschichten gemeinhin unter dem Rubrum »Frühaufklärung« abgelegt werden, eine solche Qualifikation im Sinne einer andeutenden Kennzeichnung aber doch wird hinnehmen können, dann aufgrund zweier Beobachtungen: In dem Stück, das in jenen Jahrzehnten über die Bühne der Geschichte ging (um diese den Zeitgenossen zumindest in den ersten Jahrzehnten der Epoche nicht ganz fremde Metapher aufzugreifen), wechselten die auftretenden Figuren – nicht unbedingt deren Darsteller – einander verhältnismäßig schnell ab, und die Rollen, die in dieser Inszenierung zu vergeben waren, fielen einigermaßen divergent, um nicht zu sagen: widersprüchlich aus. Es gab keine eindeutigen Dominanzen, allenfalls Trends. Gestalten wie Christian Hoffmann von Hoffmannswaldau (1617–1679), der zu Beginn dieser Epoche gerade von der Bühne abgetreten war, oder wie Friedrich Gottlieb Klopstock (1724–1803), der an ihrem Ende schon in der Kulisse bereitstand, fehlten dem Stück, das hier zur Aufführung anstand. Von dem einen Rollenverständnis des Schriftstellers um 1700, das sich in einem einzigen Autor repräsentativ niedergeschlagen hätte, wird man kaum sprechen können.

Wenn in den folgenden Überlegungen dennoch einer der Darsteller, nämlich Barthold Heinrich Brockes (1680–1747), zum ersten Schauspieler erklärt wird, dann liegt darin eine gewisse Willkür; zwar war er unter seinen Zeitgenossen bekannt, sogar berühmt, aber das galt zumindest für Christian Weise (1642–1708), Benjamin Neukirch (1665–1729) oder Christian Fürchtegott Gellert (1715–1769) auch, deren aller Sonne in einem oder zwei Jahrzehnten dieses halben Jahrhunderts so gestrahlt hat, wie die Brockessche im zweiten und dritten Dezennium des 18. Jahrhunderts. Aber auch während Brockes' Glanzzeit leuchtete sein Ruhm nicht so strahlend, daß – zumindest in den Augen der Mitlebenden – neben seinen Texten diejenigen anderer Autoren, so verschieden sie von den seinen auch waren, nicht hätten bestehen können, etwa die Gedichte von Johann von Besser (1654–1729), Michael Richey (1678–1761), Barthold Feind (1678–1721), Christian Friedrich Hunold / Menantes (1680–1721), Johann Christian Günther (1695–1723), Johann Christoph Gottsched (1700–1766), Nikolaus Ludwig Graf von Zinzendorf (1700–1760), Friedrich von Hagedorn (1708–1754) oder von Albrecht von Haller (1708–1777), um nur diese zu nennen. Wenn Brockes hier dennoch als Hauptdarsteller figuriert, dann vor allem deswegen, weil gerade seine Auffassung vom ›Schriftsteller‹ ihn aus heutiger Sicht interessant erscheinen läßt und weil – solcher Opportunismus sei gar nicht verschwiegen – sein Werk (zusammen mit dem von Gellert) heute noch zu den bekanntesten aus jener Zeit gehört.

Allerdings gilt das nur für eine bestimmte Sorte von Texten aus einer relativ breiten Produktionspalette: für seine naturpoetischen Gedichte. In einer langen Rezeptionsgeschichte[1] ist ihnen immer wieder neu ein »Sinn«, zuweilen auch mancher Tiefsinn abgewonnen worden, so daß sie – wenngleich sehr selektiv – über die Jahrhunderte greifbar geblieben sind.[2] Da Brockes seine Verse geschickt zu fügen wußte, seinen Gedichten oft auch eine gewisse Heiterkeit, oft sogar Komik nicht abzusprechen ist, versanken sie nicht ganz im Staub der Zeit. Einige von ihnen – wie *Kirschblüte bei Nacht* oder *Das Eulchen* – wurden sogar zu beliebten Anthologiestücken. So mag Brockes' Name vielleicht am leichtesten ein wenig Aufmerksamkeit für eine Epoche erregen, die literarhistorisch ansonsten eher zu den trockenen gezählt wird.

Die Namen der Autoren, die bislang genannt worden sind, repräsentieren – zumindest für die Blütezeit ihres literarischen Wirkens – jeweils bestimmte soziale Handlungsmuster, die es in jenen Jahrzehnten erlaubten, ›Schriftsteller‹ zu sein: Gottsched repräsentierte den Typus des Literaturprofessors, der theoretische wie poetische Texte verfaßte; Besser galt als der Prototyp dessen, was damals hochgeachtet war, im 19. Jahrhundert aber als ›Hofpoet‹ in Verruf geriet; Hunold kann man – zumindest für die Jahre nach 1700 – als einen der ersten deutschsprachigen Berufsschriftsteller bezeichnen, mit allem, was dieser Stand an Problematischem mit sich brachte[3]; Feind mutierte unversehens vom höfischen zum politischen Schriftsteller usw. Ginge man die Namen auf diese Weise systematisch durch, man gewönne so etwas wie eine

Sammlung von Mustern, nach denen sich um 1700 bestimmte, was ein
(belletristischer) Schriftsteller war.

Wenn sich in dieser Galerie keine Frau findet, so ist das weniger der
Aversion des berichterstattenden Historikers gegen das »poetisierende
Frauenzimmer« anzulasten als den Handlungsspielräumen, die jene
Zeit zur Verfügung stellte. Diese waren nämlich auf dem »kulturellen
Sektor« für Frauen noch enger als für Männer. Zwar verliehen kulturelle Fertigkeiten ein soziales Prestige, aber nur in Verbindung mit anderen sozialen Fertig- und Tätigkeiten. Isoliert, ohne solche Anbindung
stießen sie (wenn man sie sich überhaupt isoliert vorstellen konnte) eher
auf Abwehr, wie Hunold und Christian Günther erleben mußten.
Noch ein Jahrhundert später brachte Goethe die Zustände auf eine
knappe Formel, der ein Autor wie Brockes ohne Zögern zugestimmt
hätte: Die deutschen Dichter »hatten weder Halt, Stand noch Ansehn,
als insofern sonst ein Verhältnis ihnen günstig war, [...] und ein Poet
[...] erschien in der Welt auf die traurigste Weise subordiniert, als Spaß-
macher und Schmarutzer, so daß er sowohl auf dem Theater als auf der
Lebensbühne eine Figur vorstellte, der man nach Belieben mitspielen
konnte«[4]. Literarische Fähigkeiten und Neigungen galten – falls ihnen
nicht überhaupt lediglich präparierende Bedeutung für differenziertere
Qualifikationen zugemessen wurden – als Spezialkenntnisse, für die es
außerhalb fest definierter sozialer Handlungsfelder wenig Verwendung
gab. Und diese Verwendungsmöglichkeiten fielen trotz den lebhaften
Bestrebungen, die Mädchenbildung zu verbessern, nahezu ausschließlich in Bereiche, die nach damaliger Vorstellung von Männern zu beset-
zen waren. In seiner vielbeachteten Lobrede auf Martin Opitz, die
zugleich eine Propagandarede für Gelehrsamkeit und Poesie sein sollte,
stellte Gottsched 1738 Griechen, Römer und Renaissance-Italiener als
vorbildlich hin, denn ihnen mußten im Gegensatz zu den Zeitgenossen
»Marmor und Metall zur Verewigung wohlverdienter Männer dienen;
so mußten dauerhafte Bildsäulen und kostbare Gedächtnismäler die in
den Herzen der Lebendigen verborgenen Funken der Ehrliebe anfachen
und sie zu löblichen Unternehmungen anfrischen, dadurch sie sich
gleichfalls Bewunderung und Unsterblichkeit erwerben könnten«[5].

Wo Poeten solcherweise wie Feldherrn Denkmäler gestiftet werden
sollen, da ist (auch wenn nur der Wunsch der Vater des Gottschedschen
Gedankens gewesen sein dürfte) für Frauen kein rechter Platz. Wo in
den Tagträumen von Dichtern der Poet mit dem Feldherrn und Staats-
mann ging (oder besser: auf dem Denkmalssockel stand), da blieb für
Frauen nur ein sehr bescheidenes Plätzchen. Zwar spottete im aufkei-

menden Erziehungsoptimismus des frühen 18. Jahrhunderts manche Stimme: da die Eltern »wenigen gusto von der Gelehrsamkeit und denen Wissenschafften haben, sehen sie solche vor Dinge an, die ihren Töchtern blosse Dollmetscher eines üppigen Lebens und einer schlimmen Conduite seyn«[6] – aber noch 1763 konnte der gepriesene Vater Preußens, Friedrich II., in einer Audienz, die sich die seinerzeit landesbekannte Anna Luisa Karsch (1722–1791) als Ergebnis einer langwierigen Intrige erwirkt hatte, nicht seine Besorgnis unterdrücken, wie es ohne gediegene Kenntnis von Metrik und Grammatik sowie der antiken Schriftsteller (diesen Inhalten gelehrter, männlicher Erziehung) was Rechtes mit ihr werden solle, und er interessierte sich ohnehin – nicht ganz unverständlich angesichts der Realitäten in seinem Königreich und auch nicht ohne der Poetin Hoffnung – mehr für deren Lebensumstände als für ihre Poesie. Frauen (soweit sie nicht von Stand waren wie etwa Aurora von Königsmarck, 1662–1728, die Mätresse Augusts von Sachsen) waren nur als Kuriosa (neben reimenden Bauern), als Zuarbeiterinnen renommierter (Ehe)Männer (wie Luise Adelgunde Gottsched, 1713–1762) oder später als »Natur«talente (wie die erwähnte Karsch) auf der literarischen Bühne anwesend; im frühen 18. Jahrhundert war man als Poet besser ein Mann, und man hatte möglichst sein anderweitig gesichertes Auskommen.[7]

Den einzelnen Schriftstellern blieb in diesem engen Rahmen einigermaßen wenig Spielraum; sie konnten – je nach ihren Lebensumständen und den zeitlichen Bedingungen – die eine oder andere der angedeuteten Möglichkeiten wählen, und da deren Profile relativ flach waren, ließ sich allenfalls die eine gegen eine andere eintauschen (etwa indem sie aus der Rolle des reimenden Studenten in die des Hofdichters wechselten). Sie konnten allenfalls spektakulär scheitern wie etwa Hunold als freier Schriftsteller.

Brockes zeichnete in dieser Gruppierung dreierlei aus, und das macht ihn sozialgeschichtlich zu einer markanten Figur: Zum einen ging er in eine scheinbar überlegene Distanz zum set historischer Möglichkeiten (aber gerade das gehörte zum Handlungsrepertoire jenes Typus, den er repräsentieren wollte: zum »galanten«, am höfischen Kulturmuster orientierten Vertreter einer neuen höfisch-absolutistischen Funktionselite); zum zweiten erweiterte Brockes ab etwa 1715/20 seinen Spielraum, als er die »galante« Variante, deren Zeit abgelaufen war, um die »patriotische«, d. h. um die bürgerlich-nützliche erweiterte und ihr – etwa durch Gewinnung eines neuen, nämlich ungelehrten Publikums und durch eine entsprechende Erweiterung des Buchmarkts – eine reale

Basis schuf[8]; zum dritten bot er je nach dem Handlungsfeld, in dem er
sich bewegte, ein unterschiedliches Bild: sich selbst und seinem unmittelbaren Lebenskreis dürfte er wohl – von einigen Trübungen während
der 20er Jahre abgesehen, als er sich auf nicht unumstrittene journalistische Pfade locken ließ – vor allem in jenem Rahmen erschienen sein, der
mit dem Terminus »galant« belegt war; seinen (anonymen) Lesern seit
den 20er Jahren dagegen trug er die Züge eines »Volksschriftstellers«,
wie ihn einige Jahrzehnte später Gellert und dann wieder Matthias
Claudius (1740–1815) fast prototypisch repräsentieren werden. So erschien Brockes teils als geprägt, teils selbst als prägend, je nachdem von
welcher Seite er betrachtet wurde.
     Sich selbst in der Rolle eines ›Schriftstellers‹ zu inszenieren, war gar
nicht so leicht. Jedenfalls war jene Weise, die uns heute die selbstver-
ständlichste zu sein scheint, nämlich seine Geisteskinder gedruckt auf
den Markt zu schicken und sich selbst durch Namensnennung als deren
urheberischer ›Autor‹ zu identifizieren, in jenen fernen Jahrzehnten
nicht ohne Schwierigkeiten. Ein gestandener Mann wie etwa Hoffmannswaldau hatte 1679 anläßlich der Herausgabe seiner *Deutschen
Übersetzungen und Getichte* in deren Vorrede das »ungleiche Urtheil«[9]
gefürchtet, dem er nicht nur seine Gedichte, sondern auch seine Person
mit einer Veröffentlichung aussetzte, und er hatte damit nur zu recht
behalten. Eine Veröffentlichung im Druck hatte für die literarische Produktion mehr als nur äußere Bedeutung[10] und brachte den Verfasser,
der sich solcherweise der Öffentlichkeit als ›Autor‹ vorstellte, zuweilen
mehr als nur Verdruß.[11]
     So war es denn durchaus nicht durchgängige Praxis, daß ein Verfas-
ser von Gedichten als ›Dichter‹, als Autor hervortrat; es wurde von der
Leserschaft im übrigen auch nicht unbedingt erwartet, ja, diese war am
›Autor‹ als dem ›Urheber‹ zuweilen auch nur mäßig interessiert. Schon
im Bereich der Gelegenheitsdichtung, der um 1700 den Löwenanteil
ausmachte, interessierte der Hersteller so wenig wie heute der Mann,
der die Bremse in unser Auto montiert hat. Der Name des Verfassers
von Gelegenheitsgedichten tauchte überhaupt nur auf, falls er zugleich
der Supplikant, also der Gratulant, Kondulent o. ä., war. Allenfalls
später in Sammelbänden dokumentierte ein Verfasser, er habe die
Verse »im Namen eines anderen« zu Papier gebracht. Aber auch dort,
wo ein Schreiber als ›Schriftsteller‹ vor sein Lesepublikum hintrat, offenbarte er nicht leicht – etwa durch Namensnennung – seine Person,
und er bekannte sich oft nur zögernd zur Rolle, die er mit seiner Publikation annahm. Zwar hatte das zum Teil praktische Gründe, so wenn

ein Autor aus moralischen, dogmatischen oder politischen Gründen Beeinträchtigung oder gar Verfolgung gewärtigen mußte, aber solche guten Gründe lagen doch in den seltensten Fällen vor. In den Anthologien der Zeit etwa, die eine sehr wesentliche Publikationsform darstellten, finden sich bis in die 20er Jahre hinein noch die langweiligsten und konventionellsten Gedichte in der Regel entweder ohne Nennung eines Verfassernamens oder allenfalls mit einem – allzu häufig unauflösbaren – Kürzel ausgezeichnet. Selbst Karl Wilhelm Ramler verfuhr noch 1766 in seiner Sammlung *Lieder der Deutschen*[12] so und nannte in der Vorrede die Namen der aufgenommenen Autoren nur pauschal. Auch wimmelte es von Pseudonymen, mit denen ihre Benutzer ganz offensichtlich zu dokumentieren gedachten, daß ›der Autor‹ und der Mensch, der die Texte verfaßt hatte, nicht identisch seien, die Autorschaft allenfalls als Segment eines im übrigen weiteren sozialen Handlungsspielraums betrachtet werden sollte.

Wie schwer es war, sich als Autor zu konstituieren, dokumentieren z. B. Vorreden zu Veröffentlichungen auf vielfältige Weise. So entsprach es zwar einer ererbten Tradition, sich in diesen Vorreden wegen der Veröffentlichung seiner Geisteskinder zu zieren, aber ein alter Brauch setzt sich nicht beliebig fort, und seit der Mitte des 18. Jahrhunderts verlor er auch tatsächlich seine bindende Kraft. Z. B. räsonierte 1716 Christoph Heinrich Amthor (1677–1721), ein zu seiner Zeit vielgelobter Verfasser von Gedichten in der hochartifiziellen rhetorischen Tradition des 17. Jahrhunderts, in der Vorrede zu einer Ausgabe seiner Gedichte zwar theorielos, aber doch aufschlußreich über Konventionen der Autorschaft und d. h. zugleich über das Bild des Schriftstellers, das die Vorstellungen der Epoche bestimmte: Den alten Topos, er sei von Freunden oder Gönnern überredet worden, seine verstreuten Gedichte gesammelt herauszugeben, wolle er nicht mehr benutzen, denn dieser sei – obwohl es in seinem Fall tatsächlich zutreffe! – zu abgegriffen, und es sei zu viel Mißbrauch damit getrieben worden. Statt dessen rechtfertigte er sich weitläufig damit, andere hätten seine Gedichte in Sammlungen aufnehmen wollen (und da mag mancher Leser an die als schlüpfrig verschrieene, von Benjamin Neukirch inaugurierte, mittlerweile allerdings ziemlich brav gewordene Sammlung *Herrn von Hoffmanswaldau und anderen Deutschen Gedichte* gedacht haben) – und unter solchen Umständen sei man niemals sicher, in welche Gesellschaft man da gerate; außerdem seien die Texte dann außerhalb seiner Eingriffsmöglichkeiten, er könne nichts mehr daran ändern.[13]

Solche Betrachtungen demonstrieren – jenseits ihrer jeweiligen Argumente – allein schon durch den Umstand, daß sie angestellt werden, in welchem Maße die Autorschaft selbst schon Probleme aufwarf. Als Schriftsteller zu gelten, scheint in der Tat nicht in jedem Fall erstrebenswert gewesen zu sein. Ganz abgesehen davon, was in den Gedichten stand (sieht man einmal von religiösen Themen ab), auch unbeschadet, wie gut oder wie schlecht sie geraten waren – allein schon die Tatsache, daß man Gedichte veröffentlichte, fügte sich nicht umstandslos in die akzeptierten sozialen Handlungsmuster ein. Dafür gab es mehrere Gründe. Zwar bestimmte die Kirche nicht mehr in dem Maße, wie das noch ein Jahrhundert zuvor der Fall gewesen war, was korrekt oder zumindest akzeptabel war, aber eine wichtige Institution, in der Leitvorstellungen geprägt wurden, war sie immer noch. Sie beäugte – und nicht allein in ihren orthodoxen Strömungen – die Beschäftigung mit Poesie außerordentlich skeptisch. So meinte etwa Johann Jacob Rambach (um nur diese eine, aber durchaus nicht isolierte Stimme zu zitieren) 1727: »Die Liebe, welche der Innhalt dieser [d. i. der weltlichen] Poesien ist, ist doch im Grunde nichts anders, als diejenige unreine und unordentliche passion, davon das Evangelium geboten, das wir auch ihre ersten Bewegungen dämpfen und unterdrücken sollen.«[14]

Auch dort, wo milder geurteilt wurde, etwa auf der Basis der traditionell-christlichen (und durchaus verständlichen) Vorstellung, Gott habe dem Menschen die Zeit gegeben, damit er sie nutze, und nicht, damit er sie vertändele, war der Spielraum sehr eng. Die Beschäftigung mit Poesie zählte (wo sie nicht der Ausbildung der sprachlichen Fertigkeit diente) allenfalls zu einem indifferenten, mittleren Bereich, der weder lobens- noch tadelnswert und deswegen zur Erholung erlaubt war. Noch 1742 meinte Daniel Wilhelm Triller, übrigens ein Bewunderer unseres Brockes und selbst ein eifriger Verseschmied: »Unser Leben aber ist wahrhaftig viel zu kurz, als daß wir nichts nützlichers, denn Verse, schreiben sollten, und die Zeit, wie gedacht, viel zu kostbar, als daß wir sie allein mit Reimen hinbringen dürften.«[15] Deswegen begegnen in Vorreden und Buchtiteln häufig formelhafte Ausdrücke wie »Ergötzung«, »Nebenstunden«, »unschuldige Früchte«, die die Mühe, welche ein Schreiber (und damit auch sein Leser) auf den Umgang mit Poesie verwandte, der christlichen Bewertung der dem Menschen geschenkten Zeit einordneten.

Aber auch dort noch, wo die Zeitvorstellung schon säkularisiert wurde, wie in einer Entschuldigung, die 1709 Gottlieb Stolle vortrug, daß der Mensch nicht immer ernsthaft sein und arbeiten könne, denn das »gemüthe bedarff der ruhe und erquickung so wohl als der leib«[16], da schmolz der Gewinn aus einer solchen rein weltimmanenten Rechtfertigung schnell dahin, sobald er auf die Gesamtheit menschlichen Tuns bezogen wurde: »Ein Dichter vergnügt eine Viertelstunde, ein Arzt verbessert den Zustand eines ganzen Lebens«, konstatierte Albrecht von Haller calvinistisch nüchtern.[17] Eine solche Einschätzung mochte um so unabweislicher erscheinen, als hier nicht länger mit metaphysischen Maßstäben gemessen wurde, sondern – höchst zeitgemäß aufgeklärt – mit der innerweltlichen Elle des (gesellschaftlichen) Nutzens.

Als hätte er Haller beispringen wollen, hatte bereits über ein halbes Jahrhundert zuvor Christian Weise ausgeführt, man müsse bei der Beurteilung der poetischen Tätigkeit sehr deutlich unterscheiden, ob es sich um einen Poeten handele oder um einen Studenten bzw. Professor. Dem Poeten sei nämlich die Herstellung von Poesie das Wichtigste, und das sei heutzutage gar nicht mehr zu rechtfertigen. In der Antike hätten die Poeten wohl religiöse und staatspolitische Wahrheiten formuliert, heute lese man derlei aber besser in einschlägigen Büchern als in Gedichten nach; nur wenigen wie Barcley, Buchholtz oder Lohenstein sei es vergönnt gewesen, wenigstens ansatzweise den Rang der Alten zu erreichen. Anders verhalte es sich bei Professoren und Studenten, denen es gar nicht um die Poesie selbst gehe; diese sei ihnen vielmehr lediglich Mittel für andere Zwecke, nämlich im Hinblick entweder auf einen internen Nutzen wie die Verbesserung der sprachlichen Fertigkeiten und die Vergrößerung des Wortschatzes oder auf einen äußerlichen Vorteil, etwa indem sie sich bei Mächtigen beliebt und in den Mußestunden sich wie die anderen eine Freude machten.[18] Weise hätte aus eigener Erfahrung noch hinzufügen können: und um sich ein kleines Beibrot zu verdienen: »Wer einen öffentlichen Schulmann, oder Privat-Informatoren abgeben will, kann die Poesie unmöglich entbehren, weil er andere darinnen zu unterweisen schuldig ist. Und wie will sich ein Client bey seinem Patronen an Geburts- und Namens-Tagen, und bei vielen Gelegenheiten recommendieren, wenn er nicht einen zierlichen Verß zu machen weiß.«[19] Dabei ergab sich die paradoxe Situation, daß diese gesellschaftlich akzeptierte Art und Weise, sich der Poesie zu widmen, bei den ›Literaturkritikern‹ (wie wir sie heute nennen würden) einigermaßen verschrieen war. ›Scribenten‹, gar ›elende Scribenten‹ wurden diejenigen geschimpft, die in dieser Weise handwerklich und rational mit der Poesie umgingen:

Auf einen poetisierenden Magister
Wer läugnet, daß der Herr Magister
Nicht ein Poete heißen mag?
Denn er studirt den ganzen Tag
In Philipp Zesens Reim-Register.[20]

Gleichviel in welcher der Varianten man sie aufnahm, es war somit keine sehr glanzvolle Rolle, die da unter dem Stichwort ›Poet‹ aus dem Vorrat an Handlungsmustern zu vergeben war. So nimmt es nicht wunder, daß sie nicht mit rückhaltloser Begeisterung übernommen wurde, obwohl Unmengen von Versen gedrechselt wurden. Leute jedenfalls, die entweder schon etwas Besseres darstellten oder in ihrer Karriere auf etwas Höheres hinauswollten, waren in diesem Punkt delikat. Zu ihnen zählte unser Brockes. Seine frühesten literarischen Aktivitäten jedenfalls, die er im Rahmen des damaligen Ausbildungssystems und auf der Basis geläufiger Usancen entfaltet haben muß, unterschlug er, der ansonsten seine Lebensumstände herauszustellen liebte, völlig, so daß sie – bislang – unbekannt sind. In keinem Fall wollte er mit dem Staub der Schulstube und der Pedanterie der Schulmeister in Verbindung gesetzt werden! Als er dann einige wenige Produkte am Ende seines dritten Lebensjahrzehnts ans Licht schickte, zeichnete er sie nicht mit seinem Namen; erst spätere germanistische Kombinationskunst hat ihn hinzugeschrieben.[21]

Eine emsige Literatentätigkeit hat Brockes scheinbar ohnehin erst kurz vor 1710 entfaltet; da schrieb er plötzlich Gelegenheitsgedichte auf Angehörige vornehmer Ratsfamilien und verfaßte politische Gedichte im Auftrag des Hamburger Rates. Aber auch hier trat er – gemäß der Gattungskonvention – nur insofern in Erscheinung, als er bei einigen Texten nicht nur der Verfasser, sondern auch der Dedikant war. In seiner ersten gezeichneten Veröffentlichung auf dem Markt, dem Oratorium *Der für die Sünde der Welt gemarterte und sterbende Jesus* (1712), figurierte er lediglich als »B. H. B.«.[22] Diese Reduktion des Namens auf ein Kürzel nimmt sich um so bemerkenswerter aus, als der geistliche Gegenstand dem Verfasser eigentlich weniger Scheu hätte auferlegen sollen; auch war die musikalische Aufführung im Hause des Dichters ein glanzvolles gesellschaftliches Ereignis großen Ranges in Hamburg gewesen. Somit konnte es nicht darum gehen, daß Brockes verheimlichen wollte, daß er der Verfasser des Oratoriums sei; er wollte sich mit seiner Person, repräsentiert durch seinen vollen Namen, lediglich nicht zum ›Dichter‹ erklären.

Dazu war er erst später und unter anderen Umständen bereit. 1716 nämlich legte er seine Zurückhaltung ab; seither – seit der Übersetzung von Gianbatista Marinos *Strage degli Innocenti* (1620) – trat Brockes als der Autor eines erfolgreichen und stetig wachsenden Werkes in Erscheinung, aber er tat auch das in einer heute bemerkenswerten, in der damaligen Publikationspraxis indes nicht unüblichen Weise. Nicht er selbst agierte nämlich, sondern ein Mittler, der als Herausgeber den Texten diejenige Öffentlichkeit verschaffte, deren der Verfasser bedurfte, um seine Rolle als Autor spielen zu können. »Ans Licht gestellet von« lautete diese nicht zufällig auf das Theater anspielende, häufig benutzte Floskel für solche vermittelnde Tätigkeit, mit der sich nicht nur anzeigen ließ, daß der Verfasser in der Lage war, die mühselige Arbeit des Publizierens auf (mehr oder minder erfreute) Helfer abzuwälzen, sondern mit deren Hilfe vor allem der als prekär empfundene Schritt in die öffentlich bekundete Autorschaft kaschiert werden konnte. Dieser institutionalisierten Distanz zwischen dem Autor und seinem Produkt entsprach im übrigen auch, daß selbst dort, wo der Autorname genannt wurde, damit kein juristischer Eigentumsanspruch an den ästhetischen Produkten angemeldet wurde.[23]

Den Titelblättern gerade dieser ersten Publikationen von Brockes läßt sich noch ein weiteres ablesen: Äußerst selten nämlich wird die Autorschaft mit dem schlichten Namenszug »Brockes« bekundet. Zunächst wird der Name von seinem akademischen Titel begleitet (Brokkes war Lizentiat), wobei immer die volle Formel »J. U. L.« (Juris Utriusque Licentiatus) benutzt wurde, solcherweise anzeigend, daß sein Träger einen Rang in einer »höheren« Fakultät erreicht habe und nicht etwa in der Eingangshalle der »Artisten« stehengeblieben sei. Seit Brockes 1720 Mitglied des Hamburger Rates geworden war, zierte zudem ein »RHS« oder »Rahts-Herr der Stadt Hamburg« die Titelblätter, und seit 1730 füllte noch ein »Com. Palat. Caes.« (Hofpfalzgraf) die Frontseite. Ebenso konsequent fehlte übrigens ein »p. l.« (poeta laureatus), das sich mittlerweile jeder Student kaufen konnte. Wer ein Buch von Brockes zur Hand nahm, der sah es auf einen Blick: Der Mann, der hier als ›Autor‹ firmierte, hatte es zu etwas gebracht, und zwar nicht auf dem Felde der Literatur, sondern im bürgerlichen Leben. Von dorther, nicht von seiner Schreibarbeit, wuchsen ihm Ehre und Ansehen zu.

So ließ sich Brockes in seinen Büchern auch ins Bild setzen: entweder als saturiert bürgerlicher Mann auf der Höhe des Lebens, in modischer Pelzmütze und im Mantel mit prachtvollem Pelzbesatz, mit weichen, aber wachen Augen, einem vollen Mund und reserviert offenem Lächeln, wie ihn der Maler Dominicus van der Smissen dargestellt hat[24], oder als stattlicher Weltmann und Diplomat mit Allongeperücke und

Spitzenjabot, der vor einer gerafften, den Blick auf eine Bücherwand (in anderen Fassungen: auf eine Naturszenerie) freigebenden Samtportiere dem Betrachter die Brust zuwendet, wie ihn Balthasar Denner porträtiert hat.[25]

Einem solchen Mann ließen sich dann auch formvollendet Bücher widmen, wie es 1721 Christian Friedrich Weichmann, Brockes' Protegé der 20er Jahre, mit dem 1. Band des von ihm herausgegebenen Sammelwerkes *Poesie der Niedersachsen* tat: »Dem Hoch-Edlen, Hochweisen und Hochgelahrten Herrn, Herrn Barthold Henrich Brockes, beeder Rechten Hochberühmten Licentiato und Hochansehnlichen Rahts-Herrn der Kaiserlichen freyen Reichs-Stadt Hamburg, Meinem sehr geneigten Herrn und vornemen Gönner.« Ein solcher Mann ließ sich in der Vorrede dann auch mit Anstand anreden als »Hoch-Edler, Hochweiser und Hochgelahrter, sehr geneigter Herr, vornemer Gönner!«[26] Das war natürlich doch etwas anderes als ein tintenklecksender, in Schulstreitigkeiten verstrickter Professor! Ob Brockes, der an dieser Anthologie immerhin als Hauptbeiträger beteiligt war, also Autor und Gönner in einer Person spielte, sich auch als spendabel erwiesen hat, wie es die Rolle eigentlich verlangte, läßt sich nicht erweisen. Für Weichmanns Karriere aber dürfte diese Postamentierung des ›Autors‹ als eines ›Gönners‹ ganz sicher nicht zum Schaden gewesen sein.

Für Brockes war es also ein sehr kurzer Weg zur Verfasserschaft von literarischen Texten gewesen; dazu nötigte ihn wie jeden anderen Zeitgenossen, der es zu etwas bringen wollte oder mußte, ein Ausbildungssystem, das – auch wo keine »gelehrte« Profession angestrebt wurde – auf einer literarisch-philologischen Grundlage ruhte. Brockes ging aber einen sehr langen Weg, bis er sich endlich zu der Rolle, auch (!) ein Schriftsteller zu sein, bequemte, bzw. bis er sie sich zuschreiben ließ. Nur im Zusammenhang mit der Eigeninszenierung als einer Figur auf der gesellschaftlichen Bühne Hamburgs akzeptierte und funktionalisierte er diese Rolle. In seinen autobiographischen Notizen tritt das Muster deutlich zutage, nach dem die Figur, die er zu spielen hoffte, zunächst von seinen Eltern, dann von ihm selbst umrissen wurde: Es war – wie nun schon mehrmals betont – die eines Galanten, also die Rolle eines jener Mitglieder einer am Hof orientierten, auf das öffentliche Handeln (das »Politische«) gerichteten Funktionselite des sich bildenden absolutistischen Verwaltungsstaats. Herrschaftswissen (wie Geschichte, Geographie, Kameralistik, Rechtskunde) und Repräsentationsfähigkeit machten den Kern ihrer Kompetenz aus.

Brockes plante diese Karriere sehr sorgfältig: Privatunterricht, Besuch des Johanneums (1696), dann des Akademischen Gymnasiums (1697), 1698 eine halbwegs gescheiterte Reise an den Wiener Hof, die in Prag abgebrochen werden mußte, weil die Geldmittel für einen ›standesgemäßen‹ Wandel nicht reichten, 1700 Studium in Halle, dem Mekka ›galanter‹ und ›politischer‹ Studien, 1702 Praktikum am Reichskammergericht in Wetzlar, 1702 bis 1704 Kavalierstour durch Italien, Frankreich und Holland. Hier in Holland begrub er die Hoffnung auf eine Hofkarriere in England aus familiären Gründen erneut und endgültig, er schloß sein Studium in Leiden ab und kehrte nach Hamburg zurück. Dort lebte er dann eineinhalb Jahrzehnte als Privatier mit – nach norddeutschstädtischem Geschmack – gedämpftem adligem Lebensstil, obwohl er zu Beginn des 2. Dezenniums des Jahrhunderts noch einmal mit einer Hofkarriere liebäugelte. Er versuchte (zunächst allerdings vergeblich), in den städtischen Dienst zu kommen, 1714 glückte endlich eine auskömmliche Heirat. Seit dem Ende des ersten Jahrzehnts engagierte er sich in dem durch soziale Erschütterungen gebeutelten Hamburg für die Sache des Rats und der konservativen Ratsfraktion. Das brachte ihm endlich 1720 Früchte: Er wurde in den Rat aufgenommen, war dann Mitglied mehrerer diplomatischer Missionen, u. a. an den Wiener Hof. In den zwanziger Jahren engagierte er sich journalistisch in der frühaufklärerischen ›Patriotischen Gesellschaft‹; in den folgenden Jahrzehnten hatte er dann mehrere Funktionen innerhalb des Stadtregiments inne, so war er 1735 bis 1740 Amtmann in Ritzebüttel (Cuxhaven).[27]

Dieses waren die Stationen einer konsequenten und erfolgreichen Karriere, die man in der Weise der gängigen Literaturgeschichten allerdings als glänzend nur vor dem Hintergrund anderer Lebensläufe jener Zeit bezeichnen kann. Sieht man sie auf dem Hintergrund des Orientierungsmusters, dem Brockes' Rolle entsprang, also im Zusammenhang mit den Lebensläufen der Opitz, Gryphius, Lohenstein oder Hoffmannswaldau, oder des späteren von Goethe, dann leuchtet er doch nicht mehr so strahlend. Literatur besaß in diesem Rahmen nur eine sehr beiläufige, aber geschickt plazierte Bedeutung: Zum einen – und Brockes betont das in seiner Lebensgeschichte ausdrücklich – spielte sie zusammen mit Kunst und Musik eine Rolle in der Ausgestaltung des decorums seiner repräsentativen Lebensweise; die Aufführung seines Oratoriums bedeutete in dieser Hinsicht einen Höhepunkt seines gesellschaftlichen Lebens. Zum anderen aber und wichtiger bekam die Literatur um 1700 für Brockes politische Funktion, und seit diesem Zeitpunkt bekannte er sich – mit den genannten Reservationen – zu

seiner Rolle als Autor. Er schrieb Gelegenheitsgedichte für Mitglieder
der Senatsfamilien, stützte deren konservative Politik literarisch ab und
wurde – so würden wir heute sagen – ein für das Repräsentative und für
das decorum zuständiges Mitglied einer Seilschaft. Insofern stellte seine
Mitgliedschaft in der Wiener Delegation von 1721 den Höhepunkt seiner politischen Schriftstellerkarriere dar.

Im zweiten Jahrzehnt des 18. Jahrhunderts überlebte sich dieses soziale Muster allerdings langsam, das an Figuren wie etwa Hoffmanswaldau oder Lohenstein orientiert und an Prinzipien ausgerichtet war, wie
sie Christian Thomasius entwickelt und verbreitet hatte. Das bedeutete
nicht etwa, daß Brockes es aufgab (er schrieb Gelegenheitsgedichte bis
an sein Lebensende, wenngleich diese Produktion aufgrund seiner sich
ändernden Umstände zumindest teilweise ihren politisch-öffentlichen
Charakter einbüßte), es bedeutete auch nicht, daß er alle Stileigentüm-
lichkeiten aufgab, die sich aus dem gesellig-repräsentativen Rahmen
herleiteten, vor allem nicht die Orientierung an musikalischen Ausdrucksformen.[28] Er stellte sich aber flexibel auf die neue Situation ein
und gewann für seine literarische Produktion ein neues Themenfeld (die
Natur) und eine völlig neue Funktion (die Belehrung). Ironischerweise
ist er gerade mit diesen Poesien dann in die Tradition der bürgerlichen
Literaturgeschichte eingegangen. Man könnte diese Ausweitung der literarischen Produktion als eine äußerst radikale Anwendung des galanten Programms beschreiben: sich nämlich dem Bedarf, der Nachfrage,
anzupassen. Und der Bedarf nach Orientierungswissen, das nicht von
vornherein konfessionell abgestempelt war, aber konfessionell auch
kein Ärgernis erregte, war groß – vor allem im »Zion des Nordens«, wo
man der orthodoxen Einschnürung in mancher Hinsicht überdrüssig
geworden war. Allerdings wirkte diese Ausweitung in ein neues soziales
Rollenprogramm auch auf Brockes zurück, insofern sie im Sinne der
aufklärerischen Erziehungsideologie ›verbürgerlichte‹ Züge in Brockes'
Texte trug. Wie flexibel Brockes' Verständnis von seiner Rolle als
Schriftsteller war, zeigte sich in den 20er Jahren, als er durch seine Mitarbeit an der ›Moralischen Wochenschrift‹ *Der Patriot* seine literarische
Tätigkeit bis ins journalistische Feld ausdehnte, um unter der Fahne des
›Patriotischen‹ pragmatisches Orientierungswissen in solche Bevölke-
rungsschichten zu tragen, auf deren Anleitung die Kirche seit der Re-
formation ein fast monopolistisches Anrecht angemeldet hatte. Dieser
Ausweitungsversuch fiel allerdings nicht ganz glücklich aus.

Dieses Scheitern, das manche, nicht nur literaturkonzeptionelle
Gründe hatte, wirft noch einmal ein bezeichnendes Licht auf das Ver-

ständnis von der Rolle des Schriftstellers. Nach unserer Auffassung erscheint es geradezu selbstverständlich, daß sich Schriftsteller zu allerlei öffentlichen und privaten Themen äußern, ja, es wird von ihnen verlangt, obwohl nach einer spezifischen Kompetenz dafür nie gefragt wird. Sie liegt für uns in der Schriftstellerrolle gleichsam eingeschlossen. Brockes fand sich in seinen Ausflügen in diese Bereiche aber noch nicht in dieser Weise konzeptionell abgesichert, und somit lag sein Schreiben nahezu jeder Kritik offen, zumal einer heteronomen. Zwar wurde in der zeitgenössischen Literaturdiskussion immer wieder betont, Poesie sei mehr als nur Reim- und Verskunst. Allein, was sie denn darüber hinaus noch sei, blieb doch sehr im vagen. Die handwerkliche Seite war (vor allem auch durch eine Fülle von schulischen Anleitungen) einigermaßen differenziert ausformuliert, während Bereiche, die auf weitere konzeptionelle Dimensionen verwiesen und den Schriftsteller auf einer breiteren Basis legitimiert hätten, vielleicht geahnt wurden, aber nicht präzisier- und vermittelbar waren. Weder verstand sich der Autor etwa als den Ort des ›Ursprungs‹ seiner Texte, noch verstand er sich als das Medium einer Inspiration, die ihre Botschaft von einem Ort jenseits der gängigen Erfahrung und des alltäglichen Wissens bekommt. Zwar könnte es zuweilen den Anschein haben, als werde der ›Autor‹ in der zeitgenössischen Diskussion auf sehr ›moderne‹ Weise als der – für sich höchst unbestimmte – Ort verstanden, an dem sich der Diskurs ereignet, aber dieser Eindruck täuscht. Brockes begriff sich (wie alle Autoren seiner Zeit) weiterhin als ein Experte für rhetorische Textarrangements, die sich einerseits an Regeln und Mustern orientierten und andererseits und vor allem sich im Effekt auf den jeweilig gemeinten Leser oder Hörer zu bewähren hatten. Wo allerdings – und darin lag eine gewisse Chance seiner Naturgedichte – die Vorerwartungen weniger fest gefügt waren, da war der Spielraum für den Autor größer. So galt der Schriftsteller nur in einem handwerklichen Sinn als der Urheber seines Textes, und als Person ging er in ihn nur insofern ein, als dieser als Beweisstück seiner Fertigkeiten gilt, wobei individuelle Eigenschaften (wie Lebhaftigkeit des Gemüts, Fleiß, Scharfsinn, Moralität oder auch der ›furor poeticus‹) den Einsatz dieser Fähigkeiten fördern oder – bei ihrem Fehlen – hemmen oder gar unmöglich machen. Obwohl er, so hatte Hoffmanswaldau im Vorwort zu seinen *Deutschen Übersetzungen und Getichten* 1679 geklagt, noch gerne einige erotische Gedichte schreiben würde, »so schicken sich doch zu solchen 26. Jahr besser als 62, und so bundte Gedancken stehen mir so übel an, als bundte Bänder auff meinen Kleidern, und kan einem auff Eiß schlafenden nicht wol von Rosen traumen«[29].

Wenn in dieser Weise die Texte dem Autor nicht wesentlich zugehö-
ren, ja, wenn sie die ›Autorschaft‹ eines Autors gar nicht gründen, weil
sie ihren ›Ursprung‹ nicht in ihm haben, dann können sie auch nicht als
›Ausdruck‹ seiner Individualität gelten. Brockes und seine Zeitgenossen hätten sich nicht als ›Schöpfer‹ ihrer Texte verstehen können, zumal eine solche Vorstellung noch viel zu eindeutig mit religiösen
Nebentönen verbunden war. Bei aller Berücksichtigung individueller
Fertig- und Fähigkeiten blieben sie doch ›nur‹ die Arrangeure ihrer
Texte. Deren ›Ursprung‹ (wenn man dieses Wort in diesem Zusammenhang überhaupt benutzen will) liegt in den gültigen Normen und in
den etablierten Vorbildern; ihr Ziel finden sie in der Wirkung auf Leser
und Hörer. Folglich wuchs den Texten keine Autorität daraus zu, daß
ihre Verfasser ›Dichter‹ waren (also etwa ›tiefere‹ Einsichten hatten);
vor allem lagen auch alle Produktionsschritte, in denen ein Text vom
systematisch ersten Arbeitstakt, in dem aus einem Datum (einem Vor-
fall, einer Konstellation) durch Perspektivierung ein Thema gemacht
wurde, bis hin zum letzten, in welchem die Wörter und Bilder sach- und
kunstgemäß zur ›Textoberfläche‹ ausgearbeitet wurden, dem korrigierenden Zugriff zweiter, dritter Hände offen. Diese brauchten nur –
richtiger- oder vermeintlicherweise – der Absicht verpflichtet zu sein,
normative Mängel zu beseitigen und dem Verfehlen der entschiedensten Wirkung abzuhelfen. Kein Rollenverständnis, allenfalls der gesellschaftliche Status ihres Verfassers, schützte die Texte vor solchen
Zugriffen. Diese waren gängige literarische Praxis, über die man im
Einzelfall klagen, gegen die man sich aber nicht prinzipiell verwahren
konnte. Über das ganze Halbjahrhundert finden sich Spuren eines solchen Umgangs mit Texten: Er habe sich, so vermeldete Benjamin Neukirch 1695 im Vorwort zum 1. Band seiner Ausgabe von *Herrn von Hoffmannswaldau und andrer Deutschen Gedichte*, »die kühnheit genommen, so
wohl in den Hofmannswaldauischen sachen, als auch in der Venus des
Herrn von Lohenstein, dasjenige, was unrecht geschrieben war, zu verbessern, das ausgelassene zu ersetzen, und etliche hohe gedancken, so
sie vielleicht ihrer damahligen jugend wegen nicht recht bedacht, in
ordnung zu bringen«[30]. Und noch 1766 meldete Karl Wilhelm Ramler
im Vorwort zu den von ihm herausgegebenen *Liedern der Deutschen*, daß
er die Texte »in einer etwas veränderten Gestalt« überliefere; bei lebenden Autoren hätten diese selbst die Veränderungen vorgenommen oder
ihnen doch wenigstens zugestimmt. »Wegen der wenigen, ohne An-
frage gemachten, hoffen wir leicht Verzeihung zu erhalten«[31], welche
Hoffnung – zumindest in einem Fall – übrigens trog!

Solchem Zugriff unterlagen – und zwar unter ausdrücklicher Beteiligung des Autors – auch die Brockesschen Texte. Von seinen »moralisch-physikalischen« Gedichten des *Irdischen Vergnügens* sind keine handschriftlichen Fassungen mehr bekannt, wohl aber von einigen seiner Gelegenheitsgedichte. 1715 bis 1717 war Brockes nämlich Mitglied einer ›Teutsch-übenden Gesellschaft‹ in Hamburg, einer recht verspäteten Imitation der gelehrten Assoziationen des 17. Jahrhunderts. In deren literarischem Betrieb wurden u. a. Texte in Gemeinschaftsarbeit nach normativen und wirkungsästhetischen Gesichtspunkten verbessert. In den heute noch vorhandenen Akten kann man sehen, wie auch Brockes' Vorlagen diesem Verfahren unterworfen wurden, etwa seine Übersetzung von Madame Deshoulieres' Gedicht *Le Jeu*. Dessen 1. Zeile »Les plaisiers sont amers d'abourd qu'on en abuse« hatte Brockes zunächst mit »Wenn man der Lust misbraucht wird sie sogleich zu Gallen« übersetzt. In das der Gesellschaft von Brockes vorgelegte Blatt trug Michael Richey, der Sekretär der Gesellschaft, die in der gemeinsamen Diskussion der fraglichen Zeile erarbeiteten Änderungen ein und zwar in zwei Arbeitstakten, deren einer mit Bleistift, der andere mit Tinte festgehalten worden ist. Die Tendenzen der Überarbeitung der Zeile lassen sich deutlich erkennen: Es wird die logische Struktur der Argumentation herausgearbeitet, und es wird das metrische Prinzip der strengen Alternation durchgesetzt: »Wenn man… misbraucht wird« wurde ersetzt durch »Misbraucht man… wird«; um eine dadurch hervorgerufene Störung der metrischen Form in der ersten Vershälfte zu vermeiden, behalf sich die Runde dadurch, daß sie »misbraucht« reflexiv verwendete: »Misbraucht man sich…«. Nun stießen allerdings noch im Versinneren zwei Hebungen aufeinander; deswegen wanderte das »so« aus »sogleich« an die Spitze des Hauptsatzes: »so wird sie gleich…« Die Sperrung zwischen »so« und »gleich« mußte gestört haben, denn es wurde das »gleich« an den Anfang des Hauptsatzes gezogen. Nach dieser Behandlung ging die Zeile in der Formulierung: »Misbraucht man sich der Lust [,] so gleich wird sie zu Gallen« zu den Akten.[32] Als Chr. Fr. Weichmann sechs Jahre später die Akten der Gesellschaft durcharbeitete, um publizierbares Material daraus herauszuziehen, wählte er auch dieses Stück aus, aber die Formulierung der ersten Zeile gefiel ihm offensichtlich nicht, was durchaus verständlich ist, denn in der Prozedur, die logische Struktur deutlicher herauszuarbeiten, war unter der Hand aus der konditionalen eine temporale Fügung geworden, einmal von der merkwürdigen Reflexivform abgesehen. So unterwarf Weichmann die Zeile einem erneuten Eingriff. Zunächst ließ er die um der Metrik willen auffällige reflexive Verwendung von »mißbrauchen« fallen, indem er die Endung in »misbraucht« ausfüllte; dann verwandelte er die temporale Konstruktion in ihre konditionale Vorform zurück: »Mißbrauchet man der Lust: so wird sie gleich zu Gallen.« In dieser Form wurde die Brockessche Zeile dann 1721 publiziert.[33]

An einem solchen (harmlosen) Beispiel sieht man leicht, wie sehr ein Text als Wortpuzzle betrachtet wurde, das nicht als unberührbar oder gar als ›heilig‹ galt, selbst, wenn die Formulierungen aus der Feder eines so »Hoch-Edlen, Hochweisen und Hochgelahrten Herrn« geflossen waren, als der der Herausgeber in der Widmung Brockes pries. Wo die Rolle des Schriftstellers nicht von seinem Text her bestimmt wird, den er produziert (hat), sondern aus einem Ensemble sozialer Handlungsmuster, die dem literarischen Text völlig heteronom sind, da ist auch die Textgestalt nicht sakrosankt.

Anmerkungen

1 Vgl. Georg Guntermann, *B. H. Brockes' »Irdisches Vergnügen in Gott« und die Geschichte seiner Rezeption in der deutschen Germanistik*, Bonn 1980.

2 Die von Adalbert Elschenbroich besorgte Ausgabe: B. H. Brockes, *Irdisches Vergnügen in Gott*, Stuttgart 1963, beherrscht zwar den Markt, ist aber ganz einer einzigen, zudem überholten Auslegungstradition verpflichtet und bedürfte dringend einer Überarbeitung; die von Georg Guntermann 1982 für die Gesellschaft der Bücherfreunde zu Hamburg herausgegebene schmale Auswahl *Die Welt im Licht* ist leider im Buchhandel nicht erhältlich. Zumindest in wissenschaftlichen Bibliotheken ist der Nachdruck einer umfangreichen, zeitgenössischen Auswahl greifbar: B. H. Brockes, *Auszug der vornehmsten Gedichte aus dem »Irdischen Vergnügen in Gott«*, Hamburg 1738, Repr. hrsg. v. Dietrich Bode, Stuttgart 1965, die aber schon charakteristischen Überlieferungstendenzen der Zeit selbst unterworfen ist.

3 Vgl. Wilhelm Voßkamp, ›Christian Friedrich Hunold (Menantes)‹, in: Harald Steinhagen u. a. (Hrsg.), *Deutsche Dichter des 17. Jahrhunderts*, Berlin 1984, S. 852–870.

4 Johann Wolfgang Goethe, *Dichtung und Wahrheit*, Hamburger Ausgabe, Bd. 9, Hamburg 1955, S. 397.

5 Johann Christoph Gottsched, ›Gedächtnißrede auf Martin Opitz‹, in: J. Chr. G., *Schriften zur Literatur*, hrsg. v. Horst Steinmetz, Stuttgart 1972, S. 213.

6 Georg Christian Lehms, *Deutschlands Galante Poetinnen*, Frankfurt/Main 1715, Vorr. Bl. b 5ᵛ. Vgl. Rudolf Drux, ›»Das wider viele ungegründete Vorwurffe vertheidigte Frauenzimmer«. Polyhistorische Bemerkungen zu einem Hochzeitsgedicht von J. Ch. Günther‹, in: Hans-Georg Pott (Hrsg.), *Johann Christian Günther*, Paderborn 1989, S. 21–38.

7 Eine Interpretation von Entwicklungstendenzen im Rollenverständnis des

18. Jahrhunderts versucht Herbert Jaumann, ›Emanzipation als Positionsverlust. Ein sozialgeschichtlicher Versuch über die Situation des Autors im 18. Jahrhundert‹, in: *Lili* 11 (1981), H. 42, S. 46–72. Vgl. auch: Ferdinand von Ingen, ›Zum Selbstverständnis des Dichters im 17. und frühen 18. Jahrhundert‹, in: James A. Parente Jr. u. a. (Hrsg.), *Literary Culture in the Holy Roman Empire*, 1555–1720, Chapel Hill 1991, S. 206–224.

8 Vgl. Uwe-K. Ketelsen, *Nie in London – dafür Amtmann in Ritzebüttel. Brockes' Traum vom galanten Leben*, Cuxhaven 1989. Vgl. Hans-Georg Kemper, *Deutsche Lyrik der frühen Neuzeit*, Bd. 5, 1 und 5, 2, Tübingen 1991.

9 Christian Hofmann von Hofmannswaldau, ›Vorrede zu »Deutsche Übersetzungen und Getichte‹«, in: *Poetica* 2 (1968), S. 552.

10 Vgl. Uwe-K. Ketelsen, ›Die Anomysierung des Buchmarktes und die Inszenierung der »Speaking Voice« in der erotischen Lyrik um 1700«, in: James A. Parente Jr. u. a. (Hrsg.), *Literary Culture in the Holy Roman Empire 1555–1720*, Chapel Hill, N. C. 1991, S. 259–275.

11 Vgl. Uwe-K. Ketelsen, ›Innovation und Transformation. Von der Entstehung aufklärerischer Lyrik im Verfall der barocken Poetik‹, in: Barbara Becker-Cantarino u. a. (Hrsg.), *The Enlightenment and its Legacy. Studies in German Literature in Honor of Helga Slessarev*, Bonn 1991, S. 43–53.

12 Karl Wilhelm Ramler, *Lieder der Deutschen*, Berlin 1766, Repr. ʾhrsg. v. Alfred Anger, Stuttgart 1965.

13 Christoph Heinrich Amthor, *Teutsche Gedichte*, Rendsburg [2]1734, Vorrede zur 1. Aufl. (1716), Bl. x 1–3.

14 Johann Jacob Rambach, *Poetische Fest-Gedancken von den höchsten Wohlthaten Gottes*, Jena [2]1727, Vorr. Bl. x 5[r].

15 Daniel Wilhelm Triller, *Poetische Betrachtungen*, 3. Theil, Hamburg 1742, Vorr. Bl. b 4[r].

16 [Gottlieb Stolle (Hrsg.)], *Herrn v. Hoffmannswaldau Gedichte, sechster Theil, nebenst einer Vorrede wider die Schmeichler und Tadler der Poesie*, Leipzig 1709, [S. 14].

17 Albrecht von Haller, Vorrede zu: Paul Gottlieb Werlhof, *Gedichte*, Hannover 1749, S. 5.

18 Christian Weise, *Curiöse Gedancken Von Deutschen Versen*, 2. Theil, Leipzig [2]1693, S. 4–18.

19 [Erdmann Uhse], *Wohl-informirter Poet*, Leipzig [2]1708, Vorr. unpag.

20 Joachim Beccau, *Zuläßige Verkürtzung müßiger Stunden, Bestehend in allerhand Weltlichen Poesien*, Hamburg 1719, S. 113.

21 Vgl. Harold Jantz, ›Brockes' Poetic Apprenticeship‹, in: *MLN* 77 (1962), S. 439-442.

22 So nach der Titelaufnahme bei Harold P. Fry, ›Verzeichnis der Schriften von und über B. H. Brockes‹, in: Hans-Dieter Loose (Hrsg.), *B. H. Brockes (1680–1747). Dichter und Ratsherr in Hamburg*, Hamburg 1980, S. 192 f.

23 Vgl. Gerhard Plumpe, ›Eigentum – Eigentümlichkeit. Über den Zusammenhang ästhetischer und juristischer Begriffe im 18. Jahrhundert‹, in: *Archiv für Begriffsgeschichte* 23, Bonn 1979, S. 175–196.

24 Vgl. Jürgen Stenzel (Hrsg.), *Deutsche Schriftsteller im Porträt*, Bd. 2: Das Zeitalter der Aufklärung, München 1980, S. 37.

25 Barthold H. Brockes, *Die Welt im Licht*, hrsg. v. Georg Guntermann, Hamburg 1982, Frontispiz.

26 Christian Friedrich Weichmann (Hrsg.), *Poesie der Niedersachsen*, Bd. 1, Hamburg 1721, Bl. + 2[r + v].

27 Vgl. Jürgen Rathje, ›Brockes, B. H.‹, in: Walter Killy (Hrsg.), *Literaturlexikon*, Bd. 2, Gütersloh 1989, S. 241–243, der endlich einmal die politische Dimension in B.s Biographie gebührlich herausstellt.

28 Dieses Moment der Brockesschen Produktion betont in seiner Relativierung der ideen- und ideologiegeschichtlichen Interpretationen dieses Autors besonders Leif Ludwig Albertsen, ›Erstes Gebot Gottes: Genieße die Wirklichkeit. Eine Beschreibung von Brockes‹, in: Karl Richter (Hrsg.), *Gedichte und Interpretationen*, *Bd. 2: Aufklärung und Sturm und Drang*, Stuttgart 1983, S. 57–66.

29 Christian Hofmann von Hofmannswaldau, ›Vorrede zu »Deutsche Übersetzungen und Getichte«‹, in: *Poetica* 2 (1968), S. 552.

30 [Benjamin Neukirch (Hrsg.)], *Herrn von Hoffmannswaldau und andrer Deutschen Gedichte*, erster theil, Leipzig 1697, Nachdr. hrsg. von Angelo George de Capua u. a., Tübingen 1961, S. 21.

31 [Karl Wilhelm Ramler (Hrsg.)], *Lieder der Deutschen*, Berlin 1766, Repr. hrsg. von Alfred Anger, Stuttgart 1965, S. *3.

32 *Akten der hamburgischen teutschübenden Gesellschaft*, Nr. XXVII (1715); UB Hamburg: Cod. hist. litt. 4 c in 2°.

33 Christian Friedrich Weichmann (Hrsg.), *Poesie der Niedersachsen*, Bd. 1, Hamburg 1721, S. 309.

JOHANNES MAHR

»Die Regeln gehören zu meiner Materie nicht«

Die poetischen Schriften von Friedrich Gottlieb Klopstock

Als Dichter im »Zeitalter der Aufklärung« entspricht Friedrich Gottlieb Klopstock jenem Typus des räsonierenden Literaten »dem es [...]
ein Bedürfnis ist, sich über jeden Schritt auch theoretisch Rechenschaft
zu geben«[1]. Er will das eigene Werk dem Leser vermitteln; er sucht als
homo politicus Einfluß auf das öffentliche Leben der Zeit. So entstehen
neben dem Epos *Der Messias* mit rund 20000 Versen, neben etwa 230
Oden und sechs Dramen umfangreiche theoretische Schriften.

Regelmäßig über viele Jahre hin beschäftigt sich Klopstock mit Fragen der Metrik (ausführlich in dem langen Fragment *Vom deutschen Hexameter*, gedruckt 1779). In mehreren kleinen Aufsätzen analysiert er den
Charakter und die Wirkung der Dichtung (*Von der heiligen Poesie*, 1755;
Gedanken über die Natur der Poesie, 1759; u. ö.). Er treibt Wissenschafts-
und Kunstpolitik und sucht das Gespräch mit Kaiser Joseph II., von
dem er die Gründung einer deutschen Akademie der Wissenschaften
und eine zentral geleitete nationale Kulturförderung erhofft (*Die deutsche
Gelehrtenrepublik* erscheint 1774). Er plant eine Rechtschreibreform
(*Ueber di deutsche Rechtschreibung. Mit Zusezen*, 1779) und hält sich jahrelang selbst an seine skurrilen Regeln. Er beschäftigt sich mit Fragen der
Grammatik, der Aussprache und der Wortbildung (*Grammatische Gespräche*, 1794). Klopstock ist demnach jederzeit bereit, sich öffentlich
einzumischen. Seine Themen reichen vom literarischen Handwerk bis
zur großen Politik, ohne daß die Bereiche scharf getrennt würden.

Die Schreibweisen des theoretischen Werks variieren beträchtlich.
Neben knapper, genauer Wissenschaftsprosa stehen Briefe, Epigramme, lakonische Aphorismen und Notizen in einem Arbeitsjournal;
dazu kommen Dialoge, von denen Arno Schmidt behauptet hat, erst in
ihnen erreiche Klopstock sprachliche Meisterschaft; es findet sich aber
auch fingierte Historiographie wie die *Geschichte des letzten Landtags* in
der *Gelehrtenrepublik*. Ganz eigentümlich sind Oden über poetologische
Fragen (z. B. *Aganippe und Phiala*, *Oden I*, 158; *Kaiser Heinrich*, I, 161;
Sponda, I, 168; *Thuiskon*, I, 171; *Die Sprache*, II, 37; *An Johann Heinrich*

Voß, *II*, 57 u. a.). Sie zeigen Klopstocks zentrales Anliegen. Denn das Nachdenken des Dichters unterscheidet sich von dem des »klugen Mannes«, der »breit sich setzen, / Und von der Weisheit wohl gar mit sprechen« möchte (*Oden I*, 118); er schöpft »mit Entzückung« aus dem »Quell / Der Begeistrung, und der Weisheit« (*Oden I*, 186 f.) und führt unvermittelt auf die Höhe des Gedankens und mitten ins Gespräch. Der Dichter sucht begeisterte, nicht nur lernwillige Leser – und macht es ihnen gleichzeitig schwer, denn er entfaltet nicht logisch die Argumente, sondern setzt beim Schöpfer und beim Rezipienten des Kunstwerks das gleiche spontan-intuitive Denken voraus.

Leitmotivartig finden sich in all diesen Schriften Formeln der Verachtung für jede schulmäßige Ästhetik. Fast ängstlich scheut Klopstock den Verdacht, jemand belehren zu wollen; er »liebe nichts weniger, als das Vortragen« (*Werke XV*, 234) und wolle »auf keine Weise systematisch« sein (*Schriften*, 180). Schon das früheste erhaltene Gedicht polemisiert gegen die »Scholien« der gelehrten Zunft (*Oden I*, 3). Immer wieder findet man Verse wie diese:

> Grübelt der Künste Gesetzen nicht nach. Sehr weniger Augen
> Wurde der Blick, sie zu sehn. Zeigten die Satzungen nicht,
> Daß auch Denker nicht kannten den weisen Rat, dem der wahren
> Künstler Begeisterung folgt? Grübelt nicht, aber genießt!
> (*Schleiden-Ausg.*, 193)

Das umfangreiche Werk und die Ablehnung von »Gesetzen« müssen einander nicht widersprechen. Klopstock erklärt, er liebe von allen Möglichkeiten zu philosophieren nur jene, »deren Liebling Sokrates war« (*Schriften*, 202), also eine, die Fragen stellt und diese für wichtiger hält als jedes System. Er folgt damit der Entwicklung deutscher Aufklärung seit der Mitte des 18. Jahrhunderts: Sie ist bestrebt, über der Einsicht ins Weltganze den Praxisbezug nicht zu verlieren und den Menschen in seiner leiblich-seelischen Ganzheit anzusprechen. Klopstock sucht die »Einheit von Leben und Lehre« und will »die sokratische Wendung gegen die Pedanterie auf das künstlerische Gebiet übertragen«[2]; er lehnt deshalb jede Kritik ab, die sich der Kunst »unbegeistert, / Richterisch und philosophisch« (*Oden I*, 10) nähert – ein systematisches, »philosophisches« Verfahren scheint die erstrebte Form des Erkennens förmlich zu behindern. (Klopstock reagiert später auf Kants Ästhetik eher verständnislos.)

Fast beiläufig beginnt das Gespräch mit der Öffentlichkeit. Zwar äußert Klopstock sich schon 1746 in seiner Abiturrede *Von der epischen*

Poesie zu literarischen Fragen und deutet an, daß er ein religiöses Epos plane. Doch diese »Rede« (besser sollte man sagen: dieses Selbstgespräch) verschwindet im Schularchiv. Während der folgenden Jahre, als sich im Streit zwischen Gottsched einerseits, Bodmer und Breitinger andererseits die Aufklärungspoetik weiterentwickelt, hält er sich völlig zurück. Anlaß des Streits ist der Begriff des »Wunderbaren« in der Poesie, fast zwangsläufig rückt dabei der *Messias* in den Mittelpunkt des Interesses. Doch als dessen Autor meint Klopstock, wer dem Publikum ein literarisches Werk vorlege, solle die Leser richten lassen und selbst schweigen. Erst sieben Jahre nach der Veröffentlichung der ersten Messiasverse stellt er 1755 vor die Buchausgabe von Gesang 1–10 einen kleinen Aufsatz, der so anfängt:

»Ich habe mich gleich von Anfange unter die Zuschauer gemischt, geschwiegen, und von einigen gelernt. Ich werde auch itzt nichts anders tun. Ich werde nur einige von den Zuschauern, die mich hören wollen, auf die Seite nehmen, und sie auf eine Stelle führen, von welcher, wie ich glaube, Gedichte von dieser Art, in ihrem wahren Gesichtspunkte, angesehn werden.« (*Schriften*, 187)

Etwas später im Text zeigt sich, wer diese »wenigen« sind. Da wird der Fachmann, der den wissenschaftlichen Stand des Gesprächs über die »höhere Poesie« kennt, gebeten, eine Passage »zu überblättern«.

»Es sind aber noch andre, und ebenso verehrungswürdige Leser, die wenig von diesem allen wissen, es zu wissen verdienen, eine unverdorbne natürliche Empfindung, und ein gutes Herz haben [...] für sie mache ich folgende wenige Anmerkungen [...].« (*Schriften*, 190)

Der Satz verweist auf das neue Publikum, das Klopstock mit Hilfe des *Messias* der zeitgenössischen deutschen Literatur zuführt, und auf die neue Art, in der dieses Publikum zu lesen beginnt; und er zeigt die Abkehr von der bisher gültigen Produktionspoetik. Denn die traditionellen Leser, also Gelehrte, Adelige und kulturinteressierte Großbürger, die schon vor der Lektüre Bescheid wissen über die Regeln, nach denen ein Text gefertigt ist, und über die Wirkung, die er beabsichtigt, lehnen in ihrer Mehrheit den *Messias* ab. Dagegen werden Leute gewonnen, die – oft aus moralischen Gründen – schöngeistige Literatur bisher verachtet haben, also etwa jene »Wiederholungsleser«, die nur die Bibel und fromme Erbauungsbücher schätzen; oder die von höherer Bildung noch weitgehend ausgeschlossenen Frauen; und junge Leute, die von Literatur persönlich angesprochen, nicht auf vorformulierte Lehren hin abgerichtet sein wollen.[3] Unter ihnen sucht Klopstock jene »völligen Laien, die unverwahrlost von theoretischer Hörsagerei sich dem Eindruck überließen« (*Schriften*, 60). Nicht nur dem »*Messias*«, sondern der »Poesie, die ich die heilige nenne, überhaupt« (*Schriften*, 187) nähert man sich seiner Ansicht noch am besten ohne Vorurteil, wie Dichtung auszusehen und was sie zu bezwecken hat; Verständnis entsteht nur aus der Bereitschaft, genau hinzuhören und sich mit »ganzer Seele« (das ist eine Lieblingsformel Klopstocks, vgl. *Schriften*, 180, 190, 195 u. ö.) auf die Sprachbewegung einzulassen. Deshalb darf sich keine poetische Theorie zwischen das Werk und den Leser schieben. Der Autor gibt allenfalls »Hinweise«, worauf zu achten ist.

Den wissenschaftlichen Zugriff erschwert dieses Verfahren freilich sehr. Klopstock ist tatsächlich »an allgemeingültigen Definitionen nicht interessiert« und erreicht keine systematische Geschlossenheit, auch keine stimmigen Begriffe. Die moderne Forschung stellt fest: »Den Widerstreit zwischen der traditionellen Metrik und seinen neuen Beobachtungen und Erkenntnissen hat er nie überwinden können. Notwendigerweise bleibt der Verstheoretiker Klopstock hinter dem Verskünstler weit zurück.«[4] Das ist nicht zu bedauern, kennzeichnet vielmehr Klopstocks historischen Ort. Von jetzt an ist es nicht mehr die Theorie, die der Kunst vorausgeht und die Rezeption leitet; am Anfang steht der Schöpfungsakt des Künstlers. Es scheint nur konsequent, daß Klopstocks Beitrag zur Poetik des 18. Jahrhunderts nicht allein in seinen theoretischen Schriften besteht, sondern auch in seiner neuen Schreibweise und in der im Lauf des Lebens immer bewußter angenommenen Rolle als Dichter.

Klopstocks frühe Entwicklung zeigt in exemplarischer Weise den Epochenwandel, der sich in der Mitte des 18. Jahrhunderts vollzieht. 1743 erschien ein Buch, das kritisch von Lehrern und Schülern der sächsischen Landesschule Schulpforta erzählte. Der Verfasser schildert den damals 19jährigen Klopstock als Eigenbrötler, der längst ganz persönlichen Plänen nachgeht: »Er lebet gern in der Einsamkeit. An den Orten, wo er die Werke Gottes in der Natur betrachten kann, ist er am liebsten. Gewöhnliche Lustbarkeiten siehet er gantz gleichgültig an. Er bleibet allezeit gelassen und vergnügt.«[5] Im Internat galt Klopstock als Poet, es gab von ihm Gedichte in lateinischer, deutscher und griechischer Sprache: »verschiedene wohlgerathene Schäfergedichte«; Bußlieder, die »in das Innere des Hertzens« dringen; selbst anakreontische Verse hatte er »verfertiget«.[6]

Fingerübungen solcher Art geschahen nicht aus innerem Drang, sie waren Teil der Ausbildung. Sprachkompetenz sollte entstehen durch die Nachahmung vorbildlicher »Muster«. Nicht Originalität und Spontaneität waren gefragt, sondern größtmögliche Anpassung.

Noch immer galt, was Christian Weise 1693 über die Poetik-Lehrer schrieb,

»welche die Verse vor ein manierliches Nebenwerck halten / und die gantze Zierligkeit als ein Instrumental-Wesen ansehen / damit andern und höhern studiis gedienet wird / daher verlangen sie auch an diesem Stücke keinen sonderbaren Vorzug / so wenig als ein Zimmermann der schönen Axt wegen das Meister-Recht verdienet; sondern es werden die jungen Leute angehalten / daß sie lieber den Nahmen eines guten Predigers/Hoff-Raths/Advocatens/Rathsherrns/Secretarii und dergleichen / als eines guten Poetens verdienen.«[7]

In einem fast nur auf den christlichen Glauben und die lateinische Sprache ausgerichteten Unterricht kamen Realien des modernen Lebens kaum vor. Die Begegnung mit der Poetik und deren Musterbüchern ersetzte die Begegnung mit der Welt. Bildungsziel war, junge Leute von fast ausschließlich bürgerlichem Stand zu »brauchbaren Subjekten« zu machen, die die ihnen zugedachten Rollen im absolutistischen Staat ausfüllten – dies ist ein wichtiger Schritt zur Emanzipation; auf der Basis von Professionalität und materieller Sicherheit ließ sich weiterfragen nach der Möglichkeit einer individuellen Gestalt.

Die frühe Aufklärung in Deutschland mißtraute, noch adeligem Tugendideal entsprechend, jeder ursprünglichen, persönlichen Regung; sie orientierte sich an der Idee einer rationalen, Fürsten und Untertanen gleichermaßen verpflichtenden Ordnung. Dichtung und Leben hatten mit treu zu lernenden und zu respektierenden Regeln zu tun, nach denen die Welt eingerichtet ist, nicht mit Genie und Subjektivität. Johann Christoph Gottscheds »*Versuch einer Critischen Dichtkunst*« (1730) bestand darauf, daß »natürliche Gaben an und für sich selbst noch roh und unvollkommen« seien: »Man kann aber junge Knaben beyzeiten aufwecken, und ihren Witz, so zu reden, in die Falten rücken, wenn man ihnen bald allerley gute sinnreiche Schriften zu lesen giebt.«[8] Zwang, Nachahmung und pures Auswendiglernen dominierten im Erziehungsalltag.

Seit den vierziger Jahren des 18. Jahrhunderts fanden sich aber Lehrer, die einen neuen Umgang mit klassischen Texten vorschlugen und die damit grundsätzlich die Haltung zur Antike und zur Literatur überhaupt änderten. Philologen wie Johann Matthias Gesner (1691–1761) wollten nicht am Beispiel beliebig bleibender lateinischer Sätze und Verse Grammatik pauken, sie wollten Texte aufschließen; der Leser sollte wahrnehmen, daß er »des Umgangs der größten und edelsten Seelen [genieße], die jemals gewesen«; dann liefern die antiken Dichter »eine Menge von guten Maximen, die den Verstand und Willen bes-

sern«.[9] Von fern zeichnet sich in solchen Ideen die Antike-Rezeption
Winckelmanns, Wielands und Goethes ab, die die Begegnung mit antiker
Kunst und Poesie zu einem dynamischen, das ganze Leben bestimmenden Prozeß machten. Von fern zeichnet sich auch ein veränderter Umgang mit neuer Literatur ab, die nicht nur den Verstand ansprechen,
sondern, wie Klopstock später formuliert,»das Herz angehen« und »eine
Beziehung auf die Glückseligkeit« haben sollte (*HKA* VII/1, 22).
Impulse für die Neubewertung der Poesie kamen aus dem Pietismus.
In einem 1737 in Halle anonym erschienenen Kleinepos »*Der Tempel der
wahren Dichtkunst*« machte der damals 23jährige Jakob Immanuel Pyra,
der sich als einer der ersten gegen die Diktatur Gottscheds auflehnte, eine
alte Vorstellung von Poesie neu verfügbar. Er verwarf jedes auf irdische
Zwecke gerichtete Verseschmieden; nur der christliche Dichter findet
zu jenem »Tempel der Dichtkunst«, der zugleich Zentrum der Schöpfung ist; in dessen Mitte steht ein Kreuz, von dem aus »die gantze Welt
wie vor uns ausgestrecket«[10] erscheint. Eine Vokabel aus frühauguste-
ischer Zeit gewann neue Bedeutung. Vergil hatte nach dem Vorgang
Varros das abgegriffene griechische Lehenswort »poeta« durch die vermeintlich altrömische Bezeichnung »vates« ersetzt[11]; der »vates« ist erfüllt von göttlichem Geist und gibt allem, dem er sich zuwendet, Sinn
und Würde. Renaissance- und Barockpoetiken übernahmen den Begriff,
ohne ihn besonders zu beachten. Erst der Pietismus mit seiner Suche
nach persönlicher religiöser Ergriffenheit belebte ihn wieder und ermöglichte dem Dichter ein neues Selbstbewußtsein. Die Rede, die Klopstock
am 21. September 1745 zum Abschluß seiner Schulzeit vorlegte[12], sah
bereits den Dichter, ähnlich wie den Propheten, »vol vom heiligen Geiste«. Schon in jungen Jahren entwickelte Klopstock jene »unabhängige
Würde«, die Goethe an ihm bewunderte, weil sie in der deutschen Literaturgeschichte »Epoche« machte.[13]
Erfolg beim Publikum ermöglichte, den Gedanken umzusetzen in
gesellschaftliche Reputation. Mäzene durften Klopstock helfen, nicht
ihn vereinnahmen.[14] Verleger konfrontierte er mit klaren Vorstellungen, was den finanziellen Erlös und die handwerklich perfekte Ausstattung seiner Bücher betraf.[15] Er sah sich befugt, moralische Weisungen zu
erteilen (Goethe hat das lästig genug erfahren[16]), politische Forderungen
zu stellen und während der französischen Revolution sowohl dem deutschen wie dem französischen Volk politische Perspektiven zu eröffnen.[17]
Im Lauf seines Lebens entwickelte Klopstock den Anspruch, ein bürgerlicher Dichterfürst zu sein, dessen Würde – im Unterschied zu anderen –
selbst erworben ist durch die eigene Arbeit.

Diese Arbeit begann schon in Schulpforta. Doch was der Primaner am Ende seiner Internatsjahre plante, war vom Poetikunterricht, den er erhalten hatte, nicht beabsichtigt: er wollte ein Epos schreiben. Das konnte nach eigener Einschätzung nur geschehen, wenn er alle Kraft darauf verwandte und sein ganzes Leben in das Werk investierte. Die Poesie wurde von einem »Nebenwerck« zum lebensbestimmenden Schicksal.

Der Plan selbst folgte noch immer den Poetik-Lehrbüchern, die dem Epos höchsten Rang in der Dichtung einräumten. Gottsched nannte es »das rechte Hauptwerk und Meisterstück der ganzen Poesie«[18]; erst im großen Epos erreicht eine Sprache welthistorischen Rang. Ein solches Epos, wie es Homer und Vergil ihren Völkern schenkten, wie es in den neueren Sprachen Tasso, Ariost, Marino, Camoes, Voltaire, Milton und andere vorlegten, fehlte noch immer in Deutschland. Klopstock traute sich zu, im Bereich der deutschen Sprache zum »Schöpfer« zu werden, »der ein vortreffliches Werck, das ein Aufsehen in der Welt gemacht, aus seinem Eigentum hervorgebracht hat«.[19]

Doch welcher Stoff konnte in einem politisch und gesellschaftlich so zersplitterten Gebilde wie dem alten Reich alle Deutschen interessieren? Viele verunglückte Epenfragmente aus dem frühen 18. Jahrhundert, etwa *Der große Wittekind* von Christian Heinrich Postel (1698, erschienen 1724), *Karls VI. im Jahr 1717 erfochtener Sieg über die Türken* von Johann Valentin Pietsch (1717), *Der großmütige Friedrich III., König von Dänemark* von Ludwig Friedrich Hudemann (1750) u. a. erzählen der Tradition entsprechend Ereignisse aus der Historie; sie behandeln einen geschichtlichen Stoff, der »ein ganzes Volk, ja wo möglich, mehr als eins angeht«[20]. Aber Geschichte wird nur vom Fürsten her gesehen; der »Held« allein ist das handelnde Subjekt, das den Leser über die richtige Haltung gegenüber dem Staat belehren soll. Klopstock wählt nach dem Vorbild von Miltons *Paradise lost* einen religiösen Gegenstand und wechselt damit die Perspektive. Der Leidensweg des Messias ist zugleich der Heilsweg der Menschheit. Die Geschichtserzählung richtet sich an den einzelnen Leser und bringt ihn zum ergriffenen Mit-Leid. Ein völlig neues Verständnis vom Akt des Lesens entsteht. (Zum Vergleich: Auch die wenig früher entstandenen Passionen Johann Sebastian Bachs, von denen Klopstock erst in Kopenhagen durch Gerstenberg erfuhr, wollten als Teil der Liturgie die Rührung und Bekehrung des persönlich betroffenen sündigen Menschen. Bei Klopstock wird die öffentlich-liturgische Feier des Passionsgeschehens ersetzt durch den Nachvollzug in privater Lektüre; die religiöse Ergriffenheit weicht einem intensiven Selbstgefühl, wie es sich in fast allen frühen Äußerungen begeisterter Messiasleser artikuliert.)

Klopstocks Plan war im Alleingang nicht zu realisieren. Entstehung und Publikation des Messias zeigen vollends, daß sein Verfahren in einen größeren Zusammenhang gehört. Um sich sachkundig zu machen, begann er ein Theologiestudium in Halle. Schon an Pfingsten 1746 ging er nach Leipzig ins Zentrum des deutschen Buchhandels. Nur hier gab es Anregung und Kritik, die der junge Autor aus der Provinz brauchte; hier tobte auch jener Streit zwischen Gottsched und dessen Züricher Gegnern, aus dem eine neue Poetik entstand.

In der Mitte der vierziger Jahre wurde die autoritäre Regelpolitik Gottscheds heftig kritisiert. Auch seine Schüler suchten Distanz. Als einer, der die »Regeln« der Dichtung nach den Regeln der Gesellschaft festlegte, bestimmte Gottsched wie ein absolutistischer Herr, welche neuen Texte akzeptabel waren und welche nicht. 1745 gründeten Studenten eine Zeitschrift mit dem altmodisch klingenden Titel *Neue Beyträge zum Vergnügen des Verstandes und Witzes*, die zwar in Leipzig redigiert, aber in Bremen gedruckt wurde und deshalb unter dem Namen *Bremer Beiträge* in die Literaturgeschichte einging. Die Redakteure ersetzten Autorität durch kritischen Dialog, die »vernünftige« Norm durch Geschmacksurteile. In ihrem Blatt sollte »kein Aufsatz eines Mitarbeiters einen Platz finden, wenn nicht die meisten Stimmen dafür ausgefallen«[21]. Das widersprach dem zentralen Gedanken von Gottscheds Poetik. Dieser sah es als seine Lebensaufgabe an, »ein ganzes Volk aus seiner natürlichen Rauhigkeit und Barbarey« zu »reißen«.[22] Deshalb sollte alles in der Kunst nach Regeln ausgerichtet sein, »die aus der Vernunft und Natur hergeleitet worden«[23]. Wer nun den Mehrheitsentscheid in ästhetischen Dingen zuließ, berücksichtigte die Reaktion letztlich anonymer, aber innerlich betroffener Leser, nicht die Kennerschaft der Gelehrten – die »große Emanzipationsbewegung«, die den Rahmen der Literaturästhetik des 18. Jahrhunderts bildet[24], erreichte eine neue Stufe.

Der Zufall führte in einem Leipziger Hinterhaus mit hellhörigen Wänden jenen angeblichen Studenten, der im Wäschekoffer Manuskriptbündel einer neuen religiösen Dichtung versteckt hielt, und die Redakteure der *Bremer Beiträge* zusammen. Als »eine Gesellschaft Freunde« begrüßten sie den Unbekannten, ohne sich durch seine »neue Art von deutschen Versen«, die vielen »hüpfend und holprig vorkommen«[25], irritieren zu lassen. Im April 1747 meldeten sie Johann Jakob Bodmer nach Zürich, sie wollten den ersten Gesang eines im Entstehen begriffenen Werks mit Namen *Der Messias* in ihre Zeit-schrift aufnehmen. Textproben erregten Bodmers Begeisterung. Im Herbst 1748 erschienen gleich drei Gesänge des *Messias*. Die deutsche Literaturtheorie, die sich bei der Suche nach Beispielen bisher an Bod-mers Milton-Übersetzung von 1742 halten mußte, hatte endlich einen würdigen Gegenstand, um Positionen zu klären und neue Kategorien auszubilden.

Klopstock beteiligt sich, wie gesagt, jahrelang nicht am öffentlichen Disput. Ein erster kleiner Aufsatz *Von der Nachahmung des griechischen Silbenmaßes im Deutschen* (1755), der auf Besonderheiten des deutschen Hexameters hinweist, verweigert bewußt den Tonfall und die Gedan-kenführung traditioneller Poetik. Er beginnt nicht mit Definitionen, sondern verlangt, den »Klang« der deutschen Sprache genauer wahr-zunehmen. »Wer ihr Schuld gibt, daß sie rauh klinge, der hat sie [...] niemals recht ausgesprochen gehört«; es komme darauf an, »jeden Ton und Buchstaben, den die richtige Rechtschreibung setzt«, sorgfältig zu beachten und »die Regel der längeren und kürzeren Silben, der Art ihrer Länge und Kürze, und also auch der Harmonie des Verses über-haupt« zu studieren. Jede Sprache hat ihre Vorzüge. Was das Griechi-sche an »Feinheit des Wohlklangs« voraushat, gleicht das Deutsche aus durch »ganz neue Mannigfaltigkeit, welche die Griechen nicht hat-ten«. Deshalb kann keine Rede sein, daß der deutsche Dichter die Griechen »nachahmt«. Die ganz andere Sprachsituation erzwingt einen selbständigen Schöpfungsakt. Klopstock liefert nach dieser Ein-leitung ein paar »Fragmente« zur Produktion deutscher Hexameter, hält sich damit aber nicht weiter auf. Ihn interessiert die Wirkung der Verse, denn er will den Leser nicht nur belehren und erfreuen, son-dern zum Partner des Dichters machen. Genau wie der Dichter bleibt der Leser dem »Klang« der Sprache verpflichtet. Klopstock zeigt das am Beispiel des schöpferischen Nachvollzugs von Dichtung durch mündlichen Vortrag. Die »Kunst, Gedichte zu lesen« braucht gedul-diges Training, ist aber von jedermann erlernbar. »Zuerst müßten wir die Biegsamkeit unserer Stimme, und den Grad ihrer Fähigkeit, den Wendungen und dem Schwunge des Gedankens mit dem Tone zu fol-gen, durch leichte und scherzhafte Prosa kennenlernen.« In kleinen Schritten geht es weiter, bis die Stimme die »volleren Perioden der Redner« beherrscht. Nun kann sie sich an die Hexameter wagen, auch ohne besondere Kenntnis der Prosodie, um »mit der gesetzten Männ-lichkeit, mit der vollen und ganzen Aussprache, und, wenn ich so sa-gen darf, mit dieser Reife der Stimme, den Hexameter [zu] lesen«

(*Schriften*, 20). Unter der Hand hat Klopstock also sein Thema geändert. Er gibt keine technische Information über die »Nachahmung der griechischen Silbenmaße im Deutschen«, sondern zeigt, welchen Reifungsprozeß Dichter und Leser machen müssen. Die Sprache selbst leitet diesen Prozeß und führt jeden, der sich ihr anvertraut.

Ausgangspunkt von Klopstocks Poetik ist demnach der Appell an »ein Ohr, das genau bemerkt« (*Schriften*, 80). Das »lebendige Verhältnis zum gehörten Vers«[26] drängt die humanistische Verslehre mit ihrer rechnenden Rücksicht auf Länge und Kürze der Silben beiseite. Klopstock dichtet aus dem Klang der Sprache. Als er um 1745 ein Versmaß für sein geplantes Epos sucht, bemerkt er, daß der von allen benützte Alexandriner seinen Absichten nicht taugt. Den spröden Klang dieses Verses zeigt das 1745 erschienene »Helden-Gedicht« von Johann Ulrich König, *August im Lager*, das eine Begegnung der Könige von Preußen und Sachsen feiert; der preußische König wird gebeten, seine Freude am Anblick der sächsischen Truppen auch auf den sächsischen Dichter zu übertragen:

> Wie du von Mann zu Mann, von Reihen dort zu Reihen,
> Aufmerksam selber giengst; wie dich da kont erfreuen
> Zelt, Lager, Ordnung, Pracht, Gewehr, Kleid, Mannschafft, Pferd,
> Und die Bewegungen, die deines Beyfalls werth.
> So laß von Satz zu Satz, von Zeilen auch zu Zeilen,
> Dein günstig Auge sich nicht minder hier verweilen.[27]

Die Ordnung des Lagers und die Ordnung der Verse bestätigen sich wechselseitig. Das monotone Auf und Ab erfaßt den gesamten Wortbestand und weist allen Betonungen die gleiche Stärke zu. Das einzelne Versglied geht im Ganzen unter. Alles ist wie im idealen absolutistischen Staat einem schönen Gleichmaß untergeordnet.

Gerade dieses Gleichmaß behindert das individuelle Leben der Sprache. Klopstock kritisiert die »beständige Einförmigkeit« (*Schriften*, 17) der jambischen Verse, weil »auch die sorgfältigste Reinigkeit der Jamben den Fehler der Eintönigkeit nicht ersetzen konnte« (*Werke XV*, 18). Er klagt über die Verarmung der deutschen Sprache durch das Ausscheiden aller Worte mit doppelter Senkungssilbe. »Die Sprache war / Durch unsern Jambus halb in die Acht erklärt« (*Oden II*, 57); der Jambengang bringe es mit sich, daß man so viele Reichtümer der Sprache, »deren Gebrauch größtenteils sogar zur Leibes-Nahrung und Notdurft gehört, gleichsam im Kasten muß verrosten lassen« (*Schriften*, 65). Es genüge im Deutschen keineswegs, betonte und unbetonte oder kurze und lange Silben zu unterscheiden. »Das Ohr vergleicht neben einander stehende Silben« (*Schriften*, 67) und nimmt wahr, daß sie je nach dem Zusammenhang länger oder kürzer sind. Die Differenzierung geschieht nicht wie in der griechischen Sprache auf mechanischem Weg, als ob eine bestimmte Silbe immer die gleiche Dauer und den gleichen metrischen Wert hätte. Die Dauer hängt vielmehr ab von der Stellung im Satz; sie wird beeinflußt von der Qualität benachbarter Worte und von der Redeabsicht des Satzes. Der Gedanke, den ein Vers transportiert, ist für diesen nicht äußerlich, er formt vielmehr als »Mitausdruck« (*Schleiden-Ausg.*, 186) wesentlich die Sprachgestalt. Eben dadurch geschieht bei der Übernahme antiker Metren im Deutschen keine »Nachahmung der Griechen«, es entsteht »eine ganz neue Mannigfaltigkeit, welche die Griechen nicht hatten« (*Schriften*, 13).

Der Begriff »Mannigfaltigkeit« taucht oft auf, wenn Klopstock von deutscher Dichtung redet. Als Verskünstler ist er, wie ein Handwerker, der die engen Zunftschranken verläßt und mit immer neuen Produkten die Phantasie des Publikums anregt, stolz, jeweils neue, sich nicht wiederholende Formen herzustellen. Der Leser hat Teil an der inneren Entfaltung dieser Sprachgestalt; er wird einbezogen in eine Art unendlicher Melodie, etwa wenn er im 1. Gesang des Messias mit dem Erzengel Gabriel durch den Kosmos wandert:

> Unterdeß war der Seraph zur äußersten Gränze des Himmels
> Aufwärts gestiegen. Hier füllen nur Sonnen den heiligen Umkreis
> Hell, gleich einem vom Lichte gewebten ätherischen Vorhang
> Zieht sich ihr Glanz um den Himmel herum. Kein dunkler Planete
> Naht sich des Himmels verderbendem Blick. Entfliehend und ferne
> Geht die bewölkte Natur vorüber: die Erden fliehn mit ihr
> Klein und unmerkbar dahin, wie unter dem Fusse des Wandrers
> Niedriger Staub, von Gewürmen bewohnt, aufwallet und hinsinkt.
> Um den Himmel herum sind tausend offene Wege,
> Lange, nicht auszudenkende Wege, von Sonnen umgeben.
>   (*Messias*, 1. Fassung, I, 186–195)

Da Klopstock vor allem die Wirkung auf den Leser sicherstellen will, verlangt er vom Dichter »Bewegung« und »Aktion«: »Die tiefsten Geheimnisse der Poesie liegen in der Aktion, in welche sie unsre Seele setzt. Überhaupt ist uns Aktion zu unserm Vergnügen wesentlich. Gemeine Dichter wollen, daß wir mit ihnen ein Pflanzenleben führen sollen« (*Schriften*, 181). Der Gedanke folgt traditioneller humanistischer Poetik [28], die als Aufgabe des guten Redners festlegt, er müsse die Zuhörer belehren, erfreuen und »seelisch in Bewegung bringen« (docere, de-

lectare, movere heißen die Begriffe bei Cicero und Quintilian). Klopstock nimmt allerdings innerhalb der vertrauten Begriffe eine wichtige
Akzentverschiebung vor, indem er Ansätze in der Literaturtheorie des
frühen 18. Jahrhunderts radikal weiterführt und das »movere« zum einzigen Redezweck erhebt. Er scheint besonders von Jean Baptiste Dubos
abhängig. (Die deutsche Übersetzung von dessen berühmten *Reflexions
critiques sur la Poesie et la Peinture* von 1719 erschien während Klopstocks
dänischer Zeit 1760/61 in Kopenhagen.) Dubos sieht die wichtigste
Aufgabe der Kunst in der Gemütserregung (»Affectus movere est poeticum«) und erklärt: »die Nothwendigkeit, die Seele zu beschäftigen, ist
eine der größten bey den Menschen«.[29] Worum es geht, zeigt schon die
Überschrift des ersten Kapitels: ›Von der Nothwendigkeit, beschäftigt
zu seyn, wenn man der verdrüßlichen langen Weile ausweichen will‹[30].
Dubos bekämpft die Langeweile einer Feudalgesellschaft, die mangels
Arbeit seelisch nicht ausgelastet ist und sich deshalb mit »nachgeahmten« Gegenständen beschäftigt. Klopstock aber geht es um die Rückkehr des Menschen zu sich selbst:

> »Das Wesen der Poesie besteht darin, daß sie, durch die Hülfe der Sprache, eine
> gewisse Anzahl von Gegenständen, die wir kennen oder deren Dasein wir ver
> muten, von einer Seite zeigt, welche die vornehmsten Kräfte unsrer Seele in
> einem so hohen Grade beschäftigt, daß eine auf die andre wirkt und dadurch die
> ganze Seele in Bewegung setzt.« (*Schriften*, 180)

Die noch doppeldeutige Formel, die Poesie wirke »durch die Hülfe der
Sprache«, enthält einerseits die alte Vorstellung vom instrumentalen
Charakter der Dichtung, weist andererseits aber voraus auf die »Gestalt- und Symbolpoetik der Klassik«.[31] Klopstock bereitet sie vor durch
die Entschiedenheit, mit der er sein poetisches Ich ins Spiel bringt, und
durch die Kraft der Vergegenwärtigung, mit der er sich jedem Gesprächspartner und jedem Gegenstand zuwendet. Er will endgültig
keine »Nachahmung« mehr (wie immer der Begriff gemeint sein mag)
und spricht statt dessen von »Darstellung«. Der Begriff soll darauf hinweisen, daß das Gedicht die Gegenstände »vergegenwärtiget« und ihnen »alle die Lebendigkeit gibt, deren sie, nach ihrer verschiednen Beschaffenheit, fähig sind« (*Werke VIII*, 244). Das ist nur möglich, wenn
sich die Sprache der »Poesie« radikal von der »Prosa« unterscheidet.
Schon die frühen Oden enthalten riesige, kaum noch überschaubare
Satzgebilde, Inversionen, Wort- und Satzwiederholungen, absolute
Komparative, überraschende Genitivmetaphern, neu gebildete oder
kühn verkürzte Worte. Der Aufsatz »*Von der Wortfolge*« erklärt, nur in
Abweichung von der prosaischen Diktion werde die Sprache »poetisch

richtig« (*Schriften*, 175). Erst die Abkehr von den Rede- und Denkweisen des Alltags läßt die Menschen ihre eigentliche Möglichkeit wahrnehmen: »Der Poet, den wir meinen, muß uns über unsre kurzsichtige Art zu denken erheben, und uns dem Strome entreißen, mit dem wir fortgezogen werden. Er muß uns mächtig daran erinnern, daß wir unsterblich sind, und auch schon in diesem Leben viel glückseliger sein könnten.« (*Schriften*, 191)

Der Satz klingt seltsam: die Erinnerung, »daß wir unsterblich sind«, schafft nicht Sehnsucht nach dem Himmel oder Bereitschaft zur Askese, sondern das Gefühl größeren Glücks »in diesem Leben«. Zwar ist der Vorwurf falsch, den schon Kritiker der ersten Messiasgesänge erhoben, Klopstock sei an der Religion nicht interessiert und halte einen privaten »geilgeistlichen Gottesdienst«. Aber die innere Logik seines Werks drängt, die in religiöser Dichtung gewonnene Gefühlssicherheit auf alle Bereiche anzuwenden: das Gedicht schenkt der Freundschaft Dauer (»Da lernt ich, Freund, wie sich die Edlen, / Wie sich die wenigen Edlen liebten«, *Oden I*, 26); im Gedicht verwirklicht sich die Liebe der Geschlechter (»Und um uns ward's Elysium«, *Oden I*, 121); Natur wird zum Entfaltungsraum fröhlicher Gemeinschaft (»Sein Licht hat er in Düfte gehüllt, / Wie erhellt des Winters werdender Tag / Sanft den See«, *Oden I*, 173); es entsteht im Gedicht die Vision eines freien, durch keine Tyrannen mehr unterdrückten deutschen Vaterlands (»Dein Joch, o Deutschland, / Sinket dereinst! Ein Jahrhundert nur noch; / So ist es geschehen, so herrscht / Der Vernunft Recht vor dem Schwertrecht«, *Oden II*, 4); das Gedicht verkündigt, was im Winter 1788 nur wenige erhoffen, die politische Freiheit für alle Menschen (»Der kühne Reichstag Galliens dämmert schon, / Die Morgenschauer dringen den wartenden / Durch Mark und Bein: o kom, du neue, / Labende, selbst nicht geträumte Sonne!« *Oden II*, 63).

So erscheint es nur konsequent, daß Klopstock dort, wo er in den Schriften zur Metrik über das eigene Handwerk nachdenkt, ganz moderne Ideen entwickelt. Er zieht die Konsequenz aus dem Vorgang seiner frühen Oden, wo ein kompliziertes Spiel mit der Sprache oft wichtiger ist als die Mitteilung bestimmter Sachverhalte. Die Versbewegung nähert sich einer »absoluten Wortmusik«[32]. Die Bewegung der Worte selbst, nicht der von ihnen transportierte Inhalt, setzt »Leidenschaften« frei. Dichtung wird so als »Tanz der Worte« begreifbar. Die freie Bildung des »Silbenmaßes« läßt sich vergleichen mit der freien Bewegung von Schlittschuhen auf einer Eisfläche. »Tanz wie Eistanz sind die ideale Selbstreflexion einer Poesie und einer Poetik, die ihre Dominante in die metrisch-rhythmische Bewegung setzt.«[33] Klopstock scheint exakt formuliert zu haben, welche Bedeutung den eigenen theoretischen Schriften zukommt, wenn er in einem kleinen Dialog festhält: »Die schönen Wissenschaften konnten eine gewisse Freude über die Ankunft der Tanzkunst nicht verbergen« (*Schriften*, 214).

Anmerkungen

Noch immer sind Klopstocks theoretische Schriften unzureichend ediert. Es werden folgende Ausgaben benützt:

F. G. Klopstock, *Gedanken über die Natur der Poesie. Dichtungstheoretische Schriften*, hrsg. von W. Menninghaus, Frankfurt/Main 1989; zit. *Schriften*.

F. G. Klopstock, *Oden*, hrsg. von F. Muncker und J. Pawel, 2 Bde., Stuttgart 1889; zit. *Oden I* bzw. *II*.

F. G. Klopstock, *Ausgewählte Werke*, hrsg. von K. A. Schleiden, München 1962; zit. *Schleiden-Ausg.*

F. G. Klopstock, *Sämmtliche Werke*, 18 Bde., Weimar 1823–39; zit. *Werke*.

F. G. Klopstock, *Werke und Briefe. Historisch-kritische Ausgabe*, Begr. von A. Beck, K. L. Schneider, H. Tiemann; hrsg. von G. Gronemeyer u. a., Berlin und New York 1976; zit. *HKA*.

1 August Langen, ›Rezension zu K. A. Schleiden, Klopstocks Dichtungstheorie‹, in: *Euphorion* 52 (1958), S. 330.

2 Benno Böhm, *Sokrates im 18. Jahrhundert*, Neumünster 1966, S. 70.

3 Richard Alewyn, ›Klopstocks Leser‹, in: B. Fabian (Hrsg.), *Festschrift für R. Gruenter*, Heidelberg 1978, S. 100–121.

4 Hans-Heinrich Hellmuth, *Metrische Erfindung und metrische Theorie bei Klopstock*, München 1973, S. 19.

5 Johann Daniel Janozki, *Kritische Briefe an vertraute Freunde geschrieben und den Liebhabern der gelehrten Geschichte zu gefallen herausgegeben*, Dresden 1745, S. 121.

6 A. a. O., S. 122, 109.

7 Christian Weise, *Curiöse Gedancken von Deutschen Versen*, Leipzig 1693, Bd. 2, S. 15 f.

8 Johann Christoph Gottsched, *Versuch einer Critischen Dichtkunst*, Leipzig [4]1751, S. 103.

9 Johann Matthias Gesner, *Deutsche Schriften*; zit. nach Friedrich Paulsen, *Geschichte des gelehrten Unterrichts*, Leipzig und Berlin 1921, Bd. 2, S. 21 f.

10 (Samuel Gotthold Lange und Jakob Immanuel Pyra:) *Thirsis und Damons freundschaftliche Lieder*, 2. verm. Aufl., Halle (1749), S. 143.

11 Hellfried Dahlmann, ›Vates‹, in: *Philologus* 97 (1948), S. 337–353.

12 In der lateinischen Fassung in: *Werke*, Bd. 16, S. 45–74. Deutsche Übersetzung: Carl Friedrich Cramer, *Klopstock. Er, und über ihn*, Hamburg 1780, Bd. 1, S. 54–89. Zu der Rede vgl. W. Große: *Studien zu Klopstocks Poetik*, München 1977, S. 80–92.

13 Goethe, *Werke* (Hamburger Ausgabe), Bd. 9, S. 398 f.

14 Helmut Pape, *Die gesellschaftlich-wirtschaftliche Stellung Friedrich Gottlieb Klopstocks*, Diss. Bonn 1962.

15 Ludwig Sickmann, ›Klopstock und seine Verleger Hemmerde und Bode‹, in: *Archiv für Geschichte des Buchwesens* 3 (1961), Sp. 1473–1610.

16 Franz Muncker, *F. G. Klopstock*, Berlin 1900, S. 477 f.

17 Über die Haltung zur amerikanischen und französischen Revolution vgl. Gerhardt Burkhardt und Heinz Nicolai, *Klopstock-Bibliographie*, Berlin–New York 1975, Nr. 1302–1321.

18 Gottsched, *Critische Dichtkunst*, S. 469.

19 Eleazar Mauvillon hatte mit dieser Formulierung bezweifelt, daß es in Deutschland einen solchen »Schöpfer« geben könne. Klopstock zitiert den Satz in seiner Abiturrede, muß allerdings Mauvillons Begründung weglassen, der behauptet hatte, deutsche Fürsten benützten die »Gelehrten« immer nur als Hofnarren, die sie nach Belieben prügelten und »zu kleinen Künsten« abrichten ließen. Sein späteres sehr distanziertes Verhalten gegenüber deutschen Fürsten zeigt, daß er mit Mauvillons Kritik übereinstimmt.

20 Gottsched, *Critische Dichtkunst*, S. 485.

21 Brief Rabeners von 1772, zit. nach Christel Matthias Schröder, *Die »Bremer Beiträge«*, Bremen 1956, S. 46.

22 *Beyträge zur Critischen Historie der deutschen Sprache*, Leipzig 1732, Bd. 1, Vorrede o. S.

23 Gottsched, *Critische Dichtkunst*, S. 95.

24 Jochen Schmidt, *Die Geschichte des Genie-Gedankens in der deutschen Literatur, Philosophie und Politik 1750–1945*, Darmstadt 1985. Bd. 1, S. 9 f.

25 *Göttinger Zeitung von Gelehrten Sachen*, 29. August 1748, zit. nach Albrecht von Haller, *Tagebuch seiner Beobachtungen über Schriftsteller und sich selbst*, hrsg. von J. G. Heinzmann, Bern 1787, Bd. 1, S. 55.

26 Karl August Schleiden, *Klopstocks Dichtungstheorie als Beitrag zur Geschichte der deutschen Poetik*, Saarbrücken 1954, S. 53.

27 *Des Herrn von Königs Gedichte aus seinen von ihm selbst verbesserten Manuskripten gesammlet und herausgegeben* (v. J. L. Rost), Dresden 1745, S. 192.

28 Vgl. dazu Hans Henrik Krummacher, ›Friedrich Gottlieb Klopstock‹, in: Benno von Wiese (Hrsg.), *Deutsche Dichter des 18. Jahrhunderts*, Berlin 1977, S. 201 ff.; sowie Wolfgang Bender, ›Rhetorische Tradition und Ästhetik im 18. Jahrhundert: Baumgarten, Meier und Breitinger‹, in: *Zeitschrift für deutsche Philologie* 99 (1980), S. 481–506.

29 *Kritische Betrachtungen über die Poesie und Mahlerey, aus dem Französischen des Herrn Abtes Dü Bos*, Kopenhagen 1760, Bd. 1, S. 6.

30 A. a. O., S. 5.

31 Vgl. Gerhard Kaiser, ›Denken und Empfinden: ein Beitrag zur Sprache und Poetik Klopstocks‹, in: *Deutsche Vierteljahresschrift* 35 (1961) S. 331, 325.

32 W. Menninghaus, Nachwort zu: *Dichtungstheoretische Schriften*, S. 270.

33 Menninghaus, a. a. O., S. 320.

Lessing oder Die Freiheit
eines unfreien Schriftstellers

1

Lessing in Wolfenbüttel. 1769 wird ihm der Posten eines Bibliothekars in der herzoglichen Bibliothek angeboten, nach Verhandlungen nimmt er, für ein Jahresgehalt von 600 Talern und freier Wohnung, die Stelle an und verläßt, »bis über die Ohren« in Schulden steckend, das gesellige Hamburg. Ein hochnotpeinlicher Ausweg aus einer verfahrenen Situation, wie ihn Lessing selbst empfinden mochte.

Lessing in Wolfenbüttel, fast elf Jahre lang im Dienste der Herzöge von Braunschweig, eingeklemmt zwischen Büchern, verstrickt in Querelen, ausgesetzt fürstlichen Demütigungen und sinistrer Provinzialität. Was Wunder, daß Lessing, dieser gesellige, lebendiges Gespräch und spitzzüngige Polemik, die Theater, Museen, Galerien, Kaffeehäuser, kurz, die Betriebigkeit einer Großstadt benötigende Literat, sich geistig abstumpfen und vertrocknen fühlt. Die Klagen über Einsamkeit, Mangel an Umgang und lastenden Bücherstaub häufen sich; nonchalantes Überspielen oder fatalistische Gefaßtheit erweisen sich als künstliche Selbsttherapie. Sein existentielles Unbehagen bricht in den Briefen an die Nächstvertrauten eruptiv hervor.[1]

Wolfenbüttel, gegen Ende des 18. Jahrhunderts eine öde und ausgestorbene Kleinstadt, zumal der Hof 1754 in das größere Braunschweig umgezogen war. Die Klosterexistenz, mit »dem unumschränkten Gebrauche einer von seinem Studirzimmer nur wenige Schritte entfernten Bibliothek«, war hier auf bedrückende Weise Realität geworden.[2] Was hilft es, daß er als herzoglicher Bibliothekar fünf Zimmer im menschenleeren Schloß bewohnt und eine der ansehnlichsten Bibliotheken zu seiner Verfügung hat? Die Bücher, denen Lessings Neigung seit früh an gehörte[3], sollten ihm nur als Instrument dienen, während die Rede, das belebende und womöglich kontroverse Wechselgespräch, das Orientierungsmaß seiner schriftstellerischen Leistungen bildete. Eine Lebensstellung gewiß – jedoch um welchen Preis?

Diesen Schlußpunkt seiner Karriere hätte sich der junge Lessing gewiß nicht träumen lassen, als er 1746, siebzehnjährig, die Meißner Fürstenschule St. Afra verläßt und nach Leipzig aufbricht, um Theologie zu studieren, in Wahrheit, um sich Wissenschafts- und Weltkenntnis anzueignen. Hineingezogen in den Bankrott der Neuberschen Truppe, weicht er mit seinem Studium nach Wittenberg aus, verläßt jedoch diese Kleinstadt bald, ohne sein Studium abzuschließen, und geht Ende 1748 nach Berlin, in der Hoffnung, dort eine Existenz als »freier Schriftsteller« begründen zu können. Seit der Leipziger Zeit bewegt sich Lessings Leben zwischen den Polen Gelehrtentum und Weltläufigkeit, zwei auf den ersten Blick unvereinbare Existenzweisen, die Lessing sein ganzes Leben lang versucht, ins rechte Verhältnis zueinander zu bringen. Gelebt hat Lessing in dieser Zeit von den Honoraren, die für Rezensionen in der »Berlinischen Privilegierten Zeitung« und den »Kritischen Nachrichten aus dem Reiche der Gelehrsamkeit« sowie für Übersetzungen aus dem Englischen, Französischen und Spanischen abfallen. Nach dem Erwerb des Magistertitels in Wittenberg nimmt er seine Berliner Redakteurstätigkeit wieder auf, 1755 übersiedelt er nach Leipzig, in der Hoffnung, einen Kaufmannssohn auf seiner vierjährigen Europareise begleiten zu können. Das Unternehmen kann wegen des Ausbruchs des Siebenjährigen Krieges nicht ausgeführt werden. In der folgenden Berliner Phase widmet er sich hauptsächlich der Arbeit an den *Briefen, die neueste Literatur betreffend*, 1760 geht er als wohlbezahlter Gouvernementssekretär zum preußischen General von Tauentzien nach Breslau, im Glauben, »daß es bald wieder einmal Zeit sey, mehr unter Menschen als unter Büchern zu leben« (*LM* XVII, 179). Gleichwohl hat er in den fünf Breslauer Jahren nach und nach über 6000 Bücher erworben, deren späterer Verkauf ihm über akute finanzielle Schwierigkeiten hinweghilft. Auf die Dauer sagt ihm diese subalterne und letzten Endes unselbständige Tätigkeit nicht zu, vor allem geht ihm die Identität als Literaturkritiker und Schriftsteller verloren. Des ungeistigen Kriegsdienstes »überdrüssig«, liebäugelt Lessing erneut mit der alten Tätigkeit als Literaturkritiker: »Ich warte nur noch einen einzigen Umstand ab, und wo dieser nicht nach meinem Willen ausfällt, so kehre ich zu meiner alten Lebens Art wieder zurück. Ich hoffe ohnedem nicht, daß Sie mir zutrauen werden, als hätte ich mein Studieren am Nagel gehangen, und wolle mich bloß elenden Beschäftigungen de pane lucrando widmen.« (*LM* XVII, 203) So im November 1763 an den keineswegs begeisterten Vater. 1765 ist er wieder in Berlin, immer noch ohne feste Anstellung; Friedrich II. lehnt seine Berufung zum Bibliothekar zweimal ab, andere Berufsmöglichkeiten an der Dresdner Galerie oder am Kasseler Antikenkabinett zerschlagen sich. Auch die Tätigkeit als Dramaturg am neugegründeten »Deutschen Nationaltheater« in Hamburg ist nicht von Dauer; schon am 4. Dezember 1767 wird das »Nationaltheater« geschlossen. Ein Druckereiunternehmen, an dem Lessing sich beteiligt, endet mit dem Bankrott. Am 28. September 1768 teilt er Nicolai mit, er wolle Hamburg verlassen, um – nach Rom zu gehen. Kategorisch lehnt er jede Mißbilligung dieses Schritts ab: »Sie lachen; aber Sie können gewiß glauben, daß es geschieht. [...] Was ich in Rom will, werde ich Ihnen aus Rom schreiben. Von hier aus kann ich Ihnen nur so viel sagen, daß ich in Rom wenigstens eben so viel zu suchen und zu erwarten habe, als an einem Orte in Deutschland. Hier kann ich des Jahres nicht für 800 Rthlr. leben; aber in Rom für 300 Rthlr. So viel kann ich ungefähr noch mit hinbringen, um ein Jahr da zu leben; wenn das alle ist, nun so wäre es auch hier alle, und ich bin gewiß versichert, daß es sich lustiger und erbaulicher in Rom muß hungern und betteln lassen, als in Deutschland.« (*LM* XVII, 261)

Indes, Lessing benötigt die in Aussicht gestellten Reisegelder zur Tilgung seiner immensen Schulden, eine Anstellung am Theater in Wien kommt nicht zustande. Da trifft das Angebot des Erbprinzen Karl Wilhelm Ferdinand von Braunschweig ein, Lessing solle die Stelle eines Bibliothekars an der herzoglichen Wolfenbütteler Bibliothek übernehmen. Endlich eine Lebenszeitstelle! Von Mai 1770 bis zu seinem Tod 1781 bleibt Lessing in Wolfenbüttel; sämtliche Anstrengungen, sich beruflich nach Wien oder Dresden zu verändern, haben keinen Erfolg. Ein Leben gegen den Vorsatz, unter dem Lessing angetreten war. Denn fehlgeschlagen sind letzten Endes beide Versuche einer unabhängigen Existenz: die Rezensententätigkeit in Berlin und die Dramaturgentätigkeit in Hamburg. So mochte die Wolfenbütteler Stelle, die bei festem Salär unbedingte Freiheit in der Amtsausübung und darüber hinaus genug Freiraum für schriftstellerische Arbeiten gewährte, in der Tat die Sicherheit bieten, auf die er nie Wert gelegt hatte.[4]

Lessings irreversible Fehlkalkulation bestand wahrscheinlich darin, zu glauben, er könne gegen die eigene Veranlagung handeln. Ende 1774 scheint er zu resignieren (*LM* XVIII, 117). Die Aufstockung des Gehaltes um 200 Taler und die Verheiratung mit Eva König (1776) erscheinen wie Lichtblicke in einem monotonen Einerlei. Nach Evas Tod bemächtigt sich seiner eine gewisse Lethargie; er vergräbt sich in seine bibliothekarische Arbeit und in seine theologischen Streitereien. Der detaillierte Bericht der Leichenobduktion belegt, in welchem Ausmaße er ein kranker Mann gewesen war, physisch und psychisch.[5] Einsamkeit, Ärger mit den weltanschaulichen Gegnern und mit der Zensur taten ein übriges, die Krankheit zu verstärken.

Charakteristisch für Lessing ist der Wechsel zwischen Teilnahme am Weltgetriebe und Rückzug in die einsame Studierstube. Reduziert sich diese Existenzweise längerfristig auf eine dieser beiden Modalitäten, so fühlt er sich zunehmend unglücklich und sinnt auf Veränderung. Das Gesetz, unter dem Lessings von Unruhe und Unbehaustheit geprägter Lebensweg steht, heißt: Unabhängigkeit bewahren, selbst unter Inkaufnahme wirtschaftlicher Misere. Die Ablehnung gesellschaftlicher Zwänge geht sogar so weit, daß er auf die Königsberger Professur für Rhetorik verzichtet – er hätte sonst alljährlich eine Lobrede auf den preußischen König, den Herrscher über das »sklavischste Land von Europa« halten müssen – eine Vorstellung, die seinem Freiheitssinn tief zuwider war. (*LM* XVII, 298) Freiheitsdrang und Sensibilität gegenüber jeglicher Art der Unterdrückung und Demütigung kennzeichnen Lessings Psyche: aggressiv zum einen, empfindlich zum andern – für einen »freien« Schriftsteller nicht unbedingt die günstigste Voraussetzung.[6] »Das zahme Pferd wird im Stalle gefüttert, und muß dienen; das wilde in seiner Wüste ist frey, verkömmt aber vor Hunger und Elend« – diese von Lessing im April 1774 dem Bruder Karl mitgegebene Erkenntnis könnte als Motto über dem eigenen Lebensweg stehen. (*LM* XVIII, 108)

2

Die Frage nach dem Selbstverständnis Lessings als eines *Dichters* läßt sich nicht unmittelbar beantworten; es konstituiert sich aus dem Umkreis seiner Tätigkeiten, von denen Literatur nur einen Teil ausmacht. Den verschiedenen Sparten stand er mit einer provokanten Nonchalance gegenüber, die damals (wie heute) jeden Zunftgelehrten nur erzürnen konnte: Das Studium der Antiquitäten schätzt er »gerade so viel, als es werth ist: ein Steckenpferd mehr, sich die Reise des Lebens zu verkürzen«; und Mendelssohns Diktum, »den schönen Wissenschaften sollte nur ein Teil unsrer Jugend gehören«, pflichtet er vorbehaltlos bei, wie er überhaupt eine lebenslange Abneigung gegenüber bloßen Schöngeistern hegte.[7] Wenn er im 52. *Literaturbrief* bemängelt, die deutschen »schönen Geister« seien »selten Gelehrte«, und die Gelehrten »selten schöne Geister«, so schwebt ihm selbst diese Verbindung als

Ideal vor.[8] Beim Rückblick auf seine »gelehrte« Entwicklung gesteht Lessing der Poesie immerhin einen erstaunlich hohen Rang zu:

> Und sie, noch meine Lust, und noch mein still Bemühen,
> Für deren Blicke scheu unwürdige Sorgen fliehen,
> Die Dichtkunst, die ein Gott zum letzten Anker gab [...]
> (*LM* I, 263)

Lessing hielt sich selbst jedenfalls nur bedingt für einen Poeten, und in seiner Wirkungsgeschichte begegnen seit Friedrich Schlegels Umwertung denn auch häufig Zweifel an seinem »*Dichtertum*«. Er stand in der Tradition der philologisch-humanistischen *Gelehrten*, ohne vor seiner Wolfenbütteler Zeit ein gelehrtes Amt auszuüben. Vielmehr entsprach die Existenz des »*freien Schriftstellers*« seiner Versatilität und seinem Unabhängigkeitsbedürfnis am ehesten, so schwierig es auch in diesem »Berufsstand« war, angesichts der finanziellen Ungesichertheit noch die geistige Autonomie zu bewahren.[9] Mit diesen drei Berufs-Parametern läßt sich Lessings Standort näherungsweise umschreiben. Es unterliegt keinem Zweifel, daß Lessing, trotz aller mißmutigen Vorbehalte gegen das Gelehrtentum, die sich zuweilen in satirischen Ausfällen niederschlugen, von Ausbildung und Tätigkeit her ein respektabler Gelehrter war.[10] Er distanzierte sich lediglich von selbstzweckhafter Polymathie; der funktionale Gebrauch und die öffentliche Verfügbarkeit bestimmten den Wert aller gelehrten Tätigkeit. (*LM* XVI, 535) Erkenntnisstreben und Publizität bilden für Lessing von Anfang an eine Einheit, die sein schriftstellerisches Vorgehen in Zielsetzung und Argumentation individuell prägen. Das Neben- und das Miteinander dieser Tendenzen determiniert Lessings ›ästhetische Sendung‹ und stellt sie in den großen geistesgeschichtlichen Aufklärungsprozeß, der von Natur aus ganzheitlich und gesellschaftlich angelegt war.

Am Anfang von Lessings schriftstellerischer Laufbahn stehen Abgrenzungs- und Zuordnungsversuche. Im frühen Lustspiel *Die alte Jungfer* tritt ein poeta laureatus namens Kräusel auf; mit ihm persifliert Lessing die Tradition der Gelegenheitsdichter, die zu jedem passenden oder unpassenden Anlaß ihre Dienste gegen Honorar anboten und sich im 17. Jahrhundert zu einer echten Landplage ausgewachsen hatten. Der Poet reagiert empört, als man ihn mit einem Schneider verwechselt: »Einen Mann, der Tag und Nacht mit den göttlichen Musen umgeht, einen Schneider zu heissen? Das ist unerträglich!« Des Schneiders Entrüstung ist nicht minder groß: »Einen ehrlichen Bürger und Meister für einen Poeten anzusehn? Für so einen Müßiggänger? [...]

Ein Mann, der wohl fürstliche Personen gekleidet hat, soll sich einen Poeten schimpfen lassen?« (*LM* III, 218) Wie sich zeigt, verraucht die Wut des auf pekuniäre Unterstützung angewiesenen Poeten rascher als die des Schneiders, und man bestellt bei ihm ein Hochzeitscarmen, für dessen Anfertigung er eine Stunde ansetzt. Mit diesem Typus will Lessing nichts gemein haben. Kasualpoesie degradiert sich zum äußerlichen Verkaufsobjekt, der Gelegenheitsdichter selbst unterwirft sich allzu eindeutig der Gnade eines meist unkundigen Käufers.

Die eigene Dichtpraxis Lessings weist in eine andere Richtung: die des Epigrammatikers, des Lehrdichters, des Komödienschreibers. Dabei kommt den anakreontischen Liedern der geringste Stellenwert zu. Was Lessing in ihnen über den Dichter als den Sänger der Fröhlichkeit, des Weingenusses und der Liebesempfindung sagt, operiert spielerisch mit den bekannten Topoi und verläßt nicht den Rahmen der seit Hagedorn so überaus beliebten geselligen Liedlyrik. Lyrisches und reales Ich sind nicht identisch. Ein wenig anders sieht es bei den Epigrammen und vor allem den Lehrgedichten aus; hier liegt eine persönlichere Aussage vor, satirisch-ironisch im einen Fall, erörternd-belehrend im andern. So grenzt er sich von den Schwulstdichtern alten Schlages ebenso ab wie von den Enthusiasten im Gefolge eines Klopstock (*LM* I, 35, 251; 3, 242). Insbesondere in den Lehrgedichten setzt er sich mit den gegenwärtig dominanten Trends auseinander, den spätbarocken Manieristen, den Gottschedianern, den Anhängern Bodmers und Breitingers und den Klopstockianern. So beginnt eines dieser Gedichte mit der zentralen Frage »Die Schule macht den Dichter?« und beantwortet sie sogleich mit einem kategorischen »Nein«. Während Lessing in diesem Gedicht insgesamt eher spöttisch und ironisch argumentiert, setzt er sich mit dem Thema »Die Regeln und ihr Nutzen für das Genie«, also dem Programm der Erlernbarkeit des poetischen Handwerks, in dem Fragment *Über die Regeln der Wissenschaften zum Vergnügen; besonders der Poesie und der Tonkunst* von 1753 ernsthaft auseinander. Die Regeln, so argumentiert Lessing hier, seien dem wahren Genie eher hinderlich als nützlich:

> Ein Geist, den die Natur zum Mustergeist beschloß,
> Ist, was er ist, durch sich; wird ohne Regeln groß.
> Er geht, so kühn er geht, auch ohne Weiser sicher.
> Er schöpfet aus sich selbst. Er ist sich Schul und Bücher.
> Was ihn bewegt, bewegt; was ihm gefällt, gefällt.
> Sein glücklicher Geschmack ist der Geschmack der Welt.
> (*LM* I, 253)

Freilich, wenn Lessing hier das Gefühl den Regeln positiv entgegenstellt, so redet er seiner Verabsolutierung dennoch in keiner Weise das
Wort, wie seine diversen Auseinandersetzungen mit dem Werk Klopstocks belegen.

Ein Blick auf die heute noch bekannten Dichter, die Lessing in seinen
literaturkritischen Schriften, insbesondere den Rezensionen, mustert,
erhellt partiell seinen Standort. Die Absage an Gelegenheitspoesie versteht sich dabei von allein (*LM* IV, 159 ff.). Lessings Urteile sind alles
andere als neutral; positiv seine Besprechungen der Nicolai nahestehen-
den Dichter Gleim und E. Ch. von Kleist; negativ bis gehässig die Rezensionen der Gegner, von Gottsched über Dusch bis zu Wieland. Hagedorn erscheint dem selbst Anakreontika dichtenden Lessing als der
»gröste Dichter unsrer Zeiten«, in Christian Weises Trauerspiel *Masa-
niello* entdeckt er neben »pedantischem Frost« auch »Funken von
Shakespearschem Genie«, bereitwillige Anerkennung zollt er Moritz
August von Thümmels prosaisch-komischem Gedicht *Wilhelmine*: »ein
poetisches Genie mehr«.[11] Gegenüber seinem größten Konkurrenten
als Fabeldichter, Christian Fürchtegott Gellert, schwankt sein Urteil.
Die Epitheta, mit denen er seinen Briefsteller bedenkt, sparen nicht an
Lob: »schöne Natur«, »rühmlichste Gesinnungen« und »süssestes Gefühl« herrschten in den Briefen, Dokumenten einer Kultur des Herzens
und der liebenswerten Natürlichkeit. Den Fabeldichter würdigt er als
legitimen Nachfolger La Fontaines, seine dramatischen Werke hält er
für »die besten Originalstücke«.[12] Der Beifall, den er dem Urteil Mauvillons und Unzers spendet, Gellert sei ein langweiliger Erzähler ohne
jeglichen Funken Genie, steht dazu nicht im Widerspruch. Gellert repräsentiert den Autor des mittleren Wegs, dessen Erfolge sich der ›Natürlichkeit‹, und das heißt für Lessing auch der Mittelmäßigkeit und der
Konvention, verdanken. Die Dichter des ›Sturms und Drangs‹ stellen
für den Zeitgenossen Lessing keine geschlossene Gruppe dar; er sieht
sie als individuelle poetische Ausprägungen. Positiv steht er im wesentlichen Gerstenberg, Leisewitz und erstaunlicherweise Wagner gegenüber, während bei Lenz, Klinger und Goethe sein Urteil je nach Stück
schwankt, wobei er gerade Goethes Genialität keineswegs verkennt.[13]
Am ausführlichsten hat sich Lessing mit Klopstock auseinandergesetzt,
anfangs durchaus (neidvoll) bewundernd, später überwiegend (kleinkariert) kritisch. Im Grunde sind sich beide Dichter zutiefst fremd, und in
der Tat führt keine Brücke von Klopstocks Empfindungsideal zu Lessings rationalem Denken. Berühmt ist sein Diktum, Klopstock nenne
das »denken«, »was andere ehrliche Leute empfinden heissen«, eine

bewußt vorgenommene Reduzierung von Klopstocks Begriff des Denkens.[14] Es steht in engem Zusammenhang mit seiner eigenen Vorstellung, welche Aufgabe der Sprache zukomme: das deutlich Gedachte auszusagen, nicht aber »alle Nuancen der Empfindung« – eine Auffassung, die fast zeitgleich im Brief vom September 1759 an Gleim, anläßlich des Todes von Kleist, begegnet: »Sie empfinden itzt mehr, als daß Sie, was Sie empfinden, sagen könnten.«[15] Für den gelehrten Autor steht ohnehin die Vorbildhaftigkeit der Antike außer Zweifel. Homer und Vergil sind die unerreichbaren epischen Vorbilder, Anakreon der wichtigste Lieddichter, Martial der erste Epigrammatiker, dagegen muß die Aufwertung Shakespeares vor dem Hintergrund der Dramen-Diskussion der ausgehenden Gottsched-Ära gesehen werden. Bezeichnend ist die Partialität dieser Aneignung; sie erhält ihren vorwiegend instrumentellen Charakter als Ausdruck einer Frontstellung gegen das klassizistisch-feudalistische Theater der Franzosen. Als unmittelbare Vorbilder für die eigene Schriftstellerei fungieren weit eher Autoren wie Voltaire und Diderot. Gegenüber dem ersteren trüben persönliche Querelen die positive Grundeinstellung; den Einfluß Diderots, des »unstreitig« besten neueren französischen Kunstrichters, hat Lessing nie verleugnet: »[...] so bin ich mir doch zuwohl bewußt, daß er [mein Geschmack], ohne *Diderots* Muster und Lehren, eine ganz andere Richtung würde bekommen haben. Vielleicht eine eigenere: aber doch schwerlich eine, mit der am Ende mein Verstand zufriedener gewesen wäre.«[16] Es sind Schriftsteller modernen Typs, gesellschaftlich und rational orientiert, Autoren, deren poetische Produkte nur den kleineren Teil ihrer literarischen Praxis ausmachen, den größeren aber kritische und theoretische Abhandlungen.

3

Lessing reflektiert die soziale Komponente des Schriftstellerberufs mehrfach und entwirft eigene Projekte, der sozialen Misere dieses Standes entgegenzuwirken. In der Vorrede zu den von ihm herausgegebenen Schriften seines Vetters Christlob Mylius (1754) stellt er Überlegungen zur »Soziologie des Autorenwesens« an[17] und listet eine Reihe von Gründen auf, die es einem begabten, dem Bürgerstand entstammenden Autor in Deutschland so schwer machten, im Beruf des »freien« Schriftstellers zu reüssieren: Mangel notwendiger Hilfsmittel, Kollegenneid und besonders die Zersplitterung in fachfremden, aber

existenzsichernden Geschäften. Die wirtschaftliche Situation dränge
den Jungautor konsequent zur Vielschreiberei; da er seine Fähigkeiten
nicht entwickeln könne, müsse er Wochenschriften »zu einer Art von
Renten« machen. Diese für die deutschsprachigen Länder typische Situation erschwere die Ausbildung einer kritischen Literatur (*LM* VI,
392–408).

In den Anfängen nimmt Lessing die Praxis der Raubdrucke noch in
Kauf; wenigstens erklärte er noch 1762, wer seine Schriften öffentlich
herausgebe, mache sich durch diese Handlung ›publici juris‹. Es stehe
also »einem jeden frey, dieselbe nach seiner Einsicht zum Gebrauch des
Publikums bequemer einzurichten« (*LM* VIII, 279). Später sieht er die
ökonomische Seite dieser Publizität nüchterner, vor allem, nachdem er
selbst mit der *Hamburgischen Dramaturgie* Opfer eines Raubdrucks geworden war. So muß der Plan eines eigenen Autorenverlags[18], den er
zusammen mit dem Hamburger Verleger Bode ins Werk setzte, als Versuch gelten, der Ausbeutung durch Nachdrucker und Verleger zu begegnen. Freilich blieb dem Unternehmen der wirtschaftliche Erfolg
versagt. Im Entwurf *Leben und leben lassen* (*LM* XVI, 464–469) prangert
Lessing den Mißstand scharf an, daß insbesondere die nichtautorisier-
ten Nachdrucker von der Arbeit des Schriftstellers profitierten, er
selbst jedoch weitgehend leer ausgehe, und er entwickelt ein Modell,
das den Autor gleichermaßen am Risiko wie am Gewinn beteiligt.
Wenn der Künstler von seinen Werken leben darf, »warum denn nun
nicht auch der Dichter?« (*LM* XVIII, 67 f.) Die negativen Erfahrungen,
die er selbst gemacht hat, spiegeln sich in seinen Briefen an den Bruder
Karl, dem er mehrfach vom Autorberuf abrät: »Nimm meinen brüder-
lichen Rath, und gieb den Vorsatz ja auf, vom Schreiben zu leben.«
(*LM* XVII, 251) Und: »Auch die glücklichste Autorschaft ist das arm-
seligste Handwerk!« (*LM* XVII, 311)

Die Reflexion der eigenen Position geschieht ständig vor dem Hintergrund der kritisch unter die Lupe genommenen Zeitgenossen. Insofern
spielt für das positive Selbstverständnis Lessings – dies wurde in der
Lessingrezeption stets betont – die Literaturkritik als Forum eine
grundlegend wichtige Rolle. Lessing hat das Verhältnis von Literaturkritik und Literaturproduktion – und nur um dieses geht es in diesem
Zusammenhang – mehrfach reflektiert, vor allem in den Notaten, die
unter der Maxime *Der Rezensent braucht nicht besser machen zu können, was
er tadelt* bekannt geworden sind (*LM* XV, 62–65). Für den Kunstrichter
fordert er ebenfalls Empfindung als Prämisse des Urteils, d. h. eine em-
pirisch abgesicherte, rational begründbare Empfindung; der in diesem

Zusammenhang propagierte »wahre Geschmack« des Kunstrichters nähert sich Gottscheds Position, nur daß Lessing dort, wo Gottsched seine Erkenntnisse deduktiv ableitet, sie auf induktivem Wege gewinnt. Als Literaturproduzent interessiert sich Lessing in erster Linie dafür, wie er fremde Kritik »zuverlässig zu etwas Neuem« nutzen kann[19], ja er hat die fruchtbare Funktion der Kritik immer als Vorteil empfunden, wie es das berühmte Diktum vom Druckwerk und den Röhren, mit denen er den lebendigen Quell aus sich herauf pressen müsse, belegt (*LM* X, 209). Kritik gilt Lessing als mäeutische Kunst, sie gewährt dem Autor etwas, »was dem Genie sehr nahe kömmt«: ein reflektiertes Produzieren. »Wer richtig raisonnirt«, sagt Lessing an anderer Stelle, »erfindet auch: und wer erfinden will, muß raisonniren können.« (*LM* X, 191) Die Besinnung auf den Typus des reflektierenden Autors steht nicht zufällig in einem Zusammenhang, in dem sich Lessing gegen das laute Geniewesen der ›Stürmer und Dränger‹ wendet.

   Die zentrale Rolle, die der Kritik bei Lessing zukommt, wirkt sich auf die Wahl der poetischen Gattungen aus: Dichtarten, in denen der Verstand dominiert: Epigramme, Fabeln, Lehrgedichte und Dramen. Poesie ist unabdingbar an Kritik gebunden wie auch an die Gelehrsamkeit. Gelehrte Kenntnisse und Urteilsvermögen bilden gleichermaßen Voraussetzungen des Schriftstellers. Freilich, Kritik ist nur ein regulatives Element. Viele der von Lessing genannten Prämissen wirken vor der jahrhundertlangen humanistisch-rhetorischen Tradition wenig revolutionär. Gottsched etwa hatte vom Dichter ein gutes Naturell, d. h. Einbildungskraft, Scharfsinn und Witz (ingenium) verlangt, dazu guten Geschmack und Urteilsvermögen (iudicium) sowie Wissenschaftskenntnis.[20] Auch nach Lessing benötigt der Dichter Witz, Erfindungskraft und Räsonnement in untrennbarer Synthese. Neu hinzu tritt der aufgewertete Geniebegriff.[21] Aber auch dort, wo Lessing die Absicht des Dichtens in der Tradition des delectare, prodesse und movere beschreibt, betont er doch das argumentative Moment: Der Dichter soll zu denken geben, nicht lediglich unterhalten oder Empfindungen wekken.[22]

   Mehrfach bedient sich Lessing des Geniebegriffs, etwa in der *Theatralischen Bibliothek*, in den *Literaturbriefen* und in der *Hamburgischen Dramaturgie*. Dabei grenzt er das Genie systematisch von »Kunst« und »Gelehrsamkeit« ab und ordnet ihm Fähigkeiten wie »Einbildungskraft« und »Natürlichkeit« zu. Schon im frühen, von 1749 stammenden Lehrgedicht *Über die Regeln der Wissenschaften* rühmt er den ungebundenen Flug des Genies, aparterweise in sehr gebundenen Alexandrinern:

Ein Adler hebet sich von selbst der Sonne zu;
Sein ungelernter Flug erhält sich ohne Ruh. [...]
Ein Geist, den die Natur zum Mustergeist beschloß,
Ist, was er ist, durch sich; wird ohne Regeln groß.
Er geht, so kühn er geht, auch ohne Weiser sicher.
Er schöpfet aus sich selbst. [...] (*LM* I, 253)

Es gibt, wie Jochen Schmidt in seiner *Geschichte des Genie-Gedankens* darlegt, Schwankungen in Lessings Gebrauch des Geniebegriffs.[23] Man
kann sich des Eindrucks nicht erwehren, daß Lessing sich dieses Schlag-
worts in erster Linie instrumentell bedient; im moderneren, an Addison
und Young angelehnten Sinn, wenn es gegen die dogmatischen Gott-
schedianer geht, im traditionellen Sinn einer rational organisierten Fähigkeit, wenn er gegen die ausschließlich auf Gefühl und Intuition insi-
stierenden Kraftgenies der siebziger Jahre loszieht. Im Kontext der
Hamburgischen Dramaturgie erhebt Lessing die Empfindung über die erlernbaren Regeln der Rhetorik und Poetik; ausdrücklich stellt er die
Empfindung des genialen Dramatikers über »alle die mechanischen Gesetze, mit denen sich kahle Kunstrichter herumschlagen« (*LM* IX, 332).
Die bekannten Statements im 7. und 34. Stück, das Genie lache über
alle »Grenzscheidungen der Kritik«, ihm sei verstattet, tausend Dinge
nicht zu wissen, die jeder Schulknabe weiß, bestätigen Lessings ursprünglich positive Einschätzung des Genies, die er erst später, in der
Konfrontation mit dem »Genietreiben« der ›Stürmer und Dränger‹,
relativiert hat. Genie bedeutet für Lessing noch kein Äquivalent für
Irrationalität, es fungiert prononciert als Gegenbegriff zum »witzigen
Kopf«, zur sophistischen Kombination, zur mißbräuchlichen Anwendung von Vernunft (1. Stück; *LM* IX, 185). Während der witzige Kopf
nur auf die äußeren Zusammenhänge einer dramaturgischen Handlung
achte, bestehe die Leistung des Genies gerade in der kausalen Verknüpfung der Einzelteile zum ›natürlichen‹ Ganzen, das den Charakter der –
positiv verstandenen – »Einfalt« erhält (30. Stück; *LM* IX, 309). Folgerichtig schließt Lessing das ›Unnatürliche‹ aus – nicht etwa das Über-
natürliche, vielmehr das Ungegründete und Nicht-Kausale. Christian
Wolffs Verständnis der Natur als einer Vernunftnatur und die zwei
zentralen Prinzipien der Widerspruchsfreiheit und des zureichenden
Grundes scheinen deutlich in Lessings Dramenverständnis durch. Die
dem Genie zugesprochene ›Natürlichkeit‹ manifestiert sich außerdem
als Fähigkeit, Charaktere und Leidenschaften zu gestalten, und zwar,
unbewußt, nach den Gesetzen der Wahrscheinlichkeit (32. Stück).
Auch die dramaturgischen Regeln, die Einheiten des Ortes und der

Zeit, behalten nur dort ihre Geltung, wo sie mit der vernünftigen Naturordnung übereinstimmen. Daß auch Lessings favorisierte dialogische Form[24] und sprachlicher Duktus einem Natürlichkeitsideal folgen, läßt sich seit seinen Anfängen nachweisen (*LM* XVII, 3).

Für den Kunstrichter ergeben sich Lessing zufolge die Regeln aus der Natur der Sache (19. Stück); das Genie jedoch besitze die Fähigkeit, die vernunftbegründeten, dem Wesen der Sache adäquaten Muster (exempla) zu schaffen, wobei es die abgeleiteten Regeln beliebig übertreten dürfe (48. Stück). Mit seinen Umschreibungen der »Welt eines Genies«, das »die Theile der gegenwärtigen Welt versetzt, vertauscht, verringert, vermehrt, um sich ein eigenes Ganze daraus zu machen, mit dem es seine eigene Absichten verbindet«, diese Welt nach »Ursachen und Wirkungen« anordnet und auf den ethischen Zweck, die »allgemeine Wirkung des Guten« hin orientiert, und mit seiner Verpflichtung des Genies auf moralische Erziehung – »die Absicht uns zu unterrichten, was wir zu thun oder zu lassen haben« – steht er Gottsched wesentlich näher, als er selber wahrhaben will (*LM* IX, 325, 327).

Vor dieser Folie konturiert sich Lessings im 96. Stück vorgetragene Kritik an der Genieideologie des ›Sturm und Drang‹, die auf Loslösung von allen Regeln zielt. Sie bedeutet keine Revision oder Einschränkung des früheren Standpunktes. Sie expliziert vielmehr ausdrücklich die Position eines mit Vernunftnatur vermittelten Genies. Shakespeare, der Erfüller der aristotelischen Gesetze, erhält sowohl im Kampf gegen die französischen Klassizisten wie auch im Kampf gegen das Genie-Unwesen der ›Stürmer und Dränger‹ die Funktion des Kronzeugen.

Angesichts des Geniebegriffs, den Lessing in der *Hamburgischen Dramaturgie* formuliert – das Genie als »geborner Kunstrichter«, das die Probe aller Regeln in sich hat – angesichts dieses Geniebegriffs wirkt die berühmte Selbstcharakterisierung im 101.–104. Stück eher als ironischer Seitenhieb gegen die regelverachtenden Pseudo-Genies des ›Sturm und Drang‹, denn als bedauerndes Eingeständnis eigenen Unvermögens. Die im 17. *Literaturbrief* proklamierte Antithese von naturgeborenem Genie und mühsam angeeigneter »Kunst« löst sich auf: Lessings Genie braucht die Unterstützung einer – richtig verstandenen – »Kunst« (*LM* VIII, 43). Genie kann Wissen und Reflexion nicht ersetzen.

Insbesondere der Natürlichkeit und der Naturnachahmung mißt Lessing einen hohen Stellenwert bei.[25] Um ein künstlerisch wahlloses Reproduzieren der Wirklichkeit zu verhindern, grenzt Lessing zunächst die »Natur der Erscheinungen« von der »Natur unserer Empfindungen und Seelenkräfte« ab. Er behauptet eine Analogie zwischen selegieren-

der menschlicher Wahrnehmungsweise und Kunst. Diese sondere
ebenso alles Unwesentliche vom gestalteten Objekt ab – und zwar mit
Hilfe der Empfindung. Was das menschliche Denken von einem oder
mehreren Gegenständen allenfalls in Gedanken absondre, das leiste die
Kunst tatsächlich. Sie gewähre die Gegenstände »so lauter und bündig,
als es nur immer die Empfindung, die sie erregen sollen, verstattet«
(*LM* X, 82 f.). Dennoch bleibt Lessings Skepsis gegen Naturnachahmung unübersehbar. Für ihn liegt die eigentliche Gefahr im Mißbrauch
des Prinzips begründet. Das Beispiel der Natur rechtfertigt nämlich die
Verbindung des feierlichen Ernstes mit der possenhaften Lustigkeit
ebenso wie »jedes dramatische Ungeheuer, das weder Plan, noch Verbindung, noch Menschenverstand hat«. Die Absage, die daraus resultiert, fällt radikal aus. Kunst und Natur sind zwei getrennte Sphären:
»Die Nachahmung der Natur müßte folglich entweder gar kein Grund-
satz der Kunst seyn; oder, wenn sie es doch bliebe, würde durch ihn
selbst die Kunst, Kunst zu seyn aufhören.« (*LM* X, 81)

Lessings Schriftstellerei durchläuft verschiedene Entwicklungspha-
sen: vom Anakreontiker zum Gesellschaftskritiker, vom Melodramati-
ker zum Wahrheitsprediger; immer steht das Schreiben im Dienste
eines außerliterarischen Ziels. Denn Vergnügen bereiten, Empfindung
erregen, Erschütterung erzeugen oder gar Wahrheiten verbreiten sind
anthropologische und zunehmend gesellschaftlich geprägte Ziele. Das
Publikum, das Lessing immer wieder als Richter anruft (besonders im
Streit mit Goeze), oder die Nachwelt, der er das definitive Urteil an-
heimstellt, bilden in seinem Kalkül als Kritiker und als Autor eine nach
Vernunftkriterien imaginierte, zuweilen kokettierend, zuweilen ernsthaft bemühte Instanz.[26] Jedenfalls bewegt sich der »Dichter« in einem
Beziehungsgefüge zwischen Gelehrtem und Kritiker auf der einen und
zwischen Buchhändler, Verleger und Publikum auf der anderen Seite,
sein Produkt hält die Waage zwischen gewinnbringender Ware und
Vollkommenheitsansprüchen genügendem Kunstwerk. Lessing erkennt die Schwierigkeiten, die sich aus den Marktzwängen für den
ideellen Charakter der Literatur als eines Instruments der Wahrheits-
vermittlung ergeben, aber er ist nicht gewillt, der Ökonomie und der
Obrigkeit Zugeständnisse zu machen.

Unverkennbar ist es doch, daß Lessings vielbemühte Wahrheits-
suche, sein Untersuchungsgeist und Forschungsdrang, in einer moral-
philosophischen Tradition stehen: Autoritäten haben nur Bestand vor
der allen Menschen zugänglichen (wenn auch nicht zugeteilten) Vernunft (*LM* XIII, 23 f., 103). Lessing führt in diesem Punkt den Typus

des ständischen Dichters fort, der sich selbst als »selbstlosen Moralleh-
rer und Wahrheitsfreund« versteht[27]; dazu paßt auch seine durchaus
elitäre Einstellung als gelehrter Autor, der die unfähigen Skribenten aus
dem Reich der Gelehrsamkeit vertreiben will. Die Skepsis gegenüber
blinder Belesenheit entspricht dem Zweifel an der historischen Methode von Wissensvermittlung; die beste Erziehung ermögliche es dem
Schüler, »durch eigenes Nachdenken auf die Wahrheit zu kommen«.[28]
Das Selbstdenken und die Anhäufung angeeigneter Erkenntnisse zum
»Kapitale selbstgedachter Wahrheiten« gehören ebenso wie die »Ab-
wehrung der lästigen Aufklärer und Verfinsterer, welche auf dem gelehrten Theater große Rollen spielen«, zur Praxis gelehrten Streitens,
das er, teils aus Lust, teils aus Verpflichtung, in allen Lebensphasen
pflegte.[29]

Ist der Schriftsteller also zum Märtyrer der Wahrheit prädestiniert?
Wohl kaum, wenn man Lessings Erwägungen ernst nimmt, die er im
Rahmen der »Rettung« des Berengarius Turonensis angestellt hat. Er
zweifelt an der Pflicht, »Glück und Leben der Wahrheit aufzuopfern«.
Pflicht sei es nur, die Wahrheit ungeteilt zu lehren: »ganz, oder gar
nicht«. Das Abweichen vom Pfad der Wahrheit sei angesichts drohen-
der Gefahr verzeihlich. Wer indes vermeine, er könne die Wahrheit
getarnt und aufgeputzt unters Volk bringen, der sei allenfalls ihr
»Kuppler«, niemals aber ihr »Liebhaber«. (*LM* XI, 69 f.)

Bezogen auf Lessing selbst, diesen ersten freien Schriftsteller des bürgerlichen Zeitalters, klingt dies wie eine Synthese aus Hoffnung und
Realitätssinn. Seine ausnahmslos gescheiterten Bemühungen um eine
Existenz als bürgerlicher Autor und die Rückkehr ins ›beamtete‹ Lager
erweisen die Unzeitigkeit seines Versuchs. Ist Lessings Insistieren auf
die gerechten Urteile der *Nachwelt* nicht das Eingeständnis, die gesetzten Ziele verfehlt zu haben? Als Resignation sollte freilich das Rück-
zugs- und Ausweichmanöver der letzten Jahre nicht gedeutet werden.
Lessing handelt als Taktiker, berechnend und gleichwohl im Bewußtsein, daß Wahrheiten nicht absolut erreichbar sind. Insofern kalkuliert
er von vornherein nur eine stufenweise Annäherung an das Ideal ein. In
dieser »Zuversicht« betreibt er seine Politik der kleinen Schritte, seinen
nervenaufreibenden Kleinkrieg gegen Autoritäten, Dogmen und Institutionen. Zu nüchtern, um ein Märtyrer zu werden, und zu idealistisch,
um bequeme Kompromisse zu schließen.

Anmerkungen

Zitiert wird nach der Ausgabe: *Gotthold Ephraim Lessings sämtliche Schriften*, hrsg. von Karl Lachmann, dritte, auf's neue durchgesehene und vermehrte Auflage, besorgt durch Franz Muncker. 22 Bde., Stuttgart/Leipzig/Berlin 1886–1924; Reprint Berlin/New York 1979 (*LM*). – In zwei Fällen wird verwiesen auf die Ausgabe: Gotthold Ephraim Lessing, *Gesammelte Werke*, hrsg. von Paul Rilla, 10 Bde., Berlin und Weimar 1968 (*R*).

1 *LM* XVII, 370; *LM* XVIII, 38; *LM* XVIII, 46, 58, 82, 108 f.
2 Richard Daunicht, *Lessing im Gespräch. Berichte und Urteile von Freunden und Zeitgenossen*, München 1971, S. 254. Dazu Paul Raabe, ›Lessings letztes Lebensjahrzehnt: Überlegungen zu einer Forschungsaufgabe‹, in: *Humanität und Dialog: Lessing und Mendelssohn in neuer Sicht. Beiheft zum Lessing-Yearbook*, hrsg. von Ehrhard Bahr, Edward P. Harris und Laurence G. Lyon, Detroit, München 1982, S. 103–120.
3 Daunicht, a. a. O., S. 8.
4 Helmut Arntzen, ›Dichtung als Aufklärung. Versuch über Gotthold Ephraim Lessing‹, in: *Neue deutsche Hefte* 85 (1961/62), Heft 5, S. 28–48, hier S. 33; vgl. Josef Rattner, *Dichtung und Humanität. Literaturpsychologische Essays*, Frankfurt/Main 1986, S. 75–110.
5 Daunicht, a. a. O., S. 565 ff.
6 Vgl. Daunicht, a. a. O., S. 260. Christian Felix Weiße betont Lessings »ungebundene Liebe zur Freiheit«.
7 *LM* XVII, 270; *LM* XVII, 130 f. Vgl. Daunicht, a. a. O., S. 464, 469.
8 *LM* VIII, 146. Vgl. *Hamburgische Dramaturgie*, 96. Stück, *LM* X, 188 f.: »Das meiste, was wir Deutsche noch in der schönen Litteratur haben, sind Versuche junger Leute. Ja das Vorurtheil ist bey uns fast allgemein, daß es nur jungen Leuten zukomme, in diesem Felde zu arbeiten. Männer, sagt man, haben ernsthaftere Studia, oder wichtigere Geschäfte, zu welchen sie die Kirche oder der Staat auffodert. Verse und Komödien heissen Spielwerke; allenfalls nicht unnützliche Vorübungen, mit welchen man sich höchstens bis in sein fünf und zwanzigstes Jahr beschäftigen darf. Sobald wir uns dem männlichen Alter nähern, sollen wir fein alle unsere Kräfte einem nützlichen Amte widmen; und läßt uns dieses Amt einige Zeit, etwas zu schreiben, so soll man ja nichts anders schreiben, als was mit der Gravität und dem bürgerlichen Range desselben bestehen kann; ein hübsches Compendium aus den höhern Facultäten, eine gute Chronike von der lieben Vaterstadt, eine erbauliche Predigt und dergleichen.«
9 Rudolf Vierhaus, ›Die aufgeklärten Schriftsteller. Zur sozialen Charakteristik einer selbsternannten Elite‹, in: Hans Erich Bödeker und Ulrich Herrmann (Hrsg.), *Über den Prozeß der Aufklärung in Deutschland im 18. Jahrhundert. Personen, Institutionen und Medien*, Göttingen 1987, S. 53–65, hier S. 59; Wolfgang von Ungern-Sternberg, ›Schriftsteller und literarischer Markt‹, in: Rolf Grimminger (Hrsg.), *Hansers Sozialgeschichte der deutschen Literatur*, Bd. 3. *Deutsche Aufklärung bis zur Französischen Revolution 1680–1789*, München 1980, S. 133–185.
10 *LM* XVII, 145; Daunicht, a. a. O., S. 331 f., 433. Friedrich Nicolais Bemerkungen zu ›Lessings Predigt über zwei Texte‹, *R* 9, 337–343, hier 339. Dazu Paul Raabe: ›Lessing und die Büchergelehrsamkeit‹, in: ders. *Bücherlust und Lesefreuden: Beiträge zur Geschichte des Buchwesens im 18. und frühen 19. Jahrhundert*, Stuttgart 1984,

S. 209–223; zuerst in: *Lessing in heutiger Sicht. Beiträge zur Internationalen Lessing-Konferenz Cincinnati, Ohio 1976*, Bremen und Wolfenbüttel 1977, S. 65–88; vgl. auch Wolfgang Martens, ›Lessing als Aufklärer‹. Zu Lessings Kritik an den Moralischen Wochenschriften‹, in: *Lessing in heutiger Sicht, S. 237–248.*

11 Hagedorn: *LM* XVII, 15; Weise: *LM* XVIII, 85; Thümmel: *LM* XVII, 212.

12 *LM* IV, 315 f.; *LM* V, 36; Daunicht, a. a. O., S. 319.

13 Zu Gerstenberg: *LM* VIII, 74; *LM* XVII, 234, 245 ff.; Daunicht, a. a. O., S. 393; zu Leisewitz: *LM* XVIII, 169; zu Wagner: *LM* XVIII, 221; zu Lenz: *LM* XVIII, 221; Daunicht, a. a. O., S. 341, 346 f., 601.; zu Klinger: *LM* XVIII, 220 f.; Daunicht, a. a. O., S. 393, 601 ff.; zu Goethe: *LM* XVIII, 109, 115 f., 117; *R* 9, 630; Daunicht, a. a. O., S. 341, 349, 393, 523, 602 f.

14 *LM* VIII, 132; dazu Gerhard Kaiser, ›»Denken« und »Empfinden«: ein Beitrag zur Sprache und Poetik Klopstocks‹, in: *Deutsche Vierteljahrsschrift für Literatur- und Geistesgeschichte* 35 (1961), S. 321–343, hier S. 328. Zum Verhältnis Lessings zu Klopstock kritisch der Staiger-Schüler Adolf Baumann, *Studien zu Lessings Literaturkritik*, Zürich 1951, S. 78–123.

15 Literaturbrief vom 2. 8. 1759, *LM* VIII, 132 f.; *LM* XVII, 171.

16 *LM I*, 49; *LM* VIII, 230, 288.

17 Ralph-Rainer Wuthenow, ›Gotthold Ephraim Lessing‹, in: *Genie und Geld. Vom Auskommen deutscher Schriftsteller*, hrsg. von Karl Corino, Nördlingen 1987, S. 87–102, hier S. 93 f.

18 Daunicht, a. a. O., S. 241, 252.

19 Brief an Ramler, vom 21. 4. 1772; *LM* XVIII, 32; skeptischer gegenüber der Selbstkritik *LM* XVIII, 10.

20 Gunter E. Grimm, *Literatur und Gelehrtentum in Deutschland. Untersuchungen zum Wandel ihres Verhältnisses vom Humanismus bis zur Frühaufklärung*, Tübingen 1983, S. 658–675.

21 Zu Witz und Erfindung: *LM VIII*, 110; *LM* V, 198, 201; zum Räsonnement: *LM* X, 191; zum Geniebegriff: *LM* VIII, 283; vgl. *LM* IX, 327.

22 Vgl. *LM* V, 196. Der Romandichter soll unter seinen phantasievollen Erfindungen »die ernsthafteste Moral« verstecken: sonst erzeugt er ein unfruchtbares Lachen. Witz, Einbildungskraft, Moral, Unterrichtung und Vergnügen, die traditionellen Ziele, gelten auch für Romanlektüre.

23 Jochen Schmidt, *Die Geschichte des Genie-Gedankens in der deutschen Literatur, Philosophie und Politik 1750–1945*, Bd. 1. *Von der Aufklärung bis zum Idealismus*, Darmstadt 1985, S. 69 ff.

24 Horst Steinmetz, ›Gotthold Ephraim Lessing‹, in: *Deutsche Dichter des 18. Jahrhunderts. Ihr Leben und Werk*, hrsg. von Benno von Wiese, Berlin 1977, S. 210–248, hier S. 225 f.

25 An Shakespeare rühmt er die natürliche Charakterdarstellung (15., 93. Stück), die Natürlichkeit der Sprache (59. Stück) und die Totalität künstlerischer Wirklichkeitswiedergabe (73. Stück). Der Grundsatz getreuer Naturnachahmung legitimiert auch das Vermischen tragischer und komischer Elemente (69. Stück).

26 *LM* V, 260, 272 f.; *LM* X, 433. Vgl. Wolfgang Kröger, *Das Publikum als Richter. Lessing und die ›kleineren Respondenten‹ im Fragmentenstreit*, Nendeln/Liechtenstein 1979; William Boehart, ›Der »freie« Schriftsteller in der deutschen gelehrten Republik des 18. Jahrhunderts. Überlegungen zur Lessings Politik‹, in: *Jahrbuch des Instituts für deutsche Geschichte*, Tel Aviv, Bd. 11 (1982), S. 399–413; Wilfried Bar-

ner, ›Lessing und sein Publikum in den frühen kritischen Schriften, in: *Lessing in heutiger Sicht*, a. a. O., S. 323–343.

27 Herbert Jaumann ›Emanzipation als Positionsverlust. Ein sozialgeschichtlicher Versuch über die Situation des Autors im 18. Jahrhundert‹, in: *Der Autor* (1981), S. 46–72, hier S. 57 f.

28 *LM* X, 425; vgl. *LM* XVII, 7; *LM* VIII, 24.

29 *LM* X, 420; Daunicht, a. a. O., S. 593.

Wieland, der klassische Nationalautor

Christoph Martin Wielands *Sämmtliche Werke* erschienen ab 1794 in bis 1811 insgesamt 45 Bänden, die Georg Joachim Göschen in Leipzig in vier nach Format und Ausstattung verschiedenen Ausgaben verlegte.[1] Das Unternehmen stellt bis heute die umfänglichste und aufwendigste Klassikerausgabe eines deutschsprachigen Autors dar. Von wissenschaftlichen Editionen ist hier abzusehen. Die Prachtausgabe von Wielands Werken in Quart mit Kupfern, die »Fürstenausgabe«, gehört außerdem zu den schönsten Leistungen deutscher Typographie.[2] Der Ausgabe, die er mit seiner *Geschichte des Agathon* eröffnet, stellt Wieland in allen vier Formaten einen »Vorbericht« voran, der folgendermaßen beginnt.

»Es sind nun vier und vierzig Jahre, seit der Verfasser der poetischen und prosaischen Werke, die in gegenwärtiger vollständiger Ausgabe von der letzten Hand gesammelt erscheinen, zum ersten Mahl im Kor der Dichter und Schriftsteller Deutschlands auftrat.

Seine Laufbahn umfaßt also beynahe ein halbes Jahrhundert. Er begann sie, da eben die Morgenröthe unsrer Litteratur vor der aufgehenden Sonne zu schwinden anfing; und er beschließt sie – wie es scheint, mit ihrem Untergange.

Er hatte das herzerhebende Glück, der Zeitgenosse aller Deutschen Dichter und Schriftsteller, in deren Werken der Geist der Unvergänglichkeit athmet, und der Nebenbuhler von keinem zu seyn; die meisten unter ihnen waren seine *Freunde*, keiner sein Feind.«[3]

Wieland fährt die Ernte seines Lebenswerkes ein. Doch ein Teil, etwa ein Viertel seines Werkes, ist noch gar nicht geschrieben, da er 1794, zu nicht geringer Empörung mancher seiner Zeitgenossen, den Untergang der deutschen Literatur kommen sieht. In rascher Folge nimmt er sich nacheinander seiner bisherigen Schriften an, die er für diese Ausgabe »von der letzten Hand« nochmals durchgeht, überarbeitet und, wie den erst jetzt vollendeten *Agathon* in drei Bänden, auch ergänzt.[4] Bis 1798, in nur vier Jahren, liegen 36 Bände einschließlich der sechs Supplementbände vor. Die übrigen neun Bände von 1799 bis 1811 bleiben neuen

Werken vorbehalten, den *Gesprächen unter vier Augen* (1798), dem *Agathodämon* (1799), dem großen Briefroman *Aristipp und einige seiner Zeitgenossen* (1800/01), den beiden kleineren Seitenstücken dazu, *Menander und Glycerion* (1803) sowie *Krates und Hipparchia* (1804), die im letzten Band 1811 enthalten sind, den Gesprächen über das Leben nach dem Tode *Euthanasia* (1805) und schließlich dem Novellenzyklus *Das Hexameron von Rosenhain* (1805).[5] Daneben gründet Wieland 1797 seine nach dem *Teutschen Merkur* (seit 1773) zweite Zeitschrift, das *Attische Museum*, in der seine mit reichen Kommentaren versehenen Übertragungen des Euripides, Aristophanes und Xenophon u. a. erscheinen. Und gekrönt wird das Lebenswerk nach den schon vorausgegangenen Übertragungen Shakespeares (1762–1766), Horaz' (1782 und 1786), Lukians (1788/ 89) mit der Übertragung und Kommentierung der Briefe Ciceros an einige seiner Zeitgenossen (1806–1813, erschienen 1808–1821).

Mit Blick auf dieses immense Lebenswerk haben die Literaturgeschichten Wieland zu Recht neben Klopstock und Lessing seinen Platz unter den Erneuerern der deutschen Literatur zugewiesen.[6] Doch bleibt er damit im allgemeinen bequem aus den literarhistorisch und kulturpolitisch zukunftweisenden Bewegungen des Sturm und Drang, des Klassizismus, der Romantik ausgegrenzt, und das, obzwar seine bahnbrechenden Werke wie der *Don Sylvio von Rosalva* (1764) oder die *Geschichte des Agathon* (1766/67) das Hauptwerk erst eröffnen und das Spätwerk, zwar kaum beachtet, aufgrund seines Umfangs und seiner Bedeutung aber unübersehbar, noch ins 19. Jahrhundert ragt. Es genügt jedoch nicht, von Früh-, Haupt- und Spätwerk nur zu sprechen. Denn die Werkentwicklung vollzieht sich in mehreren Stufen und Schüben. Diese lassen sich sinnvoll nicht mit dem geradlinigen Lebensweg aus dem schwäbischen Biberach ins thüringische Weimar verbinden, sondern allein mit der auch nach Gattungen noch einmal zu differenzierenden Werkgeschichte, deren Höhepunkte über die Jahrzehnte verteilt liegen. Die Verserzählungen *Musarion* (1768) und *Die Grazien* (1770) folgen schon bald auf den *Agathon*, *Der neue Amadis* (1771) vor und der *Oberon* (1780) nach der Gründung des *Teutschen Merkur*. 1772 erscheint der die Aufmerksamkeit der Weimarer Herzogin weckende *Goldne Spiegel*, 1781 die *Geschichte der Abderiten*, 1791 die *Geheime Geschichte des Philosophen Peregrinus Proteus*. Es ist erklärlich, daß wir durch Wielands Vorbericht hindurch auf die aufgehende Sonne unserer Literatur blicken. Wieso aber beschließt er, wenn es sich nicht nur um einen Gemeinplatz der Exordialtopik handeln soll, seine Laufbahn mit ihrem Untergang?

Ist das stolze Selbstüberschätzung? Es wäre sonderbarer Dünkel gegenüber Goethe, Schiller, aber auch gegenüber Hölderlin oder der jungen Generation der Romantiker, die er zugleich fördert, indem er beispielsweise als erster Novalis im *Merkur* druckt und Friedrich Schlegel zur Mitarbeit am *Attischen Museum* einlädt. Altersstarrsinn kann es nicht sein. Oder sollte Wieland etwa um seiner eigenen Verewigung willen sich des Niedergangsbildes der Epoche bedienen? Tatsächlich haben so verschiedene Geister wie die Brüder Schlegel oder Hölderlin am Vorbericht erheblichen Anstoß genommen. Zwar sei Wieland ohnedies nicht sein Steckenpferd, gesteht Hölderlin, aber die Stelle im Vorbericht brennt ihm denn doch im Herzen.[7] Und die Schlegel spotten darüber in ihrem »Opposizionsjournal«, dem *Athenaeum*. Schon im ersten Jahrgang 1798 ist zu lesen:»Wieland hat gemeynt, seine beynah ein halbes Jahrhundert umfassende Laufbahn habe mit der Morgenröthe unsrer Litteratur angefangen, und endige mit ihrem Untergange. Ein recht offenes Geständniß eines natürlichen optischen Betrugs.« Und im *Litterarischen Reichsanzeiger* des folgenden Jahrgangs, der mit der berühmten Konkurserklärung der ›Citatio edictalis‹ schließt, wird die sich in der Werkausgabe bekundende Fruchtbarkeit des Dichters und Schriftstellers karikiert. »*Wieland* wird Supplemente zu den Supplementen seiner sämmtlichen Werke herausgeben, unter dem Titel: Werke, die ich sogar für die Supplemente zu schlecht halte, und völlig verwerfe. Diese Bände werden aber unbedruckte Blätter enthalten, welches sich besonders bey dem geglätteten Velin schön ausnehmen wird.«[8]

Die Bedeutung Wielands für das literarische Leben am Ausgang des 18. Jahrhunderts steht außer Frage und wird durch derlei Anwürfe nur unterstrichen. Aber warum konzentrieren sie sich ausgerechnet auf die Werkausgabe? Seinen Vorbericht hat sich Wieland gründlich überlegt. Ende November 1793 war er plötzlich auf den Einfall gekommen, statt einer Vorrede eine Autobiographie als Einleitung zu den *Sämmtlichen Werken* zu verfassen, und teilte ihn Göschen mit. Doch davon wieder abgekommen – im Vorbericht verheißt er, diese Arbeit werde »den Beschluß seiner Schriften« machen –, schickte er die endgültige Vorrede erst etwa am 17. Mai 1794 mit folgender Bemerkung an Göschen: »Ich trage die Sache schon lange mit mir herum, habe in mancher Nacht, wo ich wenig schlief, darüber gedacht, entworfen, gewählt, verworfen, verändert u. s. w., und am Ende gefunden, daß diese Vorrede nicht *kurz genug* seyn könne, und weder *mehr sagen*, noch in einem andern *Tone* sprechen dürfe, als in der gegenwärtigen geschehen ist.«[9] Was aber hat

Wieland in seinem wohlerwogenen Vorbericht ausdrücken wollen? Wie in Jesaias 41,25 gibt er »vom Auffgang der sonnen« zu kommen vor; und mit ihm solle die Sonne untergehen? Der Welt Reden und Rufen »von auffgang der Sonnen bis zu nidergang« ist aber gemäß Psalm 50,1 allein Gott vorbehalten. Und in der Emblematik weist Sonnenuntergang auf den Tod eines Fürsten. Wieland ist jedoch alles andere als ein Dichterfürst. Zwar hat ihm Goethe anläßlich seines *Oberon* einen Lorbeerkranz übersandt, der ihn zu Lebzeiten ehrte wie dann den Verstorbenen der Nekrolog. Hierin sagt Goethe *Zu brüderlichem Andenken Wielands* am 18. Februar 1813, »daß die sittliche Sinnlichkeit, die gemäßigte geistreiche Lebensfreude unseres Edlen einen reichen, gedrängt gewundenen Kranz verdiene« (*WA* I, 36, 314). Aber die ehrende Dichterkrone machte aus Wieland gleichwohl keinen Fürsten.

Er war vielmehr einer der ersten ›freien Schriftsteller‹.[10] Eine nach dem Interim der Prinzenerziehung ihm von der Weimarer Herzogin ausgesetzte lebenslängliche Pension erlaubte ihm das in Verbindung mit den Einkünften aus seinen literarischen Arbeiten und dem selbstverlegten *Merkur*, von dem er wollte, daß er »unsrer Nation Ehre machte« (*WBr* 5, 72). Doch barg die Freiheit, wie aus dem Werk ersichtlich, für diesen »unermüdet zum Bessern arbeitenden« Schriftsteller ungeheure Verpflichtungen. Die ganze Lehre des Geschmacks würde »ein verständiger fleißiger Literator durch Vergleichung der sämmtlichen Ausgaben unsres *Wielands*« entwickeln können, sagt Goethe im Aufsatz über *Literarischen Sansculottismus* (1795). Es ist der einzige Name, der dort fällt, wo doch Goethe eingangs die Frage gestellt hat: »Wann und wo entsteht ein classischer Nationalautor?« (*WA* I, 40, 201 und 198) Damit kommen wir Wieland schon näher, weil die Bestimmung des Nationalautors auch den Selbstanforderungen gerecht wird und nicht nur »die Auszeichnung eines vollständigen Abdrucks seiner sorgfältig durchgesehenen Werke, ja einer Prachtausgabe derselben« im Blick hat. »Gar viele Menschen sind noch jetzt an ihm irre«, so Goethe im Nekrolog, »weil sie sich vorstellen, der Vielseitige müsse gleichgültig und der Bewegliche wankelmüthig sein.« Und Goethe weiter: »Nur in dem, was der Mensch thut, zu thun fortfährt, worauf er beharrt, darin zeigt er Charakter, und in diesem Sinne hat es keinen festern, sich selbst immer gleichern Mann gegeben als Wieland.« Das stolze Wort aus dem Vorbericht noch im Ohr, sehen wir Goethe jetzt deutlich darauf Bezug nehmen. »Der geistreiche Mann spielte gern mit seinen Meinungen, aber, ich kann alle Mitlebenden als Zeugen auffordern, niemals mit seinen Gesinnungen. Und so erwarb er sich viele Freunde und erhielt sie. Daß er irgend einen entschiedenen Feind gehabt, ist mir nicht bekannt geworden.« (*WA* I, 36, 335 f. und 315) Wielands vielfach als überheblich empfundene Selbsteinschätzung und Goethes feierlich distanzierte Beurteilung, die er seinem »so lieben, werthen, ja heiligen Gegenstand« angedeihen läßt, stimmen darin bemerkenswerterweise überein.

Wenn Wieland sich folglich in der Exordialtopik seines Vorberichts auch selbst in der Rolle des Nationalautors sieht, spricht er genauso repräsentativ für den Schriftstellerstand, wie Goethe ihn dann als Repräsentanten seiner Zeit und ihrer literarischen Entwicklung auffaßt. Doch bleibt das nicht unwidersprochen. Unter den größten Tendenzen jenes Zeitalters, die Friedrich Schlegel im *Athenaeum* mit der Französischen Revolution, Fichtes Wissenschaftslehre und Goethes *Wilhelm Meister* belegt[11], kommt Wieland schon gar nicht mehr vor. Es besteht eine tiefe Kluft zwischen Wielands und Goethes Einschätzungen einerseits und der Programmatik der jungen Romantiker andererseits. Geradezu milde muß da noch Tiecks Rückblick von 1828 erscheinen: »Die Überzeugung, dass Wieland trotz seiner damaligen Popularität, und der auf diese berechneten Pracht-Ausgabe seiner Werke, nicht der Dichter der Nation sey und seyn könne, war immer das Gefühl meiner Jugend und ward Überzeugung, bevor ich noch mit jenen tiefsinnigen und vielumfassenden Geistern, den Brüdern Schlegel, befreundet war.« Für ihn ist Wieland »kein Dichter im grossen Sinne des Wortes«.[12] Doch die Schlegel blasen zur »Hinrichtung« (*KA* 24, 68). Goethe geht im Nekrolog nicht näher darauf ein: »in der Poesie that sich eine neue Epoche hervor, welche mit unserm Freunde, so wie er mit ihr in Widerspruch stehen mußte«.[13] Es ist der Richtungskampf, in dem Wieland als Vertreter der Alten, als »negative[r] Classiker« angegiftet und ›annihiliert‹ wird (*KA* 24, 185). Folgenschwerer wurde kein Richtungskampf in der deutschen Literatur ausgetragen. Aus ihm, Höhepunkt der *querelle des anciens et des modernes*[14], ging Wieland als Verlierer hervor und wurde dementsprechend von der Literaturgeschichtsschreibung auch vernachlässigt. Diese Entwicklung ahnend, wählt Wieland das Bild vom Sonnenuntergang durchaus zu Recht, das ja ein Bild der Dekadenz ist – nicht des verruchten Wonnesterbens einer *Décadence*, sondern des Niedergangs von Reichen und Kulturen. Wieland sieht das Goldene Zeitalter der Literatur in dem Augenblick untergehen, da die Romantiker es aus dem Geiste der Poesie neu hervorzuzaubern suchen. Insofern aber, als wir mit dem verantwortungsbewußten und charaktervollen Wieland nur erst die Konturen eines Nationalautors gewonnen haben, müssen wir uns noch vergewissern, in welchem Verhältnis der negative Klassiker dazu steht.

Friedrich Schlegel schreibt am 20. Oktober 1798 aus Berlin an Caroline Schlegel, er glaube jetzt, daß Voß und Wieland der Garve und Nicolai der Poesie seien. Der Homerübersetzer neben Wieland und beide in Parallele zu den Popularphilosophen: Schlegels Anwürfe zielen auf Repräsentanten der Aufklärung. »Es giebt jetzt offenbar ein wirklich böses Princip, einen Ahriman in der deutschen Litteratur. Das sind sie, die negativen Classiker. Ihr Dichten und Trachten scheint mir nicht etwa nur unbedeutend und weniger gut, sondern ihre Poesie ist absolut negativ, so gut wie die französische von Corneille bis Voltaire. Sie hat gar keinen Werth, sondern wirklichen Unwerth, und muß also in Belagerungsstand erklärt werden.« (*KA* 24, 185) Dieses böse Prinzip, dieser Gegengott sind die Aufklärer, die nicht nur der Verbreitung der romantischen Poesie im Wege stehen, sondern überhaupt die Negation dieser Poesie darstellen. Wielands »Unpoesie« ist mit dem Begriff der absoluten, der »Transzendentalpoesie«, wie ihn die Brüder Schlegel aufstellen, unvereinbar. Deshalb denkt Schlegel im Mai 1799 auch an ihre ›systematische Vernichtung‹ (*KA* 24, 287).[15] Während Wielands klassizistische Kunst des Mischens in ihren Zusammensetzungen immer ihre Ingredienzen kennt und weiß, wo der schmale Grat zwischen Phantasie und Erfahrung verläuft, ignoriert die romantische Poesie diesen Grat.[16] Auch nach weitreichenden Ausflügen in das Phantastische hält Wieland den Rückweg in die historische Welt der Erfahrung offen. Seine Phantasien sind so immer insular. Die Transzendentalpoesie hingegen überspielt den Grat, taucht selbst die Erfahrungen in das Licht der Phantasie und löst in einer Art poetischer Liquidation überhaupt jedwede Grenzziehung darin auf. Das Insulare ist folglich jetzt Meer, und das dehnt sich unendlich. Einwände gegen dieses poetische Prinzip müssen, weil sie unversöhnbar daneben liegen, folgerichtig negativ erscheinen.

Der scharfen Kontroverse ist nicht dadurch zu begegnen, daß man Wieland zum größten der deutschen Vorromantiker stilisiert.[17] Man darf den benannten schmalen Grat nicht wegretuschieren. Denn in der Programmatik der Romantiker wird er zur Demarkationslinie zwischen den Alten und den Neuen und bringt Wieland gerade als Nationalautor um seine Zukunft. Deshalb ist es aufschlußreich, noch einmal, gewissermaßen von der anderen Seite, aus der Sicht Wielands und Goethes auf den Nationalautor zu blicken. Wir sollten dabei auch die von Wieland im *Teutschen Merkur* (1781) berichtete Anekdote *Wie man liest* berücksichtigen, mit der er nicht nur auf die perspektivische Vielfalt literarischer Texte hinweist, sondern zugleich auch seinen Anspruch an seine Leser verdeutlicht.

Die Anekdote berichtet, in einer Gesellschaft habe jemand behauptet, Rousseau predige den Selbstmord. Man las den Brief von St. Preux aus der *Nouvelle Héloise*, wo die Rede davon ist, und war empört. Schon wollte man das Buch durch den Henker verbrennen lassen, als sich denn doch einige, ehe man zur Exekution schritt, mit der Absicht fanden, die Sache näher zu untersuchen. »Sie lasen den vorgehenden Brief, und dann den folgenden: und da fand sich, daß gerade dieser Brief ganz entscheidende Gründe *gegen* den Selbstmord gab.« Wie man liest, ist oft der Schlüssel zu Ereignissen, wie sie in der literarischen Welt zuhauf vorkommen. »Was Wunder, wenn der Geist eines Werkes den Meisten so lange, und fast immer unsichtbar bleibt?« (*AA* I, 22, 268 f.)

Mit der Anekdote soll nicht behauptet werden, die Romantiker hätten Wieland nur oberflächlich gelesen. Sie haben ihn natürlich gründlich gelesen, aber unter falschen Voraussetzungen. Die von August Wilhelm Schlegel in seinen Vorlesungen (1801–1804) vorgebrachten Vorwürfe wirken heute, gemessen an der geforderten »Hinrichtung«, geradezu läppisch. Sie zielen auf seine angeblich bis ans Plagiat gehende Nachahmung, seinen unverdienten Anspruch auf den Titel eines deutschen Ariost sowie auf seine weitschweifige poetische Sprache und erscheinen darin wie eine Zusammenfassung des schon im *Athenaeum* Vorgebrachten.[18] Im Rückblick 1828, fünfzehn Jahre nach Wielands Tod, ist wie schon Tiecks so auch Schlegels Urteil gemildert, wenn nicht ein anderes: »Es wäre an der Zeit, von der allzugrossen Vernachlässigung dieses von manchen Seiten liebenswürdigen Schriftstellers abzumahnen.«[19]

Wielands Selbst- und Dichtungsverständnis, das die Romantiker wohl gekannt, an dem sie ihn aber nicht gemessen haben, erhellen seine im *Teutschen Merkur* (1782 und 1784) erschienenen *Briefe an einen jungen Dichter*. Im *Merkur* bittet Wieland 1786 darum, ihn doch mit der Zusendung schlechter Gedichte in Zukunft zu verschonen, und fügt hinzu, er habe sich von den (von ihm übertragenen und 1782 erschienenen) Briefen des Horaz und seinem Schreiben an einen jungen Dichter mehr Wirkung erwartet. Wir erinnern uns natürlich auch hier der Anekdote *Wie man liest*, insbesondere da es weiter heißt: »aber unsre meisten jungen Dichter lesen, wie es scheint, nichts als – ihre eigenen Werke.« (*AA* I, 14, 177) Und Goethe beobachtet gar im Nekrolog, »daß jedermann reden und niemand hören will« (*WA* I, 36, 334).

Sendschreiben wie Wielands fingierte *Briefe an einen jungen Dichter*,

aus eigenen Dichter- und Dichtungserfahrungen zu berichten, zu warnen und zu ermuntern, haben die Autoren wiederholt gereizt. Persönliche Nachrichten indessen, die wir zuallererst erwarten mögen, gibt
Wieland nur im ersten der drei Briefe. Schon im zweiten wendet er sich
der Dichtungsgeschichte seines, des 18. Jahrhunderts zu, und hier vornehmlich der Lyrik. Im dritten Brief schließlich macht er Bemerkungen
zur Dramenpoetik. Man erfährt also kaum etwas aus Wielands eigener
poetischer Werkstatt, schon gar nichts über den Prosaschriftsteller Wieland, dafür aber um so mehr über die Maßstäbe des Urteilens. Wieland
spricht natürlich aufgrund eigener Erfahrungen. Er kleidet sie aber,
dem Anspruch eines literarischen Erziehers gemäß, in die Form einer
Rollenrede. Sie wird besonders offenkundig, da er sagt: »Ich glaube
meine eigene Geschichte zu hören.« Denn die Schilderung seines fin-
gierten Adressaten zeigt sich eng angelehnt an seine eigenen Dichtungs-
anfänge. »Alles dieß war, von Wort zu Wort, vor fünf und dreyßig Jahren mein eigner Fall«. Damit lenkt er vom Jahr 1782 auf 1747, immerhin
eine ganze Generation, zurück, als er vierzehnjährig – Goethe war noch
nicht geboren – sich an ersten Dichtungen versuchte. »Über meinem
Virgil, Haller, Milton, und *Klopstocks* ersten fünf Gesängen, vergaß ich
Essen und Trinken, Spiel, Schlaf, mich selbst und die ganze Welt«,
heißt es im Sendbrief (*AA* I, 14, 378 f.). »Ich liebte die Einsamkeit sehr,
und brachte oft gantze Tage und Sommernächte im Garten zu, die
Schönheiten der Natur zu empfinden und abzuschildern«, so Wielands
Brief vom 6. März 1752 an Johann Jakob Bodmer in Zürich (*WBr* 1, 35).
Oder wiederum im Sendbrief: »Was ich nur trieb, Metafysik, Moral,
Naturliebe, Geschichte, Politik, alles wurde in mir zu Epopee und
Drama; und während uns der Lehrer mit der Miene eines *Mystagogen* die
Leibnitzische Monadologie erklärte, entwickelte sich in meiner Einbildungskraft der Plan *eines Gedichts über den Ursprung der Venus aus Meer-
schaum*; oder ich ließ die *Bildsäule Pygmalions* sich vor meinen Augen bele-
ben« (*AA* I, 14, 378). Im Brief an Bodmer liest sich das, wobei das »damals« nur etwa fünf Jahre zurück auf die Internatszeit in Klosterbergen
bei Magdeburg weist: »Damals machte ich nach Art des Pygmalion des
St. Hyacinthe einen philosophischen Aufsatz worinn ich aus philosophischen principiis, die ich durch einen Syncretismum der democri-
tisch u: Leibnitzischen Lehren, heraus brachte, zeigen wollte, wie die
Venus gar wohl hätte, ohne Zuthun eines Gottes, durch die innerlichen
Gesetze der Bewegung d. Atomen aus Meerschaum entstehen können
und daraus den schluß machte die Welt könne ohne Zuthun Gottes entstanden seyn.« Damals brach Wieland Bodmer gegenüber auch in die

Frage aus: »Und wo ist endlich der Mensch der sich die Welt gerade aus dem Gesichtspunct vorstellt wie ich?« und gesteht zugleich: »Der schönste Theil meiner Philosophie besteht aus süssen Träumen« (*WBr* 1, 35).

Der autobiographische Brief hat wie die Rollenrede des Sendschreibens Bekenntnischarakter, nur daß dieser hier in die doppelte Perspektive einer Zwiesprache aufgebrochen erscheint. »Ich habe Ihre Beichte gehört« (*AA* I, 14, 376), sagt Wieland eingangs und resümiert, daß eine solche Stimmung der inneren und äußeren Sinne, ein solches Gedächtnis, die zarte Seele, die leidenschaftliche Liebe zum Wunderbaren, Schönen und Erhabenen, das bewegte Herz, der Hang zum Nachsinnen, Forschen in sich selbst, zum Schwärmen in der Ideenwelt sowie der Liebe zur Einsamkeit untrügliche Zeichen einer Erwählung zum Dichter bedeuten. Unter dem »Akut des Heutigen« und dem »Gravis des Historischen«[20] sind derlei Einblicke in die innere Verfassung eines werdenden Dichters selten und kostbar geworden, wie sie Wieland in Anlehnung an Platons *Phaidros* 49 als eine von den Musen zugeschickte »schöne Raserey« bzw. als »Musenwuth« kennzeichnet (*AA* I, 14, 377). Und er bietet alle Überredungskunst und Überzeugungskraft auf, um den jungen Dichter zu warnen: der süße Wahn dauere nicht ewig. Der erfindende und komponierende Dichter allein weiß, was seiner Arbeit, seinem Werk zuträglich ist und was nicht. Er sieht seine »unendliche Mühe« herausgefordert (*AA* I, 14, 384), für die er einerseits bürgen muß und andererseits keinen Dank erwarten darf. Sein junger Freund werde wohl kaum zum Tempel des Glücks geführt werden, er aber hat dennoch nicht das Herz, ihn zurückzuhalten oder gar abzuschrecken. Er muß den Weg seiner inneren Bestimmung gehen, aber er soll sich der Mühen und Entbehrungen, die seiner harren, bewußt sein. Für sich beansprucht Wieland nichts, als »daß ich, indem ich den größten Theil meines Lebens im Dienste der Musen zugebracht, mehr *für mich selbst als für andere* gethan habe«. Deshalb sei es »die reinste Wahrheit«, wenn er in *Idris und Zenide* vor fünfzehn Jahren gedichtet habe: »Du machst, o Muse, doch das Glück von meinem Leben, / Und hört dir niemand zu, so singst du mir allein.« (*AA* I, 14, 392 und 7, 21)

Wir fassen damit die entsagungsvolle Bestimmung des Dichters und freien Schriftstellers in ihrem ganzen Umfang. Er muß seinen Weg, zuweilen trost- und hilflos, durch Lust und Leid der »Musenliebe« nehmen (*AA* I, 14, 381). Gleich zu Beginn hat Wieland schon auf Lorbeerkranz und dunkles Kämmerchen des italienischen Tasso sowie auf Spital und Nachruhm des portugiesischen Camões hingewiesen. Damit

deutet er nicht nur auf Höhen und Tiefen des Dichterdaseins generell
hin, die Goethes *Tasso* zu ebenjener Zeit auszuloten beginnt[21], sondern
legt zugleich den Maßstab des Nationaldichters an. Denn es geht ihm,
wie der Brief unmißverständlich sagt, um »*die Dichter vom engern Aus-
schusse*«. Zur »*Filosofie des Aristippus*« hätten sie keine große Anlage (*AA* I
14, 379 f.).[22] Bei aller Leidenschaftlichkeit, heißt das, muß ihnen die
Gelassenheit des Mannes aus Kyrene fremd bleiben. Wieland dürfte vor
allem an Horaz denken, wie er ihn übertragen hat. Dem Römer gefällt
an Aristipp, »daß / ihm jede Farbe, jedes Glück wohl anstand«. Immer
blieb er »sich selber ähnlich, immer wie er war«.[23] Es sei albern, darüber zu wimmern, »daß die Welt, anstatt sich um unser liebes kleines
Selbst herum zu drehen, in ihrem ewigen Fortschwung, *uns*, wie ein
unmerkliches Atom, ohne es gewahr zu werden mit sich nimmt«. (*AA* I,
14, 389) Diese Beobachtung wirkt sich folgenschwer im Werk Wielands
aus. Sein größter Roman geht aus ihr hervor. Darin verwirklicht er eine
aus den unterschiedlichen Perspektiven der Briefschreiber zusammen-
gesetzte Gesprächspoetik ohnegleichen. Zentrale Gestalt ist Aristipp.
Die Quintessenz seiner Philosophie, wie er sie aus Horaz gewonnen,
gibt er dem Roman neben der schon zitierten Stelle als zweites Motto
bei: »sibi res non se rebus«, oder in seiner Übertragung: »bald sink' ich
unvermerkt in *Aristipps* / System zurück, und statt *mich selbst* den *Dingen* /
zu unterwerfen, seh' ich, wie ichs mache / sie *unter mich* zu kriegen.«[24]
Die Gesprächspoetik des späten Briefromans ist insofern praktisch ausgerichtet, als sie ihren Leser daran beteiligt. In diesem Sinne knüpft sich
von den Briefen des Horaz über die *Briefe an einen jungen Dichter* zu den
Briefen des Romans ein formal und thematisch zusammenhängendes
Band. Die Wahlverwandtschaft mit Horaz mag, mit den Augen der
Romantiker betrachtet, als etwas antikisch Nachgekünsteltes erscheinen.[25] In Wirklichkeit verhält es sich wie bei den von ihm übertragenen
Lukian, Aristophanes, Cicero oder auch dem xenophontischen Sokrates.
Was sollte Wieland da nachahmen? Er erkennt das Eigene im Fremden
und beheimatet es in seiner Nationalliteratur. Daß sein Aristipp-Bild da
nicht heimisch geworden ist, muß nicht verwundern. Wer vermag
schon eine solche Maxime zu beherzigen: »Nicht wer Alles *entbehren*,
sondern wer Alles *genießen* könnte, wär' ein Gott«.[26]

Der zweite Sendbrief nimmt die Fiktion des Zwiegesprächs wieder
auf, indem er nicht nur als Fortsetzung, sondern auch als Antwort auf
einen Gegenbrief erscheint. Wieland weiß zu schätzen, daß sein junger
Freund sich über die äußerlichen Unannehmlichkeiten und Widerwär-
tigkeiten hinwegschwingt. Auch ist ihm lieb zu hören, daß er wenig-

stens für das Unentbehrliche gesorgt hat und nicht eine Profession verwünschen muß, »bey der Sie bloß deßwegen verhungern, weil Sie nicht – ohne sie leben können« (*AA* I, 14, 394). Wie elegant Wieland sich ausdrückt! Darüber sind sich übrigens alle, die ihn auch nur ein wenig kennen, in ihrem Urteil völlig einig. Selbst Nietzsche, der behauptet, seine Gedanken gäben uns nichts mehr zu denken, stimmt zu: »Wieland hat besser, als irgend Jemand, deutsch geschrieben«.[27]

Es ist schon angeklungen: dieser zweite Brief gilt nach dem persönlichen Teil jetzt der Literarhistorie. Anlaß ist der geäußerte Unmut über das Rauhe, Wiehernde und Unsingbare der deutschen Sprache, die mit der »poetischen Eufonie« der italienischen oder französischen Sprache sich nicht messen könne. Wiederum nimmt Wieland abwägend das Argument auf. Das Vergleichen anderer Sprachen und Literaturen mit der eigenen bleibe demnach solange ein unbefriedigendes und unangemessenes Verfahren, wie wir »die Augen vor ihren wirklichen Schönheiten« verschließen wollten. Immer von neuem lenkt Wieland auf den angemessenen Gesichtspunkt, der allein es erlaubt, einer Sache Gerechtigkeit widerfahren zu lassen: »bedürfen wir eines stärkeren Beweises, als die Dichter, die wir schon besitzen, und den ungemeinen Zuwachs an Biegsamkeit, Sanftheit und Wohllaut, den sie unter ihrer Bearbeitung nur seit vierzig Jahren gewonnen hat?« (*AA* I, 14, 397)

Lange vor Trakes *Abendlied* spricht Wieland vom »Wohllaut« deutscher Versdichtungen, wie er von Brockes bis Klopstock ausgeprägt worden ist. Dieser historische Teil über die Versdichtung im 18. Jahrhundert ist uns heute vertraut, wiewohl Wieland auch für ihre gerechte Einschätzung eine Lanze gebrochen hat und nichts anderes beschreibt als die Wurzel seiner eigenen Anfänge. Und lange vor Bobrowski, der Klopstock seinen »Zuchtmeister« nennt, empfiehlt Wieland: »*Studieren* Sie ihn, ohne ihn jemahls zu *kopieren*« (*AA* I, 14, 400). Eine »aufgeklärtere und geschmackvollere Nachwelt« werde die von ihm genannten Dichter in alle ihre Rechte wieder einsetzen. »Die Epoke, in deren Mittel ich geboren worden bin, (*sagen Sie*) kann mit größtem Rechte das *goldne Alter* der Deutschen Poesie genannt werden«. Auch werde die Nachwelt »dieses goldne Alter unsrer Poesie, da es nach keinem *Alexander, August* oder *Ludwig* benannt werden kann, mit besserm Fug *Bodmers Jahrhundert* nennen; denn in dem langen Lebenslauf dieses ehrwürdigen, um unsre Sprache und Litteratur sehr verdienten Greises, ist der Anfang, das Mittel, und besorglich auch das Ende der schönen Zeit unserer Deutschen Musen eingeschlossen« (*AA* I, 14, 403 f.). Wir werden hellhörig bei diesen Worten, weil wir diese Art der Periodisierung

aus Wielands Vorbericht schon kennen. Der Lebenslauf Bodmers
schließe »besorglich« auch den Niedergang jenes goldenen Alters der
Poesie ein. Wieland besinnt sich auf das Periodisierungsschema der Alten, das sich vom Höhepunkt, der Akmé, eines Menschen, eines Zeitalters her bemißt.

   Pierre Bayle, der im *Dictionnaire historique et critique* (1695–1697) zum
Erfinder der Fußnote gewordene Aufklärer, hat gegen diese Zeitrech-
nung schon eingewandt, es sei sinnvoller, das Jahr der Geburt und des
Todes festzuhalten, und nicht die Blütezeit. Denn diese Zeit sei unbe-
stimmt, sie rücke bald vor-, bald rückwärts.[28] Er hat natürlich recht.
Wo sollten wir die Akmé Goethes etwa ansetzen? Doch verfolgen wir
Wielands Periodisierung noch einen Augenblick weiter. »In seiner
[Bodmers] Jugend brach ihre Mörgenröthe mit *Canitz, König* und *Brockes*
an; bald darauf erschienen *Haller* und *Hagedorn*, denen eben so bald *Pyra*
und *Lange*, so wie diesen *Gleim* und *Utz* und *Gellert* und die übrigen
Verfasser der *Bremischen Beyträge* folgten. In seinem funfzigsten Jahre
(im Jahre 1748) hatte er schon die Mittagshöhe erreicht, von welcher er,
mit der frohen Zufriedenheit eines Mannes, der zur Besserung seines
Zeitalters selbst so viel beygetragen, herabsingen konnte«, nämlich die
Verheißung eines »*golden dichtrische[n] Alter[s]*« (*AA* I, 14, 404). Dabei
habe er um 1740 Klopstock nicht ahnen können, wie er in der Zeit um
1772, »in die Gleims Abend und Wielands Nachmittag gefallen ist«
(*WBr* 4, 471), oder nun 1782, mit bald 85 Jahren, den Verfall des Geschmacks zu beklagen habe. Mit solchen Epochalisierungen wird die
Einschätzung dieser goldenen Zeitalter selbst relativiert. Dieser »*optische Betrug*«, so sagt der junge Adressat in der Fiktion des Briefes weiter,
»ist vermuthlich in *Bodmers* gegenwärtigem Alter eben so natürlich und
unvermeidlich, als es mir, dessen zwey erste Lebensdekaden in den
glänzenden Zeitraum unsrer Litteratur von 1760 bis 80 fielen, natürlich
seyn muß, zu befürchten, daß mir« nichts übriggelassen sei (*AA* I, 14,
404). Wir haben uns an keine Bodmerzeit gewöhnt. Es gibt eine Dürer-
zeit und eine Goethezeit. Aber diese ist 1782 auch noch kein goldenes
Zeitalter, obzwar Friedrich Schlegel Goethes Poesie dann im Jahrzehnt
darauf als »Morgenröte echter Kunst und reiner Schönheit« preist.[29]
Wir erinnern uns der *Athenaeum*-Polemik: Wieland meine, seine Laufbahn habe mit der Morgenröte unserer Literatur angefangen und endige
mit ihrem Untergange. »Ein recht offenes Geständniß eines natürlichen
optischen Betrugs.« Und wir erkennen, daß neben dem Vorbericht
auch Wielands Brief an einen jungen Dichter jetzt Bezugspunkt ist.

   Die Romantiker haben Wieland also aufmerksam gelesen, scheuen sich aber dennoch nicht, seine Worte gegen ihn zu wenden. Darin liegt der optische Betrug, nicht in der überdeutlichen epochentypischen Betrachtung. Bodmer müsse sich die Zeit seines Alterns als Niedergang darstellen. »Der ehrwürdige Greis hat, von seinem vierzigsten Jahre bis zum fünf und achtzigsten, unsre Litteratur mit so schnellen und gigantischen Schritten emporsteigen sehen, daß seine Einbildung sich an diesen raschen Gang gewöhnt hat, und es ihm vorkommen muß, wir fallen wieder, wenn wir auch bloß still ständen.« Es sei natürlich und verzeihlich, daß auch der weiseste Mann, ins Alter gekommen, die Schuld der Natur bezahle. Horaz zufolge wird er so »der ew'ge Leichenredner / der weiland guten Zeiten, da er noch / ein Knabe war, der ew'ge Zensor und / Zuchtmeister aller Jüngern, die jetzt *sind*, / was er, *zu seiner Zeit, gewesen war*«.[30] Man sollte Wieland und seinen Horaz nicht nur gründlich lesen, sondern auch verstehen wollen. »Viel Gutes bringen uns die Jahre, wenn / sie kommen, mit, viel nehmen sie uns wieder, / so wie sie allgemach zurückegehn.« Das ist alles *Ars poetica* des Horaz in Wielands Übertragung, und er merkt an: »Man pflegt zu sagen, die Jahre kommen zu uns bis zum 46., von daʾan entfernen sie sich wieder von uns, sagt ein alter Scholiast. Das Bild ist vom jährlichen Sonnenlauf und dem daher entstehenden Zu- und Abnehmen der Tage hergenommen.« Wielands Vorbericht ist aus dieser kosmischen Perspektive des Sonnenlaufs heraus zu verstehen. In seiner Rollenfiktion verrät er allerdings nun unnachahmlich und neben Goethe wie vielleicht kein anderer eine tiefe Einsicht in die Verhältnismäßigkeit menschlichen Sinnens, Trachtens und Urteilens. »Wir werden's denen, die nach dem Jahre 1800 ungefehr seyn werden, was wir im Jahre 1780 waren, nicht besser machen; falls uns das zweydeutige Vergnügen aufbehalten ist, ins neunzehnte Jahrhundert mit erloschnen Augen hinüber zu schauen.« (*AA* I, 14, 405) Noch aber blickt Wieland auf seine Gegenwart im Oktober 1782, da er im fünfzigsten Lebensjahr steht. Von seiner Zeit will er weder zu gering noch zu groß denken. Und er führt zum Schluß dieses Briefes auf die Lage der Nationalliteratur zurück. In der erzählenden Poesie gebe es verhältnismäßig mehr Gutes als in der dramatischen. Denn er vermißt völlig, so seine Forderung zum Schluß, ein einziges gedrucktes Stück, »welches in allen Eigenschaften eines vortrefflichen Trauerspiels (Sprache, Versifikazion, und *Reim* mit einbedungen) neben irgend einem von *Racine* stehen könne« (*AA* I, 14, 406).

Im dritten Brief von 1784 ist die Frage nach einem den Franzosen und Engländern ebenbürtigen deutschen Drama beherrschendes Thema. Wenn man bedenkt, daß Wieland selbst gar kein Dramatiker ist, muß überraschen, daß er sich in diesem Brief ausgerechnet dem Drama widmet. Gleichwohl ist seine Forderung nach der neben Lyrik und Epik dritten Gattung folgerichtig. Wie der zweite Brief veranschaulicht, hat die Entwicklung der deutschen Lyrik im 18. Jahrhundert schöne Resultate gezeitigt. Zur Vervollkommnung des deutschen Romans und der Verserzählung hat Wieland, freilich ohne es im Brief zu sagen, mit dem *Don Sylvio*, dem *Agathon*, dem *Goldnen Spiegel*, den *Abderiten*, *Musarion*, *Grazien*, *Idris*, *Amadis*, *Oberon* selbst sein möglichstes getan. In der Gattung des Dramas jedoch haben die deutschen Autoren noch einen Vorsprung wettzumachen. Was Wieland damit im Sinn hat, wird augenblicklich sichtbar, wenn wir die poetischen Vorstellungen dieses dritten Briefes betrachten. Er bezieht sich darin auf das ihm gewidmete Trauerspiel *Antonius und Kleopatra* von Cornelius Hermann von Ayrenhoff (1733–1819), der damit glaubte, die Forderung aus dem zweiten Brief beherzigt zu haben. Wieland verbindet nun mit dieser Forderung nach einem klassizistischen Schauspiel zugleich eine Würdigung des andersgearteten Theaters Shakespeares. »Ich wünsche nicht, daß wir uns sklavisch weder nach den Griechen noch nach den Franzosen bilden: sondern daß wir eine Schaubühne hätten, die sich so gut für uns schickte als die Schaubühne des Sofokles und Aristofanes für die Zeit des Perikles, oder die des Racine und Moliere für den Hof und die Hauptstadt Ludwigs des Vierzehnten« (*AA* I, 14, 420 f.). Er glaubt, daß man gegen die Franzosen gerecht sein könne, ohne darum Partei gegen die Engländer zu nehmen. Das ist die ganze Weisheit: anzuerkennen, und zwar mit angemessenen Kriterien, was anerkennenswert ist, und zu verurteilen, was tadelnswert ist. Wieland weiß, daß man eine Nationalliteratur nur durch die Entfaltung der ihr ureigenen Möglichkeiten und nicht etwa durch das Rivalisieren mit einer anderen auf die ihr angemessene Höhe führen kann. Mit solcher Besinnung auf angemessene Maßstäbe wird er neben Lessing auch selbst zum Klassiker der Kritik.

Das Prinzip des originalen Klassizismus hatte zuerst Klopstock formuliert, indem er den Nachahmungsgedanken pointierte: »So ahm dem Griechen nach. Der Griech' erfand.«[31] Solch eine originale Position entdeckt Wieland unter den deutschen Dramatikern. Ayrenhoff machte seinem Unmut über die Nachahmer Shakespeares und der Engländer Luft und erwähnte dabei den *Götz*. Das veranlaßt Wieland, ein paar Worte über dieses Werk zu sagen. Sein Verfasser »wollte vielleicht durch diesen ersten Versuch bloß seine Sendung vor den Augen der Nazion legitimieren; und er zeigte uns, was der in der Folge leisten könnte, der *so* anfing« (*AA* I, 14, 414).[32] Nur wenige Kenner hätten »mit herzlicher Freude, vielleicht auch mit Eifersucht, Shakespeares *Genius* in einem jungen Deutschen wieder aufleben« sehen. Und ohne den Namen zu nennen, eröffnet er, daß mit der *Ifigenia in Tauris* eine »*noch ungedruckte* Tragödie in Jamben, von eben diesem Verfasser, eben so ganz im *Geiste des Sofokles* als sein *Götz* im Geiste *Shakespears* geschrieben« vorliege, das regelmäßiger als irgendein französisches Trauerspiel sei. Da ist plötzlich einer aufgestanden, der Sophokles, Shakespeare, Racine in einer Person ist, der den »Gebrechen unsrer Schaubühne« Abhilfe sowie gegen die Ausschweifungen der Nachahmer Einhalt zu tun verspricht. Wer wollte Wieland von dieser neugewonnenen Warte aus, ihm, dem seine erste Begegnung mit Goethe in Weimar entlockt: »Seit dem *heutigen Morgen* ist meine Seele so voll von Göthen wie ein Thautropfe von der Morgensonne« (*WBr* 5, 471), wer wollte ihm mißgönnen, daß er dem greisen Simeon gleich diesen Augenblick preist, dieses goldene Zeitalter begrüßt, in dem die Dichtungsgattungen national auf zuvor unerwartete Gipfel geführt sind. Und wer wollte da nicht verstehen, daß von dieser Warte aus vollkommnere Leistungen kaum vorstellbar waren. Wieland hat sich selbst aus dem Ausblick der Briefe auffällig zurückgenommen, als sei er nur Wegbereiter eines bedeutenderen, der da kam. Dieser aber widmet ihm unter ihm abgelernten Kriterien eine unvergleichliche Würdigung, die auch des Spätwerks gedenkt. Das nämlich bezeugt, daß Wieland seine nationale Aufgabe mit den *Briefen an einen jungen Dichter* oder mit der Eröffnung seiner *Sämmtlichen Werke* noch lange nicht als erfüllt betrachtete, sondern nur um so entschiedener Nationalliteratur und »Weltliteratur«[33] (sein eignes Wort) ineinander verschmolz.

Anmerkungen

AA = Wielands Gesammelte Schriften, hrsg. v. der Deutschen Kommission der Königlich Preußischen Akademie der Wissenschaften (Akademie-Ausgabe), Berlin 1909 ff. (I: Abt. *Werke*). *KA = Kritische Friedrich-Schlegel-Ausgabe*, Bd. 24: *Die Periode des Athenäums*, hrsg. v. R. Immerwahr, Paderborn u. a. 1985. *WA = Goethes Werke*, hrsg. im Auftrage der Großherzogin Sophie von Sachsen (Weimarer Ausgabe), Weimar 1887–1919 (I: Abt. *Werke*). *WBr = Wielands Briefwechsel*, hrsg. v. H. W. Seiffert u. a., bisher 5 Bde., Berlin 1963–1983.

1 Vgl. W. Kurrelmeyer, ›Die Doppeldrucke der Wieland-Ausgabe letzter Hand‹, in: *Publications of the Modern Language Association of America* 43 (1928), S. 1062–1081.

2 Vgl. D. Debes, *Georg Joachim Göschen, die typographische Leistung des Verlegers*, Leipzig 1965, S. 5 und 37 ff.

3 C. M. Wieland, *Sämmtliche Werke*, Bd. 1 (C^3: Großoktav), Leipzig 1794, S. III f. Vgl. G. Günther und H. Zeilinger, *Wieland-Bibliographie*, Berlin und Weimar 1983, Nr. 2.

4 Christoph Martin Wieland, *Werke*, Bd. 3: *Geschichte des Agathon*, hrsg. v. K. Manger, Frankfurt/Main 1986, S. 915–936.

5 Die letzten drei Bände der *Sämmtlichen Werke*, Bd. 37–39, sind nur in der ›wohlfeilen‹ Oktavausgabe (C^1) erschienen. Wielands Übertragungen fanden keine Aufnahme in die *Sämmtlichen Werke*.

6 Vgl. zuletzt: *Geschichte der deutschen Literatur*, Bd. 6: *Aufklärung, Sturm und Drang, Frühe Klassik*, hrsg. v. S. A. Jørgensen, K. Bohnen und P. Øhrgaard, München 1990, S. 281–326.

7 F. Hölderlin, *Sämtliche Werke, Große Stuttgarter Ausgabe*, hrsg. v. F. Beißner, Bd. 6.1: *Briefe*, hrsg. v. A. Beck, Stuttgart 1954, S. 10,16f. und 139,33 f.

8 *Athenaeum. Eine Zeitschrift*, hrsg. v. A. W. Schlegel und F. Schlegel, Berlin 1798–1800 (Reprint: Darmstadt 1973): (1798), S. 248 und (1799), S. 329 und 331. – Vgl. H. Härtl, ›»Athenaeum«-Polemiken‹, in: *Debatten und Kontroversen. Literarische Auseinandersetzungen in Deutschland am Ende des 18. Jahrhunderts*, hrsg. v. H.-J. Dahnke und B. Leistner, 2 Bde., Berlin und Weimar 1989, Bd. 2, S. 246–357, zu Wieland S. 261–274.

9 Th. C. Starnes, *Christoph Martin Wieland. Leben und Werk. Aus zeitgenössischen Quellen chronologisch dargestellt*, 3 Bde., Sigmaringen 1987, Bd. 2, S. 328 und 352.

10 Vgl. W. von Ungern-Sternberg, ›Chr. M. Wieland und das Verlagswesen seiner Zeit. Studien zur Entstehung des freien Schriftstellertums in Deutschland‹, in: *Archiv für Geschichte des Buchwesens* 14 (1974), Sp. 1211–1534.

11 *Athenaeum* (1798), S. 232.

12 L. Hirzel, *Wielands Beziehungen zu den deutschen Romantikern*, Bern 1904, S. 22.

13 Vgl. F. Sengle, ›Goethes Nekrolog »Zu brüderlichem Andenken Wielands«. Die gesellschaftliche und historische Situation. Goethes Rücksicht auf sie in der Beschreibung und Wertung Wielands‹, in: *Modern Language Notes* 99 (1984), S. 643. E. Behler, ›Das Wieland-Bild der Brüder Schlegel‹, in: *Christoph Martin Wieland. Nordamerikanische Forschungsbeiträge zur 250. Wiederkehr seines Geburtstages 1983*, hrsg. v. H. Schelle, Tübingen 1984, S. 351f.

14 Vgl. E. Behler (Anm. 13), S. 364. Vgl. P. Kapitza, *Ein bürgerlicher Krieg in der gelehrten Welt. Zur Geschichte der Querelle des Anciens et des Modernes in Deutschland*, München 1981.

15 E. Behler (Anm. 13), S. 350f. K. Oettinger, *Phantasie und Erfahrung. Studien zur Erzählpoetik Christoph Martin Wielands*, München 1970, S. 120–140.

16 K. Oettinger (Anm. 15), S. 68 ff. K. Manger, *Klassizismus und Aufklärung. Das Beispiel des späten Wieland*, Frankfurt/Main 1991, S. 96 f.

17 R. Immerwahr, *Romantisch: Genese und Tradition einer Denkform*, Frankfurt/Main 1972, S. 135.

18 Vgl. L. Hirzel (Anm. 12), S. 56–58. E. Behler (Anm. 13), S. 383–385.

19 L. Hirzel (Anm. 12), S. 65.

20 Paul Celan, *Der Meridian*, in: *Gesammelte Werke*, hrsg. v. B. Allemann und S. Reichert unter Mitwirkung v. R. Bücher, Frankfurt/Main 1983, Bd. 3, S. 190.

21 Vgl. *Goethe über seine Dichtungen. Versuch einer Sammlung aller Äußerungen des Dichters über seine poetischen Werke*, v. H. G. Gräff, Teil 2, Bd. 4, Frankfurt/Main

1908, S. 288–297, Nr. 4106 ff. Heinses Übertragung von Tassos *Befreytem Jerusalem* erschien in Mannheim 1781.

22 Vgl. *WBr* 3,22,8; 3,418,27; 5,176,78 f.

23 Horaz *ep.* 1,17,27. Christoph Martin Wieland, *Werke* Bd. 9: *Übersetzung des Horaz*, hrsg. v. M. Fuhrmann, Frankfurt/Main 1986, S. 265.

24 Horaz *ep.* 1,1,19. Wielands Übersetzung (Anm. 23), S. 39.

25 Vgl. L. Hirzel (Anm. 12), S. 69.

26 Christoph Martin Wieland, *Werke*, Bd. 4: *Aristipp und einige seiner Zeitgenossen*, hrsg. v. K. Manger, Frankfurt/Main 1988, S. 857 (Buch 4, Brief 16).

27 F. Nietzsche, *Menschliches, Allzumenschliches*, 2. Bd., 107. Stück, in: *Sämtliche Werke*. Kritische Studienausgabe in 15 Bänden, hrsg. v. G. Colli und M. Montinari, München, Berlin und New York 1980, Bd. 2, S. 599.

28 P. Bayle, *Historisches und Critisches Wörterbuch, nach der neuesten Auflage von 1740 ins Deutsche übersetzt; auch mit einer Vorrede und verschiedenen Anmerkungen sonderlich bey anstößigen Stellen versehen v. J. Chr. Gottsched*, 4 Bde., Leipzig 1741–1744, Bd. 4, S. 560 a.

29 Im *Studium*-Aufsatz von 1795–1797. Vgl. E. Behler (Anm. 13), S. 351.

30 Horaz *a. p.* 173 f. Wielands Übersetzung (Anm. 23), S. 526 f.

31 Klopstock, *Ausgewählte Werke*, hrsg. v. K. A. Schleiden, München ³1969, S. 180: *Aufgelöster Zweifel*.

32 Vgl. F. Sengle, *Wieland*, Stuttgart 1949, S. 378–380.

33 Vgl. H.-J. Weitz, ›»Weltliteratur« zuerst bei Wieland‹, in *Arcadia* 22 (1987), S. 206–208.

Vom Genie zum Dichter-Wissenschaftler

Goethes Auffassungen vom Dichter

Vom Rokoko zur Weimarer Klassik

Rokokopoet in Leipzig

Im 7. Buch von *Dichtung und Wahrheit*, einer knappen Literaturgeschichte der Aufklärung, werden die Bedingungen präzisiert, die vor
1770 einen jungen Poeten zur Verzweiflung bringen konnten. Mit der
folgenreichen, aber nicht durchweg förderlichen Formel, eine literarische Epoche entwickle sich aus der vorhergehenden durch Widerspruch, werden Prinzipien des Widerspruchs selbst genannt, um sich
aus der »nullen Epoche« herauszuretten. Gegen die allgemeine Ge-
schmacks- und Urteilsunsicherheit sollten »Bestimmtheit, Präzision
und Kürze« und ein »nationeller Gehalt« gesetzt werden (*MA* 16, 293
und 288). Selbst Wieland sei in seinen bisherigen Werken noch »prolix«
(weitschweifig) gewesen – erst in *Musarion* sei er »gefaßt und genauer«
geworden (*MA* 16, 293).

Goethe hat in Frankfurt schon viel gelesen – in Leipzig treten durch
Empfehlung der kundigen Freunde neue Autoren in seinen Lektüre-
horizont ein. Alle wichtigeren deutschen und französischen Werke der
Rokokoliteratur waren ihm bekannt, Haller, Ramler, Lessing, Wieland, Klopstock sah er bereits auf dem Wege, sich von der »weitschwei-
figen« und »wäßrigen« Schreibart zu entfernen. Schlosser wies ihn
nachdrücklich auf die englische Literatur hin – die Briefe bezeugen
intensive Shakespeare-Lektüre in der Originalsprache. Solche Belesenheit war für den jungen Autor nicht nur förderlich. Seine ungewöhnliche Fähigkeit, ihm bedeutsam erscheinende Gedichte und Prosapassa-
gen ohne Mühe im Gedächtnis zu behalten, hat in den Leipziger
Werken genügend Spuren hinterlassen. Dabei trat ihm die Notwendigkeit, sich nach einem »Stoffe« umzusehen, erneut vor Augen, wolle
man nicht »seinen Vorgängern die Worte und Phrasen nur aus dem
Munde nehmen« (*MA* 16, 301). Mit dem Rat, den Ewald von Kleist

erteilt hatte, man müsse auf allen Spaziergängen auf poetische »Bilderjagd« gehen, konnte er wenig anfangen. Er wollte mitten in der Konvention zeitgenössischer Dichtung, die ihm außer den Singspielen von Schiebeler und Weiße, außer *Musarion* und *Minna von Barnhelm* keine überzeugenden Exempla zu bieten schien, sich selbst in einem Stoff wiedererkennen, als ein »Schäfer an der Pleiße« solche Gegenstände wählen, »die ich geschwind in meinen Busen zurückführen konnte« (*MA* 16, 303). Das Buch *Annette*, die *Oden an meinen Freund*, die *Lieder mit Melodien* (Neue Lieder), das Schäferspiel *Die Laune des Verliebten* und *Die Mitschuldigen* sind meist überzeugende Manifestationen solcher Bemühung. Die »große Beschränktheit« des eigenen Zustandes, die Ratlosigkeit der Lehrer und die nun immer klarer ins Bewußtsein tretende Randstellung in der Leipziger gebildeten Gesellschaft, die »ganz unbedeutenden Naturgegenstände« nötigen ihn, alles in sich »selbst zu suchen«, in den eigenen Busen zu greifen, »nicht aus dem Kreise« herauszutreten, der ihn zu »berühren«, ihm ein »Interesse einzuflößen geeignet war«. In diesem Kontext steht das vielzitierte und mißdeutete Wort: »Alles was daher von mir bekannt geworden, sind nur Bruchstücke einer großen Konfession, welche vollständig zu machen dieses Büchlein ein gewagter Versuch ist« (*MA* 16, 306).

Ohne Einschränkung generalisiert dieser Grund-Satz die poetische Lebensarbeit als »Konfession« bis zur Niederschrift von *Dichtung und Wahrheit*. Von einem »gewagten Versuch« der Vervollständigung des dichterischen Werkes ist die Rede. Goethe datiert den Beginn seiner poetischen Lebenstendenz in die Leipziger Zeit – im allgemeinen Bewußtsein wird dieser Anfang in der Straßburger Zeit gesucht; überzeugendstes Dokument des Neuen seien die Sesenheimer Lieder. Unbestreitbar sind jedoch erste Versuche in der neuen Schreibart in Leipzig entstanden – allen voran ist hier an die *Oden an meinen Freund* zu denken; selbst in dem anmutigen Schäferspiel und in den *Mitschuldigen* ist die andere, neue Stimme schon hörbar.

Mit einigem Selbstbewußtsein und einer nicht gerade skeptischen Einschätzung seiner dichterischen Fähigkeiten kommt Goethe nach Leipzig. Im Oktober 1765 schreibt er an die Schwester im stolzen Gefühl der nun gewonnenen Freiheit im *pluralis maiestatis*: »wir Poeten« (*DjG* I, 102).

Doch schon im April 1766 stellen sich Selbstzweifel ein, ist immer häufiger von Depressionen und Melancholie die Rede – die Diagnose eines labilen Selbstwertgefühls und Zweifels an den eigenen produkti-

ven Fähigkeiten stellen selbstquälerische Verse. In einem Versprosa-
Brief an den Freund Riese vom 28. 4. 1766 heißt es:

> Du weißt, wie sehr ich mich zur Dichtk[unst] neigte,
> Wie großer Haß in meinem Busen schlug,
> Mit dem ich die verfolgte, die sich nur,
> Dem Recht und seinem Heiligtume weihten.
> [...]
> Ich fühlte nicht, da keine Schwingen, mir
> Gegeben waren, um emporzurudern.
> Und auch vielleicht, mir von der Götter Hand,
> Niemals gegeben werden würden. Doch
> Glaubt ich, ich hab sie schon und könnte fliegen.
> Allein kaum kam ich her, als schnell der Nebel
> Von meinen Augen sank, als ich den Ruhm,
> Der großen Männer sah, und erst vernahm,
> Wie viel dazu gehörte; Ruhm verdienen. (*MA* 1.1, 87 f.)

In den Briefen an die Schwester wagt es der Enttäuschte, über sich und
seine in Leipzig kaum anerkannte poetische Geltung offen zu sprechen.
Noch im Herbst 1766 gesteht er, in Leipzig gelernt zu haben, daß man
viel leisten müsse, um auch nur ein wenig Geltung beanspruchen zu
dürfen. Er habe die Narrheit abgelegt, zu glauben, er sei ein Dichter;
nur um Briefe an Freunde zu schmücken, schreibe er noch Gedichte. In
dem großen Bekenntnisbrief vom 11. Mai 1767 an Cornelia heißt es:

»Da ich ganz ohne Stolz bin, kann ich meiner innerlichen Überzeugung glauben, die mir sagt daß ich einige Eigenschaften besitze die zu einem Poeten erfor-
dert werden, und daß ich, durch Fleiß einmal einer werden könnte. Ich habe von
meinem zehenten Jahre, angefangen Verse zu schreiben, und habe geglaubt sie
seyen gut, jetzo in meinem 17 ten sehe ich daß sie schlecht sind, aber ich bin doch
7 Jahre älter, und mache sie um 7 Jahre besser. Hätte mir einer anno 62. von
meinem Joseph gesagt, was ich jetzt selbst davon sage ich würde so niedergeschlagen worden seyn, daß ich nie eine Feder angerührt hätte. Vorm Jahre als
ich die scharfe Critick von Clodiusen über mein Hochzeitgedichte laß, entfiel
mir aller Muht, und ich brauchte ein halbes Jahr Zeit biß ich mich wieder erholen und auf Befehl meiner Mädgen, einige Lieder verfertigen konnte. Seit dem
Novembr habe ich höchstens 15 Gedichte gemacht die alle nicht sonderlich groß
und wichtig sind, und von denen ich nicht eins, Gellerten zeigen darf, denn ich
kenne seine jetzige Sentiments über die Poesie. Man lasse doch mich gehen,
habe ich Genie; so werde ich Poete werden, und wenn mich kein Mensch verbessert, habe ich keins; so helfen alle Criticken nichts.« (*DjG* I, 126)

Sichtbares Zeichen für das nun gewonnene dichterische Selbstbewußtsein, das sich mit schonungsloser Kritik der frühen Arbeiten verbindet,

ist das Autodafé. Im Oktober 1767 verbrannte Goethe Entwürfe und vollendete Werke – Lyrik und Prosa, Dramen und Skizzen – auf dem Küchenherd seiner Wirtin. Mit der Vernichtung der ›Jugendsünden‹ sollte der ›Geschmacks- und Urteilsungewißheit‹ ein Ende bereitet werden. Diesem geradezu magischen Akt einer dichterischen Läuterung scheint Goethe eine tiefe Wirkung zugesprochen zu haben.

Ein Frankfurter Genie

In den Hymnen der Frankfurter Zeit wird mit guten Gründen einer der Höhepunkte deutschsprachiger Lyrik erkannt. Sie stellen nicht nur eigenwillige Weiterführungen Klopstockscher Hymnen dar, sondern sind zugleich Formulierungen des genialen Selbstverständnisses des Sturm und Drang. Im Namen Pindars versuchte eine Gruppe junger Autoren, die Wiederholung des längst Gesagten aufzugeben und »original« zu schreiben. Anspielungen auf pindarische Wendungen gehörten zum Wortschatz genialischer Selbstverständigung, wobei Metaphern wie »Strom« des Genies eher fordernd als deskriptiv gemeint waren. Für Goethe war Pindar *das* Beispiel eines genialen Dichters; was Shakespeare für die Dramatik bedeutete, war er für die Lyrik. Kestner schrieb im Herbst 1772 in einem Briefkonzept: »Im Frühjahr kam hier ein gewisser Goethe aus Franckfurt, seiner Handthierung nach Dr. Juris, 23 Jahr alt, einziger Sohn eines sehr reichen Vaters, um sich hier – dieß war seines Vaters Absicht – in Praxi umzusehen, der seinigen nach aber, den Homer, Pindar p. zu studiren [...].«[1] Etwa am 10. Juli 1772 schrieb Goethe aus Wetzlar an Herder seinen berühmten Pindar-Brief: Seit ihm Pindars Worte »Brust« und »Zwerchfell« (Sitz von Leidenschaft und Scharfsinn) aufgegangen seien, »wohne« er in Pindar.

»Dreingreiffen, packen ist das Wesen ieder meisterschafft. Ihr habt das der Bildhauerey vindizirt, und ich finde dass ieder Künstler so lang seine Hände nicht plastisch arbeitet nichts ist. Es ist alles so Blick bey euch, sagtet ihr mir offt. Jetzt versteh ich's tue die Augen zu und tappe. Es muss gehn oder brechen. Seht was ist das für ein Musikus der auf sein Instrument sieht.« (*DjG* II, 256)

Dies ist kein Manifest einer bewußtlosen Dichtung. Herder und Goethe waren sich gerade im Hinblick auf Pindar der modernen Problematik einer »künstlichen Raserei« im Enthusiasmus bewußt. Man war sich über den fiktiven Charakter solcher Rede im klaren. Doch selbst unter diesen Voraussetzungen eroberten die Hymnen in freien Rhythmen und kühnen Wortzusammensetzungen sprachliches Neuland! Es gibt in der produktionsästhetischen Selbstreflexion des Sturm und

Drang keine Sinnbilder oder Mythen, die dem Prototyp der Genialität, Prometheus, vergleichbar wären. In dieser mythischen Figur verbinden sich zahlreiche Elemente der zeitgenössischen Lage. Als Licht- und Feuerbringer ist er durchaus noch eine Gestalt der Aufklärung – Franklin etwa wurde als zweiter Prometheus gerühmt[2] –, doch spiegelt gerade die Gewaltsamkeit der Entwendung des Feuers die kaum noch evolutionäre als vielmehr revolutionäre Phase der Entwicklung. Als Bildhauer und Werkmeister, Schöpfer des Menschengeschlechts und Förderer seiner Kultur repräsentiert er in einem kaum überbietbaren Maße die schöpferischen und selbstschöpferischen Fähigkeiten des Menschen.

Goethe hat als einer der ersten deutschen Schriftsteller von der Not und Notwendigkeit der gesellschaftlichen Absonderung gesprochen. Aus der Perspektive von *Dichtung und Wahrheit* heißt es: »die alte mythologische Figur des Prometheus fiel mir auf, der, abgesondert von den Göttern, von seiner Werkstätte aus eine Welt bevölkerte.« (*MA* 16, 680) Die in solcher ›Abgeschiedenheit‹ entstandene Prometheus-Hymne konnte zum »Zündkraut einer Explosion« werden, welche »die geheimsten Verhältnisse würdiger Männer aufdeckte und zur Sprache brachte« (gemeint ist die Auseinandersetzung um Lessings angeblichen Spinozismus). Goethe fand in der Prometheus-Mythe »jenes friedliche, plastische, allenfalls duldende Widerstreben« versinnlicht, »das die Obergewalt anerkennt, aber sich ihr gleichsetzen möchte« (*MA* 16, 680f.). Zu dieser auf Gleichberechtigung pochenden Opposition tritt das gesteigerte Selbstbewußtsein des Subjekts. In der Prometheus-Hymne heißt es: »Hast du's nicht alles selbst vollendet / Heilig glühend Herz?« und in der Rede *Zum Shakespeares Tag* (1771): »Ich! Der ich mir alles bin, da ich alles nur durch mich kenne! So ruft jeder, der sich fühlt [...].« (*MA* 1.2, 411) Der theologische und der politische Protest läßt sich in den Prometheus-Dichtungen des Sturm und Drang nur aus der Vereinzelung der ›Selbsthelfer‹ artikulieren.

Als »Stern von der ersten Größe«, als Genie »aus der Hand der Natur«[3] stellten die jungen Autoren dem mythischen Werkmeister Shakespeare zur Seite. In Goethes Rede über Shakespeare heißt es, er »wetteiferte mit dem Prometheus, bildete ihm Zug vor Zug seine Menschen nach, nur in *Kolossalischer Größe* [...]«. (*MA* 1.2, 414) Im Verständnis Shakespeares als Prototyp des Naturdichters, in der Verehrung Pindars und Homers offenbarte sich eine Beziehung zur Tradition, die über die schematischen Positionen ›für die Neuen‹ und ›gegen die Alten‹ hinausführte. Deutlich wird in der Setzung der neuen Vorbilder aber auch, daß der Sturm und Drang nur scheinbar voraussetzungslos war. Mit der Kritik an der Konvention der Regeln des ›guten Geschmacks‹ wurden auch schon die immanenten Poetiken der verehrten Autoren zu Elementen eines neuen Paradigmas erhoben. Die Verehrung der preiswürdigen Meister reichte bis zur Idolatrie.

Die kritische Tätigkeit als Mitarbeiter der *Frankfurter Gelehrten Anzeigen* (1772) hat Goethe in seiner Auffassung bestärkt, daß prinzipielle und abstrakte Äußerungen über Kunst dem ›Genius‹ schädlich seien. Nur die Natur, die ewig in sich bewegte und neu schaffende, die sich vorzüglich in Shakespeares Menschen zu erkennen gab, konnte als Prinzip gelten. Der Abscheu vor der Zergliederung führte den ›Kritiker‹ zu einer geradezu pathetischen Anerkennung der Empfindung und des Gefühls bei der Hervorbringung und bei der Betrachtung von Kunstwerken. Der ›gefühlvolle‹ Künstler wird nur vom ›gefühlvollen‹ Kenner verstanden. Aus einer großen Empfindung schafft der Künstler ein Ganzes – »große Empfindungen in den Seelen« müssen dem Werk entsprechen. Zwischen Produktion und Rezeption herrscht geradezu ein Spiegelverhältnis: »Unser Kopf muß übersehen, was ein andrer Kopf fassen kann, unser Herz muß empfinden, was ein andres füllen mag.« Analog zum ›inneren Sinn‹ spricht Goethe von einer ›inneren Form‹, die gefühlt sein wolle. Nur das Gefühl nimmt die Harmonie eines Kunstwerks wahr – die Harmonie selbst sei Gefühl (*MA*, 1.2, 491 und 496).

Nur durch *eine* Empfindung schließen sich Einzelheiten und einzelne Teile zusammen. Diese produktive und rezeptive Voraussetzung der Kunst scheut die präzise Bestimmung, Definitionen und Festlegungen. Goethe hat zu Beginn der siebziger Jahre für diese Beobachtung und Erfahrung häufig die Metapher der ›Dämmerung‹ gewählt – noch spät wird er die Dichtung mit dem Bild des ›Schleiers‹ und des ›Nebels‹ verbinden. An Hetzler den Jüngeren schreibt er am 14. Juli 1770 über die ›Schönheit‹: »Einmal für allemal bleibt sie unerklärlich; Sie erscheint uns wie im Traum, wenn wir die Wercke der grossen Dichter und Mahler, kurz, aller empfindenden Künstler betrachten; es ist ein schwimmendes glänzendes Schattenbild, dessen Umriss keine Definition hascht.« (*DjG* II, 8)

Die Fähigkeit des jungen Goethe, in allem, was er tat, seinen »eigenen Kopf« zu haben, im besten aufklärerischen Sinne ein Selbstdenker zu sein, fand nur im erzwungenen Brotberuf Grenzen.

Dichter nebenbei – der Weimarer Geheimrat

Das letzte Frankfurter Jahr des genialen Dichters, des »Wanderers«
und Gesellschafters, der sich zuletzt als »Bär« in »Lilis Park« gezähmt
und gefangen fühlte, war von der Erfahrung der Zerrissenheit geprägt.
Das schwierige Liebesverhältnis mit Lili Schönemann, Fluchtpläne,
Ungenügen an der Berufsarbeit als Rechtsanwalt können nicht völlig
in dichterischer Produktivität ausgeglichen werden. Die Aussichten
auf eine Frankfurter Anstellung sind verlockend, aber ungewiß. Dem
Freund Merck bekennt er am 8. August 1775, »wieder scheissig ge-
strandet« zu sein – Goethe will die miserablen Frankfurter Verhältnisse schnellstens verlassen. Merck soll Vater Goethe dazu überreden
helfen, eine Italienreise zu finanzieren. Die Rettung aus solchen Wirr-
nissen erreicht ihn am 22. September: der junge Herzog Karl August
lädt ihn ein, als sein Gast nach Weimar zu kommen.
   Weimar erst hat Goethe die Erfahrung des tätigen Lebens ermöglicht. War in Frankfurt bei aller Betriebsamkeit die dichterische Produktivität der Grund seines Selbstgefühls, so konnten sich angesichts
der zahlreichen Aufgaben in dem kleinen Staat von Sachsen–Weimar–Eisenach neue Rollen eröffnen, allen voran die »Weltrolle«. Sie
ließ sich dort schneller und leichter einüben als an einem politisch bedeutenderen und gewichtigeren Hof. Goethe will das »Regieren«
durchaus probieren; daß er sich und seine Fähigkeit bei den unterschiedlichen Aufgaben des »Regiments« nicht geschont hat, bezeugen
seine amtlichen Schriften, die seine Tätigkeit im Finanzwesen, Wege-
bau, in der Reduktion des kleinen Heeres, in der Justiz und der Ver-
waltung kultureller Institute dokumentieren. In Gedichten wie *Meine
Göttin* (1780) oder den Versen, die Goethe im Mai 1782 in einem Brief
an Charlotte von Stein von einer Dienstreise mitteilt (»Man lauft man
drängt man reißt mich mit!«) findet die Klage Ausdruck, daß die dichterische Produktivität von den politischen Aktivitäten verdrängt
werde. Er verzichtete gern auf eine sechsspännige Kutsche, wenn ihm
nur ein Ritt auf dem Pegasus vergönnt sei: »O Pegase! o nimm ihn
mit / In der Begeistrung Weiten; [...].« (*MA* 2.1, 78)
   In den Briefen an vertraute Freunde spricht Goethe öfter von der
Notwendigkeit, seine Schriftstellerei dem Leben unterzuordnen.
Doch könne kaum jemand vermuten, wieviel er trotz »großer Be-
schweernße« bei diesem Leben gewinne: »Das Unverhältnß des engen und langsam bewegten bürgerlichen Kreyses, zu der Weite und
Geschwindigkeit meines Wesens hätte mich rasend gemacht. Bey der

lebhaften Einbildung und Ahndung menschlicher Dinge, wäre ich
doch immer unbekannt mit der Welt, und in einer ewigen Kindheit
geblieben [...].« (an Katharina Elisabeth Goethe, 11. 8. 1781, *WA* IV,
5, 178 f.) Das »Nebenher« der Dichtung, die Trennung des politischen
und gesellschaftlichen Lebens vom »moralischen und poetischen/: äußerlich versteht sich:/« scheint sich 1781/82 eingespielt zu haben – der
Geheimrat weiß den Dichter zu Zeiten scheinbar weit von sich zu halten. »Nur im innersten meiner Plane und Vorsäze, und Unternehmungen bleib ich mir geheimnißvoll selbst getreu und knüpfe so wieder mein gesellschafftliches, politisches, moralisches und poetisches
Leben in einen verborgenen Knoten zusammen. Sapienti sat.« (an
Knebel, 21. 11. 1782, *WA* IV, 6, 96–98)

Nach Italien

Die Reise nach Italien hat Goethe selbst als Flucht aus den bedrückenden Weimarer Verhältnissen verstanden. Die Aufspaltung seiner Exi-
stenz – Geheimrat/Dichter – war trotz gegenteiliger Versicherungen
nicht so leicht zu praktizieren; zumindest mußten die dichterischen
Projekte auf die Dauer darunter leiden. Die Reise war Ausdruck einer
Krise, zugleich aber auch Ermöglichung einer Klärung der Lebens-
planung und Kunstanschauung. Als Goethe am 29. Oktober 1786 in
Rom angekommen war, erhoffte er sich vor allem Klarheit über seine
Befähigung zum bildenden Künstler. Er ließ sich im »Stato delle
Anime« der Pfarrei S. Maria del Popolo als Filippo Miller, als »te-
desco, pittore 32« eintragen. Über ein Drittel der ca. 1500 von Goethe
erhaltenen Zeichnungen sind in Italien entstanden. Mit großem Eifer
versuchte er sich die Elementarkenntnisse beizubringen; der Umgang
mit Künstlern sollte dabei zusätzlich hilfreich sein. Aber die Hoffnun-
gen erfüllten sich nicht. Die Diskrepanz zwischen der Empfindung
einer gewissen Fähigkeit und der notwendigen technischen Fertigkeit
wurde erneut spürbar. Der »Kunstschüler« erfuhr seine Tätigkeit jedoch in einem positiven Sinne als »Dilettantismus«.[4] Die genaue Beobachtung des Zeichners und Malers förderte auch die Studien zur
Morphologie und Metamorphosen-Lehre – in der nachitalienischen
Zeit wird die Naturwissenschaft zu einem der Hauptgeschäfte des
Dichters.

In Italien konnten in Weimar begonnene, aber unvollendet gebliebene Werke vollendet werden. Die Prosa-Fassung der *Iphigenie* wurde
versifiziert, an *Faust*, *Egmont* und *Wilhelm Meister* weitergearbeitet.

Torquato Tasso konnte erst nach der Rückkehr in Weimar im Sommer 1789 vollendet werden. Der Aufenthalt in Italien ist für Goethe Anlaß zur Selbstfindung, »Wiedergeburt« und Rekapitulation seines Lebens und seiner Kunst geworden. (*MA* 3.1, 604) An die Stelle der leidvollen Rede von den separierten Existenzformen tritt die Erfahrung der *einen* Existenz, die er nun *ganz* spiele.

In *Torquato Tasso* ist mit Recht eine Spiegelung der eigenen Lebenssituation und der damit verbundenen Künstlerproblematik gesehen worden. Wenn Goethe sich auch gegen eine zu direkte Rückbindung seiner Biographie an diese Dichtung gewehrt hat, so sind die Leiden einer modernen Dichter-Existenz nicht ohne die ersten Weimarer Jahre und die Erweiterung seines Lebenshorizontes in Italien denkbar. Das Schauspiel zeigt Tasso im Sinne der Typologie des genialen Dichters, dem eine produktive Melancholie geschenkt wurde. Nicht nur der Dichter wird anschaulich in seinen Selbsterfahrungen und gesellschaftlichen Leiden, sondern auch das Hervorbringen der Dichtung selbst wird erfahrbar gemacht.

Obwohl Goethe nach der Rückkehr von Italien seine Künstlerberufung immer klarer als dichterische erkannte – der Naturwissenschaftler konnte ohne Not in dieses Selbstverständnis aufgenommen werden –, erläuterte er seine ästhetische Position noch immer am Beispiel der bildenden Kunst. Der Aufsatz *Einfache Nachahmung der Natur, Manier, Styl* (1789) faßt die ästhetischen Erfahrungen in Italien zusammen. In der Bestimmung des künstlerischen Verhältnisses zur Wirklichkeit wird die einfache Naturnachahmung als »Vorhof des Styls« gewertet. Wer die »Schwelle des Heiligtums« der Kunst überschreiten wolle, müsse »Styl« als Ausdruck verstehen, »um den höchsten Grad zu bezeichnen, welchen die Kunst je erreicht hat und je erreichen kann« (*MA* 3.2, 191). »Styl« ist nicht das Ergebnis einer genialen Eingebung allein – er ist Ergebnis einer künstlerischen Reflexion, einer Methode und eines eingehenden Studiums der Gegenstände. Damit wird der »Styl« zur Kunstübung des »Meisters«, der nun die Stelle des »Genies« einnimmt. Goethe räumt der Kennerschaft, dem rationalen Element der Kunstbetrachtung nun weitaus mehr Gewicht ein als in der Zeit seiner Frankfurter Produktionsästhetik, vor der ein »Kenner« und Liebhaber nicht bestehen konnte. Deren Domäne ist nun ohne generelle Abwertung der Bereich der »einfachen Naturnachahmung«.[5] In dem Drama *Künstlers Apotheose* (1788) vertritt der »Zweite Meister« die nun von Goethe erarbeitete ästhetische Position des »Styls«. Wer die Kunst nicht durchdacht habe, »Der darf sich keinen Künstler nennen; / Hier hilft das

Tappen nichts; eh' man was Gutes macht, / Muß man es erst recht sicher
kennen« (*MA* 3.1, 421). Die Dialektik von »Denken« und »Produzieren« wird zu einem der großen Themen des Briefwechsels zwischen
Goethe und Schiller.

   In ihrem Briefgespräch verständigten sich Goethe und Schiller über
die Möglichkeiten von Poesie und Kunst und die präzise Erkenntnis der
Methode, um zu »Meistern« der poetischen Praxis zu werden. Breiten
Raum nehmen die Anmerkungen über das Verhältnis des Poeten zum
zeitgenössischen Publikum ein. Die Kritik an der Rezeptionsfähigkeit
der Leser und Kritiker ist teilweise heftig. Daraus erwuchs der Plan
einer gemeinsamen Literaturpolitik und einer ästhetischen Erziehung
der Gutwilligen unter den Gebildeten durch Zeitschriften, Ausstellun-
gen, Theaterarbeit und Dichtung.

Autonomie-Ästhetik

Im Zurückweisen allzu offenkundiger moralischer Funktionsbestim-
mungen und in der Forderung nach einer besonderen und alltagsfernen
Würde des poetischen Werkes waren sich Goethe und Schiller einig.
Für Goethe ist es jedoch weniger die Bemühung um die Theorie als die
dichterische Praxis, die ihm in den neunziger Jahren produktive Erkenntnisse vermittelte. Das Kunstwerk, das als ein in sich selbst voll-
endetes und auf keinen unmittelbaren Zweck angelegtes Gebilde verstanden wurde, war einem weitgehend unverständigen Publikum sogar
als Provokation zuzumuten.

   In dem Aufsatz *Literarischer Sansculottismus* (1795) stellt Goethe die
Frage, wann und wo ein klassischer Nationalautor entstehen könne. Die
politische Zerrissenheit, das Fehlen eines »Mittelpunkts gesellschaftlicher Lebensbildung, wo sich Schriftsteller zusammen fänden und
nach Einer Art, in Einem Sinne, jeder in seinem Fache sich ausbilden
könnten« (*MA* 4.2, 17), habe sich auf die Entstehung einer »klassischen
Nationalliteratur« hemmend ausgewirkt – dennoch gebe es in Deutschland vortreffliche Schriftsteller, und fast jedermann schreibe gut.

   In der *Einleitung* in die *Propyläen* (1798) wird, dem für die Zeitschrift
gewählten Namen entsprechend, den Deutschen die vorbildliche
»Kunstbildung« der Griechen noch einmal empfohlen. Nähe und Distanz zur Natur im Schaffen des Künstlers werden reflektiert: »Der
echte gesetzgebende Künstler strebt nach Kunstwahrheit, der Gesetz-
lose, der einem blinden Trieb folgt, nach Naturwirklichkeit [...].« (*MA*
6.2, 20)

In die Gedanken über den napoleonischen Kunstraub in Italien und den »neuen Kunstkörper«, der sich nun dem Betrachter in Paris allmählich darbiete, mischen sich Trauer und Hoffnung in revolutionärer Zeit.

Nachklassische Positionen

Seit Paul Hankamers *Spiel der Mächte. Ein Kapitel aus Goethes Leben und Goethes Welt* (zuerst 1943) hat die Annahme einer tiefgreifenden Wende im Leben und Schaffen Goethes in den Jahren 1805–1810 vielfältige Bestätigungen gefunden. Krankheit und eigene Todeserwartungen, der Tod Schillers und der Zusammenbruch Preußens erweisen sich als Bezugspunkte eines Krisenbewußtseins, das sich auf anderer Ebene im Abbrechen der Produktion manifestiert. Ganz unerwartet bereitet sich dann doch Neues vor, kommt in den *Sonetten* von 1807/1808, in *Pandora* und den *Wahlverwandtschaften* zum Durchbruch. Ende und Neubeginn markieren den Übergang zum Alterswerk. Und sie eröffnen in zeitlicher wie in sachlicher Hinsicht gleichzeitig den Geltungsraum einer nachklassischen Ästhetik. Sie schafft sich im Werk Goethes kein einheitliches neues und in jeder Weise anderes Paradigma. Sie überschreitet gleichwohl in vieler Hinsicht bisherige Standards und setzt neue Akzente.

Dichtung als Thema

Goethe hat sich über Aspekte seiner Altersdichtung in vielfältiger Weise in Briefen, Gesprächen und seinen autobiographischen Schriften geäußert. Bedeutsamer womöglich ist die Thematik des Dichtens in der Dichtung selbst. Bereits in den *Sonetten* von 1807/1808 ist sie eine der wesentlichsten Klammern, die die Reihe der Gedichte zum Zyklus verbinden.[6] Die Änderungen der lebens- und dichtungsgeschichtlichen Situation werden daran bewußt gemacht. Daß Goethe sich ausdrücklich in die Tradition Petrarcas stellt und auf die Form des Sonetts zurückgreift, der er bislang aus dem Wege gegangen war, bedeutete Annäherungen an die Romantik. Die beglückende Erfahrung der Erneuerung im Leben wie in der Kunst ist gebunden an die Reflexion des Alters.

Ähnlich ist es ein Jahrzehnt später am *West-östlichen Divan* zu beobachten. Die Thematik des Dichtens ist darin so zentral und zugleich vielschichtig wie in kaum einem zweiten Werk des Alters. Bereits Ingeborg Hillmann hat ihre zentrale Funktion für die zyklische Komposition gewürdigt und das »Buch des Sängers« geradezu als »Poetik« interpretiert.[7] Mehrere Arbeiten haben seither die Zusammenhänge nach unterschiedlichen Richtungen weitergeführt und differenziert. Hier sind vor allem folgende Ergebnisse wichtig:

1. Wie vor allem Monika Lemmel überzeugend herausgestellt hat, reflektiert der *Divan* immer wieder die Entfernung von der Klassik. Die produktive Wende, die von der Italienischen Reise Goethes eingeleitet worden war, setzte die Begegnung mit der griechischen und römischen Antike voraus, diejenige der *Divan*-Jahre die Anregung durch die Kultur des Orients. Das Gedicht *Lied und Gebilde* stellt die damit verbundenen je anderen Kunstauffassungen in deutlicher Antithese einander gegenüber: »Mag der Grieche seinen Ton / Zu Gestalten drücken« – »Aber uns ist wonnereich / In den Euphrat greifen«, um abschließend zu versichern: »Schöpft des Dichters reine Hand, / Wasser wird sich ballen.« Der Blickrichtung auf das Geformte, Begrenzte, die »Gestalt« antwortet nun eine neue Betonung des Flüssigen, Unbegrenzten – freilich nicht nur im Sinne einer unvermittelten Antithese, sondern eher so, daß im Bild vom sich ballenden Wasser antikes Erbe und orientalische Anregung in einer höheren Einheit zusammenwirken.[8]

2. Der Dichter des *Divan* präzisiert seine Rolle am Verhältnis zu anderen Rollenmustern, vor allem denen von Prophet und Tyrann.[9] Mit beiden hat er etwas gemein: Auch er geht mit Wahrheit, auf eigene Weise sogar mit Herrschaft um. Aber an dieser äußerlichen Gemeinsamkeit wird noch mehr der Unterschied zum Ausdruck gebracht: Wird dem Propheten das eindeutige Wort zugeordnet, das oft genug die Intoleranz seiner Ausleger nach sich zieht, so dem Dichter das mehrdeutige, das zu Toleranz ermuntert. Und herrscht der Despot durch Gewalt, so der Dichter allenfalls durch das poetische Wort. Die Beispiele des Propheten- und Despotentums, die der *Divan* aufnimmt, sind wesentliche Bestandteile der integrierten geschichtlichen Welt. Aber es sind auch wichtige Bezugspunkte der literarischen Funktionsbestimmung im geschichtlichen Kontext.

3. Von den ersten Versen des ersten Gedichts *Hegire* an bleibt der geschichtliche Kontext in vielfältiger Weise sichtbar, auf den sich der *Divan* bezieht: »Nord und West und Süd zersplittern, / Throne bersten, Reiche zittern« – in lakonischen Konturen ein Bild der geschichtlichen Erfahrung in der zurückliegenden Ära der napoleonischen Kriege. Aber was im folgenden als ›Flucht‹ ausgegeben wird, wird in Wahrheit zur Antwort auf anderer Ebene. Den Konturen der geschichtlichen Welt antworten die Strukturen einer literarischen Gegenwelt: dem Krieg die

Verpflichtung auf den Frieden und die Liebe als Basis menschlichen Zusammenlebens, der nationalen Verblendung die geschichtsbewußte Überschau des interkulturellen Gebens und Nehmens (z. B. in *Und wer franzet oder britet*...), der alles bestimmenden epochalen Auseinandersetzung zwischen dem Alten und dem Neuen in den Jahren zwischen Französischer Revolution und Wiener Kongreß die vielfältigen Vermittlungen von Altem und Neuem im Zusammenhang des Zyklus.

Seit jeher zählt die Reflexion auf sich selbst zu den legitimen Themen des Dichtens, und die Inanspruchnahme ästhetischer Autonomie seit der zweiten Hälfte des 18. Jahrhunderts mußte solche Neigungen bestärken. Aber deutlich wird an dem Alterswerk Goethes auch der wachsende Druck, die Funktion der Literatur im epochalen Kontext neu zu bestimmen.

Funktionen des Dichtens im geschichtlichen Kontext

Goethe reagiert auf diesen Druck mit einer neuen Gewichtung der politisch-sozialen Bezüge des literarischen Werks. Die *Wahlverwandtschaften* wie die *Wanderjahre* haben eine deutliche Tendenz zum Gesellschafts- und Zeitroman. Aus Prometheus, der in der Hymne des Sturm und Drang die Verkörperung eines leidenschaftlich aufbegehrenden Schöpfertums gewesen war, ist in *Pandora* der Repräsentant des industriellen Zeitalters geworden.[10] Sowohl die *Wanderjahre* als auch *Faust II* thematisieren bereits die problematischen Wirkungen der industriellen Revolution.[11]

Insgesamt bleibt Goethe bei einem Verfahren, der zeitgeschichtlichen Realität auf der Ebene literarischer Symbolik zu antworten, die allerdings mit einer nachklassischen Aufgeschlossenheit für die Allegorie oft in Allegorik übergeht. Im einzelnen lassen sich sehr verschiedene typische Reaktionszusammenhänge nachweisen, mit denen die Literatur auf die Zeitlage reagiert, z. B. an den *Wanderjahren*: 1. In die Darstellung des Handwerks der Spinner und Weber dringt bereits eine frührealistisch anmutende Tendenz zu ungewöhnlicher Detailgenauigkeit und Gegenstandsnähe ein. 2. Bestimmender ist die durchgängige Dialektik von Bild und Gegenbild: Das Bild der gefährdeten Familie im Anfang des Romans wird konfrontiert mit einem biblisch vermittelten Urbild der Familie; den Formen bedrohlicher zwischenmenschlicher wie politischer Leidenschaften werden die Formen der Entsagung entgegengestellt; die Arbeitsverhältnisse im Handwerk sind als Gegenbild unmenschlicher Arbeitsverhältnisse im Zeichen der Industrialisierung gemeint u. a. m. 3. Utopien übernehmen die Formulierung einer Zukunftsperspektive, die über das dargestellte Dilemma hinausweist: am Bild der Pädagogischen Provinz, dem Gesellschaftsentwurf der Auswanderer, aber auch im Projekt derer, die bleiben.

Man weiß, wie weit Goethe durch die Erfahrung der Revolution bestimmt wurde. In Auseinandersetzung mit dem Ereignis hatte man ein Argumentationsmuster geprägt, demzufolge Deutschland für eine politische Revolution nicht geeignet, wohl aber berufen sei, durch eine geistige Revolution einer besseren politischen Zukunft den Boden zu bereiten.[12] Von da aus versteht sich Schillers Idee des ästhetischen Staates oder wieder anders Humboldts Bildungsreform. Und ungeachtet aller Revolutionsskepsis bleibt Goethe doch in der Nähe eines solchen Argumentationsmodells, wenn er im Bildungsroman *Wilhelm Meisters Lehrjahre* ein betont evolutionäres Bildungskonzept zur Geltung bringt, das den Ausgleich von Individuum und Gesellschaft zum Ziel hat. Aber das Alterswerk setzt auch darin neue Akzente. Es stellt dem Gebot der Bildung immer beharrlicher dasjenige einer Entsagung an die Seite, die im Verzicht auf egoistische Regungen immer auch zu einer elementaren sozialen Tugend wird. Es erweitert den historischen Rückblick auf die eigene Bildungsgeschichte zur generellen Frage nach der Begründung von ästhetischem und kulturellem Fortschritt. *Faust II* deutet in den ersten drei Akten die Genese der Weimarer Klassik aus der Begegnung einer nördlichen Moderne mit der Kunst der Antike. Geradezu modellhaft wird gezeigt, in welchem Sinne die höchste kulturelle Schöpfung einer großen Vergangenheit lebendige Gegenwart und Bedingung kultureller Erneuerung werden kann. Ähnlich im *Divan*, der nach dem Denkmodell von Polarität und Steigerung aus der Vermittlung von »Westlichem« und »Östlichem«, von Eigenem und Fremdem die Erneuerung in einem übergreifenden Dritten ableitet.[13]

Der alte Goethe scheint vielen damals wie heute geradezu ein Parteigänger der Restauration. Man betont in diesem Zusammenhang gern seine grundsätzliche Bejahung der Wiederherstellung einer gestörten Ordnung und das vorrangige Interesse an der Bewahrung der Kultur. Doch die den Dichtungen selbst immanente Theorie von Kunst und Kultur postuliert den kulturellen Fortschritt und die Vermittlungen von Altem und Neuem im Prozeß produktiver Erneuerung. Sie ist so gesehen ebenso ein Gegenbild von Revolution wie von Reaktion und Restauration. Die Gesinnung, zu der z. B. der *Divan* beitragen will, hat im Verzicht auf Gewalt, im Geltenlassen des Anderen, in den Vermittlungen von Eigenem und Fremdem wie denjenigen von Altem und Neuem ihre eigenen politischen Implikationen.

Politik und Gesellschaft, Kunst und Kultur werden nun aber assoziativ noch mit einem Dritten verbunden, das solche Implikationen übernimmt: dem Bereich der Natur. Übereinstimmung mit der Natur gehört – um bei diesem Werkbeispiel zu bleiben – zu jenen Lebensgesetzen der *Divan*-Welt, die immer wieder gegen politisches Handeln ausgespielt werden. Da blühen »die bunten Mohne [...] dem Kriegesgott zum Hohne« (*Liebliches*). Und während z. B. im Gedicht *All-Leben* lebendige und sich erneuernde Natur zur Kraft und zum Zeichen auch menschlicher Erneuerung wird, erscheint das Verhältnis zwischen der Natur und dem Eroberer Timur in bezeichnender Weise durch Feindseligkeit bestimmt. Der »Weltenspiegel«, der stille Völker zeigt, die der gewalttätige Herrscher bezwingen möchte, soll Alexander belassen bleiben (*Laß den Weltenspiegel...*); näher weiß sich der Dichter dem »Gottesspiegel« altpersischen Lebens, aus dem nicht zuletzt die ehrfürchtige Ausrichtung des Lebens an der Natur spricht (*Vermächtnis altpersischen Glaubens*). Natur wird zu einem Korrektiv des politischen Handelns. Die Orientierung an ihren Gesetzen, die die naturwissenschaftliche Schulung des Dichters verrät, hat in versteckter Weise teil an der geschichtlichen Standortbestimmung.[14] Die Natur hat dem Menschen »aufs herrlichste vorgearbeitet«, indem sie dem »Regellosen« das »Gesetz«, dem »Gestaltlosen« ein »gestaltetes Leben« entgegensetzt, lesen wir in Goethes *Versuch einer Witterungslehre 1825*.[15] Das ist zunächst nur mit Bezug auf die Natur gesagt. Aber es hat seine übertragene Geltung auch im Hinblick auf die geschichtliche Welt, und das literarische Werk Goethes arbeitet diese Doppelbödigkeit um vieles deutlicher aus. Auf beiden Ebenen stellt Goethe dem Regellosen, der Willkür, einem zunächst anarchischen Trieb des Elementaren das Gesetz der Natur entgegen. Die Besinnung auf das Gesetz der Natur wird zu einem wesentlichen Aspekt der literarischen Antwort auf die Turbulenzen der Zeit. Eine Antwort überdies, die sich auch von den leitenden Theoremen der Morphologie und der Farbenlehre aus gegen Revolution *und* Restauration richtete.[16] Voll zu verstehen ist das alles nur, wenn man bedenkt, in welchem Maße Geschichte für Goethe noch immer als Naturgeschichte aufgefaßt wird: Auch in der geschichtlichen Welt also behalten die Gesetze der Natur ihre letztliche Verbindlichkeit.[17]

Kunst/Kultur und Natur also erscheinen auf den ersten Blick als Refugium des Dichters gegenüber einer auf Abstand gehaltenen Sphäre der Politik. Daß es sich nicht ganz so verhält, sollte deutlich geworden sein. Sowohl in den Grundtendenzen der Auseinandersetzung wie ihrer ganzen Mittelbarkeit mag etwas für das deutsche Bürgertum Typisches liegen. Das versteckt, aber bewußt Politische sollte man schon deshalb nicht übersehen, weil es sich im Umkreis der Zeit nicht von selbst versteht.

Im Rückblick auf die Jahre der Italienischen Reise spricht Goethe von jenen »drei großen Weltgegenden«, die ihn damals beschäftigten: Kunst, Natur und Gesellschaft (*MA* 12, 69 f.). Er erläutert die Deutungszusammenhänge von Natur und Kunst, aber auch das Zugehen von beiden aus auf das Verständnis der menschlichen Gesellschaft. Das damit formulierte Deutungsdreieck bleibt für die folgenden Jahrzehnte konstitutiv. Die herausgestellte Interdependenz der Bereiche freilich wird weitaus vielschichtiger. Der Reflexion auf Kunst/Kultur wie auf Natur wächst aus dem Kontrastbezug zur politisch-geschichtlichen Welt eine eigene politische Dimension zu.

Dichter und Naturforscher

Die Frage dieses Beitrags gilt Goethes Selbstverständnis als Schriftsteller. Aber sie muß in seinem Falle diejenige nach dem Verhältnis des Dichters zum Naturforscher einschließen. Das Bündnis beider prägt entscheidend den schriftstellerischen Weg Goethes. Es manifestiert sich nicht nur an Gemeinsamkeiten der Naturauffassung, sondern reicht in grundsätzliche Fragen der historischen und der ästhetischen Positionsbestimmungen hinein. An einem Teilaspekt wurde dies bereits deutlich. Hier ist noch allgemeiner und in anderer Hinsicht davon zu handeln.

Goethe hat sich mehrfach zu dem Verhältnis geäußert. Gegen verbreitete Stimmen seiner Zeitgenossen, die den wissenschaftlichen Neigungen des Dichters verständnislos begegneten, Dichtung und Wissenschaft überhaupt für unvereinbar hielten, betont er die für beide Seiten vorteilhaften engen Beziehungen. So z. B. lesen wir es in den *Morphologischen Heften* (*MA* 12, 74) und ähnlich in der »Konfession des Verfassers«, die den Historischen Teil der *Farbenlehre* beschließt. Goethe gesteht hier z. B. durchaus ein, daß ihn die lebhaften wissenschaftlichen Neigungen zunächst vom Dichten abgelenkt hätten: »Und so war ich, ohne es beinahe selbst bemerkt zu haben, in ein fremdes Feld gelangt, in dem ich von der Poesie zur bildenden Kunst, von dieser zur Naturforschung überging, und dasjenige was nur Hülfsmittel sein sollte, mich nunmehr als Zweck anreizte.« Aber der nächste Satz macht bewußt, daß die Ablenkung in Wahrheit nur ein Umweg war, der auf eine neue und veränderte Weise des Dichtens weiterführte: »Aber als ich lange genug in diesen fremden Regionen verweilt hatte, fand ich den glücklichen Rückweg zu Kunst durch die physiologischen Farben und durch die sittliche und ästhetische Wirkung derselben überhaupt« (*MA* 10, 917 f.).

Seit der Italienischen Reise stehen die Beziehungen von Dichtung und Naturforschung lange ganz im Zeichen der sich entfaltenden Morphologie. Später tritt die Farbenlehre mindestens gleichberechtigt daneben, beobachten wir überhaupt ein vielstimmigeres Nebeneinander der verschiedensten wissenschaftlichen Interessen. Die naturwissenschaftlichen Schriften machen auch von sich aus Gelenkstellen der Beziehung von Dichtung und Wissenschaft bewußt. Da reflektiert z. B. die *Farbenlehre* auf ihren Beitrag zu einer »Natursprache« wie einer »Symbolik«, die keineswegs nur dem Wissenschaftler zu Gebote stehen (*MA* 10, 10). An anderer Stelle gilt die Aufmerksamkeit der »sinnlich-sittlichen Wirkung der Farben«, die den Künstler in besonderem Maße interessieren müsse (229–273). Vor allem dokumentiert das literarische Werk, was es dem wissenschaftlichen Interesse verdankt. Die Problematik der *Wahlverwandtschaften* ist angelehnt an eine chemische Gleichnisrede. Den Zweiten Teil des *Faust* eröffnet ein Symbol aus dem Umkreis der Farbenlehre: Die Brechung des Sonnenlichts zum Regenbogen im Gischt des Wasserfalls wird zum Bild für die zwiespältige Situation des Menschen, dem sich das Unbedingte nie direkt, sondern nur im »Abglanz« zu erkennen gibt (vgl. Verse 4715–4727). Der versteckte symbolische Kommentar ist dabei ein prägendes thematisches, aber auch ein typisches strukturelles Element literarisch-wissenschaftlicher Bezugsverhältnisse. Auch die Gedichte des Alters zeigen, was sie dem Forscher danken: an gegenständlicher Naturnähe, in der Ausprägung einer genau beobachtenden wie reflektierend-betrachtenden Haltung, im Blick für übergreifende Gesetzmäßigkeiten und Ähnlichkeiten, der die Möglichkeiten der symbolischen, gleichnishaften oder allegorischen Inbeziehungsetzung beflügelt.[18]

Der Schriftsteller Goethe definiert sich also in vielem an seinem Verhältnis zum Naturwissenschaftler. Das Zusammenwirken beider reicht tief in die Genese, die Gestalt und die Appellstruktur des literarischen Werkes hinein. Aber solche Nachbarschaft begünstigt andererseits auch die Besinnung auf das Andere und Eigengesetzliche der Bereiche.

Ästhetische Erkenntnis

Goethes Alterswerk modifiziert in mehrfacher Hinsicht Konturen der ästhetischen Erfahrung und Äußerung. *Pandora*, die *Trilogie der Leidenschaft* oder die Helenahandlung des *Faust II* lesen sich einer zentralen Thematik nach wie die Zeugnisse einer immanenten Ästhetik, die in eher konventioneller Weise auf das Schöne gerichtet scheint. Aber in *Pandora* bedingt schon die Antithese von Schönheit und Arbeitswelt ein neuartiges Spannungsverhältnis. Und Erweiterungen der ästhetischen Erfahrung wurden dann vor allem an *Faust II* beobachtet. Der Erste Akt des Dramas ordnet dem Erscheinen Helenas in komplementärer Gegenüberstellung die Mummenschanz-Szene zu: »Der Sinn für die ideelle Schönheit wächst unter dem Eindruck des Monströsen und Ungeheuren, so wie dem Strudel chaotischer Verwirrung das Bedürfnis nach Ruhe entspringt.«[19] Gert Mattenklott deutet in diesem Zusammenhang Goethes Auseinandersetzung mit Mantegnas *Triumphzug Cäsars* als eine Selbstinterpretation des späten Goethe. Der Zweite und der Dritte Akt des Dramas thematisieren das Schöne stets im Rückweis auf das Häßliche. Erst die Komplementarität der schönen Gestalt und des Monströsen, des Schönen und des Häßlichen, auch des Hohen und des Niederen überhaupt definieren im Alterswerk Goethes die komplexe Einheit des ästhetischen Phänomens.[20]

Modifiziert erscheinen gerade am Beispiel der Literatur auch die Wege der ästhetischen Erkenntnis. Ein lehrhafter Zug des Dichtens greift um sich, und im *Divan* z. B. gehört die Gebärde des Lehrens durchaus zu den Schriftstellerrollen, die thematisch werden.[21] Aber auch der humoristisch-selbstironische Vorbehalt ist nicht zu übersehen, den etwa das »Schenkenbuch« dabei macht. Er weist auf gegenläufige Elemente des Dichtens zurück, die die didaktische Gebärde brechen. Charakteristisch für den *Divan* und über ihn hinaus ist vielmehr das von Goethe betonte Zugleich von Offenbaren und Verhüllen, von Sagen und gewahrtem Geheimnis.[22] Es entfaltet sich in der Mehrdeutigkeit des dichterischen Worts und den Verweisungszusammenhängen der lyrischen Bildlichkeit. Aber es realisiert sich im Alter – ob im *Divan*, den *Wanderjahren* oder dem *Faust II* – bevorzugt auch in einer Tendenz, »durch einander gegenüber gestellte und sich gleichsam in einander abspiegelnde Gebilde den geheimeren Sinn dem Aufmerkenden zu offenbaren« (An Iken, 27. September 1827; *WA* IV, 43, 83). Goethes Entoptik, deren Farbenerscheinungen aus einer Anordnung mehrfacher Spiegelungen entstehen, wird in diesem Sinne geradezu ein naturwissenschaftliches Orientierungsmuster von Goethes später Ästhetik.[23]

Der alte Goethe und das Publikum

»Sagt es niemand, nur den Weisen, / Weil die Menge gleich verhöhnet«, beginnt das bekannte *Divan*-Gedicht *Selige Sehnsucht*. Die Anrede bezieht den Leser in eine gesellige und gesprächsfreudige Atmosphäre, die den *Divan* bestimmt, ein. Aber sie nimmt auch Abgrenzungen vor: wendet sich gegen die Menge, bestimmt die Aussage dem kleinen esoterischen Kreis.

Die Aussagen des alten Goethe über sein zunehmend gespanntes Verhältnis zum deutschen Publikum durchziehen die autobiographischen Äußerungen der letzten Jahrzehnte. »Man war im Grunde nie mit mir zufrieden und wollte mich immer anders, als es Gott gefallen hatte, mich zu machen«, bekennt er am 4. Januar 1824 gegenüber Eckermann (*MA* 19, 491). »*Meine Sachen können nicht popular werden* [...]. Sie sind nicht für die Masse geschrieben, sondern nur für einzelne Menschen, die etwas Ähnliches wollen und suchen, und die in ähnlichen Richtungen begriffen sind«, lesen wir unter dem Datum des 11. Oktober 1828 (S. 266). In verwandter Weise unterscheidet Goethe im Brief an Iken vom 27. September 1827 zwischen einem ›stumpfen Publikum‹ und jenen ›Lesern‹, für die er geschrieben habe und die »den Hauptsinn dieser Darstellung sogleich fassen würden« (*WA* IV, 43, 80–85). Die Unterscheidung entspricht der zwiespältigen Festlegung des Publikumsbezugs in *Selige Sehnsucht*. Und vor wenigen Jahren hat Paul F. Gille am Beispiel des *Faust II* gezeigt, daß sich Goethe auch in der »textexternen Rezeptionssteuerung« höchst zwiespältig verhält: Der auffälligen Abwehrhaltung gegenüber dem Publikum, die schließlich in die Einsiegelung des *Faust II*-Manuskripts mündet, geht lange ein ebenso deutliches textexternes Werben um die Gunst und das Verständnis des Lesers parallel.[24]

Die Rezeptionsbarrieren des Publikums sind im wesentlichen bekannt und können abschließend nur in einigen Punkten angedeutet werden: 1. Während sich Goethe einem vielfältigen Stilwandel überließ, schrieb ihn die Rezeption gern auf Etappen des Weges fest, die er längst hinter sich gelassen hatte. 2. Das Verhältnis von Dichtung und Wissenschaft mochte man verbreitet nicht als legitime und produktive Einheit wahrnehmen. 3. Die ebenso mittelbaren wie differenzierenden Standortbestimmungen, von denen die Rede war, standen von vornherein quer zu allen Wünschen einer dezidierteren politischen Parteinahme des Autors wie seines literarischen Werks.

Anmerkungen

Teil 1 (Vom Rokoko zur Weimarer Klassik) stammt von Gerhard Sauder, Teil 2 (Nachklassische Positionen) von Karl Richter.
Zitiert wird nach den folgenden Ausgaben: *Goethes Werke*, hrsg. im Auftrage der Großherzogin Sophie von Sachsen, IV. Abteilung: *Briefe*. Weimar 1887 ff. (*WA*). – *Der junge Goethe*. Neubearbeitete Ausgabe in fünf Bänden, hrsg. von Hanna Fischer-Lamberg. Berlin (West) 1963 ff. (*DjG*). – Johann Wolfgang Goethe, *Sämtliche Werke nach Epochen seines Schaffens*. Münchner Ausgabe, hrsg. von Karl Richter in Zusammenarbeit mit Herbert G. Göpfert, Norbert Miller und Gerhard Sauder. München 1985 ff. (*MA*).

1 A. Kestner (Hrsg.), *Goethe und Werther. Briefe Goethe's, meistens aus seiner Jugendzeit*, 2. Aufl. Stuttgart und Augsburg 1855, S. 35.

2 Vgl. Reiner Wild, Prometheus-Franklin: Die Gestalt Benjamin Franklins in der deutschen Literatur des 18. Jahrhunderts, in: *Amerika-Studien / American Studies* 23 (1978), S. 30–39.

3 (Edward Young), *Gedanken über die Original-Werke*. Aus dem Engl. von H. E. von Teubern. Faksimile nach der Ausgabe von 1760. Nachwort und Dokumentation zur Wirkungsgeschichte von Gerhard Sauder, Heidelberg 1977, S. 31 f.

4 Vgl. Hans Rudolf Vaget, *Dilettantismus und Meisterschaft. Zum Problem des Dilettantismus bei Goethe. Praxis, Theorie, Zeitkritik*, München 1971, S. 58 ff.

5 Vgl. ebd., S. 65 ff.

6 Dazu Gerhard Kaiser, ›Literatur und Leben. Goethes Sonettenzyklus von 1807/ 1808‹, in: *Jahrbuch des Freien Deutschen Hochstifts* 1982, S. 57–81.

7 Ingeborg Hillmann, *Dichtung als Gegenstand der Dichtung. Untersuchungen zum Problem der Einheit des »West-östlichen Divan«*, Bonn 1965.

8 Monika Lemmel, *Poetologie in Goethes West-östlichem Divan*, Heidelberg 1987, bes. S. 108–119.

9 Vgl. dazu bes. die Arbeiten von Harald Ohlendorf, *Prophet, Despot und Dichter: Eine Untersuchung zur Motivik und Struktur des West-östlichen Divan*, Ann Arbor 1973, und Caveh Shareghi-Boroujeni, *Herrscher und Dichter in Goethes und Hafis Divan*, Hamburg 1979.

10 Vgl. dazu Dieter Borchmeyer, ›Goethes »Pandora« und der Preis des Fortschritts‹, in: *Etudes Germaniques* 38 (1983), S. 17–31.

11 Vgl. u. a. Arthur Henkel, ›Das Ärgernis Faust‹, in: ders., *Goethe-Erfahrungen. Studien und Vorträge*, Stuttgart 1982, S. 163–179, bes. S. 174–176.

12 Dazu Walter Müller-Seidel, ›Deutsche Klassik und Französische Revolution. Zur Entstehung einer Denkform‹, in: *Deutsche Literatur und Französische Revolution*. Sieben Studien von Richard Brinkmann u. a., Göttingen 1974, S. 39–62.

13 Dazu eingehender Karl Richter, ›Ein West-Ost-Dialog der Goethezeit. Aspekte einer Kulturtheorie in Goethes »Divan«-Lyrik‹, in: *Germanistik aus interkultureller Perspektive*. Festschrift für Gonthier-Louis Fink, Strasbourg 1988, S. 215–225.

14 Vgl. dazu ausführlicher Karl Richter, ›Lyrik und Naturwissenschaft in Goethes

»West-östlichem Divan«‹, in: *Etudes Germaniques* 38 (1983), S. 84–101, bes. S. 99–101.

15 Johann Wolfgang Goethe, *Die Schriften zur Naturwissenschaft*, 1. Abteilung, Bd. 11, bearbeitet von Dorothea Kuhn und Wolf von Engelhardt, Weimar 1970, S. 263 f.

16 Dazu eingehender Karl Richter, ›Das »Regellose« und das »Gesetz«. Die Auseinandersetzung des Naturwissenschaftlers Goethe mit der Französischen Revolution‹, in: *Goethe. Jahrbuch der Goethe-Gesellschaft* 107 (1990), S. 127–143, bes. S. 132–138.

17 Dazu ebd. S. 138–143.

18 Vgl. dazu Karl Richter, ›Naturwissenschaftliche Voraussetzungen der Symbolik am Beispiel von Goethes Alterslyrik‹, in: *Jahrbuch des Wiener Goethe-Vereins* 92/93 (1988/1989), S. 9–24.

19 Gert Mattenklott, ›Das Monströse und das Schöne. Zur Mummenschanz im II. Faust mit einem Rückblick auf die Aufklärung‹, in: *Text & Kontext* 9 (1981), S. 315–330, hier S. 317.

20 In diesem Sinne auch ebd. 327.

21 Vgl. u. a. Ingeborg Hillmann, a. a. O., S. 51–70, und Manfred Eickhölter, *Die Lehre vom Dichter in Goethes Divan*, Hamburg 1984, bes. S. 34–73.

22 Vgl. im *Divan* ein Gedicht wie *Offenbar Geheimnis*. Zum Problem eingehender Marlis Helene Mehra, *Die Bedeutung der Formel »Offenbares Geheimnis« in Goethes Spätwerk*, Stuttgart 1982.

23 Dazu u. a. Volkmar Tietz, ›Entoptische »Spiegelungen« als »wunderliche Symbolik« in »Faust II«‹, in: *Goethe und die Wissenschaften*, hrsg. v. Bernd Wilhelmi, Jena 1984, S. 223–231; Dorothea Hölscher-Lohmeyer, ›Die Einheit von Naturwissenschaft und poetischer Aussage bei Goethe. Anmerkungen zu seinem Gedichtzyklus »Die Weissagungen des Bakis«‹, in: *Frühmittelalterliche Studien. Jahrbuch des Instituts für Frühmittelalterforschung der Universität Münster*, Bd. 12, S. 356–389, bes. S. 388 f., und Karl Richter, ›Lyrik und Naturwissenschaft...‹, S. 97 f.

24 Klaus F. Gille, ›Der Autor und sein intendierter Leser. Zur textexternen Rezeptionssteuerung am Beispiel von Goethes »Faust II«‹, in: *Neophilologus* 69 (1985), S. 246–259, bes. S. 247.

KLAUS H. HILZINGER

Autonomie und Markt

Friedrich Schiller
und sein Publikum

»Mannheim, den 11. November 1784.« (22,98) – Schillers öffentliche Ankündigung seiner Zeitschrift *Rheinische Thalia* erschien, nachdem wenige Monate zuvor, Ende August, der Mannheimer Vertrag als Theaterdichter ausgelaufen war. Als »Weltbürger, der keinem Fürsten dient«, stellt sich Schiller jetzt vor, geflohen aus dem »Vaterland« des Herzogs Carl Eugen (22, 93), entlassen aber auch, wie das Datum zeigt, aus der Abhängigkeit vom Mannheimer Intendanten Wolfgang Heribert von Dalberg, der »Excellenz«, der in Schillers ersten Briefen die Anrede gilt: »Reichsfrey Hochwohlgebohrener insonders Hochzuvenerirender Herr GeheimeRath« (23, 17 und 19). Entlassen also nun ganz in die Freiheit des literarischen Marktes, erkennt Schiller hier im Publikum seinen neuen »Souverain« – der zugleich aber sein »Vertrauter« sein soll:

»Nunmehr sind alle meine Verbindungen aufgelöst. Das Publikum ist mir jetzt alles, mein Studium, mein Souverain, mein Vertrauter. Ihm allein gehör ich jetzt an. Vor diesem und keinem andern Tribunal werd ich mich stellen. Dieses nur fürchte ich und verehr ich. Etwas Großes wandelt mich an bei der Vorstellung, keine andere Fessel zu tragen als den Ausspruch der Welt – an keinen andern Thron mehr zu appellieren als an die menschliche Seele.« (22, 94 f.).

Gegen alle Metaphorik wird die »Fessel« als solche nicht empfunden, wo aufklärerisch noch vom »Menschen im allgemeinen« die Rede ist, wo der Glaube an den gegenwärtigen Fortschritt, in der »Glückseligkeit« wie in der »Volksbildung«, das umfassende Programm der geplanten Zeitschrift bestimmt:

»Die Rheinische Thalia wird jedem Gegenstand offen stehen, der den Menschen im allgemeinen interessiert und unmittelbar mit seiner Glückseligkeit zusammenhängt. Also alles, was fähig ist, den sittlichen Sinn zu verfeinern, was im Gebiete des Schönen liegt, alles, was Herz und Geschmack veredeln, Leidenschaften reinigen und allgemeine Volksbildung wirken kann, ist in ihrem Plane begriffen.« (22, 95)

In der anschließenden Aufgliederung dieses Inhalts in acht Gruppen
fällt (neben den leicht erklärbaren lokalen Bezügen) ein Punkt besonders
auf: »VII. *Geständnisse von mir selbst.*« (22, 98) Mit ihm soll fortgesetzt
werden, was schon die Ankündigung, das »Anzeigeblatt eines Jour-
nals«, auffällig kennzeichnet, eben die »Jugendgeschichte seines Verfassers« (22, 95). Die persönliche Mitteilung scheint der weltbürger-
lichen Absicht nicht zu widersprechen, die offenbarte Individualität
nicht der angestrebten Universalität. Selbst-Ausdruck und Selbst-Be-
kenntnis, aus empfindsamer Aufklärung im Sturm und Drang zu sprengenden Konsequenzen radikalisiert, bleiben hier doch in das all-verbin-
dende Konzept der ›Menschheit‹ noch ungeschieden einbezogen. So
kann am Ende auch, nach den genauen Erläuterungen zur Bestellung,
Beförderung und Bezahlung, die »Unterzeichnung auf diese Schrift«
mit dem Bedürfnis nach »persönlichem Mitgefühl« verbunden sein,
kann als »vorzügliche Absicht« bei dem Unternehmen behauptet werden, »zwischen dem Publikum« und dem Herausgeber »ein Band der
Freundschaft zu knüpfen« (22, 98). Ein gesellschaftliches Wunschbild[1]
ist hier aus der Vereinzelung des Autors in die Anonymität des Publikums projiziert, und der Text bleibt selbst nicht unberührt vom Verdacht, der anfangs gegen die »Vorgänger« gerichtet war: »Zu oft schon
geschah es, daß hinter die heiligen Worte Patriotismus und allgemeines
Beste die Spekulation eines Kaufmanns sich flüchtete.« (22, 93) Solcher
Spekulation konnte nicht entgehen, wer als freier Schriftsteller, abhängig vom Erfolg beim Publikum, auf dem Markt sich durchsetzen und
erhalten wollte – ob diese Orientierung bewußt war oder nicht, ob die
entstehenden Texte auf diese Bedingung unmittelbar eingingen oder
nicht.[2]

  Mit der emphatischen Beschwörung des Allgemein-Einen hatte
Schiller auch die »Vorlesung« beendet, mit der er sich »zu Mannheim
in der öffentlichen Sizung der kurpfälzischen deutschen Gesellschaft
am 26sten des Junius 1784« als »Mitglied dieser Gesellschaft« vorgestellt hatte (20, 87) und die eben im ersten (und einzigen) Heft der
Rheinischen Thalia 1785 dann gedruckt wurde: *Was kann eine gute stehende
Schaubühne eigentlich wirken?* Beschworen wird am Ende, für die Öffentlichkeit des Theaters, »*Ein* Geschlecht« von »Menschen aus allen Krai-
sen und Zonen und Ständen, abgeworfen jede Fessel der Künstelei und
der Mode, herausgerissen aus jedem Drange des Schicksals, durch *eine*
allwebende Sympathie verbrüdert«: »Jeder Einzelne genießt die Ent-
zückungen aller, die verstärkt und verschönert aus hundert Augen auf
ihn zurück fallen, und seine Brust giebt jezt nur *Einer* Empfindung

Raum – es ist diese: ein *Mensch* zu seyn.«(20, 100) Wie in dieser epochalen Formel Vorgriff und Rücknahme sich überlagern, zeigt der widersprüchlich-uneinheitliche Aufbau der gesamten Rede, die noch ganz andere Wirkungen der Schaubühne bedenkt. Zurückgenommen wird sie als Instanz aufklärerischer Gegen-Öffentlichkeit – »Die Gerichtsbarkeit der Bühne fängt an, wo das Gebiet der weltlichen Geseze sich endigt« (20, 92) –, indem sie zugleich als »Verstärkung für Religion und Geseze« (20, 91) vorgestellt ist, ja als Mittel der »Oberhäupter und Vormünder des Staats«, die »Meinungen der Nation über Regierung und Regenten zurecht[zu]weisen« (20, 98). Und solcher integrierenden Didaktisierung der Kunst zur »Schule der praktischen Weißheit«, zum »Wegweiser durch das bürgerliche Leben« (20, 95), steht wiederum eine ganz andere Konzeption gegenüber, die im Werk später sich entfaltende, in der die Kunst als Paradigma versöhnenden Ausgleichs erscheint – eben der realen gesellschaftlichen und individuellen Des-Integration (für die als Beispiele der »Mann von Geschäften«, der »Gelehrte« und der »Pöbel« angeführt sind; 20, 100). Diese »Stiftung« der Schaubühne, »wo sich Vergnügen mit Unterricht, Ruhe mit Anstrengung, Kurzweil mit Bildung gattet, wo keine Kraft der Seele zum Nachtheil der andern gespannt, kein Vergnügen auf Unkosten des Ganzen genoßen wird«, hat freilich eine Bedingung, die, undialektisch gefaßt, zur Bedingung des Scheiterns wird: »in dieser künstlichen Welt träumen wir die wirkliche hinweg« (ebd.).

Die Unstimmigkeit der Rede, in der Partikularität und Universalität, Bestandsaufnahme und Entwurf so ungeklärt nebeneinanderstehen[3], verweist auf die objektiven Voraussetzungen in den subjektiven: Schillers Werk trat hervor, als die aufklärerische Literaturkonzeption sich bereits in der Auflösung befand. Keineswegs erst mit den Erschütterungen der Französischen Revolution begann dieser Prozeß, sondern zuvor schon mit den Widerspruchserfahrungen der bürgerlichen Vernunft, die ihre Gespaltenheit eben dort erwies, wo sie – reduziert auf bloße Zweckrationalität – gesellschaftlich wirksam wurde, wo in den Erfolgen der Aufklärung deren Grenzen sich abzeichneten.[4] Widersprüchlich entwickelte sich so auch der literarische Markt, der für die Öffentlichkeit der Aufklärung Voraussetzung war und in der Konsequenz des Verwertungsinteresses zum Gegensatz wurde.[5] Schiller, der notgedrungen mit der Schaubühnen-Rede wie mit der *Thalia*-Ankündigung die Suche nach ökonomischer Absicherung verband, hatte die Konflikte des Eintritts in die Öffentlichkeit bereits mit seinem Drama *Die Räuber* erfahren. Erkannt war vom Autor die ›Modernität‹ des Stücks, aber er

mußte hinnehmen – wollte er es auf der Bühne sehen –, daß Dalbergs
Eingriffe und Änderungswünsche diesen Zeitbezug verdeckten und
verdrängten. Gegen die Rückdatierung der Handlung hatte Schiller
sich zu wehren versucht, im Brief an Dalberg vom 3. November 1781
(und noch einmal im Brief vom 12. Dezember):

»Wenn ich Ihnen auf die Frage: ob das Stük nicht mit Vortheil in spätere Zeiten
zurükgeschoben werden könnte, meine unmaßgebliche Meinung sagen darf, so
gesteh ich, ich wünschte diese Veränderung nicht. Alle Karaktere sind zu aufgeklärt zu modern angelegt, daß das ganze Stük untergehen würde, wenn die Zeit,
worin es geführt wird, verändert würde. Doch meine Meinung ist vielleicht zu
einseitig, und soll auch nicht binden.« (23, 23 f.)

In der Rezension der zweiten Fassung, 1782, »nach der neuesten Thea-
terausgabe, wie es bisher auf der Nationalbühne zu Mannheim ist vorgestellt worden« (22, 115), blieb Schiller aber nur die Kritik des (anders
einseitigen) Ergebnisses:

»Gewisse historische Beziehungen finde ich nicht ganz berichtigt. In der neuen
Auflage ist die Geschichte in die Errichtung des teutschen Landfriedens verlegt
worden. Das Stück war in der Anlage der Charaktere und der Fabel *modern*
zugeschnitten, die Zeit wurde verändert, Fabel und Charaktere blieben. So entstand ein buntfärbiges Ding, wie die Hosen des Harlequins [...].« (22, 130)

Wie sich die Abbiegungen auf dem Weg zur Wirksamkeit aus dem Ineinander von eiliger Anpassung und hinhaltendem Widerstand erga-
ben, aus der Mischung von bewußter Selbstkritik und übertriebener
Zurücknahme, dies zeigen auch Schillers öffentliche Kommentare zu
den *Räubern*, vom Theaterzettel der ersten Mannheimer Aufführung,
Der Autor an das Publikum (3, 88), bis eben zur Ankündigung der *Rheinischen Thalia*. Und noch der Plan einer korrigierenden Fortsetzung verband sich, zweideutig, mit berechnendem Interesse. Im Brief an Körner
vom 3. Juli 1785 nennt Schiller unter den Gründen für eine neue Auflage seiner Stücke:

»Drittens kann ich voraussezen, daß eine durchgängige korrektere Behandlung
der Räuber und des Fiesko dem Publicum interessant und für meinen Nahmen
von wichtigen Folgen seyn werde und dann bin ich viertens gesonnen, zu den
Räubern einen Nachtrag in einem Akt: Räuber Moors leztes Schiksal, herauszugeben, wodurch das Stük neuerdings in Schwung kommen soll. Die Ausgabe
müßte auch alle äußere Verschönerung haben, und es ist keine Frage, daß die
Speculation einschlagen werde.« (24, 11)

Eine kritische Distanzierung auch eigener früherer Positionen bedeutet
Schillers 1791 erschienene Rezension *Über Bürgers Gedichte*.[6] Mit über-
prüft wird so, am Beispiel eben des lyrischen Selbst-Ausdrucks, jene
Vorstellung einer sympathetischen Verbundenheit zwischen Autor
und Publikum. Aus der steigernd wiederholten Gegenwarts-Analyse
der »Vereinzelung und getrennten Wirksamkeit unsrer Geisteskräfte,
die der erweiterte Kreis des Wissens und die Absonderung der Berufsgeschäfte notwendig macht«, folgt erneut, aber hier nun in zentraler
Setzung, die Bestimmung der »Dichtkunst« als Form, »welche die getrennten Kräfte der Seele wieder in Vereinigung bringt, welche Kopf
und Herz, Scharfsinn und Witz, Vernunft und Einbildungskraft in harmonischem Bunde beschäftigt, welche gleichsam den *ganzen Menschen* in
uns wieder herstellt« (22, 245). In solchem Zeitbezug entfernt sich die
Kunst zugleich von ihrer Zeit, weil sie »aus dem Jahrhundert selbst ein
Muster für das Jahrhundert erschaffen« (22, 246) soll, und notwendig
entfernt sie sich auch von unmittelbarer »Popularität« (Bürgers Anspruch für sich und sein Werk), weil das Publikum selbst gespalten ist,
mit einem großen »Abstand« zwischen »der *Auswahl* einer Nation und
der *Masse* derselben« (22, 247), zwischen dem »Beifall der gebildeten
Klasse« und der »Fassungskraft des großen Haufens« (22, 248). Eine
neue Popularität als wahre Verbindlichkeit wird zur Aufgabe: zu erreichen erst durch die »Operation des idealisierenden Künstlers«[7], eine
Vermittlung, die »das Individuelle und Lokale zum Allgemeinen« (22,
253) erhebt, die »glühende energische Herzenssprache« zur »Klassi-
zität« formt (22, 258 f.). Unter diesem Postulat der Idealisierung als
Veränderung (wie unsicher es im einzelnen noch erläutert ist) können
Individualität und Popularität nicht mehr unverändert als Begründung
und Maßstab gelten, darf sich der Künstler – wieder ist Bürger das Beispiel – nicht mehr ungeprüft auf Erfolg und Einverständnis berufen:

»Gerne verwechselt die Selbstzufriedenheit des Künstlers den lauten brausen-
den Zuruf, der ihn gleich bei seiner ersten Erscheinung umtönt, mit dem Urteil
der *Welt*, und so entscheidet sich oft der Ruhm eines Schriftstellers, ehe noch die
gewichtigsten Stimmen mitgesprochen haben.«[8]

Wenige Jahre später – und zehn Jahre nach der *Rheinischen Thalia* – unternahm Schiller mit der Zeitschrift *Die Horen*[9] den paradoxen Versuch, eine solche Öffentlichkeit der »gewichtigsten Stimmen« über den
Markt durchzusetzen und ein entsprechendes Publikum heranzuzie-
hen. Theoretisch entwickelt war inzwischen, was die Schaubühnen-
Rede angedeutet und die Bürger-Rezension bestimmter aufgenommen

hatte: das Modell einer ›ästhetischen Erziehung‹, die Bewahrung der
Aufklärung durch eine Kritik ihres historischen Verlaufs, die Ausfor-
mung der Utopie – des gesellschaftlich noch nicht wirklichen ›ganzen
Menschen‹ – in der Autonomie der Kunst, stellvertretend, vorberei-
tend, einübend. Die Resignation vor der realen Abspaltung läßt aber
auch diese Konzeption brüchig werden: In der Reihe jener Briefe *Ueber
die ästhetische Erziehung des Menschen*, die in den *Horen* 1795 zum erstenmal
gedruckt wurde, ist die Erziehung durch Kunst am Ende fast aufgegeben, abgelöst durch einen Rückzug in die Kunst, in den »Staat des schönen Scheins«, welcher »der That nach [...] wohl nur, wie die reine
Kirche und die reine Republik in einigen wenigen auserlesenen Zir-
keln« zu finden sei. (20, 412) Nach der internen ›Einladung zur Mitarbeit‹ an den *Horen* sollen »die vorzüglichsten Schriftsteller der Nation
in eine literarische Assoziation« zusammentreten und so »das vorher
verteilt gewesene Publikum« vereinigen – auch durch eine monopolisie-
rende Verdrängung »aller hieher gehörigen Journale« über den »Kauf-
preis« (22, 104). In der ›Ankündigung‹ für das Publikum, *Die Horen, eine
Monatsschrift, von einer Gesellschaft verfaßt und herausgegeben von Schiller*,
wird dann die jetzt erstrebte Einheit und Allgemeinheit streng gegen
»das beschränkte Interesse der Gegenwart« gesetzt, als »ein allgemeines
und höheres Interesse an dem, was *rein menschlich* und über allen Einfluß
der Zeiten erhaben ist« (22, 106). Zugleich bleibt mit dieser Distanzierung der Praxis die Zukunftsperspektive einer durch reflexive Kritik zu
verwirklichenden Aufklärung verbunden:

»Aber indem sie [die Zeitschrift] sich alle Beziehungen auf den *jetzigen* Weltlauf
und auf die *nächsten* Erwartungen der Menschheit verbietet, wird sie über die
vergangene Welt die Geschichte und über die kommende die Philosophie befra-
gen, wird sie zu dem Ideale veredelter Menschheit, welches durch die Vernunft
aufgegeben, in der Erfahrung aber so leicht aus den Augen gerückt wird, einzelne Züge sammeln und an dem stillen Bau besserer Begriffe, reinerer Grundsätze und edlerer Sitten, von dem zuletzt alle wahre Verbesserung des gesellschaftlichen Zustandes abhängt, nach Vermögen geschäftig sein.« (22, 106 f.)

Die Gefährdung dieser Zukunftsperspektive durch eine nur verdop-
pelte statt aufgehobene Entfremdung zeigt aber die im Wechsel auffällig
korrespondierende Begrifflichkeit: »Zu einer Zeit, wo das nahe Geräusch des Kriegs das Vaterland ängstiget, wo der Kampf politischer
Meinungen und Interessen diesen Krieg beinahe in jedem Zirkel erneu-
ert und nur allzuoft Musen und Grazien daraus verscheucht«, da gelte
es, »den so sehr zerstreuten Leser zu einer Unterhaltung von ganz ent-
gegengesetzter Art einzuladen« – zu einer Zeitschrift, die »dem Geist

und Herzen des Lesers, den der Anblick der Zeitbegebenheiten bald
entrüstet, bald niederschlägt, eine fröhliche Zerstreuung gewähren«
soll, die »für Musen und Charitinnen einen engen vertraulichen Zirkel
schließen« soll, »aus welchem alles verbannt sein wird, was mit einem
unreinen Parteigeist gestempelt ist« (22, 106). Exklusivität des Zirkels,
Einheit durch Ausgrenzung, dies wird hier zur – widerlegenden –
Grundlage der intendierten ›menschlichen‹ Universalität. Auch der
Ansatz, durch stilistische Vermittlung zur »Aufhebung der Scheide-
wand beizutragen, welche die *schöne* Welt von der *gelehrten* zum Nachteile beider trennt« (22, 107), scheiterte bereits innerhalb der Zeitschrift, wo nicht alle Mitarbeiter »sich den notwendig gefundenen
Bedingungen des Instituts zu unterwerfen geneigt« waren (22, 109). In
der Kritik der *Annalen der Philosophie und des philosophischen Geistes*, die sich
auf den ersten Band der *Horen* bezieht, heißt es im Oktober 1795:

»Gerade in diesem Journale, das dem Deutschen Volke recht eigentlich gewidmet seyn soll, treibt sich ein Häufchen idiosynkrasistischer Schriftsteller in seinem engen Kreise herum, in welchen kein anderer, als ein Eingeweihter treten,
und mit dem das Volk so wenig gemein haben kann, daß es vielmehr davor, als
vor einem Zauberkreise zurückbeben wird. Die alte Wahrheit, daß unser Publicum und unsere Schriftsteller ihr Wesen für sich treiben, und zwey abgeson-
derte Menschenclassen ausmachen, die sich immer fremd bleiben, weil sie ein
getheiltes Interesse besitzen, findet man leider! hier vorzüglich bestätigt.«[10]

Sein Publikum durch eine eigene Zeitschrift sich zu bilden, es dem eigenen Verständnis anzuwandeln, hat Schiller nicht wieder versucht. Die
Konfrontation aber von idealem Entwurf und realem Befund setzte sich
fort, in der dramatischen Produktion der letzten Werkphase, und hier
auch im Konflikt und Kompromiß zwischen den kritisch-utopisch
orientierten Modellen und den zeitbedingten theatralischen Anschau-
ungsformen. Aus diesem Zusammenhang heraus ist das Verständnis
von Kunst und Publikum noch einmal theoretisch der Öffentlichkeit
vorgetragen, in der Vorrede zur *Braut von Messina*, *Ueber den Gebrauch des
Chors in der Tragödie*. Die bis zur Provokation radikalisierte Theorie der
autonomen Kunst wird bestimmt in scharfer Abgrenzung von überholten Positionen früherer Texte, vom Ersatz der Wirklichkeit durch die
Illusion wie von der Unmittelbarkeit moralischer Demonstration: »Der
am wenigsten erwartet, will doch sein Geschäft, sein gemeines Leben,
sein Individuum vergessen [...], er will, wenn er von ernsthafterer
Natur ist, die moralische Weltregierung, die er im wirklichen Leben
vermißt, auf der Schaubühne finden«. Gegen diese »vorübergehende
Täuschung«, den bloßen »Schein der Wahrheit«, wendet sich die

Wahrheit der Kunst in der Vermittlung der poetischen Form als Zeichen der Freiheit (10, 8). »Wie aber nun die Kunst zugleich ganz ideell und doch im tiefsten Sinne reell seyn« solle und könne – das sei es, »was wenige fassen« (10, 9). Am Beginn des Textes wird jedoch dem Anspruch, idealisierend, ein entsprechendes Publikum zugedacht: »Das Publikum braucht nichts als Empfänglichkeit, und diese besizt es. Es tritt vor den Vorhang mit einem unbestimmten Verlangen, mit einem vielseitigen Vermögen. Zu dem Höchsten bringt es eine Fähigkeit mit [...].« (10, 7) Der Möglichkeit folgt wieder der Einwand der Wirklichkeit: »Der Dichter, hört man einwenden, hat gut, nach einem Ideal arbeiten, der Kunstrichter hat gut, nach Ideen urtheilen, die bedingte, beschränkte, ausübende Kunst ruht auf dem Bedürfniß. Der Unternehmer will bestehen, der Schauspieler will sich zeigen, der Zuschauer will unterhalten und in Bewegung gesezt seyn.« (10, 7 f.)

Auch die Wirklichkeit und Wirksamkeit von Schillers »ausübender Kunst« blieb solchen Bedingungen und Beschränkungen unterworfen. In den nicht für die Öffentlichkeit gemachten Äußerungen bricht das Bewußtsein der gegensätzlichen Forderungen und Erwartungen immer wieder – und deutlicher – auf. So schreibt Schiller am 5. Oktober 1801 an Körner, unter dem Eindruck verschiedener Theaterbesuche auch außerhalb Weimars:

»Die Theater, die ich in den letzten 3 Wochen gesehen, haben mich nun gerade nicht zur Arbeit begeistert, und ich muß sie eine Weile vergessen haben, um etwas Ordentliches zu machen. Alles zieht zur Prosa hinab, und ich habe mir wirklich im Ernst die Frage aufgeworfen: ob ich bei meinem gegenwärtigen Stücke, sowie bei allen, die auf dem Theater wirken sollen, nicht lieber gleich in Prosa schreiben soll, da die Declamation doch alles thut, um den Bau der Verse zu zerstören, und das Publicum nur an die liebe bequeme Natur gewöhnt ist.« (31, 61)

Die ästhetische Differenz zu verringern, den Dramenvers als Form der Poetisierung und Idealisierung wieder aufzugeben, diese Absicht aus augenblicklicher Resignation hat Schiller nicht verwirklicht. (Wenige Wochen später teilt er Körner mit, er wolle seinen »alten Weg fortsetzen« und mit seinen »dramatischen Herren Collegen nicht um den erbärmlichen Marktpreiß streiten«; 31, 71.) Im Fortgang des ersten Briefes aber ist von einem anderen Verzicht in vollzogener Anpassung die Rede:

Es könne sich »das Publicum nicht darein finden, an einer reinen Handlung, ohne Interesse für einen Helden, ein freies Gefallen zu finden. Und eben dadurch werden wir dramatische Schriftsteller in der Wahl der Stoffe so sehr beengt; denn die reinsten Stoffe in Absicht auf die Kunst werden dadurch ausgeschlossen, und sehr selten läßt sich eine reine und schöne Form mit dem affectionirten Interesse des Stoffs vereinigen.« (31, 61)

Die theoretisch gesetzte Ausnahme mußte in der Praxis zur Regel des – brüchigen – Kompromisses werden. An Goethe schreibt Schiller am 6. Juli 1802: »So herrscht das Stoffartige überal, und wer sich dem Theaterteufel einmal verschrieben hat, der muß sich auf dieses Organ verstehen.« (31, 148) Gewiß sind der Stoff und das an ihn gebundene Einzelinteresse Voraussetzungen überhaupt der ästhetischen Form als Aufhebung und spezifisch noch, in der anthropologischen Übertragung, des ›Pathetischerhabenen‹[11] – Schiller aber setzt stoffliche Wirkungen auch unvermittelt ein, außerhalb dieser immanenten Dialektik, wo der Erfolg beim Publikum zur äußeren Bedingung wird. In den dramatischen Fragmenten liegen die widersprüchlichen Intentionen noch offen, sind sie nicht durch ausgleichende Stilisierung verdeckt, und so lassen sich dort Stichwörter gezielter Berechnung finden, »Spectakel« oder »Scenen für die Augen« (12, 274 und 319). Zuletzt ist im Fragment des *Demetrius* zum »Einzug in Moskau« vermerkt: »Die Hauptscene des Stücks in Rücksicht auf stoffartiges Intereße.« (11, 219) Und als Vorzug des gesamten Stücks: »Daß es Viel für die Augen hat.«[12]

Ein »stoffartiges Intereße« noch anderer Art ist aus den Entstehungsbedingungen in den *Demetrius* eingegangen. Jene »Vision« des Romanow, in der als tröstlicher Ausblick auf eine legitime Herrschaft die künftigen Zaren bis hin zu dem eben regierenden Alexander erscheinen[13], soll die im Handlungsablauf nicht erreichte Versöhnung unter der Vorgabe historischer Immanenz doch noch in das Stück einholen. Neben dieser (falschen) Notwendigkeit steht der äußere Anlaß, die Vermählung des weimarischen Erbprinzen Carl Friedrich mit Maria Paulowna aus dem russischen Zarenhaus. Die Rücksicht auf Zwecke höfischer Repräsentation wird durch die Erinnerung Caroline von Wolzogens nicht widerlegt, sondern hervorgehoben im Konflikt mit dem eigenen Kunstverständnis aus bürgerlicher Autonomie:

»Wie rein er seine Dichtungssphäre von jeder äußern Beziehung erhielt, zeigt folgender kleine Zug. Die Verbindung unsrer fürstlichen Familie mit dem russischen Kaiserhause war natürlich oft der Gegenstand unsrer Gespräche. ›Ich hätte eine sehr passende Gelegenheit‹, sagte er eines Abends, ›in der Person des jungen Romanow, der eine edle Rolle im Demetrius spielt, der Kaiserfamilie viel

Schönes zu sagen.‹ Am folgenden Tage sagte er: ›Nein, ich tue es nicht; die
Dichtung muß ganz rein bleiben.‹« (42, 381 f.)

Im Fragment selbst steht unter den Argumenten für die Ausarbeitung:
»Beziehung auf Rußland.« (11, 179)

Ihre eigene Form fand die Huldigung dann mit Schillers letztem vollendeten Drama, mit der Auftragsarbeit für ein besonderes Publikum
und eine besondere Aufführung, *Die Huldigung der Künste*, »Bei hoher
Ankunft Ihrer Kaiserlichen Hoheit der Frau Erbprinzessin von Weimar
Maria Paulowna Großfürstin von Rußland vorgestellet auf dem Weimarischen Hoftheater den 12. November 1804«.[14] Dieses allegorische
Festspiel formuliert zugleich in poetisch-programmatischem Appell
Grundlinien von Schillers Kunstverständnis und kann so, die Bezüge
des Titels wendend, die von ihm noch geplante Gesamtausgabe der
Dramen, *Theater von Schiller*, eröffnen.[15] Die im höfisch-bürgerlichen
Kompromiß geteilte Intention wird auch daraus erkennbar, daß Schiller
neben der Aufnahme in die Werkausgabe einen besonders ausgestatte-
ten Einzeldruck veranlaßte – bestimmt für eine kleine Oberschicht des
Publikums (die als »große Welt« gar von ihm abgetrennt wird) oder,
ganz außerhalb des Marktes, für die persönliche Verteilung und Widmung. Den Absatz der Gesamtausgabe soll der Einzeldruck dabei nicht
beeinträchtigen. Schiller schreibt am 1. März 1805 an Cotta:

»Es wäre mir lieb wenn Sie von dem kleinen Vorspiel *Huldigung der Künste* einen
aparten Abdruck machen ließen, der aber sehr elegant und in quart mit schöner
lateinischer Schrift müßte gedruckt werden. Ich wollte ein 25 Stück davon nach
Rußland an die Kaiserin schicken, auch könnten Sie eine Partie davon einzeln
verkaufen, weil doch viele besonders von der großen Welt dieses Stück einzeln
gern besitzen möchten. Doch würde ich nicht wünschen, daß mehr als etwa 100
davon gedruckt würden, denn das Publicum soll das ganze Werk kaufen.« (32,
197 f.)

Der in seiner Besonderheit doch symptomatische Vorgang belegt in der
Werk- und Druckgeschichte ein letztes Mal jene Spaltung im Publi-
kumsbezug und im Rollenverständnis, die als Epochenbruch sich
auftat, als die Illusion allgemeinen aufklärerischen Fortschritts in der
Erfahrung neuer gesellschaftlicher und kultureller Gegensätze zerging.
Bewahrt blieb der Anspruch auf Allgemeinheit in der theoretischen Reflexion und aus ihr wieder in ästhetischer Praxis – nach der Destruktion
falscher Unmittelbarkeit jetzt in einer Vermittlung des distanzierenden
Bezugs. So bewahrt, konnte der Anspruch aber nicht wirksam werden,
wo in der Realität (notwendig) uneinheitliche Formen auf ein uneinheit-
liches Publikum trafen. Unaufhebbar war und ist die Aporie der ästhe-

tischen Erziehung als Erziehung allein durch Kunst: daß sie Fähigkeiten voraussetzt, die sie erst mitteilen soll; daß sie die Utopie der aufgehobenen Entfremdung inmitten dieser Entfremdung inszenieren muß.

Schiller war von den eigenen Ansätzen her gezwungen, in idealistischer Absicht an ein idealisiertes Publikum zu appellieren und zugleich in realistischer Einsicht dessen Abwesenheit zu konstatieren. Als er im Brief an Körner vom 15. August 1798 den Wunsch äußert, fertige Teile aus dem *Wallenstein* in privatem Kreis vorzulesen, fügt er begründend hinzu: »Denn ich muß gestehen, daß Ihr, Humboldts, Göthe und meine Frau die einzige Menschen sind, an die ich mich gern erinnre wenn ich dichte und die mich dafür belohnen können, denn das Publicum, so wie es ist, nimmt einem alle Freude.« (29, 262) Diese Abneigung gegen das Publikum, »wie es ist«, äußert sich wechselnd als dessen Ignorierung oder Provozierung. Als Machtprobe gar erscheint die Beziehung zwischen Lesern und Herausgebern in einem Brief, den Schiller, während der Auseinandersetzung um die *Horen*, am 2. März 1795 an Cotta schreibt:

»Ueber die Urtheile des Publikums in Betreff der Horen wundre ich mich gar nicht, aber wenn die Horen gut bleiben und es noch mehr werden sollen, so dürfen wir nach solchen einzelnen Stimmen gar nicht fragen, sondern müssen unsern Weg mit festen Schritten fortwandeln. Dann wollen wir sehen, ob das Publikum uns, oder wir das Publikum zwingen. Das Denken ist freilich eine harte Arbeit für manchen, aber wir müssen es dahin bringen, daß, wer auch nicht denken kann, sich doch schämt es zu gestehen, und unser Lobredner wider Willen wird, um zu scheinen, was er nicht ist.«[16]

In der Metaphorik des Zwanges wie in der Spekulation auf den Statuswert des gesellschaftlichen Scheins sind die Intentionen einer ästhetischen (und philosophischen) Erziehung verraten. Und daß die Bedingungen des Marktes entgegenkommende Anpassung mehr belohnen als weitergehende Forderung, war Schiller bewußt. Wieder im Blick auf die *Horen*, schreibt er am 15. Mai 1795 an Goethe:

»es ist jetzt platterdings unmöglich mit irgend einer Schrift, sie mag noch so gut oder noch so schlecht seyn, in Deutschland ein *allgemeines* Glück zu machen. Das Publikum hat nicht mehr die Einheit des Kinder-Geschmacks, und noch weniger die Einheit einer vollendeten Bildung. Es ist in der Mitte zwischen beyden, und das ist für schlechte Autoren eine herrliche Zeit, aber für solche, die nicht bloß Geld verdienen wollen, desto schlechter.«[17]

Diese auch aus geschichtsphilosophischer Gegenwartsbestimmung abgeleitete Einsicht hatte für Schiller die Konsequenz, zumal nach den frühen Erfahrungen, daß er die Existenz des freien Schriftstellers anders faßte, mit einem neuen Tausch der Abhängigkeiten. Er wollte für den Lebensunterhalt nicht angewiesen sein auf Einkünfte allein aus schriftstellerischen Arbeiten, zumindest nicht aus poetischen Arbeiten – um eben dadurch als Schriftsteller, als Dichter frei zu sein von Rücksichten auf den Markt, Zugeständnissen ans Publikum. Für die Erwägung, von der Professur in Jena nach Mainz zu wechseln – bei einer erheblichen finanziellen Verbesserung –, nennt Schiller ausdrücklich diesen Grund, im Brief an Huber vom 10. Dezember 1790: »Mein Hauptzweck bei dieser ganzen Idee ist, und kann, wie Du leicht begreifst, kein anderer seyn, als eine angenehme äußre Lage, bey welcher ich die ganze Freiheit über die Beschäftigungen meines Geists behalte.«[18] Die unerhoffte Erfüllung dieses Wunsches, ganz ohne amtliche Verpflichtungen, brachte dann erst das mäzenatische Stipendium.[19] An Körner schreibt Schiller am 13. Dezember 1791:

»Ich bin auf lange, vielleicht auf immer aller Sorgen los; ich habe die längst gewünschte Unabhängigkeit des Geistes. Heute erhalte ich Briefe aus Kopenhagen vom Prinzen von Augustenburg und vom Grafen von Schimmelmann, die mir auf drei Jahre jährlich tausend Thaler zum Geschenk anbieten, mit völliger Freiheit zu bleiben wo ich bin, bloß um mich von meiner Krankheit völlig zu erholen.«[20] Und im Lebensrückblick des Briefes an Baggesen heißt es zum gleichen Zusammenhang am 16. Dezember 1791: »Zugleich die strengen Forderungen der Kunst zu befriedigen, und seinem schriftstellerischen Fleiß auch nur die nothwendige Unterstützung zu verschaffen, ist in unsrer deutschen literarischen Welt, wie ich endlich weiß, unvereinbar.«[21]

Fürstliche Unterstützung erhielt Schiller bis zu seinem Lebensende in Weimar, von Herzog Carl August, freilich als Zuschuß, nicht als ausreichende Grundlage. Diese hatte sich Schiller dann doch als Autor, als Dramendichter vor allem, erworben und erhalten – für ein finanziell nicht sorgenloses, aber keineswegs eng beschränktes Leben. Er mußte rechnen und berechnen, auch seinen Marktwert, und er konnte es.[22] So blieben neben Rücksichten auf das höfische Weimar Rücksichten auf das gesamte bürgerliche Publikum Beimengungen eines Werks, das in seiner späteren Entwicklung ästhetisch »rein« konzipiert war – und orientiert doch auf die Einlösung der ästhetischen Utopie, auf die Versöhnung gerade mit den »materiellen Foderungen« einer dann freieren Gesellschaft. In selbst- und werkkritischem Rückblick schreibt Schiller am 2. April 1805 an Humboldt:

»Noch hoffe ich in meinem poetischen Streben keinen Rückschritt gethan zu haben, einen Seitenschritt vielleicht, indem es mir begegnet seyn kann, den materiellen Foderungen der Welt und der Zeit etwas eingeräumt zu haben. Die Werke des dramatischen Dichters werden schneller als andre von dem Zeitstrom ergriffen, er kommt selbst wider Willen mit der großen Masse in eine vielseitige Berührung, bei der man nicht immer rein bleibt. Anfangs gefällt es, den Herrscher zu machen über die Gemüther, aber welchem Herrscher begegnet es nicht, daß er auch wieder der Diener seiner Diener wird, um seine Herrschaft zu behaupten. Und so kann es leicht geschehen seyn, daß ich, indem ich die deutschen Bühnen mit dem Geräusch meiner Stücke erfüllte, auch von den deutschen Bühnen etwas angenommen habe.«[23]

Die zutreffende Kritik ist im Selbstverständnis zugleich einseitig befangen. Daß die historischen Entstehungsbedingungen sich einem künstlerischen Text einschreiben, darf nicht zum widerlegenden Einwand gemacht werden – denn anders kann er nicht entstehen. Mehr noch: Daß die Korrektur der Kunst den Widerstand der Realität in sich aufnimmt, aus ihm hervorgeht, begründet als Konstellation ihren geschichtlichen Wahrheitsgehalt. Und diese Objektivität der Kunst entwickelt sich dann jenseits von einzelnem Rollenverständnis und von durchschnittlichen Publikumserwartungen. In ihr entfaltet sich auch, dem Autor verborgen, wie die vorgestellte Freiheit der autonomen Kunst insgeheim mit dem korrespondiert, wogegen sie gestellt ist: mit der Verselbständigung zur Ware auf dem freien Markt.[24] Schillers Kunst erfüllt nicht die vom Autor ihr zugeschriebene Bedeutung – und sie umfaßt, in der Signatur der Zeit und der Zeiten, mehr an Bedeutung, als der Autor ihr zuschreiben konnte.

Anmerkungen

Zitiert wird nach *Schillers Werke. Nationalausgabe*, Weimar 1943 ff., jeweils mit Angabe von Band und Seite.

1 Eine kritische Darstellung der Forschung bietet Eckhardt Meyer-Krentler, *Der Bürger als Freund. Ein sozialethisches Programm und seine Kritik in der neueren deutschen Erzählliteratur*, München 1984, S. 9–74. – Es ist im folgenden aus Gründen des Umfangs nicht möglich, eine in Zitaten und Argumenten explizite Forschungsdiskussion zu führen. Verwiesen wird aber in den Anmerkungen auf (mit wenigen Ausnahmen) neuere Arbeiten, vor allem aus der Schiller-Forschung, die zum hier Vorgestellten in spezifischem Bezug stehen.

2 Siehe grundlegend Hans J. Haferkorn, ›Zur Entstehung der bürgerlich-literarischen Intelligenz und des Schriftstellers in Deutschland zwischen 1750 und 1800‹, in: *Literaturwissenschaft und Sozialwissenschaften 3. Deutsches Bürgertum und*

literarische Intelligenz 1750–1800, Stuttgart 1974, S. 113–275; Helmuth Kiesel/
Paul Münch, *Gesellschaft und Literatur im 18. Jahrhundert. Voraussetzungen und Entstehung des literarischen Markts in Deutschland*, München 1977; Lutz Winckler, *Autor
– Markt – Publikum. Zur Geschichte der Literaturproduktion in Deutschland*, Berlin
1986.

3 Eine kritische Interpretation der Rede bietet Herbert Kraft, *Um Schiller betrogen*,
Pfullingen 1978, S. 77–84.

4 Als Inversion und Meta-Reflexion der Aufklärung, von der Forcierung zur Her-
meneutik der Krise, ist Schillers Werk historisch-systematisch erfaßt, auch in der
Konsequenz der sich ablösenden Gattungen und Formen, bei Jürgen Bolten,
Friedrich Schiller. Poesie, Reflexion und gesellschaftliche Selbstdeutung, München 1985. –
Gegen eine immanente Konsequenz der Werkentwicklung argumentiert Hans
Mayer, ›Friedrich Schiller. Skizzen zu einem Porträt‹, in: *Literarische Profile.
Deutsche Dichter von Grimmelshausen bis Brecht*, hrsg. von Walter Hinderer, König-
stein/Ts. 1982, S. 55–66. – Eine Gesamtdarstellung im Überblick zuletzt bei
Gert Ueding, *Friedrich Schiller*, München 1990.

5 Dazu besonders Jochen Schulte-Sasse, ›Das Konzept bürgerlich-literarischer Öf-
fentlichkeit und die historischen Gründe seines Zerfalls‹, und Christa Bürger,
›Literarischer Markt und Öffentlichkeit am Ausgang des 18. Jahrhunderts in
Deutschland‹, beide in: *Aufklärung und literarische Öffentlichkeit*, hrsg. von Christa
Bürger/Peter Bürger/Jochen Schulte-Sasse, Frankfurt/Main 1980, S. 83–115
bzw. S. 162–212.

6 Siehe dazu die (auch im Kontext) ausführliche Interpretation bei Rainer-Maria
Kiel, *Die deutsche Klassik und ihr Publikum. Zur Aporie einer ästhetischen Erziehung*,
Diss. München 1977, S. 23–63. – Und, auch in Anrechnung von Kiels Kritik,
Klaus L. Berghahn, ›Volkstümlichkeit ohne Volk? Kritische Überlegungen zu
einem Kulturkonzept Schillers‹ [zuerst 1974], in: Klaus L. Berghahn, *Schiller. An-
sichten eines Idealisten*, Frankfurt/Main 1986, S. 99–124.

7 22, 260 (in Schillers fortsetzender Antwort *Verteidigung des Rezensenten gegen obige
Antikritik*).

8 22, 264 (wieder in der *Verteidigung des Rezensenten*).

9 Siehe dazu grundlegend Günter Schulz, *Schillers Horen. Politik und Erziehung.
Analyse einer deutschen Zeitschrift*, Heidelberg 1960; Wulf Köpke, ›»...das Werk
einer glücklichen Konstellation«: Schillers »Horen« und die deutsche Literaturgeschichte‹, in: *Friedrich Schiller. Kunst, Humanität und Politik in der späten Aufklärung*, hrsg. von Wolfgang Wittkowski, Tübingen 1982, S. 366–382; Peter
Weber, ›Schillers »Horen« – ein zeitgerechtes Journal? Aspekte publizistischer
Strategien im ausgehenden 18. Jahrhundert‹, in: *Friedrich Schiller. Angebot und Diskurs*, hrsg. von Helmut Brandt, Berlin und Weimar 1987, S. 451–463.

10 Zitiert nach Oscar Fambach, *Schiller und sein Kreis in der Kritik ihrer Zeit*, Berlin
1957, S. 152.

11 Siehe dazu Klaus L. Berghahn, ›»Das Pathetischerhabene« – Schillers Dramen-
theorie‹ [zuerst 1971], in: Klaus L. Berghahn, a. a. O., S. 27–58.

12 11, 179. – Eine neue Interpretation der dramatischen Wirkungsästhetik (in all
ihren Aspekten und mit Einbeziehung der Fragmente) bietet Jutta Linder, *Schillers Dramen. Bauprinzip und Wirkungsstrategie*, Bonn 1989. – Siehe auch, für Einzelheiten, Marietta Kuntz, *Schillers Theaterpraxis*, Diss. Zürich 1979.

13 11, 111. – Siehe zur Interpretation Herbert Kraft, a. a. O., S. 274–283.

14 So lautet die Widmung im Erstdruck, dem Einzeldruck, und ähnlich im ersten

Band der Gesamtausgabe bei Cotta; siehe 10, 535 und 536. – Zum historischen Zusammenhang Christa Bürger, *Der Ursprung der bürgerlichen Institution Kunst im höfischen Weimar. Literatursoziologische Untersuchungen zum klassischen Goethe*, Frankfurt/Main 1977.

15 Siehe zur Interpretation Christa Vaerst-Pfarr, ›Semele – Die Huldigung der Künste‹, in: *Schillers Dramen. Neue Interpretationen*, hrsg. von Walter Hinderer, Stuttgart 1979, S. 294–315; Gerhard vom Hofe, ›Die Verkündigung des »ästhetischen Staats« im höfischen Theater. Zu Schillers lyrischem Spiel *Die Huldigung der Künste*‹, in: *Schiller und die höfische Welt*, hrsg. von Achim Aurnhammer/Klaus Manger/Friedrich Strack, Tübingen 1990, S. 168–183.

16 27, 155. – Wie Schiller aber auf Kritik seiner Werke doch einging, zeigt Norbert Oellers, ›Souveränität und Abhängigkeit. Vom Einfluß der privaten und öffentlichen Kritik auf poetische Werke Schillers‹, in: *Untersuchungen zur Literatur als Geschichte. Festschrift für Benno von Wiese*, hrsg. von Vincent J. Günther/Helmut Koopmann/Peter Pütz/Hans Joachim Schrimpf, Berlin 1973, S. 129–154.

17 27, 184. – Der Autonomieanspruch der Kunst ist als Sezession des modernen Künstlers soziologisch dargestellt bei Thomas Neumann, *Der Künstler in der bürgerlichen Gesellschaft. Entwurf einer Kunstsoziologie am Beispiel der Künstlerästhetik Friedrich Schillers*, Stuttgart 1968.

18 *Schillers Briefe. Kritische Gesamtausgabe*, hrsg. von Fritz Jonas, Stuttgart–Leipzig–Berlin–Wien 1892–1896 (im folgenden: Jonas), Bd. 3, S. 121.

19 Siehe dazu Klaus-Detlef Müller, ›Schiller und das Mäzenat‹, in: *Unser Commercium. Goethes und Schillers Literaturpolitik*, hrsg. von Wilfried Barner/Eberhard Lämmert/Norbert Oellers, Stuttgart 1984, S. 151–167.

20 Jonas, Bd. 3, S. 174.

21 Jonas, Bd. 3, S. 179.

22 Siehe dazu in neuer Darstellung Karl-Heinz Hucke, *Jene »Scheu vor allem Mercantilischen«. Schillers »Arbeits- und Finanzplan«*, Tübingen 1984; Ulrich Karthaus, ›Friedrich Schiller‹, in: *Genie und Geld. Vom Auskommen deutscher Schriftsteller*, hrsg. von Karl Corino, Nördlingen 1987, S. 151–164.

23 32, 206f. – Siehe zur realen Aufnahme Maria Elisabeth Biener, *Die kritische Reaktion auf Schillers Dramen zu Lebzeiten des Autors*, Diss. Köln 1974.

24 Siehe als neueren Versuch der Vermittlung über den Schein und die Oberflächenabstraktion Hans-Heino Ewers, *Die schöne Individualität. Zur Genesis des bürgerlichen Kunstideals*, Stuttgart 1978; auch in Einrechnung der Vorbehalte von Hannelore Schlaffer, ›Kritik eines Klischees: »Das Kunstwerk als Ware«‹, in: *Literaturwissenschaft und Sozialwissenschaften 4. Erweiterung der materialistischen Literaturtheorie durch Bestimmung ihrer Grenzen*, hrsg. von Heinz Schlaffer, Stuttgart 1974, S. 265–287.

GERHARD KURZ

Der deutsche Schriftsteller:
Hölderlin

Die Rolle des Schriftstellers, die Hölderlin für sich entwarf, sich zuschrieb und die ihm aufgenötigt wurde[1], läßt sich verstehen aus der
politischen, gesellschaftlichen und künstlerischen Situation seiner Zeit:
Aus dem Impuls der Aufklärung und dem pädagogischen und politischen Anspruch der aufgeklärten Elite; aus der Erfahrung der französischen Revolution, die für ihn wie für viele seiner Zeitgenossen die
Verwirklichung der Aufklärungsideen bedeutete; aus der Erfahrung
einer sich differenzierenden und arbeitsteiligen Gesellschaft und Kultur; schließlich aus der Herausbildung eines literarischen Marktes mit
seinen Kommerzialisierungs- und Konkurrenzzwängen und der neuen
Position des freien Schriftstellers. Im literarischen Markt wird die Rolle
des Schriftstellers bestimmt durch sein Verhältnis zum Publikum, zum
Verleger und zu den anderen Schriftstellern als Gönner oder Konkurrenten. Bestimmt wurde Hölderlins Rolle freilich auch durch sein Verhältnis zu seiner Mutter. Sie erwartete von ihm die Übernahme eines
geistlichen Amtes. Aus Familien- und Pfarrertradition gab es für den
Sohn in ihren Augen wohl nur einen Beruf, den geistlichen. Schriftsteller als Beruf war in ihrer Erfahrungswelt nichts Rechtes. Der Mutter
gegenüber fühlte der Sohn sich ständig im Zwang, seinen Lebensplan,
als Schrifsteller zu leben, zu rechtfertigen.

Der Schriftsteller

In Hölderlins Epoche bildete sich der freie Schriftsteller heraus, dessen
Berufung auch sein Beruf ist.[2] Neben Staatsbediensteten, Gelehrten,
Verlegern, Kaufleuten gehörten die freien Schriftsteller zu den »neuen
Bürgerlichen«[3], die in der überkommenen sozialen Welt keinen festen,
eindeutigen Platz hatten. Langfristig sprengt ihre soziale Dynamik die
ständische Ordnung. Der Preis der mühsam erkämpften Freiheit war
freilich hoch, nur zu oft materielles Elend. Der neue literarische Markt

brachte viele Risiken mit sich. Die Honorare reichten nur ganz selten für den Lebensunterhalt aus, das geistige Eigentum war noch nicht urheberrechtlich geschützt. Das Publikum, nach den Worten Schillers in der Ankündigung der *Rheinischen Thalia* nun der »Souverain« und das »Tribunal« des Schriftstellers, zwang ihn »nicht nach dem Zuge des Genius, sondern nach Spekulationen des Handels zu wählen« (Brief an Ferdinand Ludwig Huber, 7. 12. 1784). Zwar nahmen die Lesefähigkeit und das Leseinteresse Ende des 18. Jahrhunderts außerordentlich schnell zu, bevorzugt wurde aber die Lektüre belehrender, erbaulicher, unterhaltsamer und sentimentaler Werke. Das Publikum von Schiller, Goethe und Hölderlin war auf exklusive Zirkel beschränkt.

Um das Interesse des lesenden Publikums, das um 1800 ca. 1 % der ungefähr 24,5 Millionen Deutschen umfaßte[4], bewarben sich Ende des 18. Jahrhunderts immer mehr Schriftsteller. Die Zahl derer, die überwiegend von ihrer Feder lebten, betrug zwischen 2–3000.[5] Die Gründung literarischer Zeitschriften sollte oft die Existenz sichern. Diese Schriftsteller verstanden sich als Teil einer neuen sozialen Gruppe und als Teil der aufgeklärten Elite, aber auch als Konkurrenten. Man schloß sich gegen andere zu Gruppierungen zusammen, bildete Allianzen wechselseitiger Förderung und befehdete konkurrierende literarische Gruppen und Richtungen.[6] Nach 1750 mehrten sich die Versuche in der jungen Generation, eine geistig und finanziell unabhängige Schriftstellerexistenz zu führen. Klopstock, Wieland, Gleim, Schiller, Jean Paul, Knigge konnten Ende des 18. Jahrhunderts mehr oder minder gut vom Ertrag ihrer Feder leben, die Versuche von z. B. Hölty, Boie, Claudius und Bürger, eine unabhängige Schriftstellerexistenz zu führen, mißlangen indes.[7]

Schon früh hatte sich Hölderlin entschlossen, nur seiner Kunst und von seiner Kunst zu leben. Sie ist ihm verbunden mit Träumen von dichterischer Größe, von »Klopstocksgröße«, von »Pindars Flug« und vom »Weltumeilenden Flug der Großen« (*Mein Vorsatz*). Der nach dem theologischen Studium im Tübinger Stift vorbestimmte und von der Mutter gewünschte Beruf kam für ihn nicht in Frage. An die Mutter schrieb der junge Hölderlin 1791:

»Mein sonderbarer Charakter, meine Launen, mein Hang zu Projekten, und (um nur recht die Wahrheit zu sagen) mein Ehrgeiz – alles Züge, die sich ohne Gefahr nie ganz ausrotten lassen – lassen mich nicht hoffen, daß ich im ruhigen Ehestande, auf einer friedlichen Pfarre glücklich sein werde.« (6, 75)

Daß er mit »Ehrgeiz« seinen literarischen Ehrgeiz meinte, äußert er im selben Jahr der Schwester gegenüber deutlicher. Was die zeitgenössischen Bedingungen einer schriftstellerischen Existenz betrifft, ist seine Formulierung nur zu realistisch:

»Und da ist mein höchster Wunsch – in Ruhe und Eingezogenheit einmal zu leben – und Bücher schreiben zu können, ohne dabei zu hungern.« (6, 73)

Tatsächlich wird Hölderlin kein Pfarramt antreten. Er entzog sich der durch das Studium im Tübinger Stift eingegangenen Verpflichtung, in der württembergischen Landeskirche ein Pfarramt zu übernehmen. Er wollte Schriftsteller und nur Schriftsteller werden. Der Mutter gab er zu bedenken, »daß ich den Menschen mit meinem jetzigen Geschäfte wenigstens ebenso viel diene und fromme als im Predigtamte« (6, 412). Sein Glaubensbekenntnis entsprach bald auch nicht mehr dem der »Theologen von Profession (d. h. vor denen, die nicht frei und von Herzen, sondern aus Gewissenszwang und von Amts wegen es sind)« (6, 333). Die Hofmeisterstellen, die er in adligen oder großbürgerlichen Häusern einnahm (1793–1795 in Waltershausen, 1796–1798 in Frankfurt, 1801 in Hauptwil, 1802 in Bordeaux), typisch für die Karriere vieler junger Autoren, waren mehr oder weniger Notbehelfe, deren pädagogische Ansprüche er allerdings sehr ernst nahm, um seine materielle Unabhängigkeit zu sichern.

Tatsächlich wird Hölderlin auch nicht heiraten. Es fällt schwer, sich ihn als Familienvater vorzustellen. Er hatte sein Leben der Dichtung verschrieben. Bürgerliches »Amt«, d. h. auch die Ehe, und Poesie, die ein »ganzes Menschenleben« fordert, wie er an die Mutter 1799 schrieb (6, 335), schlossen sich für ihn aus. Und, wieder an die Mutter: »ich weiß aus Erfahrung, daß man auch ein Hagestolzenleben mit Würde führen kann.« (6, 389)

In seinem »Lebensplan« (6, 389) fand Hölderlin Stütze und Helfer in seinen Freundschaftsbünden seit Maulbronn und Tübingen. In der gemeinsamen Opposition gegen die ungeliebte Rolle des Theologen und Pfarrers und in der gemeinsamen Begeisterung für die Kunst und die Französische Revolution konnte er in diesen Bünden seinen »Lebensplan« festigen.[8] Literarisch gefördert wurde er von schwäbischen Landsleuten: Gotthold Stäudlin veröffentlichte seine ersten Gedichte und vermittelte ihn an Schiller. Schiller lud den jungen Dichter zur Mitarbeit an der *Thalia* und den *Horen* ein, beriet ihn und suchte ihn behutsam zu lenken. Schiller veröffentlichte das *Hyperion*-Fragment in der *Neuen Thalia* (1794) und gewann für den Roman Johann Friedrich

Cotta als Verleger. Es hängt wohl mit den noch nicht aufgeklärten Umständen von Hölderlins Flucht aus Jena (1795) zusammen, daß sich Schiller später zurückzog. Es war Schiller, an dem sich Hölderlin im Wunsch und im Entwurf seiner Schriftstellerexistenz orientierte. Er suchte Schillers »Protektion« (6, 367), er verehrte ihn und rivalisierte mit ihm. Er fühlte ihn als »Macht«, die ihn unterdrückte und gegen die er einen »geheimen Kampf« führte, um sich zu behaupten (6, 294). Nicht nur, um seine poetische Originalität, sondern auch um sich existentiell zu behaupten – und diese Existenz fiel zusammen mit seiner Rolle als Schriftsteller. Hölderlins Rivalität mit Schiller wäre nicht verständlich, ginge es ihm im Entwurf dieser Rolle nicht auch um das öffentliche Ansehen dieser Rolle, um seine »Schriftstellerreputation« (6, 344). So wollte Hölderlin schon in der Frankfurter Zeit seine ästhetische Theorie unter dem Titel *Neue Briefe über die ästhetische Erziehung des Menschen* veröffentlichen. Der Titel kündigt eine Überbietung von Schillers Briefen *Über die ästhetische Erziehung des Menschen* an, die gerade 1795 erschienen waren.

Hölderlins Rivalität und Auseinandersetzung mit der Vaterfigur Schiller war Teil eines literarischen Generationenkonflikts. Das Streben nach Meisterwerken ging in diesem Konflikt einher mit dem Kampf gegen die »Meister«, in dem sich Hölderlin in der Rolle des »Jünglings«, als ›Bruder‹ der jungen Dichter (*An die jungen Dichter*, 1, 253) imaginiert. Diese Brüder verstehen sich im Aufstand gegen die Väter. In einem erstaunlich offenen und selbstbewußten Brief vom 20. Juni 1797 schreibt Hölderlin an Schiller:

»Ich habe Mut und eignes Urteil genug, um mich von andern Kunstrichtern und Meistern unabhängig zu machen, und insofern mit der nötigen Ruhe meinen Gang zu gehen, aber von Ihnen dependier ich unüberwindlich; und weil ich fühle, wie viel ein Wort von Ihnen über mich entscheidet, such ich manchmal, Sie zu vergessen, um während einer Arbeit nicht ängstig zu werden. Denn ich bin gewiß, daß gerade diese Ängstlichkeit und Befangenheit der Tod der Kunst ist, und begreife deswegen sehr gut, warum es schwerer ist, die Natur zur rechten Äußerung zu bringen, in einer Periode, wo schon Meisterwerke nah um einen liegen, als in einer andern, wo der Künstler fast allein ist mit der lebendigen Welt.« (6, 259f.)

Nicht zu überlesen ist in solchen Formulierungen die Anhänglichkeit an und die Abhängigkeit von Schiller, aber auch das Widerstreben, der Kampf gegen und die Konkurrenz mit Schiller.[9] Der Konflikt zwischen dem »jungen Künstler« und dem »Meister« wird beschrieben im metaphorischen Feld von Kind/Knabe und Mann, von Kampf:

»Hier spielt das Kind nicht mit dem Kinde, hier ist nicht das alte Gleichgewicht,
worin der erste Künstler sich mit der Welt befand, der Knabe hat es mit Männern zu tun, mit denen er schwerlich so vertraut wird, daß er ihr Übergewicht
vergißt. Und fühlt er dies, so muß er eigensinnig oder unterwürfig werden.
Oder muß er es nicht?« (6, 260)

Hölderlin läßt offen, wie er dieser schlechten Alternative entkommen
will. Oder genauer: er suggeriert als Alternative Schillers Anerkennung
des »Gleichgewichts« – beider ›Mächte‹, wie man ergänzen kann. Die
Möglichkeit, die er ausschließen möchte, nämlich die ›unendliche Ver-
kleinerung‹ des »Unendliche[n]«, d. h. Schillers, bleibt doch, gerade in
ihrer ausführlichen Erwähnung, wenigstens eine Denkmöglichkeit. Sie
liefe auf eine »Infamie« hinaus:

»Könnte man sich auch die Infamie verzeihen, die man an den Besten begeht, so
ists dann doch ein gar zu schlechter Trost: 0 = 0!«

Was muß Schiller gedacht haben, als er diesen Brief las?

1796 schickte Hölderlin das Gedicht *An die klugen Ratgeber* an Schiller. Schiller schlug offenbar Umarbeitungen vor – als kluger Ratgeber.
Hölderlin arbeitete das Gedicht um in *Der Jüngling an die klugen Ratgeber*.
Die erste Version endet mit Strophen, die den literarischen Konflikt mit
einem Generationenkonflikt von geradezu eschatologischer Bedeutung
gleichsetzt:

> Jetzt blüht die neue Kunst, das Herz zu morden,
> Zum Todesdolch in meuchlerischer Hand
> Ist nun der Rat des klugen Manns geworden,
> Und furchtbar, wie ein Scherge, der Verstand;
> Bekehrt von euch zu feiger Ruhe, findet
> Der Geist der Jünglinge sein schmählich Grab,
> Ach! ruhmlos in die Nebelnächte schwindet
> Aus heitrer Luft manch schöner Stern hinab.
>
> Umsonst, wenn auch der Geister Erste fallen,
> Die starken Tugenden, wie Wachs, vergehn,
> Das Schöne muß aus diesen Kämpfen allen,
> Aus dieser Nacht der Tage Tag entstehn;
> Begräbt sie nur, ihr Toten, eure Toten!
> Indes ihr noch die Leichenfackel hält,
> Geschiehet schon, wie unser Herz geboten,
> Bricht schon herein die neue beßre Welt. (1, 231)

Die zweite Fassung nimmt diese eschatologische Rhetorik zurück, hält
aber an der Schärfe der Auseinandersetzung zwischen dem »Jüngling«
und den ›Männern‹ fest. Schiller veröffentlicht das Gedicht nicht:

Und könnt ihr ja das Schöne nicht ertragen,
So führt den Krieg mit offner Kraft und Tat!
Sonst ward der Schwärmer doch ans Kreuz geschlagen,
Jetzt mordet ihn der sanfte kluge Rat;
[...] (1, 233)

Noch ein später Brief an Böhlendorff nach dem Aufenthalt in Frankreich enthält die Geste der Überbietung und des Kampfes:

»Mein Lieber! ich denke, daß wir die Dichter bis auf unsere Zeit nicht kommentieren werden, sondern daß die Sangart überhaupt wird einen anderen Charakter nehmen, und daß wir darum nicht aufkommen, weil wir, seit den Griechen, wieder anfangen, vaterländisch und natürlich, eigentlich originell zu singen.« (6, 463 f.)

In der Ambivalenz seines Verhältnisses zum »Meister« steht Hölderlin repräsentativ für eine Generation junger Schriftsteller um 1800, für seine Freunde Schmid und Böhlendorff, für Friedrich Schlegel oder Heinrich von Kleist, von dem überliefert wird, daß er der »größte Dichter seiner Nation« werden wolle und daß auch Goethe ihn »daran nicht hindern« könne.[10]

Hölderlin war sich später bewußt, daß er mit seinen Gedichten gegen die literarischen Konventionen seiner Zeit verstieß. Er fühlte sich als verkannter, unterdrückter, ausgestoßener, gedemütigter, geradezu angeklagter Dichter, der sich zu rechtfertigen hat. Die als Demütigung erfahrene schriftstellerische Situation und andere Demütigungen, zumal die seiner Frankfurter Hofmeisterzeit, kamen zusammen. Seine Mutter, die großen »Meister«, das Publikum bildeten das imaginäre Tribunal, vor dem er sich rechtfertigen zu müssen glaubte. Er identifiziert sich in der Vorbemerkung zur *Friedensfeier* mit der Rolle Luthers auf dem Reichstag in Worms 1521, der gesagt haben soll: »Hier stehe ich! Ich kann nicht anders, Gott helfe mir, Amen.« Luther widerruft nicht, Hölderlin widerruft nicht. In der Anklagesituation artikuliert er seinen Stolz und seinen Anspruch als politisch-literarischer Reformator:

»Ich bitte, dieses Blatt nur gutmütig zu lesen. So wird es sicher nicht unfaßlich, noch weniger anstößig sein. Sollten aber dennoch einige eine solche Sprache zu wenig konventionell finden, so muß ich ihnen gestehen: ich kann nicht anders.«

Die Fortsetzung klingt wie eine Entschuldigung. Hier scheint Hölderlin seinen Anspruch wieder zurückzunehmen: »An einem schönen Tage läßt sich ja fast jede Sangart hören, und die Natur, wovon es her ist, nimmts auch wieder.« (3, 426).

In seiner ersten Homburger Zeit (1798–1800) bemühte sich Hölderlin, sich als freier Schriftsteller zu etablieren. Die materielle Basis für diesen »Lebensplan« sollte die Gründung einer Zeitschrift sichern. Die mit dem Stuttgarter Verleger Steinkopf projektierte Zeitschrift kam jedoch nicht zustande. Geplant hatte Hölderlin eine »poetische Monatsschrift« (6, 347) mit poetischen Texten und Abhandlungen über Literatur und Ästhetik. Die Aufsätze wollte er größtenteils selbst schreiben – ein Unternehmen, das seine Kräfte wohl überstiegen hätte. Als Zugeständnis an das Publikum wäre der Titel *Journal für Damen, ästhetischen Inhalts* ihm möglich gewesen. Er selbst schlug als Titel *Iduna* vor, angeregt durch Herders 1796 in Schillers Zeitschrift *Die Horen* erschienenes Gespräch *Iduna oder der Apfel der Verjüngung*. Im geschichtsphilosophischen Anspruch des Titels lag auch ein künstlerischer. Die Zeitschrift sollte von »gehöriger Unparteilichkeit« (6, 360) sein – eine Kritik an Schillers *Horen*, die im Avertissement Unparteilichkeit in den historischen Auseinandersetzungen der Zeit ankündigte, sie aber nicht einhielt.

Nicht nur Goethe und Schiller, auch Freunde – »auch solche, die nicht ohne wahrhaften Undank mir eine Teilnahme versagen konnten« (6, 393) – reagierten zurückhaltend, ablehnend oder überhaupt nicht.

Das Scheitern des Zeitschriftenprojektes verwundert bei der Konkurrenz der poetischen Zeitschriften nicht. Auch Schiller war mit seinen Zeitschriften, zuletzt mit den *Horen*, nicht reüssiert. Die vom Verleger gewünschten großen Namen verweigerten sich. Hölderlin hatte auch noch keine »Schriftstellerreputation«. Man muß sich vergegenwärtigen, daß Hölderlin den Zeitgenossen als einer der kleinen Vertreter der klassischen und romantischen Schriftstellergeneration galt. Erst sein Spätwerk wird auf romantische Zirkel eine ungeheure Faszination ausüben. Was hätte Schiller und Goethe dazu bewegen können, bei diesem poeta minor Beiträger zu werden? Nicht unfreundlich und nicht herablassend hat Schiller Hölderlin abgesagt und vom Projekt abgeraten:

»Die Erfahrungen, die ich als Herausgeber periodischer Schriften seit 16 Jahren gemacht, da ich nicht weniger als 5 verschiedene Fahrzeuge auf das klippenvolle Meer der Literatur geführt habe, sind so wenig tröstlich, daß ich Ihnen als ein aufrichtiger Freund raten kann, ein Ähnliches zu tun. Vielmehr komme ich auf meinen alten Rat zurück, daß sie sich ruhig und unabhängig auf einen bestimmten Kreis des Wirkens *konzentrieren* möchten. Auch selbst in Rücksicht auf das Lukrative, die wir Poeten oft nicht umgehen können, ist der Weg periodischer Werke nur scheinbar vorteilhaft, und bei einem unbedeutenden Anfänger von Verleger [...] ist es vollends nicht zu wagen.«[11]

Mit seinem »Lebensplan«, ein freier Schriftsteller zu werden, der Bücher schreiben kann, ohne hungern zu müssen, der zu öffentlichem Ansehen gelangt, dessen Arbeiten als »öffentliche Äußerungen« (6, 412) gedacht sind und so beachtet und anerkannt werden, war Hölderlin gescheitert. Seine späten Reflexionen in den *Anmerkungen zum Ödipus* über den »gesetzlichen Kalkül« antiker und moderner Kunstwerke betreffen auch seine unsichere soziale Rolle als Schriftsteller und haben zum Ziel, in der Ausarbeitung der »Verfahrungsart« und des »Handwerksmäßigen« der Poesie den »Dichtern, auch bei uns, eine bürgerliche Existenz zu sichern«. (5, 213)

Die Formulierung »bürgerliche Existenz« meint offenbar, den zeitgenössischen Sprachgebräuchen entsprechend, eine soziale Existenz im Gegensatz zur höfisch-ständischen Existenz und eine anerkannte, sozial unabhängige Existenz in der rechtlich geregelten Gesellschaft. Die bürgerliche Existenz in diesem Sinn beruhte auf unabhängiger Arbeit, von der man sich ernähren konnte. Hölderlins Formulierung von seinen »schriftstellerischen Arbeiten« (6, 412) dokumentiert das bürgerliche Arbeitsethos. Bürgerliche Existenz genießt Unabhängigkeit, gesellschaftliches Ansehen und Achtung, »Reputation«, Teilnahme an öffentlichen Ämtern und Ehren. Die ›Arbeiten‹ des Schriftstellers sind »öffentliche Äußerungen«. Gewiß wird dieses Bestehen auf der »bürgerlichen Existenz« des Schriftstellers getragen von der Erfahrung der stolzen bürgerlichen »Ehrbarkeit« Württembergs, der Hölderlins Familie zugehört und die seinen gesellschaftlichen Stolz bestimmte. Man wird in dieser Formulierung auch noch eine verschwiegene Reaktion auf die Erwartung der Mutter lesen dürfen, die für ihren Sohn eine andere »bürgerliche Existenz« wünschte: Auch die *Schriftstellerexistenz* ist eine bürgerliche Existenz, ist so gut wie andere bürgerliche Berufe, die stolz auf ihr Herkommen sind. Auch die Schriftstellerexistenz ist eine *bürgerliche* Existenz.

Der Erzieher des Volkes und der Priester der Natur

Die Bestimmung des poetischen ›Werks‹ als »öffentliche Äußerung« geht von einem Selbstverständnis des Schriftstellers aus, das im Prozeß der Aufklärung zu einem festen Rollenverhalten ausgebildet wurde. Zu ihm gehört der Anspruch auf Öffentlichkeit, die Forderung und Her-

stellung einer Öffentlichkeit, die den Namen der allgemeinen Vernunft
und des Gemeinwohls beanspruchen konnte. Öffentlichkeit oder »Publizität« hielten die Aufklärer für das wichtigste Mittel im Prozeß der
Aufklärung. Die Schriftsteller verstanden ihr Schreiben als politisch-
pädagogisches Handeln, sich selbst, wie der schwäbische Schriftsteller
Ludwig Wekhrlin schrieb, als »gebohrne[r] Advokat[en] der Menschlichkeit«, als das »natürliche Organ der öffentlichen Gerechtigkeit«.[12]
Zahlreiche Belege lassen sich für dieses »hochgespannte Selbstbewußtsein der Schriftsteller«[13] finden. Dabei stand dieses Selbstverständnis
oft in scharfem Widerspruch zu ihrer sozialen Stellung und materiellen
Abhängigkeit.

Hölderlin hat diese öffentliche Rolle mit ihren politisch-pädagogischen Ansprüchen übernommen. Er hat sie noch gesteigert und mit
der Notwendigkeit, auf die Französische Revolution zu reagieren, angereichert. Gesteigert wurde diese Rolle im Kontext frühidealistischer
Reflexionen, in denen der Ästhetik und Poesie die Aufgabe zuerteilt
wurde, die als Krise erfahrene Situation der zeitgenössischen Gesellschaft und Kultur zu heilen. Weder der Wissenschaft, der Religion,
noch der politischen Praxis wurde diese vereinigende Wirkung zuge-
traut, da diese Wissens- und Handlungsformen selbst für die Krise der
modernen Gesellschaft verantwortlich gemacht wurden. Diese Legiti-
mierung der Ästhetik war schon in der ästhetischen Diskussion der
zweiten Hälfte des 18. Jahrhunderts vorbereitet worden. Schiller hat sie
in *Über die ästhetische Erziehung* paradigmatisch entwickelt. So heißt es im
sogenannten *Ältesten Systemprogramm des deutschen Idealismus*, das von Hegel 1796/97 formuliert wurde und Diskussionen des Freundeskreises
von Hölderlin, Hegel und Schelling festhält, daß die Poesie nun eine
»höhere Würde« erhalte, »sie wird am Ende wieder, was sie am Anfang
war, Lehrerin der Menschheit«.[14] Bis ins Spätwerk bewahrt Hölderlin
den Anspruch des Schriftstellers, die Gesellschaft zu erziehen und zu
einer Harmonie, in der jeder seine Individualität findet, zu vereinen.
1793 schreibt er an den Bruder:

»Diese Keime von Aufklärung, diese stillen Wünsche und Bestrebungen Einzelner zur Bildung des Menschengeschlechts werden sich ausbreiten und verstärken, und herrliche Früchte tragen. Sieh! lieber Karl! dies ists, woran nun mein
Herz hängt. Dies ist das heilige Ziel meiner Wünsche, und meiner Tätigkeit –
dies, daß ich in unserm Zeitalter die Keime wecke, die in einem künftigen reifen
werden.« (6, 102)

Wieder an den Bruder, unter dem programmatischen Datum des 1. Januar 1799:

»Nicht wie das Spiel vereinige die Poesie die Menschen, sagt ich; sie vereinigt sie nämlich, wenn sie echt ist und echt wirkt, mit all dem mannigfachen Leid und Glück und Streben und Hoffen und Fürchten, mit all ihren Meinungen und Fehlern, all ihren Tugenden und Ideen, mit allem Großen und Kleinen, das unter ihnen ist, immer mehr zu einem lebendigen, tausendfach gegliederten, innigen Ganzen, denn eben dies soll die Poesie selber sein, und wie die Ursache, so die Wirkung.« (6, 329 f.)

In der Ode *Dichterberuf* wird der Dichter als Gesetzgeber der Völker, als Figur mit religiöser Macht apostrophiert: Als Seher und Verkünder des Ziels des Geschichtsverlaufs (»des Tages Engel«), als Erwecker, als derjenige, der das Leben gibt. Seine Gegenfigur ist hier der militärische Eroberer:

> Und du, des Tages Engel! erweckst sie nicht,
>   Die jetzt noch schlafen? gib die Gesetze, gib
>   Uns Leben, siege, Meister, du nur
>   hast der Eroberung Recht, wie Bacchus
>   (2, 47, v. 5 ff.)

Der *Hyperion*-Roman führt die Bildung Hyperions zum Erzieher seines Volks vor. Hyperion scheitert im revolutionären Befreiungskampf. Diese Erfahrung und heroische Energie geht jedoch in die Rolle des Erziehers ein. Er bildet sie aus in einem Bildungs- und Erfahrungsgang, in dem Momente der Weisheit (von Adamas), des politischen Kampfes (von Alabanda) und der Natur und Schönheit (von Diotima) in die Erzieherrolle integriert werden. Sein Wort ist zugleich Tat, wie auch der »Gesetzgeber« in *Dichterberuf* zugleich als ›Eroberer‹ imaginiert wird. Die Schelt-Rede auf Deutschland (3, 159 ff.) gibt zu erkennen, daß diese Erzieherfigur im Hinblick auf Deutschland entworfen wurde. Dezidiert als »deutscher Schriftsteller« versteht sich Hölderlin 1799. Der »Boden«, auf dem er steht, und den er ›bearbeitet‹, ist Deutschland. Der Vergleich mit dem Gärtner dokumentiert noch das Aufklärungsbewußtsein: »die Kenntnis des deutschen Volks ist besonders jedem, der ein deutscher Schriftsteller werden will, so notwendig wie dem Gärtner die Kenntnis des Bodens« (6, 336).

Diese Elemente des dichterischen Wortes übertragen ihm die Macht religiöser Verkündigung und Offenbarung, die schon Klopstock für seine Dichtung beansprucht hatte. Diotima formuliert als Programm:

»Du mußt, wie der Lichtstrahl, herab, wie der allerfrischende Regen, mußt du nieder ins Land der Sterblichkeit, du mußt erleuchten, wie Apoll, erschüttern, beleben, wie Jupiter, sonst bist du deines Himmels nicht wert.« (3, 92)

So wird Hyperion »Erzieher unseres Volks« werden, wie Diotima sagt. Sie fügt zugleich hinzu: »du wirst ein großer Mensch sein« (3, 94).

Zu dieser Rolle des Erziehers tritt im Roman die des »Priesters« der »göttlichen Natur« (3, 155). Mit dieser Rolle wird explizit Religion abgelöst von Dichtung, die Dichtung erhält als Nachfolgerin der Religion eine sakrale Bedeutung. Die Rollen des Priesters der göttlichen Natur und des politisch-pädagogischen Erziehers schließen sich ein: Hyperions Erziehungsaufgabe ist Absicht der Natur (deswegen die naturale Metaphorik in Diotimas Programm); die politisch-pädagogische Erziehung gelingt nur, wenn sie die Menschen zum Bewußtsein des umfassenden, tragenden Zusammenhangs der Natur führt. Insofern der Dichter den Zusammenhang der Natur und der Geschichte wahrt und darstellt, kann er den Menschen »Zusammenhang« (6, 331) und Bewußtsein in der revolutionären Krise seiner Zeit geben. In den *Tübinger Hymnen* entfaltet Hölderlin schon das ganze Repertoire dieser Dichter-Rolle: Der Dichter figuriert als Lehrer, als der Berufene, der Seher, der Feiernde, der Dankende, der Freund, der Priester, der Heros, der die Finsternis vertreibt.

Die immanente Gefahr dieser Priesterrolle wird in *Wie wenn am Feiertage* artikuliert:

> Und sag ich gleich,
>
> Ich sei genaht, die Himmlischen zu schauen,
> Sie selbst, sie werfen mich tief unter die Lebenden,
> Den falschen Priester, ins Dunkel, daß ich
> Das warnende Lied den Gelehrigen singe.
> (2, 124)

Der Sänger

In Hölderlins poetischem Lexikon kommt den Vokabeln »Sänger« und »Gesang« eine zentrale Bedeutung zu. In seinen Gedichten entwirft er sich in der Rolle des Sängers mit der Harfe, sein Werk als Gesang. Diese Rolle ist von Herders Konzeption des Sängers und von Klopstocks Konzeption des heiligen Dichters inspiriert. Zwischen Klopstock, Herder und Heine, Uhland erhält die Rolle des Sängers eine späte Aktualität.[15] Der Sänger ist im späten 18. Jahrhundert zu einer Rollenfigur geworden. Zu dieser Rolle gehört eine erhabene Sprache. (Diese Rollenfigur wird unabhängig vom Bänkel- und Volkssänger entwickelt, die bis ins 19. Jahrhundert zu finden ist.)

Die Rolle des Sängers erfüllt verschiedene Funktionen: Sie legitimiert bildlich die große Schriftstellerrolle der Aufklärung, sie suggeriert Musikalität, Authentizität von Natur und Altertum im ›Gesang‹, Unmittelbarkeit und Öffentlichkeit der Wirkung, die Aufhebung der distanzierenden Schrift, die Aufhebung der Einsamkeit des modernen Schriftstellers bis zur Identifikation mit dem ›Volk‹, schließlich seine Heroisierung. Klopstock und Herder orientierten sich bei der Figurierung dieser Rolle an Homer, Orpheus, dem sagenhaften keltischen Barden Ossian und den alttestamentlichen Propheten, am Volkslied (Herder). Goethe, Schiller, Heine und Uhland nehmen, wie immer ironisch gebrochen, die Gestalt des fahrenden Sängers auf, dessen soziale Identität unbestimmt ist. Klopstocks dichterischer »Gesang« (Der Messias, I, v. 20) ist zugleich religiöse und prophetische, »heilige« Rede (Von der heiligen Poesie, 1775). Ästhetik und Religion sind sich wechselseitig Mittel. Der Sänger ist ein Auserwählter, der sich an einen Kreis von Eingeweihten wendet. Sein Gesang verkündet nicht nur Religion, sondern handelt auch vom deutschen Vaterland.

In zwei für Hölderlin bedeutsamen Abhandlungen Herders, *Auszug aus einem Briefwechsel über Ossian und die Lieder alter Völker* (1773) und vor allem in *Über die Wirkung der Dichtkunst auf die Sitten der Völker in alten und neuen Zeiten* (1778), wird der Sänger als Rhapsode, Gesetzgeber und Dichter charakterisiert. Er ist der »Schöpfer eines Volkes um sich«, daher fühlt er »höhern Beruf«.[16] Zwar hat die Erfindung des Buchdrucks den Sänger verdrängt, in der Emanzipation der Völker sieht Herder jedoch die Möglichkeit, daß die Sängerrolle wieder aufleben könne. »Frei wie die Schwalben, ist der Gesang«, dichtete Hölderlin später (2, 211, v. 1).

Homer, Ossian, Pindar sind die Vorbilder in Hölderlins Jugend. An ihnen wird er festhalten und nach ihnen in den Gedichten seine Dichterrollen entwerfen. Das traditionelle seherische Attribut Homers und Ossians, die Blindheit, liefert den Titel von *Der blinde Sänger*. Bei diesen Mustern ist die Sängerrolle stets bezogen auf Taten und historische Größe wie der griechische Aoidos. Hölderlin wählte die Sängerrolle daher auch, um seiner revolutionären Epoche zu entsprechen, und um sich als Teil des historischen Prozesses darzustellen. In der Ode *An Eduard* figuriert der Sänger als ›Bruder‹ des Heros. Und er wählte sie, kann man vermuten, weil der Sänger sich als »Sänger des Volks« im Kreis des Volks aufgenommen weiß. In der Ode *Dichtermut* werden die »Dichter des Volks« (v. 13) genannt, die jedem seinen eigenen »Gott« singen. Sie werden zugleich »Sänger« (v. 19) genannt. In der zweiten

Fassung verändert Hölderlin in »Sänger des Volks«, in der dritten Fassung, unter dem Titel *Blödigkeit*, in »Zungen des Volks«. Die semantische Ambivalenz von »geschickt« in dieser Ode, »Gut auch sind und geschickt einem zu etwas wir,« (v. 21), verbindet das Sendungsbewußtsein des Sängers, der die »Menschen« und die »Himmlischen« der »Einkehr« zuführt, mit dem Handwerksbewußtsein des Künstlers. In *Der Mutter Erde* stellt der »Gesang« des Sängers geradezu einen Ersatz für den eigentlichen Gegenstand dar. Die Utopie des Volks wird als ›Gemeine‹ vorgestellt.

> Statt offner Gemeine sing ich Gesang.
> So spielt, von erfreulichen Händen
> Wie zum Versuche berühret, eine Saite
> Von Anfang. [. . .]
>
> Doch wird ein anderes noch
> Wie der Harfe Klang
> Der Gesang sein,
> Der Chor des Volks.
> [. . .] (v. 1 ff.)

Die Entfernung von »Dichter« und Volk wird aufgehoben in eine Identität beider. In den Formulierungen »Dichter des Volks« und »Sänger des Volks« bedeutet Volk nicht nur den Ort, sondern auch das Ziel der Dichtung. Der Sänger bringt das Volk hervor. Die transitive Verwendung von ›singen‹ verleiht ihm das Bedeutungsmerkmal des Erzeugens, Hervorbringens. In der Ode *Der Prinzessin Auguste von Homburg* erscheint der Sänger »träumend« und gering. Er weckt nicht, sondern wird selbst aufgeweckt vom »Ernst« der historischen Zeit – gemeint ist die revolutionäre Epoche. Seine Aufgabe ist die des Feiernden und Rühmenden: »Beruf ist mirs / zu rühmen Höhers [. . .]« (v. 26 f.)

Die Rolle des Sängers enthalten auch die Gedichte, die Friedrich Beißner unter der Überschrift *Vaterländische Gesänge* versammelt hat. Er berief sich dabei auf einen Brief Hölderlins an den Verleger Wilmans, in dem er vom »hohe[n] und reine[n] Frohlocken vaterländischer Gesänge« redet (6, 467). ›Vaterländischer Gesang‹ bezieht sich auf das »Vaterland«, d. h. die neuzeitliche christliche Epoche und das deutsche Vaterland, und auf die vaterländische »Sangart« (6, 463), für die Hölderlin z. B. das »Prophetische der Messiade« (6, 467) als Vorbild erwähnt. Charakteristisch für diese »Gesänge« ist die Exposition und Reflexion von Rederollen des dichterischen Ich: des Feiernden, Dankenden, Weisen, Propheten, Priesters, Lehrenden und des Predigers; die Verbindung des »Gesangs« mit dem »Dichter« (*Der Einzige*, v. 104). Gesang akzentuiert dabei den pindarisierenden, synkopischen, der gesprochenen Sprache angenäherten Stil, die Nähe von Sänger und Hörer. »Dichter« akzentuiert mehr das geschriebene Wort, den Buchstaben, die Distanz. Am Ende von *Patmos* heißt es, daß der »Vater« am meisten liebt, »daß gepfleget werde / Der feste Buchstab, und Bestehendes gut / Gedeutet. Dem folgt deutscher Gesang.« (v. 224 ff.)

In utopischer Absicht, nicht spannungsfrei, entwirft der »Deutsche[r] Schriftsteller«, wie es im Brief heißt (6, 363), der eine arbeitsteilige Gesellschaft und Kultur voraussetzt, sich in den Gedichten als »der deutsche Dichter« und »Sänger«, der den vaterländischen Gesang singt (*Deutscher Gesang*, v. 17/33), als Vorbild von Ein-klang, Teilhabe, Austausch aller.

Anmerkungen

Hölderlins Werke werden mit Band- und Seitenzahl zitiert nach: *Kleine Stuttgarter Ausgabe*, hrsg. von Friedrich Beißner, 6 Bde., Stuttgart 1961.

1 Vgl. zum Rollenbegriff B. Schäfers (Hrsg.), *Grundbegriffe der Soziologie*, Opladen 1986, S. 252 ff.

2 Vgl. H. J. Haferkorn, ›Zur Entstehung der bürgerlich-literarischen Intelligenz und des Schriftstellers in Deutschland zwischen 1750 und 1800‹, in: B. Lutz (Hrsg.), *Literaturwissenschaften und Sozialwissenschaften 3: Deutsches Bürgertum und literarische Intelligenz 1750–1800*, Stuttgart 1974, S. 113–276, hier S. 195 ff.; sowie W. v. Ungern-Sternberg, ›Schriftsteller und literarischer Markt‹, in: R. Grimminger (Hrsg.), *Deutsche Aufklärung bis zur Französischen Revolution*, München 1980, S. 133–185.

3 H. Möller, *Vernunft und Kritik. Deutsche Aufklärung im 17. und 18. Jahrhundert*, Frankfurt/Main 1986, S. 294.

4 Vgl. Möller, a. a. O., S. 269.

5 Vgl. Haferkorn, a. a. O., S. 202.

6 Vgl. F. J. Worstbrock/H. Koopmann (Hrsg.), *Formen und Formgeschichte des Streitens. Der Literaturstreit. Kontroversen, alte und neue*, Akten des VII. Internationalen Germanisten-Kongresses, Bd. 2, Göttingen 1985.

7 Vgl. G. Sauder, ›Hölderlins Laufbahn als Schriftsteller‹, in: *Hölderlin-Jahrbuch* 24 (1984/85), S. 139–166, hier S. 141 f.

8 Ebd., S. 158 f.

9 Vgl. E. Lämmert, »›Von Ihnen dependir' ich unüberwindlich«. Über die Macht des Vorbildlichen in der Literaturgeschichte‹, in: W. Barner u. a. (Hrsg.), *Unser Commercium. Goethes und Schillers Literaturpolitik*, Stuttgart 1984, S. 601–623.

10 *Heinrich von Kleist. Dichter über ihre Dichtungen*, hrsg. von H. Sembdner, München 1969, S. 21 f. Vgl. J. Weber, *Goethe und die Jungen*, Tübingen 1989.

11 Hölderlin, *Sämtliche Werke. Große Stuttgarter Ausgabe*, hrsg. von Friedrich Beißner, Bd. 7/1, Stuttgart 1968, S. 137.

12 In seiner Zeitschrift *Graues Ungeheuer*, 2, 1784, S. 190f., zit. nach: R. Vierhaus, ›Der aufgeklärte Schriftsteller. Zur sozialen Charakteristik einer selbsternannten Elite‹, in: H. E. Bödeker/U. Herrmann (Hrsg.), *Über den Prozeß der Aufklärung in Deutschland im 18. Jahrhundert*, Göttingen 1987, hier S. 54.

13 Vierhaus, a. a. O., S. 57.

14 Chr. Jamme/H. Schneider (Hrsg.), *Mythologie der Vernunft*, Frankfurt/Main 1984, S. 13.

15 Vgl. F. Martini, *Literarische Form und Geschichte*, Stuttgart 1984, S. 81 ff., und H. Schlaffer, *Klassik und Romantik*, Stuttgart 1968, S. 114 ff.

16 *Herders Sämmtliche Werke*, hrsg. von B. Suphan, Bd. 8, Berlin 1882, S. 433 f.

Friedrich von Hardenberg / Novalis

Ein Autor, der mehr sein möchte
als bloß Poet

I

Friedrich von Hardenberg ist vor allem unter seinem Schriftstellernamen ›Novalis‹ bekannt geworden. Darin drückt sich durchaus etwas Bezeichnendes, dem Leben dieses frühromantischen Autors Gemäßes aus. Zu seinen Lebzeiten ist kein einziges Werk unter seinem vollen wirklichen Namen publiziert worden. Das Pseudonym, das er zum ersten Mal am 24. Februar 1798 in einem Brief an August Wilhelm Schlegel erwähnt, sei – so schreibt er dort – »ein alter Geschlechtsnahme« von ihm, »und nicht ganz unpassend«.[1] Das lateinische Wort ›Novalis‹ bedeutet ›neues, brachliegendes Land‹. Indem Hardenberg sich als Neuland Bestellender begreift und diesen Namen für die Titel seiner berühmtesten Werke autorisiert, beschreibt er sich selber auf widersprüchliche Weise: Er bekundet den Willen zur revolutionären Erneuerung aller Verhältnisse und stellt zugleich auch einen Bezug zur eigenen Familientradition her. Trotz des mit Bedacht gewählten Namens ist jedoch der Schriftsteller Novalis nicht einfach mit der Person Hardenberg identisch; beide stehen vielmehr in einer engen, komplizierten Beziehung zueinander, die von der Mit- und Nachwelt nur unscharf registriert und zumeist mißverstanden wurde.

Hier empfiehlt es sich zunächst einmal, der umstandslosen Ineinssetzung der beiden Instanzen Widerstand entgegenzustellen. Angesichts der Klischees, die das Bild dieses Autors bis in die allerjüngste Gegenwart hinein verzerren, muß darauf hingewiesen werden, daß der Begriffsinhalt des Namens ›Novalis‹ stark von den Vorstellungen geprägt ist, die Hardenberg mit der Aufgabe und der Tätigkeit des Dichters verbunden hat. Diese Vorstellungen sind recht verschieden – je nach den Zusammenhängen, in denen er vom Dichten spricht. In den Briefen und Selbstzeugnissen wird ein relativ konventionelles Autorbild faßbar, ein Bild vom Dichter, der Gedichte und Dramen schreiben möchte und seine ganze Arbeitskraft in die Herstellung von Poesie inve-

stiert. Mit einem solchen Autorbild sympathisiert Hardenberg, auch
wenn er sich selber nicht mit ihm zu identifizieren weiß. Gleichfalls
in seinen Briefen, aber erst recht in den theoretischen Aufzeichnungen seiner umfangreichen Fragmentsammlungen und in den mehr
oder weniger programmatischen Äußerungen seiner poetischen Werke entwickelt er jedoch auch kühnere Vorstellungen vom Dichter, die
im folgenden noch erläutert werden sollen. Wie die verschiedenen,
schwankenden Autorkonzeptionen sich zueinander verhalten, darüber hat man sich in der germanistischen Forschung bisher kaum den
Kopf zerbrochen. Man hielt sich vielmehr zumeist an ein fiktives,
mehr oder weniger konsistentes Gemälde von Novalis als einem todes-
süchtigen Dichter der Nacht[2], in der zwar nicht alles grau war, wohl
aber alles in ein blaßblaues, wenn nicht himmelblaues Licht getaucht
erschien.

Gewiß, Hardenberg hat ein Leben geführt, das überschattet war von
Leiden und Tod. Er mußte das langsame Sterben seiner ersten Verlob-
ten, Sophie von Kühn, und seiner beiden Brüder Erasmus und Bernhard miterleben, und von Krankheiten – der Freunde, der Brüder, der
zweiten Braut und schließlich den eigenen – ist fast in jedem seiner
Briefe die Rede. Außer Krankheit und Tod war es besonders die Geld-
not, die sein Leben beschwert hat.[3] Aber allen diesen Pressionen, die er
manchmal mit einer staunenswerten Ergebenheit auf sich nahm, widersetzte er sich immer wieder auch mit einer mindestens ebenso erstaunlichen Energie und mit einem geradezu methodischen Raffinement, das
seine Liebhaber und Bewunderer kaum je recht zur Kenntnis genommen haben. Diejenigen, die sich an sein berühmtes Geständnis vom
20. Januar 1799 halten: »indeß aufrichtig wär ich doch lieber todt« (IV,
273), sollten auch die Äußerung des Zweiundzwanzigjährigen gegenüber dem Freunde Friedrich Schlegel im Gedächtnis bewahren, die
vielleicht am deutlichsten den ungeheuren Elan und die kreative Zuversicht dieses Denkers auf den Begriff bringt:

»Heutzutage muß man mit dem Titel Traum doch nicht zu verschwenderisch
sein – Es realisieren sich Dinge, die vor zehn Jahren noch ins philosophische
Narrenhaus verwiesen wurden«[4]

II

Der aus einem verarmten Freiherrngeschlecht Stammende hat schon
früh seine Neigung zur Poesie entdeckt. Sein frühestes uns bekanntes
Gedicht hat er bereits als Zwölfjähriger verfaßt (s. I, 459); seine erste

Publikation – das Gedicht *Klagen eines Jünglings* – erscheint im April 1791, also noch vor seinem neunzehnten Geburtstag, in Wielands *Merkur* (s. I, 537 ff. u. 645). Kontakte zu Verlegern hat er schon mit siebzehn gesucht und auch gefunden. In einem Gedicht, das wohl aus dem Jahre 1789 stammt und das offensichtlich als Begleitschreiben an den Buchhändler und Verleger Friedrich Severin in Weißenfels verwendet wurde, heißt es:

> Jüngst wolltest du von mir Gedichte,
> Denn daß ich Reimte, wußtest du,
> Da holt ich aus der trägen Ruh
> Worinn sie schummerten, für dich der Muße Früchte
> Und schicke, Freund, sie dir hier zu. [...] (I, 492; IV, 75)

Vermutlich aus demselben Jahr ist uns ein Brief an einen unbekannten Verleger erhalten. Darin schlägt Hardenberg eine geschickte Strategie ein: Um für sich möglichst unbefangen eintreten und werben zu können, gibt er sich als »Fähndrich von Hanstein«[5] aus, der für die Gedichte seines Freundes einen gut zahlenden Drucker suche. Von dem ungenannt bleibenden Freund, hinter dem sich niemand anders als der Dichter und Briefschreiber selber versteckt, wird mitgeteilt, daß ihn »das Schicksal der meisten Schriftsteller« treffe: »er ist arm«. (IV, 76) Die listige Verstellung scheint nicht viel bewirkt zu haben. Uns ist jedenfalls weder eine frühe Gedichtausgabe Hardenbergs überliefert, noch wissen wir etwas über Honorarzahlungen für eine solche. Die Briefe der folgenden Jahre vermitteln ein schonungsloses Bild von den Schwierigkeiten, aus dem Schreiben ein einträgliches Geschäft zu machen. Einerseits erkennt Hardenberg, daß »nur die Tugenden eines Geschäftsmanns [...] den belohnendsten aller Wege« führen[6]; andererseits empfindet er »etwas krebsartiges in jeder bürgerlichen Bedienung [d. h. Beschäftigung; U. St.]«[7]. Seinen Freund Christian Friedrich Brachmann fragt er:

> »Wie kann man Künstlerzwecke sich vorsetzen, wenn ängstliche Brodtsorge alle Zeit wegnimmt, uns nie aus dem Kreislauf gemeiner Bedürfnisse entläßt, und unsre besten Kräfte sich in Unthätigkeit verzehren läßt.« (IV, 167)

Er wird zunehmend reizbarer[8], weil er sich gelähmt fühlt wie einer, der »mit verschränkten Armen« einhergehen muß.[9] Armut, Geldknappheit erschwert nicht nur seine Brautwahl und die Verlobungsvorbereitungen[10]; sie beeinflußt auch in hohem Maße die Entscheidung, welchem Studium und welchem Berufsziel er sich zuwenden solle. Die Jurisprudenz, für die er sich an der Universität in Jena einschreibt, erscheint ihm nur darum einigermaßen erträglich, weil sie ihm die Möglichkeit eröffnet, in der Nähe seines dichterischen Idols Friedrich Schiller zu leben. Besonders schmerzhaft für ihn muß es gewesen sein, daß es ausgerechnet Schiller ist, der ihm die Beschäftigung mit Poesie ausreden und eine »bürgerliche« Tätigkeit anraten möchte. Was ein gänzlicher Verzicht auf seine dichterischen Neigungen für ihn bedeutet hätte, hat er in seinen Briefen recht drastisch zum Ausdruck gebracht: Es wäre so, als würde man ihn »combabisiren«[11] oder »Abälardisieren«[12], was beides das gleiche bedeutet, nämlich ›kastrieren‹. An Karl Leonhard Reinhold schreibt er:

»Ich brauche mich auch deswegen [...] nicht an Kopf und Herz von meiner Brodwissenschaft Abälardisiren zu lassen. Musen und Grazien können immer die vertrauten und nützlichen Gespielen meiner Nebenstunden bleiben [...].«[13]

Schreiben als Nebenbeschäftigung – mit dieser Kompromißformel reagiert Hardenberg auf die Ratschläge Schillers (der seinerseits wohl einen Wink des Vaters befolgt hatte).[14]

Die Formel wird die restlichen zehn Jahre seines Lebens nach außen hin gültig sein.[15] Ich gehe hier nicht näher auf die weitere Studien- und Ausbildungszeit ein; ich erwähne bloß die turbulente Phase in Leipzig[16], den verzweifelten Vorsatz, als Soldat den gesellschaftlichen Zwängen zu entkommen – einen Vorsatz, der übrigens von Geldnöten diktiert ist und auch wegen Geldknappheit scheitert[17] – sowie die gewissenhaft- ernste Periode der Beendigung des juristischen Studiums in Wittenberg und der naturwissenschaftlichen Ausbildung an der Bergakademie in Freiberg. Bis 1799 lebt und studiert Hardenberg auf Kosten seines Vaters (s. IV, 284). Die Verlobung mit Sophie von Kühn und erst recht die mit Julie von Charpentier verstärken seinen Wunsch, die finanzielle Abhängigkeit vom Elternhaus abzustreifen.[18] Sein Fleiß, seine Zielstrebigkeit und auch seine verblüffende Geschicklichkeit bei der Ausnutzung verwandtschaftlicher und freundschaftlicher Beziehungen verschaffen ihm schließlich die heißersehnte Anstellung als Assessor bei der kursächsischen Salinen-Direktion. Statt der geforderten 500 Taler erhält er jedoch nur 400 als jährliche Besoldung. Er, der sich »mit Preisen und Bedürfnissen genau bekannt gemacht« hat (IV, 314), weiß sehr wohl, daß diese Summe für zwei Personen nicht ausreichen wird. Er hofft weiterhin auf – wenn auch kleinere – jährliche Zuschüsse seines Vaters[19] oder auf Nebeneinkünfte durch seine »litterairischen Arbeiten« (IV, 314).

Die Energie, mit der Hardenberg sich den Zugang zu seiner Karriere in einer »Brodwissenschaft« erkämpfte, hat ihn wohl daran gehindert, seine Kontakte zu Verlegern auszubauen. Er kannte eine ganze Reihe von ihnen – außer dem schon erwähnten Severin auch Georg August Grieshammer, Georg Joachim Göschen und Johann Friedrich Gottlieb Unger –, aber er überließ die Verhandlungen bei der Drucklegung seiner Werke doch in aller Regel seinem Freunde Friedrich Schlegel.[20] Wie hätte er, der ja selber kaum zu eigentlich poetischer Tätigkeit die Zeit fand, sich noch um den Druck und den Vertrieb seiner Dichtungen kümmern können? Er setzte zunehmend seine Hoffnung darauf, reich zu werden, um dann seine Freunde, die hauptamtlich als Dichter zu leben versuchten, finanziell unterstützen zu können.[21] Angesichts der massiven Schwierigkeiten, in die das *Athenaeum* schon gleich im ersten Jahr seines Erscheinens infolge schlechten Absatzes gerät, entwirft er, obwohl noch immer mit dem Gedanken spielend, Sophie nachzusterben[22], die verschiedenartigsten Zukunftspläne. Einer davon betrifft

»Die Errichtung eines litterairischen, republicanischen Ordens – der durchaus mercantilisch politisch ist – einer ächten Cosmopoliten Loge. (–) Eine Buchdrukkerey – ein Buchhandel muß das erste Stamen [d. h. Staubfaden einer Blüte; U. St.] seyn. Jena – Hamburg, oder die Schweitz, wenn Frieden wird – müssen der Sitz des Bureaus werden. Jeder schaffte einige tüchtige Candidaten – Gemeinschaftlicher Fleis, gemeinschaftlicher Kopf – gemeinschaftlicher Kredit kann den kleinen Zündfunken bald vergrößern. Ihr sollt nicht mehr von Buchhändlern litterairisch und politisch gewissermaßen dependiren.« (IV, 268 f.; Hervorhebungen getilgt)

Die Kühnheit dieses Projekts, das freilich unausgeführt bleiben sollte, ja das bis heute weitgehend utopisch geblieben ist, verdeckt allzu leicht die Tatsache, daß Hardenberg hier nicht von sich selber spricht. Er will, daß die anderen, allen voran Friedrich Schlegel, nicht mehr vom Geschmack und von den politischen Auffassungen der Verleger abhängig seien. Sich selber also zählt er nicht zum Kreis der eigentlichen Autoren. Im gleichen Sinne hatte er sich kurz zuvor, am 5. Dezember 1798, in einem Brief an Rahel Just geäußert: »Die Schriftstellerei ist eine Nebensache – Sie beurteilen mich wohl billig nach der Hauptsache – dem praktischen Leben.« (IV, 266) Das, was er seine »bürgerliche Tätigkeit« nennt (IV, 282), will er zum »ausschließlichen Zweck«[23] seines Lebens machen. Erst als ihm die tödliche Krankheit Ruhe aufzwingt, kommt er wieder mehr zum Schreiben, bis ihm schließlich auch dafür keine Kraft mehr zur Verfügung steht. Die Bergassessor-Tätigkeit als Hauptberuf, das Dichten als Nebenberuf – soweit man diese Relation überhaupt wahrgenommen hat, hat man sie benützt, um die These vom

»Doppelleben« Hardenbergs zu verfechten.[24] Man gestand ihm tüchtige, lebensgewandte Seiten zu, konzentrierte sie aber ausschließlich im
Bereich der »bürgerlichen« Berufstätigkeit. Daneben behauptete man
die Existenz eines davon gänzlich getrennten anderen Bereichs, in dem
der zarte, lebensunkundige ›romantische‹ Dichter, der »Fremdling«[25],
eigentlich beheimatet gewesen sei. Diese These mochte den Vorzug der
Reinheit haben, halten ließ und läßt sie sich jedoch keineswegs.

III

Hardenberg hat immer wieder die Wichtigkeit der »Wissenschaften«
für sein Leben betont. So schrieb er etwa am 13. April 1797, nach dem
Tod Sophie von Kühns, an Friedrich Schlegel: »Auch jezt noch sind die
Wissenschaften das Hauptinteresse was ich an der Welt nehme.« (IV,
219) Unter »Wissenschaften« verstand er keineswegs nur seine Studien-
fächer und den theoretischen Teil seiner Berufstätigkeit; zu ihnen zählte
er auch und vor allem die Philosophie. Aus der ersten Verlobungszeit
stammt der berühmte Ausspruch:

»Mein Lieblingsstudium heißt im Grunde, wie meine Braut. Sofie heißt sie –
Filosofie ist die Seele meines Lebens und der Schlüssel zu meinem eigensten
Selbst.« (IV, 188)

Die Beschäftigung mit Philosophie und anderen Wissenschaften faßte
Hardenberg jedoch nicht als etwas auf, was von der Poesie gänzlich
unabhängig wäre. In den schriftstellerischen Arbeiten August Ludwig
Hülsens, Johann Wilhelm Ritters und vor allem Franz Xaver von Baaders fand er seine eigene Überzeugung bestätigt, wonach wissenschaftliche und poetische Tätigkeit nicht in einen unaufhebbaren Gegensatz
gestellt werden dürften. So kündigt er etwa dem Freunde Schlegel
einen Brief über seine »Hauptidee in der Physik« an und erwähnt dabei
lobend ein Werk Baaders. Dieser habe

»neuerlich ein paar Bogen herausgegeben – *über das pythagoraeische Quadrat in der
Natur*, nichts, wie derbe, gediegene Poesie, aber freylich in grobe Bergarten
eingesprengt und schwer zu säubern und auszuhauen. Deine Verbrüderung mit
Hülsen ist ein erfreuliches Zeichen. Solche Conjunctionen bedeuten glückliche,
fruchtbare Zeiten.«[26]

So wie Hardenberg das *Athenaeum* als ein Organ betrachtete, das derartige »Verbrüderungen« und »Conjunctionen« ermöglichen sollte, so
strebte er auch für seine eigenen Arbeiten die Verwirklichung einer
spezifischen Form von Poesie an, die nicht nur die Philosophie[27], son-

dern alle Bereiche der Wissenschaft miteinschließen sollte, ja die sogar eine Verbindung mit der Prosaik des Alltagslebens suchen müsse. Dieses neuartige Konzept von Poesie, das zugleich auch ein neuartiges Konzept vom Autor mitimpliziert, hat Hardenberg einmal als »bürgerliche Baukunst« (IV, 281) bezeichnet. Was darunter zu verstehen ist, sei anhand zweier Argumentationsstrategien verdeutlicht, die sich beide gleichermaßen im Werk Hardenbergs finden lassen. Die eine behauptet die tiefste Geringschätzung der Poesie; die andere hingegen läßt der Poesie die allerhöchste Wertschätzung zukommen. Beide sind jedoch, wie noch gezeigt werden soll, nur dem äußeren Anschein nach diametral verschieden.

IV

Das heimliche Oberhaupt der Hardenbergschen Dynastie war der Bruder des Vaters, Friedrich Wilhelm, Landkomtur des Deutschen Ordens in Lucklum. Dieser standesbewußte Onkel, der mit seinen Familienmitgliedern zeitlebens höchst ehrgeizige Pläne verfolgte (s. IV/310), hat seinem Neffen immer wieder »das Ridicule eines Schöngeistes« (IV, 309) vordemonstriert. Obwohl sich Friedrich von Hardenberg der Bevormundung durch den »Großkreuz«[28] energisch widersetzte, hat er dessen Verachtung der Schöngeisterei weitgehend übernommen. Noch ein spätes Fragment aus dem Komplex der Entwürfe zum *Heinrich von Ofterdingen* behauptet mit provozierender Schärfe: »Man kann die Poesie nicht gering genug schätzen.« (III, 641/519) In den Kontext solcher Verachtung der Poesie gehören auch das sarkastische Lob der schlechten Bücher aus den beiden ersten *Dialogen*[29] und das Einverständnis mit der Kurzlebigkeit literarischer Produkte im Brief an Friedrich Schlegel vom 7. November 1798. »Die Bücher« – so heißt es dort – »nähern sich jezt den Einfällen – Einmal vorübergehend – aber schöpferische Funken.« (IV, 264) Die Poesie zählt nicht, oder, wie sich jetzt präzisieren läßt, das einzelne poetische Produkt zählt nicht. Entscheidend ist die Wirkung, die jedes Produkt ausübt, der »schöpferische Funke«. Die meisten Werke, die Hardenberg veröffentlicht hat oder veröffentlichen wollte, sind so beschaffen, daß sie ihren provisorischen Charakter, ihre über sich selbst hinausweisende Tendenz, mehr oder weniger offen zur Schau tragen. Sie sind – von der Gattungszugehörigkeit her – Fragmente, »literarische Sämereien« (II, 463/114), »ächte, revolutionaire Affichen«[30] bzw. »Igel«[31], die durch ihre Stacheln, d. h. durch ihre provozierenden Behauptungen, welche als Tatsachenbefunde deklariert sind [32], den Widerspruch herausfordern; oder sie sind unvollendete, fragmentarisch gebliebene Gebilde, die – wie der Roman *Heinrich von Ofterdingen* – eine Fortsetzung und Vollendung förmlich erheischen.

Der Tendenz, dem poetischen Produkt nur einen interimistischen Wert zuzusprechen, entspricht bei Hardenberg auch eine Neigung, die Figur des Autors zu relativieren. Dieser verliert nicht nur seinen Eigentumsanspruch auf das von ihm geschaffene Werk [33], er muß seine Autorschaft auch mit den künftigen Lesern und Leserinnen teilen. Im Verhältnis zu den letzteren ist er bloß noch eine niederere Instanz, eine Art Vorarbeiter:

»Der wahre Leser muß der erweiterte Autor seyn. Er ist die höhere Instanz, die die Sache von der niedern Instanz schon vorgearbeitet erhält. Das Gefühl, vermittelst dessen der Autor die Materialien seiner Schrift geschieden hat, scheidet beym Lesen wieder das Rohe und Gebildete des Buchs – und wenn der Leser das Buch nach seiner Idee bearbeiten würde, so würde ein 2ter Leser noch mehr läutern, und so wird dadurch daß die bearbeitete Masse immer wieder in frischthätige Gefäße kömmt die Masse endlich wesentlicher Bestandtheil – Glied des wircksamen Geistes [...].« (II, 470/125)

An die Stelle der einen großen, außerordentlichen Schöpferpersönlichkeit tritt eine Kette von rezipierenden und schöpfenden Instanzen, die insgesamt den »wircksamen Geist« ausmachen, auf den es vor allem ankommt. Künstlersein ist nicht mehr ein Privileg einzelner, sondern eine Eigenschaft, die prinzipiell allen Menschen offensteht und diese obendrein auch miteinander verbinden soll.

Neben einer solchen Relativierung, welche die Leistung des einzelnen Autors nur gering veranschlagt, gibt es jedoch im Werk Hardenbergs noch eine Relativierung mit scheinbar gegenläufiger Tendenz. Sie findet ihren prägnanten Ausdruck etwa in einem Brief an Friedrich Schlegel vom 10. Dezember 1798. »Man muß« – so heißt es dort – »in der Welt seyn, was man auf dem Papier ist – Ideenschöpfer.« [34] Autor zu sein bedeutet hier mehr als bloß literarische Produkte herzustellen. Es geht darum, nicht nur »auf dem Papier« zu entwerfen, sondern auch in der Praxis, im bürgerlichen Alltag, produktiv zu werden. Die Formulierung »man muß« läßt freilich schon erkennen, daß hier von einem Sollen, nicht von einem Sein die Rede ist. Die Erweiterung des Begriffsinhalts von ›Autor‹ ist gekoppelt an eine normative Vorstellung, deren Realisierung offensichtlich Schwierigkeiten bereitet. »Jeder Mensch sollte Künstler seyn«, schreibt Hardenberg einmal [35] und gibt damit zugleich zu erkennen, daß keineswegs alle Menschen gegenwärtig Künstler sind. Was einen solchen ›Autor‹, den »Künstler«, vom gewöhnlichen Menschen trennt, hat Hardenberg in einem längeren Fragment aus der ersten Hälfte des Jahres 1798 festgehalten. Dort heißt es:

»Der Hauptunterschied ist der; der Künstler hat den Keim des selbstbildenden Lebens in seinen Organen belebt – die Reitzbarkeit derselben für den Geist erhöht und ist mithin im Stande Ideen nach Belieben – ohne äußre Sollicitation [d. h. ohne Reiz von außen; U. St.] durch sie [die Organe] heraus zu strömen – sie, als Werckzeuge, zu beliebigen Modificationen der wircklichen Welt zu gebrauchen – dahingegen sie beym Nichtkünstler nur durch Hinzutritt einer äußern Sollicitation ansprechen und der Geist, wie die träge Materie, unter den Grundgesetzen der Mechanik, daß alle Veränderungen eine äußre Ursache voraussetzen und Wirckung und Gegenwirckung einander jederzeit gleich seyn müssen, zu stehn, oder sich diesem Zwang zu unterwerfen scheint. Tröstlich ist es wenigstens zu wissen, daß dieses mechanische Verhalten dem Geiste unnatürlich und wie alle geistige Unnatur, zeitlich sey.« (II, 574/227; Hervorhebungen getilgt)

Der wirkliche »Künstler«, der Autor im emphatischen Sinne, kann alles aus sich heraussetzen; er ist von äußeren Bedingtheiten unabhängig geworden und dadurch nicht mehr den Gesetzen des Mechanismus unterstellt. Das bedeutet zweierlei: Er hat den depravierenden Einfluß aller Vermittlungen, der Werkzeuge wie der sinnlichen Organe, ausschalten können, und er ist jetzt in der Lage, wirklich qualitativ Neues hervorzubringen. Als »Ideenschöpfer« hat er seine eigene »zeitliche Unnatur«, d. h. die vorübergehende Schwächung seiner selbst beseitigt. Er ist der »transscendentale Arzt« geworden, ein Arzt, der sich selber kuriert und »die Erhebung des Menschen über sich selbst« bewirkt hat (s. II, 535/42). Künftig kann er sich zu allem machen, »was er sieht und seyn will« (II, 535/41).

Es dürfte ersichtlich sein, daß eine solche Autorschaft »auf dem Papier« leichter zu realisieren ist als im bürgerlichen Alltagsleben. Beim Schreiben ist jetzt schon einigen Individuen ermöglicht, was im realen Leben bislang noch keinem gegeben, aber allen als Wunsch und als zukünftige Verpflichtung vor Augen steht.[36] Hardenberg selber war in seiner »Brodwissenschaft« dem Herrschaftsbereich der »Mechanik« nicht entronnen, während er hinsichtlich seiner poetischen Arbeiten offensichtlich der Meinung war, allen Mechanismus abgestreift zu haben. So hätte er demnach doch ein Doppelleben geführt? Er wäre als Novalis schon »transscendentaler Arzt«, als Hardenberg jedoch noch heilungsbedürftiger »Nichtkünstler« gewesen?

Die These vom Doppelleben verwischt indes die Tatsache, daß der Bereich der Poesie und der des »praktischen Lebens« aufeinander bezo-

gen sind, und zwar in dreifacher Weise. Zum einen verhalten sie sich
spiegelsymmetrisch zueinander: Die Vorzüge des einen sind zugleich
die Nachteile des anderen. Die Poesie kann sich zwar vom Zwang des
Mechanismus weitgehend befreien, bleibt aber insofern defizitär, als sie
auf das »Papier« gebannt ist. Demgegenüber holt das »praktische Leben«
weiter aus; es nimmt von der »Welt« Besitz, aber dies geschieht unschöp-
ferisch, auf eine »krebsartige«, depravierende Art und Weise. Zum andern besteht zwischen den beiden Bereichen eine sinnbildliche, symbolische Beziehung. Die Poesie des Novalis vermag jetzt und hier schon zu
veranschaulichen, was – der geschichtsphilosophischen Konzeption des
Autors zufolge – erst in Zukunft umfassende Realität werden wird. Aber
die Beziehung zwischen den beiden Bereichen erschöpft sich nicht bloß
in der Funktion der Poesie, ein besseres »praktisches Leben« anzuzeigen
und vorzeitig anzukündigen. Hardenberg nimmt vielmehr an – und damit wäre die dritte, wichtigste Beziehung zwischen den beiden Bereichen
genannt –, daß die Poesie die außerpoetische Praxis umschaffen, ja sogar
verbessern könne. Eine solche welterlösende Kraft[37] bringe sie freilich
nur dann auf, wenn sie die Mitarbeit der unter der Herrschaft des Mechanismus stehenden Kräfte für sich in Anspruch nehme.

Wie das geschehen kann, ohne daß die Bedingtheiten und die Schädi-
gungen des Mechanismus auf die Poesie zurückschlagen, sei vorerst of-
fengelassen. Zunächst einmal kann jetzt geklärt werden, warum Hardenberg die Poesie – und mit ihr den Autor – einmal verachten, ein
anderes Mal aber aufs höchste preisen kann. Geringschätzung und Lob
beziehen sich jeweils auf verschiedene Sachverhalte bzw. Instanzen.
Hardenberg insistiert darauf, daß es einen »Unterschied zwischen
Dichten und ein Gedicht machen« gebe (II, 544/99). Seine Abneigung
trifft die reinen Schöngeister, die sich damit zufrieden geben, von Literatur zu sprechen, ein Gedicht zu lesen oder auch zu »machen«. Seine
Hochachtung hingegen gilt jenen, denen es gelingt, durch »Dichten«
die prosaische Welt zu »poetisieren«, zu »romantisieren« oder zu »moralisieren«.[38] Die oben erwähnten Bemühungen, den Gegensatz von
Autor und Leser, von Produktion und Rezeption abzutragen, sind
nichts anderes als Versuche, die Bedingungen poetischen Schaffens
auch über den Bereich der Poesie hinaus auszudehnen.

Daß Hardenberg mit seinen neuartigen Vorstellungen von Poesie
und vom Autor auch seine eigene »bürgerliche Tätigkeit« hat revolutio-
nieren wollen, ist sehr wahrscheinlich. Zwar lassen die biographischen
Informationen, die wir aus seinen letzten Lebensjahren besitzen, nicht
so recht erkennen, wie er sich die Poetisierung seiner »Brodwissen-

schaft« konkret vorgestellt hat. Genauere Aufschlüsse über seine Bestrebungen, den Bereich der Poesie mit dem des »bürgerlichen« Lebens zu verbinden, liefert jedoch der *Heinrich von Ofterdingen*. Für dieses Werk hat Hardenberg den Ausdruck »bürgerliche Baukunst« als Charakteristikum verwendet, und in diesem Werk wird gleich auf mehrfache Weise gezeigt, wie die Poesie mit der Welt des Mechanismus verquickt werden kann, ohne dabei selber Schaden zu erleiden.

Von den zahlreichen Dichtergestalten, also ›Autoren‹, die den Roman bevölkern, seien hier nur Heinrich, der Sänger Arion und die stark allegorische Figur der Fabel aus dem Klingsohr-Märchen hervorgehoben. Alle drei versuchen, die Welt zu »moralisieren« und ein neues Goldenes Zeitalter heraufzubeschwören. Alle drei sind hierzu auf die Bundesgenossenschaft gerade derjenigen Kräfte angewiesen, die sie überwinden wollen und die sie schließlich auch tatsächlich überwinden. Heinrich von Ofterdingen, der »von Natur zum Dichter geboren« ist (I, 267), braucht die Kaufleute und auch die Kreuzritter, um den Weg in das poetische Morgenland zu finden. Arion benötigt die Seeleute, um seinen Gesang wundertätig zu machen und die Meeresungeheuer zur Dankbarkeit bewegen zu können. Die kleine Fabel kann nur mit Hilfe der Parzen ihr Erlösungswerk, die Herstellung eines ewigen Frühlings, realisieren. In allen drei Fällen lassen sich die Dichtergestalten mit Figuren ein, die sich dem Tausch, der Habsucht und dem Nützlichkeitsdenken verschrieben – und das heißt: dem Herrschaftsbereich des Mechanismus überantwortet haben. Indem die Dichter ihre Gegenspieler als Werkzeuge, als Mittel für ihre eigenen Zwecke einsetzen, bejahen sie selber die »Grundgesetze der Mechanik«. Dennoch werden sie nicht ihr Opfer. Sie triumphieren vielmehr jeweils am Schluß über die beschränkte Perspektive ihrer temporären Helfershelfer. Diese haben sich selbst in Kämpfen mit ihresgleichen verzehrt: Die Kaufleute haben sich mit anderen »Knechten« von »Gut und Geld«[39], die Kreuzritter mit den Sarazenen angelegt, die Seefahrer haben sich wechselseitig umgebracht, und die Parzen sind von den Kreuzspinnen ausgesaugt worden. Alle sind sie gleichermaßen als »directe Werkzeuge«[40] ausgeschaltet und können darum keinen depravierenden Einfluß mehr auf die dichterischen Existenzen ausüben. Die Resultate, die sie gleichwohl für diese zustande gebracht haben, wirken, als seien sie unmittelbar, durch keine Werkzeuge, durch keinerlei mechanischen Mittel, hervorgebracht worden. Hardenberg spricht bei einer solchen Bezugnahme von der Wirkung eines »indirecten Werkzeugs« als »Zauberstab« (II, 553/121). Vermittlung ist, so ließe sich sagen, in ihrer eigenen Wirksamkeit unsichtbar geworden, verschwunden.

Es ist daher kaum verwunderlich, daß ihre flüchtige Existenz überhaupt nicht zur Kenntnis genommen worden ist. Man kann zwar durchaus bezweifeln, ob eine Überwindung der »Grundgesetze der Mechanik« durch kurzfristige, freiwillige Unterwerfung unter eben diese Gesetze von Erfolg gekrönt sein kann. Aber nicht bezweifeln läßt sich, daß der Erfolg eines derartigen Verfahrens im Roman *Heinrich von Ofterdingen* behauptet wird.[41] Alle drei Dichterexistenzen entwikkeln sich gerade durch ihr zeitlich befristetes Bündnis mit »Nichtkünstlern« zu echten »Künstlern«. Sie werden zu »transscendentalen Ärzten«, die machen können, was sie »sehen und seyn wollen«.

V

Ob ein vergleichbarer Erfolg sich auch im Leben Hardenbergs abgezeichnet hat, muß stark angezweifelt werden.[42] Daß die Instanz, die sich ›Novalis‹ nannte, jedoch in ähnlicher Weise über die Hardenberg-Existenz triumphieren wollte, ist kaum bestreitbar. Darauf deutet der Ernst, die ungeheure Aufmerksamkeit hin, mit der er seine »bürgerlichen« Angelegenheiten betrieb, die er gleichwohl nur als »eigentliche Offizialgeschäfte« (IV, 215) gelten lassen wollte. Darauf verweist auch die Äußerung gegenüber dem Freunde Schlegel vom 3. Mai 1797:

»Unthätig bin ich gar nicht – ich nähere mich jetzt auf einer andern Seite meinem alten Ziele und bevor ich dis nicht habe, denk ich auch nicht ans Stillsitzen und ausruhn. Manches kann man nicht directe fassen und da thut man gut, wenn man sich stellt, als gienge man nach einer andern Seite, so kommt man ihm [d. h. dem eigentlich erstrebten Ziel; U. St.] unvermuthet nah.« (IV, 225 f.)

Die Mit- und erst recht die Nachwelt haben das raffiniert ausgeklügelte Arrangement zwischen den beiden Bereichen der »bürgerlichen Tätigkeit« und der Poesie im Leben Hardenbergs nicht erkannt und nicht verstanden. Ihr Unverständnis verdichtete sich im Klischee vom hinfälligen Novalis, dem Dichter der blauen Blume. Dieses Klischee, das noch immer fortlebt, hat im 2. Buch der *Romantischen Schule* seine vielleicht eindrucksvollste, gewiß wirkungsträchtigste Ausprägung gefunden. Heinrich Heine erzählt dort von Sophia, der matt und matter werdenden Muse des Novalis im blauen Kleide. Die Geschichte dient ihm zur Illustration einer Existenz, der er abrißartig folgende Form verlieh:

»Novalis [...] liebte eine junge Dame, die an der Schwindsucht litt und an diesem Übel starb. In allem was er schrieb weht diese trübe Geschichte, sein Leben war nur ein träumerisches Hinsterben, und er starb an der Schwindsucht, im Jahr 1801, ehe er sein neun und zwanzigstes Lebensjahr und seinen Roman vollendet hatte.«[43]

Anmerkungen

Hardenbergs Werke werden nach der 2. Auflage der Ausgabe von Novalis, *Schriften*, hrsg. von Paul Kluckhohn und Richard Samuel, Stuttgart 1960 ff. zitiert, und zwar durch bloße Angabe der Bandzahl (in römischen Ziffern), der Seitenzahl und – gegebenenfalls – der Fragmentnummer (jeweils in arabischen Zahlen).

1 S. IV, 251 und die Anm. auf S. 834: »Die neuesten Stammtafeln [...] zeigen, daß die ältesten bekannten Glieder der Familie, Hermann und Bernhard (c. 1190 n. Chr.) sich ›de Novali‹, von der Besitzung Großenrode oder ›magna Novalis‹, und erst Bernhards Söhne sich ›de Hardenberg‹ nach der Burg bei Nörten nannten.«

2 Selbst Walter Benjamin, der sich aufgrund seiner Dissertation intensiv mit frühromantischer Dichtung und Dichtungstheorie beschäftigt hat, scheint sich ein einseitiges Bild gemacht zu haben. In einem Brief an Gerhard Scholem vom 23. Mai 1917 heißt es: »Ich lese viel in Friedrich Schlegel und Novalis. Bei dem ersten wird mir immer deutlicher wie er von allen Romantikern wohl der einzige ist [...], der den Geist dieser Schule ohne konstitutionelle Schwäche und Trübung entfaltet hat. Er ist dichterisch rein, gesund und träge. Im tiefsten Innern des Novalis aber [...] wohnt ein Krankheitskeim. Ich hoffe noch genau zu zeigen, worin eigentlich die Krankheit des Novalis liegt.« (Walter Benjamin, *Briefe*, hrsg. von Gershom Scholem und Theodor W. Adorno, Bd. 1, Frankfurt/Main 1966, S. 135).

3 Die Hinweise auf Geldmangel durchziehen die ganze Korrespondenz Friedrich von Hardenbergs; s. IV, 113, 129, 130, 133, 168, 184, 283, 289, 313, 319.

4 Brief vom 1. August 1794; IV, 140.

5 Der Name ist in der Familiengeschichte Hardenbergs für das 14. Jahrhundert belegt; s. IV, 756 (Anm.).

6 Brief an Caroline Just vom Februar 1796; IV, 170.

7 Brief an Christian Friedrich Brachmann vom 21. Februar 1796; IV, 168.

8 »Jedes rauhe Lüftchen klimpert in meinen Sayten herum.« (Brief an Caroline Just vom März 1796; IV, 172).

9 Ebd.

10 Sowohl Sophie von Kühn als auch Julie von Charpentier waren zwar von Adel, aber das eigentliche Familienoberhaupt der Hardenbergs, Friedrich Wilhelm, sträubte sich entschieden gegen die Verlobungen mit diesen Frauen. Es kam zu ernsthaften Zerwürfnissen zwischen ihm und seinem Neffen Friedrich; s. dessen Charakteristik des Onkels im Brief an Abraham Gottlob Werner vom 24. März 1800 (IV, 326) und die einschlägigen Bemerkungen im Briefentwurf an den Finanzrat von Oppel vom Januar 1800 (IV, 311).

11 Brief an Friedrich Schiller vom 22. September 1791; IV, 91.

12 Brief an Karl Leonhard Reinhold vom 5. Oktober 1791; IV, 97.

13 Ebd.

14 Die Klagen des Vaters über das fehlende Engagement des Sohnes beim Rechts-

studium sind Schiller von Carl Christian Erhard Schmid übermittelt worden. Schmid, ein enger Freund Schillers, war 1781/82 Hofmeister Friedrich von Hardenbergs gewesen. S. hierzu IV, 764 (Anm.) und V, 910.

15 S. hierzu IV, 266, 275, 314 und 322.

16 Hardenberg selbst nennt sie später im Entwurf des Briefes an Oppel »die Zeit der Thorheiten und Frivolitaeten«; s. IV, 310. Es ist die Zeit der Liebe zu der Textil-fabrikantentochter Julie Eisenhut.

17 S. hierzu den Rechenschaftsbericht an den Vater vom 9. Februar 1793 (IV, 104 ff.) und den rückblickenden Kommentar aus dem erwähnten Briefentwurf an Oppel (IV, 310).

18 S. den Brief an den Vater vom Mai 1794 (IV, 136) und den Briefentwurf von Juni 1799 an Oppel (IV, 286).

19 IV, 313. – Der Onkel, Friedrich Wilhelm von Hardenberg, lag im Sterben; es war voraussehbar geworden, daß der Vater erben würde und dadurch seine Vermögensverhältnisse entscheidend verbessern könnte.

20 Das gilt vor allem natürlich für die Publikationen im *Athenaeum*; aber auch bei der Veröffentlichung seiner ›Staatsschrift‹ *Glauben und Liebe* verließ er sich ganz auf den Freund; s. IV, 253.

21 S. hierzu den Brief an Friedrich Schlegel vom 10. Dezember 1798; IV, 268.

22 Vgl. ebd. – Über das »Nachsterben« der Geliebten s. vor allem den Brief an Caroline Just vom 28. März 1797 (IV, 211) und das *Journal*; IV, 29 ff.

23 IV, 283. – Vgl. auch die Mitteilung an Friedrich Schlegel im Brief vom 10. März 1798: »Der *Kaufmann* ist jezt an der Tagesordnung.«

24 So z. B. Paul Kluckhohn in seinem einleitenden Essay ›Friedrich von Hardenbergs Entwicklung und Dichtung‹ im 1. Bd. der *Schriften*, S. 35.

25 Die Figur des »Fremdlings« hat allerdings auch Hardenberg gerne verwendet, um sich selber zu charakterisieren. S. das gleichnamige Gedicht in I, 399 f. und die Stellenhinweise sowie den Kommentar von Heinz Ritter in dessen Aufsatz ›Die Datierung der *Hymnen an die Nacht*‹, in: *Euphorion* 52 (1958), S. 127–129.

26 Brief vom 20. Januar 1799; IV, 273. – Die erwähnte Schrift Baaders ist 1798 in Tübingen erschienen.

27 Vgl. etwa die Äußerung gegenüber August Wilhelm Schlegel im Brief vom 24. Februar 1798: »Künftig treib ich nichts, als Poesie – die Wissenschaften müssen alle poetisirt werden – von dieser realen, wissenschaftlichen Poesie hoff ich recht viel mit Ihnen zu reden.« (IV, 252) – S. auch die Fragmente II, 527/17 und 536/47 sowie III, 335/461.

28 So wurde der Deutschordensritter von seinen Neffen und Nichten scherzhaft genannt; s. z. B. IV, 194 und 200.

29 II, 661–666. – Vgl. z. B. die Behauptung des Dialogpartners B.: »Es ist kein Buch im Meßkatalog, das nicht seine Frucht getragen hat, und hätt es auch nur den Boden gedüngt, auf den es wuchs. Wir glauben viele Tautologien zu finden. Dort, wo sie entstanden, belebten sie doch diese und jene Ideen vorzüglich.« (II, 662).

30 Den Ausdruck verwendet Hardenberg bewundernd bei seiner Charakteristik der Schlegelschen Fragmente im Brief vom 26. Dezember 1797; IV, 241.

31 Das 206. *Athenaeum*-Fragment von Friedrich Schlegel: »Ein Fragment muß gleich einem kleinen Kunstwerke von der umgebenden Welt ganz abgesondert und in sich selbst vollendet sein wie ein Igel.« (*Kritische Friedrich-Schlegel-Ausgabe*, hrsg. von Ernst Behler, 1. Abt., 2. Bd., München u. a. 1967, S. 197) kommentiert Novalis zustimmend mit der Bemerkung: »Der Igel – ein Ideal.« S. II, 639/202.

32 Diese Eigentümlichkeit vieler Fragmente hat zum ersten Mal Jurij Striedter in
    seiner 1953 abgeschlossenen, aber mehr als 30 Jahre später erst in Buchform er-
    schienenen Dissertation (*Die Fragmente des Novalis als ›Präfigurationen‹ seiner Dich-
    tungen*, München 1985) herausgearbeitet.
33 »... Mit jedem Zuge der Vollendung springt das Werck vom Meister ab in
    mehr, als Raumfernen – und so sieht mit dem lezten Zuge der Meister, sein vor-
    gebliches Werck durch eine Gedankenkluft von sich getrennt – deren Weite er
    selbst kaum faßt [...] In dem Augenblicke, als es ganz Sein werden sollte, ward
    es mehr, als er, sein Schöpfer – er zum unwissenden Organ und Eigenthum
    einer höhern Macht. Der Künstler gehört dem Wercke und nicht das Werck
    dem Künstler.« (III, 411/737).
34 IV, 269. – Insofern kann für Hardenberg der Fürst zum vollkommensten, zum
    absoluten »Künstler« werden; er kann nämlich seine Ideen aufgrund seiner
    großen Machtbefugnisse durch seine Untergebenen in die Tat umsetzen lassen.
    S. hierzu *Glauben und Liebe*; II, 497/39. Der dort zugrunde gelegte Produktions-
    begriff zeigt freilich auch die historischen Grenzen von Hardenbergs Denken.
    Nicht nur liegt ihm eine sehr formale, abstrakte Vorstellung von ›Produzieren‹
    zugrunde; er offenbart auch, daß Hardenbergs Kunstkonzeption noch stark in
    das System höfischen Mäzenatentums eingebunden bleibt. Die von Hardenberg
    geforderten inszenierten Schauspiele des Regenten sind jedenfalls nach dem
    Wiener Kongreß in Berlin ansatzweise realisiert worden und erfreuten sich in
    der restaurativen Ära Preußens großer Beliebtheit, wie wir etwa aus den Auf-
    zeichnungen August Varnhagen van Enses wissen. Dieser schreibt in seinem
    Tagebuch am 22. Mai 1822: »Das Publikum ist hauptsächlich mit Theater be-
    schäftigt, mit den Vermählungsfesten, Paraden usw. Nicht ohne Bedeutung
    und Wirkung sind hier die Schauspiele zu einer großen kostbaren Staatsanstalt
    erhoben, sie geben unendliche Beschäftigung für alle Klassen, der Hof und die
    Prinzen nehmen thätig daran Theil. Die Leute vergessen der Politik (...).« Lud-
    milla Assing (Hrsg.), *Blätter aus der preussischen Geschichte von K. A. Varnhagen von
    Ense. Aus dem Nachlasse Varnhagen's von Ense*, Bd. 2, Leipzig 1868, S. 124.
35 In *Glauben und Liebe*; II, 497/39. – Die Aussage ist durchaus in Übereinstim-
    mung mit der Forderung »Alle Menschen sollen thronfähig werden« aus der
    gleichen Schrift (II, 489/18) zu lesen.
36 Das jedenfalls dürfte Hardenbergs Überzeugung gewesen sein. Vgl. die Sätze
    aus dem *Allgemeinen Brouillon* über ›Zukunftslehre der Menschheit‹ und ›Men-
    schenlehre‹: »jeder Mensch, der jezt von Gott und d(urch) Gott lebt, soll selbst
    Gott werden« und »Der Mensch soll ein vollkommenes und Totales Selbst-
    werckzeug seyn«, was so viel heißt wie: er soll seine Abhängigkeit vom Mecha-
    nismus vollständig überwinden (III, 297/320 und 321; Hervorhebungen getilgt).
37 Vgl. hierzu die Pläne zur Fortführung des *Heinrich von Ofterdingen*. Der Dichter
    Heinrich sollte – ihnen zufolge – eine Art universeller Heilsbringer werden, in-
    dem er den »Sinn der Welt« errät und das »Sonnenreich« zerstört, also den
    Wechsel der Jahreszeiten beseitigt und einen ewigen Frühling herbeiführt; s.
    III, 674/623 und 672/617.
38 Die Ausdrücke bezeichnen ein und denselben Sachverhalt, der in dem hier vor-
    gestellten Zusammenhang am ehesten als Befreiung von den schädigenden Ein-
    schränkungen des Mechanismus zu umschreiben wäre.
39 Das Schicksal der Kaufleute wird in den beiden Gedichten des Bergmann-Kapi-
    tels in verschlüsselter Form vorweggenommen; s. I, 447 f. und 249 f.

40 S. II, 553/120. Die hier und im folgenden nur skizzierte Interpretation ist detail-
liert durchgeführt in meiner Habilitationsschrift ›Die theuren Dinge‹. Studien zu
Bunyan, Jung-Stilling und Novalis, Bern/München 1980, S. 116ff. – Dort wird
auch das hier in Anspruch genommene Fragment Nr. 120 ausführlich analysiert. Hardenbergs Intention ist es – so ließe sich das dortige Interpretations-
ergebnis zusammenfassen –, unter den Bedingungen allgemeiner Vermitteltheit
einen Zustand herbeizuführen, der sich von eben diesen Bedingungen emanzi-
piert hat. Erreicht werden soll dieses Ziel durch eine außerordentlich spitzfin-
dige Konstruktion: Die »Grundgesetze der Mechanik« werden für ihre eigene
Abschaffung in die Pflicht genommen.

41 In den Paralipomena zum Roman wird das Verfahren metaphorisch umrissen:
»Religioese Nothwendigkeit des Teufels.« S. III, 640/517.

42 Ansätze hierzu erblicke ich allerdings in Hardenbergs Umgang mit dem Dresdner Oberhofprediger Franz Volkmar Reinhard. Im sogenannten ›Atheis-
musstreit‹, der 1799 Fichtes Entlassung von der Universität Jena zur Folge
hatte, spielte Reinhard eine entscheidende – ziemlich finstere – Rolle. Hardenberg, der Fichte zusammen mit Baader, Schelling, Hülsen und Friedrich Schlegel seinem »philosophische[n] Direktorium in Deutschland« zurechnete (II, 529/
25), war ganz auf der Seite Fichtes (s. IV, 277) und muß in Reinhard ein verab-
scheuungswertes Subjekt gesehen haben (s. auch den Bericht Johanna Fichtes
über Hardenbergs Reaktion gegenüber Christian Gottlieb Voigt; IV, 635).
Reinhard war jedoch mit der Schwester Julie von Charpentiers verheiratet; ohne
sein Einverständnis war Hardenbergs Verbindung mit dieser kaum realisierbar.
Man lese unter diesen Prämissen den Brief an Reinhard vom 20. Mai 1799; IV,
282ff. – Das Heikle, den Opportunismus Streifende, an Hardenbergs Verhalten
wird hier jedenfalls gut erkennbar.

43 Heinrich Heine, Die romantische Schule, in: Historisch-kritische Gesamtausgabe der
Werke (Düsseldorfer Ausgabe), hrsg. von Manfred Windfuhr, Bd. 8/I, Hamburg
1979, S. 193f.

RALF SCHNELL

Heines poetische Theodizee

»In uns selbst liegen die Sterne des Glücks«
Heinrich Heine

Heine und kein Ende

Man hat ihn geschmäht und gekrönt, umjubelt und verteufelt, verdammt und erhöht. Ganze Bibliotheken füllt mittlerweile der Streit der Zeitgenossen und Nachfahren um den ungetreuen Romantiker und häretischen Revolutionär, ganze Germanistengenerationen haben sich von seinem Glanz und seinem Geist genährt. Und wo der Geist nicht reichte: von den offenbar attraktiven Verwerfungen und Zwiespältigkeiten dieses so zerrissenen Dichterlebens. Der schrille Ton der Dissonanz und die Lust an der Destruktion, das Amalgam aus Leiden und Empörung, die Suche nach Identität und die Angst vor ihr, die farbige Mischung von poetischem Genie und journalistischer Begabung, die artistische Gleichzeitigkeit von Traditionsaneignung und -überwindung, in Poesie und Politik, Philosophie und Theologie gleichermaßen – all dies ist bekannt.[1] Und allenthalben nachzuprüfen: Erschlossen liegt Heines Werk heute vor, in ebenso repräsentativen wie reputierlichen konkurrierenden Gesamtausgaben. Erforscht wird man es nennen dürfen, soweit die Mutation der in den Bibliotheken und Archiven gespeicherten Erkenntnisse zum Genre der Handbücher und Forschungsberichte, der lautlose Übergang in den Aggregatzustand der Tertiärliteratur hierüber etwas auszusagen vermag.[2] Und was schließlich den Nimbus dieses Autors betrifft, so hat auch der bekanntlich seinen Streitwert längst überflügelt: Akademische Institute und Jahrbücher sind nach ihm benannt, Konferenzen tragen seinen Namen, und – weit wichtiger – öffentliche Straßen und Plätze schmücken sich mit ihm.

Heine und kein Ende also? Es ist – so könnte man mit Goethes Blick auf Shakespeare seufzen – »schon so viel gesagt, daß es scheinen möchte, als wäre nichts mehr zu sagen übrig«.[3] Denn in der Tat: Ist nicht Vieles, Allzuvieles schon gesagt? Wo findet sich im Falle Heine die Ecke, in der Neues zu entdecken, wo die Nische, in der bislang Unerhörtes zu vernehmen wäre? Hat nicht die Fülle der bereits vorliegenden streitbaren und wohlbegründeten Äußerungen etwas Entmutigendes? Warum also abermals und mit welcher Berechtigung ein Versuch, zu Heine einen Zugang zu gewinnen und zu eröffnen? Bei Goethe selber läßt sich auf solche Fragen eine erhellende Antwort finden, ein für die Lösung des Dilemmas sekundärliterarischer Polyphonie ebenso bescheidener wie selbstbewußter Vorschlag, der ein überraschendes Maß an Aktualisierungsbereitschaft offenbart. Denn es sei doch – so bemerkt Goethe in seinem Shakespeare-Essay – »das die Eigenschaft des Geistes, daß er den Geist ewig anregt«.[4] Aus der Not der bereits vorliegenden argumentativen Vielfalt läutert sich Goethe mithin die Tugend der erneuten Argumentationsanregung, freilich aus jeweils erneuerter Sicht. In diesem Votum bezeugt sich Goethes Einsicht in den – mit einem modernen Begriff gesprochen – »Diskurs«-Charakter aller Rede: Goethe plädiert nicht allein für eine kritische Re-Lektüre der Primärtexte, sondern zugleich dafür, den eigenen geistigen Standort historisch stets aufs neue zu situieren, ihn als einen bedingten und zugleich alle Erkenntnis bedingenden *point of view* auszuweisen.

Diesen Vorschlag aufzunehmen, ihn seinerseits als Anregung zu einer erneuten Lektüre von Werken Heinrich Heines zu verstehen, mag gerechtfertigt sein unter der Perspektive einer Epoche, die durch nichts deutlicher charakterisiert ist als durch ihre transitorischen Merkmale, durch den Verlust aller verläßlichen Orientierungen wie durch den Substanzentzug an Normen und Fixpunkten, und die gegenwärtig durch bohrende Fragen mehr als durch gültige Antworten bestimmt wird. Unter solchem Aspekt läßt sich bei Heine womöglich produktiv anknüpfen – dann nämlich, wenn man sein Werk im Sinne einer Einsicht versteht, die der »romantique défroqué« (VI/1, 447) sich erarbeitet hatte wie kein anderer deutscher Autor des 19. Jahrhunderts: Dichter einer Übergangsepoche, ja selbst ein Lyriker des Übergangs zu sein. »Mit mir ist die alte lyrische Schule der Deutschen geschlossen, während zugleich die neue Schule, die moderne deutsche Lyrik, von mir eröffnet ward« (VI/1, 447), lautet das selbstbewußte Credo aus dem Jahre 1854. In ihm spricht sich nicht allein das Bewußtsein aus, an einem epochalen Funktionswandel der Poesie teilzuhaben, sondern diesen Wandel auch und zugleich zu lenken und zu repräsentieren – eine transitorische Position, die zwischen Behauptung und Preisgabe, Überlieferung und Entwurf, Tradition und Moderne eine Neubestimmung der Poesie vorzunehmen sich genötigt sieht, weil deren überkommene Garanten ihre Evidenz verloren haben. Daß, so gesehen, der Blick zurück auf Heinrich Heine »Anregungen« für den »Geist« unserer Übergangszeit bereithält, darf man zumindest erhoffen. Und nicht gänzlich abwegig scheint die Erwartung, bei solchem Unternehmen auch etwas zu lernen über den möglichen Umgang mit Literatur in einer Epoche, da der Text der Poesie in der Welt der Bilder zu verschwinden droht.

Kontinuitätsrhetorik

Wiederholt hat Heine seine Schriften einer teils selbstkritischen, teils selbstverliebten Lektüre unterzogen. Verschiedentlich hat er verändert und verbessert, umgestellt und ergänzt. Doch ließ er nicht allein seine Texte immer neue Stufen der Bearbeitung, immer neue Stadien der Anordnung durchlaufen, sondern er hat auch sich selbst, ihren Autor, in ein vielfältig revidiertes Verhältnis zu ihnen gesetzt. Er hat sich gleichsam durch seinen eigenen »Geist« anregen lassen zu Exerzitien der Selbst- und Neudeutung, zu kommentierenden Vor- und Nachreden, die zugleich Parerga der kokett verweigerten »Selbstcharakteristik« (VI/1, 447) darstellen sollten. Man muß Heines Selbstdeutungen jedoch als Teil einer widerspruchsvoll verfahrenden Konstruktionsarbeit begreifen, wenn man die Auseinandersetzung mit ihnen produktiv machen will. In den literarhistorischen Scharfblick nämlich, von dem Heines Einschätzung der eigenen literaturgeschichtlichen Stellung zeugt, mischt sich ein inszenatorischer Gestus, der Heines Selbstrevisionen als Selbstentwürfe erweist, als kunstvolle Formen der Camouflage jener »Selbstcharakteristik«, die weniger in der rein inhaltlichen Positionsbestimmung als in der gewählten Rhetorik hervortritt. Und deren innerstes Leitmotiv heißt gerade nicht »Übergang«, sondern, im Gegenteil, »Kontinuität«.

Kontinuität – dies ist der Leitgedanke, unter dem sich Heine Werk und Leben rückblickend deutet, ganz im Sinne seines Aperçus: »Aus den frühesten Anfängen erklären sich die spätesten Erscheinungen« (VI/1, 557). Kontinuität in Dichten und Denken, Glauben und Gefühl, Kritik und Polemik – so lautet das beständig wiederholte Leitmotiv, und sein Adressat ist ein Publikum, das sich allzu oberflächlich »an das bloße Wort« (V, 230) zu halten scheint. »Wer aber den Geist meiner Mitteilungen auffaßt«, so Heine in der Vorrede zur *Lutetia* von 1885, »wird die strengste Einheit der Ansichten und unwandelbare Liebe für die Sache der Menschheit und ein Beharren in meinen demokratischen Grundsätzen überall erblicken.« (V, 230) Diese Selbstdeutung könnte geradezu das Motto abgeben für die identitätszentrierten Charakterisierungen, die Heine zumal in der Leidenszeit der »Matratzengruft« (VI/ 1, 180) seinem Werk zukommen läßt. Ob die Vorrede zu *Atta Troll* von 1846 oder das Nachwort zum *Romanzero* aus dem Jahre 1851, ob die 1852 verfaßte Vorrede zur zweiten Auflage von *Zur Geschichte der Religion und Philosophie in Deutschland*, ob die *Geständnisse* von 1854 oder das Avant-Propos zu *De l'Allemagne* des Jahres 1855 – bei aller Offenheit, mit der Heine Irrtümer des Denkens und Handelns einräumt, Umwege in Glaubensdingen bekennt und Revisionen, Streichungen und Korrekturen im poetischen Werk vornimmt, stets überwiegt ein rhetorischer Gestus, der auf Selbsttreue und Unverwechselbarkeit, ja: Unwandelbarkeit besteht. Die »unveräußerlichen Rechte des Geistes zu vertreten, zumal in der Poesie«, war »das große Geschäft meines Lebens« (IV, 495), lautet einer seiner Kontinuitäts-Topoi; »mein Naturell [...], weit mehr als die Weltbegebenheiten, bestimmte meine Zukunft« (VI/1, 559) ein anderer und »Trotz meiner exterminatorischen Feldzüge gegen die Romantik, blieb ich doch selber immer ein Romantiker« (VI/1, 447) der vielleicht bekannteste und wohl meistdiskutierte unter ihnen. Es scheint, als habe Heine – angesichts der restaurativen Entwicklung nach 1848, angesichts seiner zusehends sich verschlechternden Gesundheit und, nicht zuletzt, im Blick auf die Flüchtigkeit einer Zeit, in die der »weltliche Heiland kommt: Industrie, Arbeit, Freude« (VI/1, 652) – einen orientierenden Fixstern vom Firmament des eigenen Werks herableuchten lassen wollen.

Man sähe allerdings zu kurz, wollte man Heines Kontinuitätsrhetorik allein dem verzweifelten Bemühen des Todgeweihten zuschreiben, der schwindenden Lebenssubstanz ein Element des Beharrens entgegenzusetzen. Nicht erst in der Zeit der »Matratzengruft«, sondern schon im Jahre 1837, in der Vorrede zur Neuauflage des *Buchs der Lieder*, hatte Heine ja auf der Einheit seines Denkens und Schreibens bestanden:

»Bemerken muß ich jedoch, daß meine poetischen, ebenso gut wie meine politischen, theologischen und philosophischen Schriften einem und demselben Gedanken entsprossen sind, und daß man die einen nicht verdammen darf, ohne den andern allen Beifall zu entziehen. Zugleich erlaube ich mir auch die Bemerkung, daß das Gerücht, als hätte jener Gedanken eine bedenkliche Umwandlung in meiner Seele erlitten, auf Angaben beruht, die ich ebenso verachten wie bedauern muß. Nur gewissen bornierten Geistern konnte die Milderung meiner Rede, oder gar mein erzwungenes Schweigen, als ein Abfall von mir selbst erscheinen. Sie mißdeuteten meine Mäßigung, und das war um so liebloser, da ich doch nie ihre Überwut mißdeutet habe.« (I, 11 f.)

Die Kontinuitätsrhetorik erhält sich mithin bei Heine über Jahrzehnte seines Schaffens hinweg, und es besteht kein Grund, an der Substanz des Gestus selber zu zweifeln, der da so beharrlich wie nachdrücklich auf Identität besteht. Versucht man aber, diese Substanz inhaltlich zu fassen, komplizieren sich die Dinge, nicht weil es an Bestimmungsmöglichkeiten fehlte, sondern weil es deren zu viele gibt. Romantiker, Aufklärer, Demokrat, Pantheist, Monotheist, reiner Poet und politischer Schriftsteller – all dies will Heine gleichzeitig und zeit seines Lebens, von Verirrungen in »jugendliche[r] Unbesonnenheit« (VI/1, 181) abgesehen, immer schon gewesen sein. Damit nicht genug: In seinem Testament von 1843 findet sich das Geständnis, er habe – nach seinen Verwandten – »auf dieser Welt nichts so sehr geliebt wie das französische Volk, das geliebte Frankreich« (VI/1, 534), in jenem von 1846 das Bekenntnis: »ich liebte immer die Wahrheit und verabscheute die Lüge« (VI/1, 534) und in den *Memoiren* jene anmutig-anschauliche Liebesszene mit dem »roten Sefchen«, durch die Heine eine weitere Schrittfolge innerhalb der Kontinuitäts-Choreographie seines Werks ausmalt: jene von den »zwei Passionen, welchen mein späteres Leben gewidmet blieb: die Liebe für schöne Frauen und die Liebe für die französische Revolution« (VI/1, 608). Kein Grund – auch hier nicht –, Heines Selbstdeutungen anzuzweifeln. Allein: Wo so viele inhaltlich unterschiedliche Kontinuitätsmuster angeboten werden, da mag deren verbindendes Element eher der Struktur dieses Gestus eingesenkt sein als der Oberflächenvielfalt der offerierten Chiffren. Wogegen – so könnte man fragen – wird diese Rhetorik, die sich ja immer auch an ein Publikum wendet, eigentlich aufgeboten? Wie steht sie *zu* Heines Werk, und wie steht dieses *in* seiner Zeit?

Die nicht mehr schönen Künste

Heines Werk kommt, pointiert gesprochen, ein Ehrenplatz zu innerhalb der mittlerweile traditionsreichen Reihe der »nicht mehr schönen Künste«[5] – wofern man diese nicht einfach als einen defizienten Modus ästhetischer Vollkommenheitsideale begreift, sondern in dieser Traditionslinie sozialgeschichtlich einen angemessenen Ausdruck und zu-

gleich ästhetiktheoretisch einen notwendigen Tribut der Zeitgebun-
denheit moderner Poesie zu sehen vermag. Heines Behauptung in *Die
Stadt Lucca*: »Ich weiß jetzt mehr als Schelling und Hegel« (II, 479), läßt
sich ja nicht allein auf Schellings identitätsphilosophisch begründete
Naturemphase oder auf die objektiv-idealistischen Konstruktionsele-
mente des Hegelschen Systemgebäudes beziehen. Vielmehr formuliert
dieser Satz auch eine poetologische Auffassung, die – belehrt durch
Schelling, geschult an Hegel und doch selbstbewußt über beide hinaus-
gehend – das Existenzrecht der Poesie gerade aus dem Wandel ihrer
historischen Bedeutung, aus ihrer beginnenden Marginalisierung wie
aus ihrem sich verändernden weltgeschichtlichen und gesellschaftlichen Nährboden, herleitet und rechtfertigt.

»Die Kunst ist eben deßwegen dem Philosophen das Höchste«, so
hatte Schelling in seinem *System des transzendentalen Idealismus* (1800) verkündet, »weil sie ihm das Allerheiligste gleichsam öffnet, wo in ewiger
und ursprünglicher Vereinigung gleichsam in Einer Flamme brennt,
was in der Natur und Geschichte gesondert ist, und was im Leben und
Handeln, ebenso wie im Denken, ewig sich fliehen muß.«[6] Mit diesem
Bekenntnis aus dem Umkreis der frühromantischen ästhetischen Theorie wurde der Kunst ein Rang zugemessen, den sie zuvor niemals hatte
erreichen, den sie seither freilich auch nicht hat behaupten können.
»Man kann wohl hoffen, daß die Kunst immer mehr steigen und sich
vollenden werde«, dekretierte demgegenüber Hegel in seiner *Ästhetik*
nur wenige Jahre später, um einschränkend hinzuzufügen: »aber ihre
Form hat aufgehört, das höchste Bedürfnis des Geistes zu sein.«[7] Damit
war nicht der Möglichkeit ästhetischer Vervollkommnung, wohl aber
der erkenntnistheoretischen Relevanz von Kunst das philosophische
Urteil gesprochen. Heine löst sich aus dem Bannkreis dieser beiden
konträren Philosopheme, der genieästhetisch inspirierten Verklärung
der Kunst wie ihrer Herabsetzung zur defizitären Vorstufe philosophischer Erkenntnis, löst sich von ihnen, indem er mit der prognosti-
schen Kraft eines Poeten, der an seiner Zeit leidet, den Defiziten der
zeitgenössischen die Entstehungsbedingungen der künftigen Kunst ab-
liest.

»Das Prinzip der goetheschen Zeit, die Kunstidee, entweicht, eine
neue Zeit mit einem neuen Prinzipe steigt auf« (I, 455), verkündete
Heine – Schelling hinter sich lassend, aber noch im Einklang mit Hegels
Verdikt – bereits 1828. Nur drei Jahre später, anläßlich der Pariser Ge-
mäldeausstellung, heißt es, zugleich präziser in der theoretischen Begründung und entschiedener in der Diktion:

»Meine alte Prophezeiung von dem Ende der Kunstperiode, die bei der Wiege Goethes anfing und bei seinem Sarge aufhören wird, scheint ihrer Erfüllung nahe zu sein. Die jetzige Kunst muß zu Grunde gehen, weil ihr Prinzip noch im abgelebten, alten Regime, in der heiligen römischen Reichsvergangenheit wurzelt. Deshalb, wie alle welken Überreste dieser Vergangenheit, steht sie im unerquicklichsten Widerspruch mit der Gegenwart.« (III, 72)

Keineswegs aber gibt Heine mit seiner Absage an die »jetzige Kunst« die Kunst selber, wie Hegel, als eine Form *sui generis* für das »höchste Bedürfnis des Geistes« preis. Er verweigert ihr lediglich, sofern sie auf der Höhe ihrer Zeit zu sein beansprucht, die Zuflucht an jenen Ort romantisch-anachronistischer Idyllik, der in seinem späten Gedicht den Namen *Bimini* tragen wird: ein Ort der tödlichen Desillusionierung aller Hoffnung, durch Regression neues Leben zu gewinnen. An dessen Statt postuliert Heine eine Kunst, die in Stoffwahl wie Formensprache aus ihrer Zeit sich nährt und auf diese wirkt, ein Medium aufgeklärter Wahrnehmungsfähigkeit und fortgeschrittener Erkenntnismöglichkeit, das implizit zugleich auch die ästhetiktheoretischen Grenzziehungen der Hegelschen Kunstphilosophie ihrer eigenen Begrenztheit überführt: »Indessen, die neue Zeit wird auch eine neue Kunst gebären, die mit ihr selbst in begeistertem Einklang sein wird, die nicht aus der verblichenen Vergangenheit ihre Symbolik zu borgen braucht, und die sogar eine neue Technik, die von der seitherigen verschieden, hervorbringen muß.« (III, 72)

Diese Bestimmung der Aufgaben wie des Formcharakters kommender Kunst ist wesentlich begründet durch Heines Einsicht in die *Geschichtlichkeit* aller künstlerischen Produktion, ganz im Unterschied zur genieästhetisch geprägten Doktrin im Umkreis der Romantik. Wo diese den Absolutheitsanspruch der Kunst zu retten versucht, geschieht dies, wie Odo Marquard gezeigt hat, »durch Abkehr von der Geschichte und durch Rekurs auf die vorgeschichtliche und angeblich heilende Macht der Natur«.[8] Heine geht den anderen, den geschichtsbejahenden Weg, und dieser führt ihn zugleich auch über Hegel hinaus: Er beharrt auf dem Existenzrecht der Poesie – aber allein einer solchen, die, auf der Höhe ihrer Zeit, deren Problemen sich stellt und deren Signatur sich anverwandelt, um auf diese Weise die eigenen Formen, die eigene Bildersprache, ihre genuine Technik zu einer ihrer Zeit gemäßen zu machen. *Il faut être absolument moderne* – Rimbauds berühmtes Diktum hat Heinrich Heine, *avant la lettre*, zu realisieren versucht im Bewußtsein, daß nur eine derart erneuerte und stets sich erneuernde Poesie ein Existenzrecht überhaupt besitze und beanspruchen könne.

Soziale Revolution und Industrialisierung

Der Preis, den es für dieses Bekenntnis zur poetischen Zeitgenossen-schaft zu entrichten galt, war freilich nicht gering, und Heine selber hat dies am besten gewußt. Deshalb auch wird man Adornos Bemerkung: »Ware und Tausch bemächtigten sich in Heine des Lauts, der zuvor sein Wesen hatte an der Negation des Treibens«[9], nicht vorbehaltlos beipflichten können. Wenn sich ein Zusammenhang von Warencharak-ter und Tauschabstraktion einerseits, Verdinglichung des lyrischen Tones andererseits konstatieren läßt, so darf doch Heines produktiver Anteil hieran, seine bewußte, reflexiv gesteuerte Organisation des Sprachmaterials jener bereits »entfalteten kapitalistischen Gesell-schaft« (Adorno) nicht übersehen werden. Zwei Problemkomplexe vor allem sind es: soziale Revolution und Industrialisierung, durch die Heine die Poesie bedroht sieht, zwei Einbrüche von epochalen Dimen-sionen, die Heine keineswegs regressiv abwehrt, von denen er sich aber auch nicht widerstandslos überwältigen läßt, sondern die er, ein Poet auf der Höhe seiner Zeit, in Stoffwahl und Formensprache aufgreift, um sich mit ihnen produktiv auseinanderzusetzen.

Soziale Revolution: Das war für Heine eine Überlebensfrage – für das Volk wie für die Poesie. Die »Angst des Revolutionärs vor der Revolu-tion«[10] entsprang, einmal abgesehen von psychischen und lebensge-schichtlichen Dispositionen, nicht zuletzt der »Angst und Besorgnis« (V, 232) vor einem »rohen« Kommunismus, vor der »Zeit, wo jene ro-hen Ikonoklasten zur Herrschaft gelangen«, die »alle Marmorbilder meiner geliebten Kunstwelt« zerschlagen und »alle jene phantastischen Schnurrpfeifereien, die dem Poeten so lieb waren«, zertrümmern wür-den (V, 232). Und doch bestand Heine darauf, »daß alle Menschen das Recht haben, zu essen« (V, 232), empfand er Haß angesichts der »Partei der sogenannten Vertreter der Nationalität in Deutschland« (V, 233), wußte er, mit einem Wort, daß es zur sozialen Revolution der Kommu-nisten keine Alternative geben konnte, wenn denn eine Veränderung zum Besseren eintreten sollte: »Die Vernichtung des Glaubens an den Himmel hat nicht bloß eine moralische, sondern auch eine politische Wichtigkeit: die Massen tragen nicht mehr mit christlicher Geduld ihr irdisches Elend, und lechzen nach Glückseligkeit auf Erden. Der Kom-munismus ist eine natürliche Folge dieser veränderten Weltanschau-ung, und er verbreitet sich über ganz Deutschland.« (V, 197 f.) Im Unterschied aber zu den »Materialisten« (III, 570) der Französischen Revolution und den Kommunisten in Deutschland, im Unterschied zu

jenen, die »für die Menschenrechte des Volks« (III, 570) kämpften, plädierte Heine »für die Gottesrechte des Menschen« (III, 570) – mit Begriffen und Bildern aus den argumentativen Arsenalen des Saint-Simo-
nismus wie der rhetorischen Tradition des Pantheismus: »Wir hingegen
verlangen Nektar und Ambrosia, Purpurmäntel, kostbare Wohlgerü-
che, Wollust und Pracht, lachenden Nymphentanz, Musik und Komödien«, denn: »wir stiften eine Demokratie gleichherrlicher, gleich-
heiliger, gleichseliger Götter« (III, 570). Das war ein politisches *und* ein
poetisches Programm, ebenso zwiespältig wie entschieden formuliert,
labil und spannungsreich zugleich, austariert im Kräfteparallelogramm
von Gegenwartshaß und Zukunftserwartung, Verlustangst und utopischer Hoffnung.

Industrialisierung: Das war für Heine jene andere epochale Frage –
eine Frage der Form, in der zu leben lohnte, und insoweit freilich auch
eine Frage des Überlebens, zumindest für die Poesie. »Die höchste
Blüte des deutschen Geistes: Philosophie und Lied« (VI/1, 649), hatte
Heine in seinen nachgelassenen *Aufzeichnungen* notiert und zugleich voller Melancholie und Resignation hinzugefügt: »Die Zeit ist vorbei, es
gehörte dazu die idyllische Ruhe, Deutschland ist fortgerissen in die
Bewegung – der Gedanke ist nicht mehr uneigennützig, in seine abstrakte Welt stürzt die rohe Tatsache« (VI/1, 649). Der Einbruch der
Moderne mit ihren materialen ökonomischen und industriellen Chiffren in die deutsche Geisteswelt – er markiert, gleichzeitig mit den Entwicklungen zur sozialen Revolution, den historischen Schnittpunkt, an
dem das Daseinsrecht der Poesie abermals in Frage gestellt ist: »Der
Dampfwagen der Eisenbahn gibt uns eine zittrige Gemütserschütte-
rung, wobei kein Lied aufgehen kann, der Kohlendampf verscheucht
die Sangesvögel, und der Gasbeleuchtungsgestank verdirbt die duftige
Mondnacht.« (VI/1, 649) Der »Dampfwagen der Eisenbahn« – wieder
und wieder muß er bei Heine dazu herhalten, die rücksichtslose Brutali-
tät zu illustrieren und zu symbolisieren, mit der die Tradition aus der
Gegenwart vertrieben, alle Idyllik verjagt, alles Denken und alles Dichten seiner überkommenen Voraussetzungen beraubt wird. Heine hat
hellsichtig – und am entschiedensten ausgesprochen im zweiten Teil der
Lutetia – die umwälzenden Veränderungen erkannt und benannt, die
mit solcherart Fortschritt einhergehen würden: »Es beginnt ein neuer
Abschnitt in der Weltgeschichte [...]. Sogar die Elementarbegriffe von
Raum und Zeit sind schwankend geworden. Durch die Eisenbahnen
wird der Raum getötet, und uns bleibt nur noch die Zeit übrig. Hätten
wir nur Geld genug, um auch letztere anständig zu töten!« (V, 449) Ein

»Abschnitt der Weltgeschichte« zudem, welcher mit den ihm eigenen
Tendenzen zur Demokratisierung zugleich jene der Nivellierung, der
Einebnung aller Besonderheit, der Planierung zumal der Poesie verbin-
den würde: »Demokratischer Haß gegen die Poesie – der Parnaß soll
geebnet werden, nivelliert, makadamisiert – und wo einst der müßige
Dichter geklettert und die Nachtigallen belauscht, wird bald eine platte
Landstraße sein, eine Eisenbahn, wo der Dampfkessel wiehert und der
geschäftigen Gesellschaft vorübereilt.« (VI/1, 662)

Der fragile Mittelpunkt der Welt

Sosehr aber die Poesie bedroht erscheint, so deutlich und unabweisbar
die soziale Frage wie die Industrialisierung auf der historischen Tagesordnung stehen, sowenig Heine gegen deren fortschreitenden Einfluß
auf sein Leben wie auf die geschichtliche Entwicklung aufzubieten vermag und so wehrlos die Kunst den Modernisierungsprozessen ausgeliefert scheint – Heines Argumentation erschöpft sich nicht in Resignation
und Melancholie. Im Gegenteil – und hierin bezeugt sich die wahre
Substanz jener Kontinuitätstopoi, unabhängig von ihrer wechselnden
Gestalt –, Heine nimmt den Kampf mit den Mächten und den Mächtigen seiner Zeit auf, indem er sich zu seiner fragilen Identität bekennt.
Gerade das Flüchtige und Wandelbare der eigenen Existenz verlangt
ihm den Gestus der Beharrung ab, gerade die Bedrohtheit und Zer-
brechlichkeit der poetischen Bildersprache erregt in ihm den Geist des
permanenten Widerspruchs. Was Heines Lebensstationen – auf den ersten Blick so unvergleichliche Orte und Territorien wie Düsseldorf und
Hamburg, Bonn und Göttingen, Lüneburg und Norderney, England
und Italien, München und schließlich das gelobte, geliebte Paris – wie
ein roter Faden der Lebensgeschichte miteinander verbindet, das ist
eben dieser Gestus des Aufbegehrens, der in Wahrheit noch dort, wo er
angreift, verteidigt: das bedrohte Subjekt. Was Heines Lyrik prägt und
ihren singulären Rang ausmacht – vom Romantik-zentrierten *Buch der
Lieder* über die bissige Sozialkritik der *Zeitgedichte* bis zu den hilflos-re-
bellierenden Lamentationen des *Romanzero* –, das ist, bei allen Wand-
lungen im einzelnen, jene virtuos-paradoxe Handhabung der Ironie,
die, um die Identität des lyrischen Ich wahren zu können, Spielräume
der Negation eröffnen muß.[11] Das Judentum oder die Französische Revolution, das Hegelsche Weltgebäude oder die Frage nach Gott, Platen,
Menzel, Börne oder die deutsche Misere: Heine wählt die Objekte in

seinem Streit mit der Welt niemals willkürlich, sondern höchst bewußt und scharf kalkulierend – aber er wählt sie um seiner selbst, nicht um ihretwillen.

Vor diesem Hintergrund läßt sich auch die vielzitierte Bemerkung Heines zum Vorwurf der »byronischen Zerrissenheit« in seinem Werk noch einmal aufnehmen: Sie ist nichts anderes als ein nachdrückliches Bekenntnis zur eigenen Andersheit und Besonderheit, wenngleich vorgetragen im camouflierenden Gewand jener Attacke gegen die Homoerotik des August Graf von Platen, die man mit Hans Mayer getrost einen Kampf »gegen sich selbst« nennen kann.[12] 1829 schreibt Heine in *Die Bäder von Lucca*:

»Ach, teurer Leser, wenn Du über jene Zerrissenheit klagen willst, so beklage lieber, daß die Welt selbst mitten entzwei gerissen ist. Denn da das Herz des Dichters der Mittelpunkt der Welt ist, so mußte es wohl in jetziger Zeit jämmerlich zerrissen werden. Wer von seinem Herzen rühmt, es sei ganz geblieben, der gesteht nur, daß er ein prosaisches weitabgelegenes Winkelherz hat. Durch das meinige aber ging der große Weltriß, und eben deswegen weiß ich, daß die großen Götter mich vor anderen hoch begnadigt und des Dichtermärtyrertums würdig geachtet haben.« (II, 405 f.)

»Das Herz des Dichters der Mittelpunkt der Welt« – das ist keine Hybris, sondern Begabung zum Leiden, ironisch bearbeitet. Ihre Voraussetzung bildet Heines Fähigkeit zur äußerst sensiblen Zeitdiagnose. Deren Übersetzung in Poesie geschieht – vermittelt über jene künstlerisch zu entwickelnde »neue Technik, die von der seitherigen verschieden« (III, 72) – vermöge eines Prozesses, den man als eine gebrochene Form der Selbstreferentialität bezeichnen kann. »Literatur, das sind wir und unsere Feinde« (V, 575), schrieb Heine 1832 in einem Brief an Karl Immermann. Die polare Struktur dieser Subjekt-Objekt-Konstellation hebt Heine auf in der vermittelnden Instanz »Literatur«, die sich damit als Ort der dialektischen Begegnung von Ich-Identität und Gegenwelt erweist. Alle Wirklichkeit hat mithin ihr Maß daran, daß sie im produzierenden Künstler ihren kongenialen Bearbeiter findet. Dieser aber rettet sein bedrohtes Sein, indem er die Welt sich anverwandelt: durch Sprache, Bilder, poetische Strukturen, die jener »feindlichen« Realität gewachsen sind.

Eines der letzten Gedichte Heines – sein Titel »Zur Teleologie« stammt vom Heine-Herausgeber Strodtmann – kann auf diesen Zusammenhang ein erhellendes Licht aus anderer Perspektive werfen. Entstanden 1856, offenbar kurz vor dem Tod des Autors, wurde das als handschriftliches Manuskript erst 1990 aus Privatbesitz ins Archiv des

Düsseldorfer Heine-Instituts gelangte Poem zunächst nur in verstüm-
melter Form veröffentlicht – »aus Schicklichkeitsgründen«, wie der
Herausgeber seinerzeit vermerkte (vgl. VI/2, 87). Allein: Was an diesem bitteren, sarkastischen Gedicht anstößig gewirkt haben mag, ist –
wenn man einmal von der individuellen Disposition des todkranken
Autors absehen darf – in Wahrheit nichts anderes als eben die Spur,
welche die Signatur der Moderne dem Kompendium der »nicht mehr
schönen Künste« als deren objektive Bestimmung eingeschrieben hat.
Heine nimmt in diesem Gedicht – Kontinuität auch hierin – ein hegelkri-
tisches Motiv wieder auf, dem er bereits in der Börne-»Denkschrift« von
1840 Ausdruck gegeben hatte: »Die Natur, sagte mir einst Hegel, ist
sehr wunderlich; dieselben Werkzeuge, die sie zu den erhabensten
Zwecken gebraucht, benutzt sie auch zu den niedrigsten Verrichtun-
gen, z. B. jenes Glied, welchem die höchste Mission, die Fortpflanzung
der Menschheit, anvertraut ist, dient auch zum – – –« (IV, 119). Das
Gedicht nun – genauer: »Teutolinde«, die fiktive Dialogpartnerin des
lyrischen Ich – spricht, in Form einer Rollenfrage, deutlich aus, was der
Autorität Hegel nur andeutungsweise, als Auslassungszeichen, in den
Mund gelegt werden durfte:

> Gott der Schöpfer der Natur.
> Warum schuf er einfach nur
> Das skabröse Requisit,
> Das der Mann gebraucht, damit,
> Er fortpflanze seine Rasse
> Und zugleich sein Wasser lasse?
> (VI/1, 303)

Heines Umgang mit diesem Selbstzitat nun ist aufschlußreich. Nicht
das vermeintlich anstößige Motiv selber dient ihm als Anlaß zur neuerlichen poetischen Aufnahme und Anverwandlung, sondern – der eigene
Tod. Das Ich in der »Matratzengruft«, in seiner rettungslosen Ver-
lorenheit, seinen Qualen, Leiden und Mühen benutzt jenes »skabröse
Requisit«, gleichsam leitmotivisch, als einen Spiegel zur Selbst- und
Wiederbegegnung des Autors, der dem Ingrimm des Verzweifelten
einen Raum zum Herausschreien seiner Not eröffnen soll. Merkwürdig
genug aber: Nicht zum Aufschrei wird dieser Raum genutzt, sondern
zur poetischen Entfaltung einer Desillusionierung. Die Antwort auf
»Teutolindes« Frage lautet:

> Was dem Menschen dient zum Seichen,
> Damit schafft er seinesgleichen.

Auf demselben Dudelsack
Spielt dasselbe Lumpenpack.
Feine Pfote, derbe Patsche
Fiddelt auf derselben Bratsche,
Durch dieselben Dämpfe, Räder
Springt und singt und gähnt ein jeder.
Und derselbe Omnibus
Fährt uns nach dem Tartarus.

(VI/1, 304)

Wenn die »Konfliktströmungen« des »Seelenlebens«, nach Freud, schon immer eine der genuinen Triebfedern künstlerischer Phantasie gewesen sind[13], so hat diese doch bei Heine eine besondere Qualität gewonnen: die einer Universalisierung der Subjekt-Dimension allen Leidens. Heine entgrenzt den beengten, auf individuelles Siechtum und Schmerz eingeschränkten Wahrnehmungsraum der »Matratzengruft« durch eine zweifache poetische Operation: Er benutzt das Hegel-Motiv zur Historisierung seiner Kritik an teleologischer Philosophie generell, entlastet es mithin von dem Verdacht, reiner Stimmungsausdruck einer unglücklichen Lebenssituation zu sein, und er radikalisiert die an jenem »skabrösen« Philosophem gewonnene Einsicht ins Grundsätzliche, indem er ihr eine existentielle Dimension zuerkennt: Leid und Tod als Menschheitsschicksal zu fassen. Gerettet aber vor der Gefahr, die Schatten der nahenden Todesstunde lediglich dunkler zu färben, wird Heines Gedicht durch den dissonanten Lakonismus der beiden letzten Verse: In ihnen paart sich die schwärzeste Hoffnungslosigkeit mit einem Lachen, das aller zielgerichteten Sinnstiftung gilt. Es ist freilich, mit Christian Dietrich Grabbe zu sprechen, ein »Lachen der Verzweiflung« – doch einer Verzweiflung, die sich über sich erhebt.

Poetische Theodizee

Liest man Heines Gedicht als das, was es auch sein will: eine implizite Poetik nämlich, so manifestiert sich in ihm eine Auffassung von Dichtung, die der heutige Leser nur ebenso verwundert wie bewundernd zur Kenntnis nehmen kann. Sie hängt aufs engste zusammen mit der Rolle und der Bedeutung, die Heine dem Dichter in seiner Zeit, genauer: sich selber zugeschrieben hat. Alle Chiffren, Bilder und Allegorien, in denen Heine seine Ideen von der besonderen Wahrnehmungsfähigkeit und Wahrhaftigkeit des Poeten entwirft, kulminieren zuletzt in seiner

Vorstellung von einer Art Gottesgnadentum des Dichterstandes. Das religiöse Element in diesen Entwürfen hat zu seiner Voraussetzung einen weiteren Kontinuitätstopos, den Heine zu wiederholen und zu variieren nicht müde wird: den von einem »persönlichen Gotte« (VI/1, 184), ohne konfessionelle Konturen, doch geprägt von Heines »pantheistischen Sympathien« (V, 594). Wichtiger als dieser Aspekt aber ist die Funktion, die Heines Gottesvorstellung innerhalb seines Poetenkosmos zukommt. Sie läßt sich exemplarisch dem Entwurf eines Begleitschreibens ablesen, das Heine seinem Testament vom 13. November 1851 hatte beifügen wollen:

»Nur du, o Gott! bist der wahre Urheber meines Untergangs; jene armen Menschen tragen nicht die Schuld. O Gott! Du wolltest, daß ich zugrunde ging, und ich ging zugrunde. Gelobt sei der Herr! Er hat mich herabgestürzt von dem Postamente meines Stolzes, und ich, der ich in meinem dialektischen Dünkel mich selber für einen Gott hielt und Gefühle hegte und Tugenden übte, die nur einem Gotte ziemten – ich liege jetzt am Boden, arm und elend, und krümme mich wie ein Wurm. Gelobt sei der Herr! Ich trage mit Ergebung meine Qualen, und ich leere dem Kelch der Erniedrigung, ohne mit den Lippen zu zucken, bis zum letzten Tropfen. Weiß ich doch, daß ich aus dieser Erniedrigung auferstehe, gerechtfertigt, geheiligt und gefeiert.« (VI/1, 549)

Tief greift Heine hier ins rhetorische Arsenal der religiösen und der theologischen Überlieferungen: Gott als Urheber des Übels in der Welt, dieses als Prüfung für den Erniedrigten, dessen Hiob- und Lazarus-Demut wiederum als Voraussetzung seiner endlichen Erhöhung. Aber wie in den ›Lazarus‹-Zyklen des *Romanzero* und der Gedichte aus den Jahren 1853 und 1854 bestimmt auch hier nicht die Instanz Gott, nicht die Kategorie »Prüfung« die Perspektive, sondern das zugrunde-gehende Dichter-Subjekt in seiner Qual. Selbstreferentialität also auch hier, auch hier aber nur als Impetus, den Horizont der Leiden zu überschreiten. Die Auferstehung und Rechtfertigung des erniedrigten Poeten, seine Heiligung und seine Feier geschieht durch ihn selbst, geschieht durch das Medium der poetischen Chiffrensprache, die sich im Angesicht des Todes als Zitat des jahrhundertealten Theodizee-Tradition präsentiert. Nicht Sublimierung, sondern – abermals – Entgrenzung ist die Absicht des Dichters, und der Text, in dem Heine sich entwirft, beglaubigt seinen Anspruch wie seine Existenz durch das Zitat des »heiligen Buches« (VI/1, 483), das in ihm, seinen *Geständnissen* zufolge, »das religiöse Gefühl wieder erweckt« hat (VI/1, 482).

Ein letztes Mal also: Kontinuität im Übergang. Heinrich Heine rettet sich im Angesicht des Todes in die Konstruktion von Homogenität und

Dauer, weil er den transitorischen Stadien seines Lebens wie seiner poetischen Produktivität ein Element des Beharrens, des Festhaltens, des Bannens entgegenstellen muß, um fortzuexistieren – über den Tod hinaus. Gewiß: Der rettende Funke der Theodizee-Tradition bietet nur das Zitat eines alten Diskurses, und Heines Umgang mit ihm bleibt rhetorischer Natur, mithin ein seiner selbst bewußtes Spiel, das durch alle Regelkünste der Aufklärung, der Romantik-Kritik und der philosophischen Systementwürfe hindurchgegangen ist. Heines transitorische Position bekundet sich ja darin gerade, weder über das originäre künstlerische Selbstbewußtsein der Renaissance noch über die genieästhetischen und formzentrierten Sedimentierungen der »Kunstperiode« ungebrochen verfügen zu können. Seine literaturgeschichtliche Ausnahmesituation ist begründet in der selbstbewußt angenommenen Herausforderung, einen neuen Weg im Zeichen schwankender sozialer Orientierungen und zweifelhafter ästhetischer Wegmarken suchen zu müssen. Das Zitat aber und das Spiel mit ihm, die rhetorischen Gesten und die ironisch eröffneten Reflexionsräume bilden eben jene Substanz, mit deren Hilfe Heine Spuren der alten »Göttlichkeit« der Poesie wiederentdecken und aufs neue ziehen kann. Was daran gebrochen erscheinen mag und gefährdet, erlaubt ihm noch immer das alte Spiel, wenn auch nach neuen Regeln. Und eben darin mag denn auch sein Anregungswert für den »Geist« künftiger Epochen liegen: das Gefährdete zu retten durch Innovation. Freilich: Eine Religion zu stiften, wie die Frühromantik mit Friedrich Schlegel und Novalis sich dies noch erträumen mochte, ist mit Heines Konzept nicht mehr möglich. Vielleicht läßt sich deshalb aus ihm lernen, ohne Ende.

Anmerkungen

Heines Werke werden im Text zitiert nach der von Klaus Briegleb besorgten Ausgabe Heinrich Heine, *Sämtliche Schriften*, München 1968 ff. (Band und Seitenzahl).

1 Eine wohlabgewogene Summe der Diskussionen um Heine hat zuletzt gezogen Walter Hinck, *Die Wunde Deutschland. Heinrich Heines Dichtung*, Frankfurt/Main 1990.
2 Ein gutes Beispiel hierfür bildet, mit den entsprechenden weiterführenden Literaturhinweisen, Gerhard Höhn, *Heine-Handbuch, Zeit, Person, Werk*, Stuttgart 1987.
3 Johann Wolfgang von Goethe, *Shakespeare und kein Ende*, in: *Werke*, Hamburger Ausgabe, Band 12, München [7]1973, S. 287.
4 Ebd.

5 Zum Problemkreis der »nicht mehr schönen Künste« insgesamt vgl. Hans Robert
   Jauß (Hrsg.), *Die nicht mehr schönen Künste. Grenzphänomene des Ästhetischen*, Poetik
   und Hermeneutik Bd. 3, München 1968.

6 F. W. J. Schelling, *Sämtliche Werke*, hrsg. von K. F. A. Schelling, Stuttgart und
   Augsburg 1856–61, Bd. 3, S. 628.

7 G. W. F. Hegel, *Vorlesungen über die Ästhetik I*, *Werke*, Bd. 13, Frankfurt/Main
   1970, S. 142.

8 Odo Marquard, ›Zur Bedeutung der Theorie des Unbewußten für eine Theorie
   der nicht mehr schönen Künste‹, in: *Aesthetica und Anaesthetica. Philosophische Überlegungen*, Paderborn 1989, S. 35–46; hier S. 41.

9 Theodor W. Adorno, ›Die Wunde Heine‹, in: *Noten zur Literatur, Gesammelte
   Schriften, Bd. 11*, Frankfurt/Main 1974, S. 97.

10 So die pointierte These von Manfred Schneider, *Die kranke schöne Seele der Revolution. Heine, Börne, das »Junge Deutschland«, Marx und Engels*, Frankfurt/Main *1980*,
   S. 27.

11 Vgl. hierzu Ralf Schnell, *Die verkehrte Welt. Literarische Ironie im 19. Jahrhundert*,
   Stuttgart 1989, S. 77–100.

12 Hans Mayer, *Außenseiter*, Frankfurt/Main S. 223.

13 Sigmund Freud, *Der Dichter und das Phantasieren*, in: Studienausgabe Bd. X, *Bil-
   dende Kunst und Literatur*, Frankfurt/Main 1969, S. 177.

Theodor Storm

*Zum Selbstverständnis eines Dichters
des Realismus*

1. Dichtung als »Offenbarung und Erlösung« und als »innerer Befreiungsact«

»In meinen lyricis«, so schreibt Storm am 16. 7. 1868 an Georg Scherer, »bin ich in meinem eigenen Gebiet; was von Charakter, Leidenschaft und Humor in mir ist, kommt hier zur Erscheinung.« So bedient sich der ganz aus der »Kraft, Tiefe und Innigkeit des Gefühls« (Brief an Hartmuth Brinkmann, 7. 5. 1851) lebende junge Storm in seinem ersten Schaffensjahrzehnt ausschließlich lyrischer Ausdrucksformen. Der Dichter, der um seine »stark sinnliche, leidenschaftliche Natur« (an Emil Kuh, 21. 8. 73) weiß, bedarf, sobald er »recht bewegt« wird, der »gebundenen Form« (an Mörike, 2. 12. 55). Daher lehnt er

»auch das willkürliche und massenhafte Produzieren lyrischer Gedichte, das eigentliche Machen und Ausgehen auf derartige Produktionen [als] auf einem gänzlichen Verkennen des Wesens der lyrischen Dichtkunst [ab]; denn bei einem lyrischen Gedichte muß nicht allein, wie im übrigen in der Poesie, das *Leben*, nein, es muß geradezu das *Erlebnis* das Fundament desselben bilden. Den echten Lyriker wird sein Gefühl, wenn es das höchste Maß von Fülle und Tiefe erreicht hat, von selbst zur Produktion nötigen, dann aber auch wie mit Herzblut alle einzelnen Teile des Gedichtes durchströmen« (4, 332).

Wie eingehend Storm sich mit Fragen nach der Struktur, der Form- und Ausdruckskräfte und der Wirkungsintensität seiner lyrischen Dichtung, in seiner zweiten Lebenshälfte auch der Novellistik, auseinandersetzte, erweisen sein umfangreiches Briefwerk, seine Rezensionen und Vorreden – erwähnt sei etwa die zu seinem erstmals 1870 erschienenen *Hausbuch aus deutschen Dichtern seit Claudius* (4, 390–396) –, aus denen sich eine eigenständige Poetik Storms sublimieren läßt.

Er erkennt als schöpferischen Impuls für sein lyrisches Dichten jenen »unabweisbaren Drang, ein bestimmtes Innerliches gestaltet auszuprägen«, »sein *tiefstes* und mächtigstes Gefühl [...] auszusprechen«, »zu sagen, was ich leide« und dafür, so Heyse, jenen »starke[n] Herzklang«

und »erschütternde[n] Naturlaut« zu finden, die das poetisch Eigene
seiner Gedichte ausmachen (Br 1,528; 2,60; 2,87).

   Storm versteht sich als Helfer einer an ihrer sprachlichen Ohnmacht
leidenden Menschheit; für ihn besitzt sein Dichten, so er selbst, eine
dichotome therapeutische Qualität: Einerseits gewährt es dem *Leser*

»zugleich eine Offenbarung und Erlösung [...] die er sich selbst nicht hätte
geben können, sei es nun, daß es unsre Anschauung und Empfindung in unge-
ahnter Weise erweitert und in die Tiefe führt oder, was halb bewußt, in Duft
und Dämmer in uns lag, in überraschender Klarheit erscheinen läßt« (4,394).

Indem Storm dem Menschen so die Verfassung seines Weltseins mit
seinem Dichten durchschaubar macht, erlöst er ihn aus seiner Er-
kenntnisnot und weist ihm Wege zur Daseinsbewältigung. Andererseits ergeben sich auch für den *Dichter* heilende Wirkungen, die bei
Storm auf dem geradezu salvatorischen Charakter seines poetischen
Schaffensprozesses beruhen, insofern er seine Dichtung »aus innerer
Notwendigkeit zur Selbstbefreiung – wie G[oethe] selbst den ›Werther‹ – aus sich herausprägt« (an Fontane, 25.5.68). Zu solcher
»Befreiung (à la Göthe)« (an Erich Schmidt, 25.6.77) wird ihm sein
Dichten vor allem dann, wenn es, »unmittelbar aus der vom Leben gegebenen Situation heraus geschrieben« (4,331), ihm zur Überwindung
krisenhafter Lebensphasen hilft, so etwa, als er bereits im ersten Jahr
seiner Ehe mit seiner Cousine Constanze Esmarch der Neigung zu der
Senatorentochter Dorothea (Do) Jensen erliegt. Die daraus sich entwickelnde »erschütterndste Leidenschaft« (an Hartmuth und Laura
Brinkmann, 21.4.66) evoziert die an Do gerichteten Gedichte, die
allein ihn die qualvolle Wirrnis dieser Zeit ertragen lassen. Ähnlich
hatte Storm die existentielle Bedeutung seines Dichtens für sein Leben
zuvor schon bei seiner vergeblichen Werbung um die sechzehnjährige
Bertha von Buchan erfahren:

»Vielleicht wäre ich daran zugrunde gegangen, wenn dies Gefühl nicht zum
Objekt geworden, das ich künstlerisch zu gestalten suchte« (an Constanze Esmarch, Mai 1844).

Wie innig verknüpft Storm sein Dasein mit seinen Dichtungen wußte,
erweist auch die Reaktion des Dichters auf den Tod seiner Frau Constanze, die am 20. Mai 1865 wenige Tage nach der Geburt des siebten
Kindes gestorben war. Noch am Abend des Beisetzungstages dichtet er
erste Verse seines orpheischen Klagegesangs *Tiefe Schatten*, mit dem er
das über ihn hereingebrochene Verhängnis zu überwinden sucht.

   Storm ist sich allerdings bewußt, daß er zur Bewältigung der schweren, durch seine tragische Liebe zu Do und den jähen Tod Constanzes ausgelösten Existenzkrisen neben der Lyrik auch der größeren epischen Form bedarf. So findet er zur Novelle, in der er, anders als in der von der gefühlshaft erlebten »Situation« inspirierten Lyrik, auch »das Charakterbild oder das sittliche Problem«[1], »ein ganzes Menschenschicksal mit der bewegenden Ursache und seinem Verlaufe bis zum Schlusse vorzustellen« (an Eduard Alberti, 12. 3. 82) in der Lage ist.

Wenn Storm am 8. 6. 81 an Albert Nieß schreibt, »die Familie sei die Domäne meiner Poesie«, so meint er damit nicht zuletzt seine eigene, die jahrelang schweren Belastungen ausgesetzt war und die er häufig zum Gegenstand seines Dichtens machte. Die Reihe jener zu seiner inneren »Befreiung« geschriebenen Novellen beginnt mit *Angelica* (1855), in die er neben »einer scharfen psychologischen Analyse« (an die Eltern, 24. 1. 56) zugleich auch seine eigene verzweifelte seelische Lage, in die er sich während seiner hoffnungslosen Leidenschaft zu Do befand, einbringen und sich so endgültig aus den Verstrickungen seiner ersten Ehejahre lösen konnte.

Die Befreiung aus der Verwirrung der Gefühle, in die er sich durch die Sorge um seine zurückgebliebenen sieben Kinder und das Eingehen einer zweiten Ehe – er hatte 1866 Dorothea Jensen geheiratet – gestürzt sah, gelingt ihm dann mit der 1876 geschriebenen Novelle *Viola tricolor*, eine »*innerlichste* Arbeit« (an Ludwig Pietsch, 15. 10. 74), die, und darin liegt Storms sehr moderne Konzeption, erstmals aus der Sicht der Frau geschrieben wurde und das ihn selbst entlastende mitleidende Erspüren der feinsten Regungen einer Frauenseele wie die Erfahrungen des durch die Geburt eines Kindes sich vollziehenden Gefühlswandels zur Darstellung bringt.

Das dichterische Selbstverständnis Storms erhellen exemplarisch jene Novellen, in denen ihn die Lebensschicksale seiner Problemkinder beschäftigten – Hans, der ein Trinker war und früh zugrunde ging, und Karl, der, nur mittelmäßig begabt, an seinem Musikstudium scheiterte. So schrieb er sich den ihm von Hans bereiteten, sein »Leben zerstörenden Kummer« und das »Entsetzen, das mir das Blut vergiftet« (an Sohn Hans, November 75 und 22. 12. 78) in seiner Novelle *Carsten Curator* von der Seele. Deutlich hebt sich von der herben Realistik dieser Novelle die elegische Gestimmtheit seiner Erzählung *Ein stiller Musikant* (1874/75) ab, ein Werk, das Storm in Briefen an Erich Schmidt (25. 6. 77), Paul Heyse (15. 6. 81) und Theodor Mommsen (8. 7. 84) wiederum ausdrücklich als »Befreiung« charakterisiert und das ihn zur einsichtsvollen Annahme des unabänderlich in der Natur

seines dritten und jüngsten Sohnes Karl vorgegebenen Scheiterns ver-
hilft, zugleich ein Bekenntnis des Dichters zum Menschen in seiner
Schwäche, Angefochtenheit und Versehrtheit und ein Beispiel für
seine Menschlichkeit und Liebesfähigkeit.

2. Dichtung als Medium der Einflußnahme auf das
öffentliche Bewußtsein

Die in seiner Zeit gründende Hinwendung Storms zur Immanenz und
die Annahme ihrer Endlichkeit – seine schöpferische Lebenszeit deckt
sich annähernd mit der Epoche des Realismus des 19. Jahrhunderts –
korrespondiert mit seiner besonderen Sensibilität für die religiösen,
politischen und sozialen Zeiterscheinungen und die aus den fundamen-
talen neuen naturwissenschaftlichen Erkenntnissen sich ergebenden
Problemstellungen. Daß Storm von Jugend an offen war für politische
Fragen, die dem Nationalitätenkonflikt erwuchsen, ergibt sich schon
aus der Tatsache, daß er – in Husum – als dänischer Staatsbürger geboren wurde. Das von seinem Vater vermittelte liberale Denken erhielt
von Theodor Mommsen, den Storm während seines Studiums 1839 in
Kiel kennenlernte, eine betont demokratische, antifeudalistische Tendenz; ihm verdankte er nicht nur die Anbahnung seiner poetischen
Selbstfindung, sondern auch die »Ausbildung meines kritischen Sinnes«
(an Gustav Hoerter, 1. 4. 78). Mommsens Wertschätzung der politischen Lyrik als eines zeit- und gesellschaftsgestaltenden Mediums begleitet er zustimmend mit der selbstsicheren Ankündigung eigener Aktivitäten:

Das Haupt entblößt! Respekt, ihr Leut'!
Wir sind die Kanzler der werdenden Zeit. (1,223)

Den ersten gültigen, auf Änderung der bestehenden politischen Verhältnisse zielenden lyrischen Beitrag lieferte Storm mit dem 1846 entstandenen Gedicht *Ostern*, das er nach der 1848 einsetzenden Erhebung
gegen die dänische Vorherrschaft vollendet. In ihm deutet er das in
kraftvoll erregender Sprache sich spiegelnde Erlebnis des sich entfaltenden Frühlings als Sinnbild des sich erhebenden Widerstandes gegen die
Dänen und das christlich-österliche Erlösungsgeschehen als ein die endgültige Befreiung des Landes verheißendes Symbol. Wie Storm seine
»patriotische Lyrik« verstanden wissen wollte, ergibt sich aus einem
Brief vom 29. 11. 74 an den österreichischen Literaturkritiker Emil

Kuh, der seiner Meinung nach »diese ganze starke Seite meiner Lyrik«
in einem Essay »übersehen« hatte.

»Sie sagen: ›Nicht die stärksten und nicht die höchsten Bewegungen der Seele
stürmen durch seine Gedichte.‹ Ich glaube, daß das nicht so unbedingt hätte
ausgesprochen werden sollen. Wo z. B. findet das Heimatgefühl einen zugleich
so poetischen und so starken Ausdruck als in dem Gedichte ›Abschied‹? Von
dem Gedichte ›Ostern‹ sagte einmal jemand, es sei bei der letzten Zeile, als
wenn tönender Glockenschall plötzlich ins Ohr schlüge [...] ich glaube nicht
bloß die sinnige Weise, sondern eben auch die Energie der Begeisterung und des
Charakters in meiner Lyrik zu haben.«

Storm filtert, um seine Thesen zu belegen, im gleichen Brief aus einer
Reihe seiner politischen Gedichte eine Art symptomatischer, z. T.
überaus eingängiger, wirksamer Bekenntnisformeln heraus, die es ihm
ermöglichen, in besonders intensiver Weise Einfluß auf das öffentliche
Bewußtsein zu nehmen; so. z. B. aus dem Gedicht *Ostern*: »Das Land ist
unser, unser soll es bleiben« (1,57), aus dem Exilgedicht *Abschied*: »Hör
mich! denn alles andere ist Lüge, kein Mann gedeihet ohne Vaterland!«
(1,66), und schließlich aus den in aussichtsloser militärischer Lage geschriebenen Versen *1. Januar 1851*: »Wir haben Kinder noch, wir haben Knaben, und auch wir selber leben – Gott sei Dank!« (1,61).

  Storms Kommentar dazu:

»Das sind, glaube ich, klangvolle, wuchtige Verse, starke Herzenstöne, die weder Heine noch Mörike haben; die sich weder in sich zurückschmiegen, noch
von denen man sagen kann, daß sie sich mit einem bescheidenen Glanze begnügen müssen.
Mir ist, als dröhnten diese Verse wie Erz.«

Kräftige Impulse empfing Storms politische Lyrik noch einmal von den
1863 neuerlich aufbrechenden Auseinandersetzungen um Schleswig-
Holstein, wohin er nach der Wahl zum Landvogt durch die Ständever-
sammlung 1864 zurückgekehrt war, um als ein »Tytäus der Demokratie« (an Hartmuth Brinkmann, 18. 1. 64) – in dem im 7. Jahrhundert vor
Christi Geburt lebenden Dichter sah schon Herder das Urbild aller politischen Sänger – den heimatlichen Freiheitskampf zu begleiten. Noch
aus Heiligenstadt hatte er sich zu seinem dichterischen Auftrag, wie er
ihn in dieser politisch höchst brisanten Situation verstand, in einem
Brief an den Vater am 21. 12. 63 geäußert:

»[...] meinen Beruf habe ich zunächst dahin erkannt, durch das poetische Wort
die nationale Begeisterung zu unterstützen. Der Herzog ist, wie alle Gekrönten,
meinem demokratischen Herzen eine sehr gleichgültige Person. Überdies weiß
ich sehr wohl:

Und haben wir unser Herzoglein
Nur erst im Lande drinnen,
Dann wird, mir kribbelt schon die Faust,
Ein ander Stück beginnen. (1,264)

Es ist mir wohl bewußt, daß der überall unausbleibliche Kampf zwischen der
alten und der neuen Zeit bei uns ein sehr hartnäckiger werden muß. Diesen
sozialen Kampf in meiner Heimat noch zu erleben und rüstig durch das begeisterte Wort mitkämpfen zu können, ist in bezug auf das äußere Leben mein
allerheißester Wunsch.«

Mit den seit Ende 1863 in kurzer Folge entstehenden kämpferisch
durchtönten politischen Gedichten gelingt es Storm durchaus, auf die
in seiner Heimat sich vollziehenden Auseinandersetzungen nachhaltig
einzuwirken, so etwa mit dem im Dezember 1863 entstandenen, zornig
bewegten Gedicht *Gräber in Schleswig*, »wohl mit das Schönste, was ich
geschrieben« (an Hartmuth Brinkmann, 18. 4. 64), dem im Januar ge-
schaffenen drohenden *Und haben wir unser Herzoglein* oder den trotzigen
Rückblick *1864*, Gedichte, die er als Vehikel seiner freiheitlich-demo-
kratischen Gesinnung verstanden wissen und mit denen er durch Änderung der unerträglichen Verhältnisse humanisierenden Einfluß auf die
Öffentlichkeit nehmen wollte.

Neben seiner patriotischen Lyrik bedurfte Storm aber auch der epischen Form, um seine politischen Ideen und Intentionen ausführlich
verdeutlichen zu können. In seiner im Herbst 1850 geschriebenen idyl-
lischen Novelle *Ein grünes Blatt* will er den Leser davon überzeugen, daß
mit dem Kampf um Schleswig-Holstein »ein zur Verteidigung der Heimat notwendiger Krieg geführt wird« (an Fontane, Ostern 53). Der auf
intensive publizistische Wirkungen bedachte politische Dichter Storm,
der von den Zeitläufen so »aufgeregt« ist, daß es unter den Dänen
heißt, »ich rase vor Patriotismus« (an Laura Setzer, 14. 10. 50), bedient
sich hier seiner Novelle als Medium, eine bewaffnete Auseinandersetzung als gerechten Krieg ideologisch zu rechtfertigen:

»Es ist für diese Erde [...] für dich, für diesen Wald – – – damit hier nichts
Fremdes wandle, kein Laut dir hier begegne, den du nicht verstehst, damit es
hier so bleibe, wie es ist, wie es sein muß, wenn wir leben sollen – unverfälschte,
süße, wunderbare Luft der Heimat!« (1,347)

Der Ideologisierung der Novelle entspricht ihr teilweise irrationaler
Charakter, so die Mythisierung der Protagonistin Regine zum »Genius
der Heimat« (an Fontane, 5. 6. 53; an Mörike, Anfang Oktober 54); Regine ist für ihn eines »von den Dingen, ›die man nicht anrühren soll‹, die

nicht ins tägliche Leben hinein verpflanzt werden können« (an Fontane, Ostern 53). Die Novelle schließt mit der Aufforderung Storms an seine Leser, handlungsbereit zu sein: »Und wenn sie doch hinunterschritte? [...] Dann wollen wir die Büchse laden! Der Wald und seine Schöne sind in Feindeshänden.« (1,348)

Rückschlüsse auf das dichterische Selbstverständnis lassen sich auch aus dem allmählichen Verstummen des politischen Dichters Storm ziehen, der schon »schwieg [...] als die Dänen 64 geschlagen wurden« (an Gustav Hoerter, 1.4.78). Das Schweigen erwuchs zum einen aus seinen bitteren Erfahrungen mit den preußischen Okkupanten Schleswig-Holsteins, zum anderen aus seinem Gesinnungswandel, den das Erlebnis des Krieges in ihm bewirkt hatte. Am 21.1.68 schreibt er an Hartmuth und Laura Brinkmann:

»Ich bin durch die öffentlichen Verhältnisse ein ziemlich freudloser Mensch geworden. Wie zur Dänenzeit kann ich nur stumm, die Faust geballt, den Schrei des Zorns in meiner Brust ersticken. Ich komme über die Vergewaltigung meines Heimatlandes nicht weg, nie mehr. Die preußische Regierung – Junker und Korporäle – hat dadurch, daß sie die Existenz von Menschen in dem Lande Schlewig-Holstein ignorierte, wieder bekundet [...] daß in Preußen überhaupt nur der recht hat, der die Gewalt hat.«

Insofern hält er Preußen »für den Feind aller Humanität«, in ihm »sind die öffentlichen Verhältnisse so widerwärtig, daß jedem anständigen Menschen dadurch das Leben verbittert werden muß« (an Ludwig Pietsch, 30.1.67).

Nachdem Storm das wahre Wesen des Krieges erkannt hatte, war ihm eine dichterische Umsetzung dieses Themas nicht mehr möglich. Hieß es in einem Brief an den Vater vom 5.12.63 noch, daß »auch ich, meiner Heimat treuester Sohn, mit einem Liede in diesen heiligen Krieg gezogen, was hoffentlich in den ersten Tagen schon in viele tausend Herzen schlagen wird«, so spricht aus seinem Brief an seinen Sohn Ernst vom 3.8.70 tiefe Verzweiflung und Resignation:

»Was mich hauptsächlich beherrscht – und das verschlingt alles andere –, das ist der Ekel, einer Gesellschaft von Kreaturen anzugehören, die außer den übrigen ihnen von der Natur auferlegten Funktionen des Futtersuchens, der Fortpflanzung etc. auch die mit elementarischer Stumpfheit befolgt, sich von Zeit zu Zeit zu vertilgen. Das Bestehen der Welt beruht darauf, daß alles sich gegenseitig frißt, oder vielmehr das Mächtigere immer das Schwächere; den Menschen als den Mächtigsten vermag keines zu fressen; also frißt er sich selbst, und zwar im Urzustande buchstäblich. Dies ist die eigentliche *Ursache* der Kriege, die andern sog. Ursachen sind nur die Veranlassungen. Keine Zivilisation wird, ja *darf* das je überwinden. Aber niederdrückend ist der Gedanke; es ist so einer, über den man verrückt werden könnte.«

Die hier sich vollziehende Abwendung von der aktuellen Politik – Storm nahm auch an der Reichsgründung 1871 keinen Anteil mehr – geschah aus der ethischen Verantwortung, in der er sich seinen Lesern gegenüber fühlte. In seinem Dichten, wie er es verstand, sah er mit zunehmendem Lebensalter immer mehr die Aufgabe, den Menschen in einer durch Egoismus und Gefühllosigkeit versehrten Welt auf die überwindende Kraft mitfühlender Liebe und tapferen Menschentums zu verweisen, auf einen – wenn auch tragisch gebrochenen – Humanismus, wie es ihm dann 1872 mit dem »ganz neuen Ton« (an Ludwig Pietsch, 15. 10. 74) seiner bewegenden Novelle *Draußen im Heidedorf* gelang.

Storms autobiographischer Hinweis in einem Brief an Emil Kuh vom 13. 8. 73, »erzogen wurde wenig an mir [...] von Religion oder Christentum habe ich nie reden hören«, ist insofern zu relativieren, als er während seiner Jugend die üblichen kirchlichen Gnadenmittel empfing und sie auch seinen acht Kindern – hauptsächlich aus konventionell-pragmatischen Gründen – zuteil werden ließ, obwohl er ausdrücklich betont, daß für seine Kinder »freies, selbstverantwortliches Denken als erste selbstverständliche Lebensbedingung gilt« (an Tochter Elsabe, 22. 3. 81).

Der Prozeß seiner eigenen religiösen Verselbständigung ist eingegangen in seine 1861 entstandene Bekenntnisnovelle *Im Schloß* – »diese Arbeit bin ich selbst, mehr als irgend etwas, das ich sonst in Prosa schon geschrieben hätte« (an Lucie Storm, März 62) –, ein Werk, in dem er neben seinen religiösen auch seine politisch-sozialen Überzeugungen darlegt und an dem er wie an keinem sonst Funktion und Wirkungsintentionen seines Dichtens exemplifiziert:

»Wussow[2] kannst Du [...] bestellen, daß, wenn meine Poesie überhaupt einen Wert hat, auch die darin enthaltene Demokratie ihren Wert und ihre Wirksamkeit haben wird. Habe ich keine Wirksamkeit auf die Gemüter und in letzter Instanz auf die Taten der Menschen, so haben es Dichter und Denker überhaupt nicht; und das wird selbst der vernageltste Bureaukrat oder Aristokrat nicht behaupten wollen. Es wäre doch sehr merkwürdig, wenn durch mein ›Im Schloß‹, das in der ›Gartenlaube‹ von mehreren hunderttausend Menschen gelesen, und mit Begeisterung gelesen ist [...] wenn dadurch nicht in vielen der Leser ein Nachdenken, eine Vorstellung, eine neue Einsicht oder ein schärferes Empfinden und Auffassen dieser Verhältnisse des Lebens bewirkt worden wäre.

Das widerspräche auch aller Erfahrung. Bin ich ein Dichter, so habe ich mit dem aus meinem Innersten Ausgeprägten auch eine Wirkung auf mein Volk [...] Freilich ist unsre Wirkung nicht so rasch und so handgreiflich, als wenn eine Armee gesiegt hat; aber daß die Wirkung da ist, das empfinden doch in unserer Zeit die Gewalthaber deutlich genug.« (an Sohn Hans, Ende Mai 68)

Im weiteren brieflichen Kontext präzisiert Storm die von ihm mittels des Mediums Dichtung intendierte Einflußnahme auf die Öffentlichkeit, die auf eine fundamentale Veränderung des Lebensverständnisses des Menschen und seines Handelns zielt. Mit seiner Novelle *Im Schloß* will der Dichter demnach mit Hilfe der durch sie vermittelten »neuen Einsicht« zur Befreiung des Menschen von der Vorherrschaft von Adel und Kirche, dem »Gift in den Adern der Nation« (an Hartmuth Brinkmann, 18. 1. 64), beitragen. Diese – als »die zwei wesentlichen Hemmnisse einer durchgreifenden sittlichen Entwicklung« (an Lucie Storm, 9. 12. 61) – gilt es »vor den moralischen und ästhetischen Richtstuhl des Publikums zu stellen« (an Hartmuth Brinkmann, 16. 4. 63), um es endlich zu vernunftgeleitetem Handeln als Ausdruck »des reinsten Menschentums« (an Lucie Storm, März 62) zu bewegen.

Storm ist in seiner Novelle bemüht, den Leser durch die Verarbeitung aktueller wissenschaftlicher Erkenntnisse anzuregen, an der Enträtselung der Welt und des Lebens mit Hilfe seiner Verstandeskräfte aktiv teilzunehmen, statt sie durch den christlichen Offenbarungsglauben rein pathisch hinzunehmen. Seine Kritik an der christlichen Botschaft vollzieht sich in der Novelle *Im Schloß* in Form eines didaktischen Prozesses, der dazu dient, den Menschen durch die schonungslose Konfrontation mit einer vom unerbittlichen Lebenskampf bestimmten Wirklichkeit aus seinen in der christlichen Religion gründenden Illusionen zu befreien. Anna, die Protagonistin, berichtet:

Ich trat »in das Zimmer des Oheims [...]. Er [...] fuhr schweigend fort, die am Vortage gefangenen Insekten auf einer Korktafel auszuspannen. Ich ging mit meinem Buche im Zimmer auf und ab [...] die Worte des Gesanges vor mir hermurmelnd. So kam ich an den dritten Vers:

> Geuß sehr tief in mein Herz hinein,
> Du heller Jaspis und Rubein,
> Die Flammen deiner Liebe.

Mein Onkel erhob plötzlich den Kopf [...] ›Tritt her!‹, sagte er. ›Was lernst du da?‹ Als ich Folge geleistet hatte, zeigte er mit dem Finger auf einen schwarzen Käfer, der mit aufgesperrten Kiefern an der Nadel steckte. ›Weißt du‹, fuhr er fort, ›wie der carabus den Maikäfer frißt?‹ –– Und nun begann er mit unerbitt-

licher Ausführlichkeit die grausame Weise darzulegen, womit dies gefräßige In-
sekt sich von andern seines Gleichen nährt... Meine Augen hingen regungslos
an den Lippen des alten Mannes; es überfiel mich eine unbestimmte Furcht vor
seinen Worten.
›Und das, mein Kind‹, sprach er weiter, indem er jedes seiner Worte einzeln
betonte, ›ist die Regel der Natur. –– Liebe ist nichts als die Angst des sterb-
lichen Menschen vor dem Alleinsein.‹« (1,508)

Storms Kritik richtet sich nicht nur gegen die protestantische Kirche
und ihre Glaubenslehre, sondern er bezieht auch aufgrund seiner Erfahrungen in Heiligenstadt den Katholizismus mit ein – Theodor Mommsen gegenüber spricht er vom »hiesigen katholischen Schwindel«
(15.4.62). Mit seiner Novelle *Veronica* (1861) beabsichtigt er eine kalku-
lierte aufklärerische Wirkung zu erzielen, indem er als das eigentliche
Skandalon des Katholizismus die Ohrenbeichte entlarvt, ein unmensch-
liches Disziplinierungselement, auf das er seine schroffe Ablehnung
auch der kirchlich institutionalisierten Ehe gründet, die er ersetzt wissen will durch eine auf Vertrauen und die Kraft des Seelischen sich
gründende Partnerschaft.

Als wirksames Instrument in der Auseinandersetzung mit dem Christentum erweist sich neben seiner Novellistik auch seine Lyrik, die er
benutzt, um einzelne fundamentale Elemente der christlichen Heilslehre
ad absurdum zu führen. Bereits 1848 wendet er sich in seinem Gedicht
Wie wenn das Leben wär nichts Andres gegen den Unsterblichkeitsglauben
mit der rigorosen Feststellung: »Jedoch wir selber gehn ins Nichts!«
(1,253) Mit dem Tod Constanzes zerbricht ihm jede Hoffnung:

> Gleich jenem Luftgespenst der Wüste
> Gaukelt vor mir
> Der Unsterblichkeitsgedanke;
> [...]
> Doch, unerbittliches Licht dringt ein;
> Und vor mir dehnt es sich,
> Öde, voll Entsetzen der Einsamkeit;
> Dort in der Ferne ahn ich den Abgrund;
> Darin das Nichts. – (1,87 f.)

Die sich radikalisierende Absage an den Unsterblichkeitsglauben gipfelt in dem von Tod und Vernichtung gezeichneten Gedicht *Geh nicht
hinein* (1878; 1,94), das in Sprachlosigkeit endet:

> »Und weiter – du, der du ihn liebtest –, hast
> Nichts weiter du zu sagen?«
>   Weiter nichts.

Aber auch das Herzstück der christlichen Botschaft, der Erlösungs-
glaube, wird von Storm abgelehnt und in dem Gedicht *Crucifixus* (1865)
einer vernichtenden Kritik unterzogen. Das Kreuz, Symbol des göttlichen Opfers für die Menschheit, wendet Storm darin in sein Gegenteil, zum »Bild der Unversöhnlichkeit«, das in zahllosen Darstellungen
eines grausam Hingerichteten von der christlichen Kunst durch fast
zwei Jahrtausende ohne Unterlaß tradiert wurde:

> So, jedem reinen Aug' ein Schauder,
> Ragt es herein in unsre Zeit.

Storm lehnt solchen Trost als manipulativ kategorisch ab:

> »Sie träumen«, spricht er – leise spricht er es –
> »Und diese bunten Bilder sind ihr Glück.
> Ich aber weiß es, daß die Todesangst
> Sie im Gehirn der Menschen ausgebrütet. «
>   (*Ein Sterbender*; 1,81)

In einer tröstlichen, 1865 entstandenen lyrischen Vision verkündet
Storm in scharfem Gegensatz zur transzendenten christlichen Erlö-
sungslehre seinen optimistischen Humanitätsglauben, von dem er die
Genesung des Menschengeschlechts erwartet:

> Aus dem seligen Glauben des Kreuzes
> Bricht ein andrer hervor,
> Selbstloser und größer.
> Dessen Gebot wird sein:
> Edel lebe und schön,
> Ohne Hoffnung künftigen Seins
> Und ohne Vergeltung,
> Nur um der Schönheit des Lebens willen.
>   (*Größer werden die Menschen nicht*; 1,265)

Wie sehr Storm glaubt, mit seiner Dichtung Einfluß auf das öffentliche
Bewußtsein – hier auf die geistige Gesundung durch das Angebot einer
Humanitätsreligion – nehmen zu können, geht aus seiner Chroniknovelle *Renate* (1877/78) hervor, die ihm die Verifizierung seiner Kritik am
Christentum im Rahmen einer in die Vergangenheit verlegten Handlung – sie spielt im beginnenden 18. Jahrhundert – ermöglichte. Storm
benutzt hier den Gegensatz zwischen dem orthodoxen, noch in dämoni-
stischen Vorstellungen wie Hexen- und Teufelsglauben befangenen
jungen Theologen und der aufgeklärten, vernunftgemäß denkenden
und handelnden Bauerntochter, um den zu seiner Zeit ausgetragenen

Konflikt zwischen der protestantisch-konservativen Neuorthodoxie und dem Rationalismus des aufgeklärten Bürgertums durchschaubar zu machen und den Leser gerade zu jener »Selbsthilfe und Selbstbefreiung« (Heyse an Storm, 18. 4. 78) finden zu lassen, an denen es den Protagonisten seines Werkes zu ihrer Zeit noch ermangelte.

Ähnlich wie Storms zunehmend kritische Haltung zum Christentum gründet auch seine Offenheit für die sozialen Fragen und Probleme seiner Zeit in der Liberalität seines Elternhauses, das ihm einen ausgedehnten Umgang mit Angehörigen aller Gesellschaftsschichten erlaubte. Schon in seinen frühen narrativen Werken finden sich soziale Motive, so etwa der engagierte Ausfall gegen das aus der Vorherrschaft des Adels sich ergebende gesellschaftliche Ungleichgewicht in der 1848 entstandenen Erzählung *Im Saal*:

»›Wollt Ihr alle mitregieren?‹ ›Ja, Großmutter‹, sagte der Enkel. ›Und der Adel und die hohen Herrschaften, die doch dazu geboren sind? Was soll aus denen werden?‹ [...] ›Streichen, Großmutter; oder wir werden alle Freiherrn, ganz Deutschland mit Mann und Maus. Sonst seh ich keinen Rat.‹« (1,293)

In der Novellette *Posthuma* (1849) scheitern Liebende nicht zuletzt auch an unüberwindbaren sozialen Unterschieden, und in *Immensee* (1849) werden die Protagonisten Reinhard und Elisabeth durch die Verkrustungen der traditionellen »bürgerlichen Ehe«, die sie nicht aufzubrechen vermögen, zu Opfern »eines barbarischen Zustands«[3].
   Erst mit der schon auf die Meisterschaft seiner späteren Novellistik vorausweisenden Erzählung *Auf dem Staatshof* (1857/58) beginnt Storm, den Leser *systematisch* über bestehende gesellschaftliche Mißstände aufzuklären, ein Prozeß, der bis zu seinem Lebensende dauern und in dem ihm seine Dichtung oft genug zur wirksamen Waffe gegen Indolenz und Gefühllosigkeit geraten wird. Folgerichtig stellt er in der Novelle *Auf dem Staatshof* den letzten Abkömmling einer untergehenden feudalistischen Familie dar, in dessen Unfähigkeit zur Liebe und zum Leben sich sinnbildlich das Ende eines Zeitalters erfüllt.
   In der Erzählung *Auf der Universität* (1862) begegnet der Leser einem jungen unerfahrenen Mädchen, das an den sozialen Mißständen, die ihm eine »schöne Gestaltung des Lebens [...] versagen« (an Hartmuth Brinkmann, 4. 4. 63), zugrunde geht. Indem Storm hier bewußt auf unlösbare Liebesverstrickungen verzichtet (vgl. ebd.), verschärft er den sozialen Konflikt und gestaltet so eine »wirkliche ›Tragödie‹, wie sie das Leben täglich spielt« (Fontane an Storm, 13. 12. 62).

Der von Storm intendierte soziale Aufklärungsprozeß erfährt durch die Schaffenskrise, in die er durch Constanzes Tod gestürzt wird, eine mehrjährige Unterbrechung. Erst nachdem er mit seiner bedeutenden Novelle *Draußen im Heidedorf* (1871/72) zu einem völlig gewandelten, desillusionierten Welt- und Daseinsverständnis gefunden hat, das Einflüsse Darwins und Feuerbachs erkennen läßt, vermag er zur gesellschaftskritischen Novelle zurückzukehren. Als thematischen Schwerpunkt seiner poetischen Aufklärungsarbeit wendet er sich zunächst Ehe und Familie zu, ohne jedoch eine so brisante Darstellung wie etwa das Scheitern eines freien Liebesverhältnisses in der »niederträchtigen Geschichte« (an Heyse, 25.11.74) *Waldwinkel* zu scheuen. Während er noch im *Pole Poppenspäler* (1873/74) die Ehe als Ort »innigsten Zusammengehörens« (2,165) empfiehlt, wo sich allein das »volle Menschenglück« (2,219) zu erfüllen vermag, desillusioniert der von zunehmender Lebensskepsis ergriffene alternde Dichter Liebe und Ehe in der Erzählung *Im Nachbarhause links* (1875) schonungslos. Storm, der bisher an ihre heilenden und erlösenden Kräfte glaubte, räumt ein – nicht zuletzt unter der Last der als Amtsrichter gemachten niederdrückenden Erfahrungen –, daß sie unwirksam bleiben angesichts des Raubtiercharakters des Menschen (vgl. 2,360), der ihn, wie in dieser Erzählung, zugrunde gehen läßt in Geiz und Gier.

Storms besonderes Interesse gilt den aus der »unvollständigen Familie« sich ergebenden Problemen, die er durch den Tod Constanzes und die Verwaisung seiner Kinder selbst erfahren hatte. Hier erkennt er einen brisanten gesellschaftlichen Notstand, von dessen schonungsloser Darstellung er sich eine zunehmende Rehabilitation der bestehenden Verhältnisse erhofft. Nach der Novelle *Carsten Curator* (1877), in der er das Schicksal seines der Trunksucht verfallenen Sohnes Hans poetisch nachzeichnet, versucht er sich in der Erzählung *Der Herr Etatsrat* (1881) »in schroffer Objektivität« (an Gräfin Emilie Reventlow, November 81) von den ihn bedrängenden Fragen nach Ursache und Schuld für das tragische Scheitern des Sohnes zu befreien. Storm stellt den Etatsrat, dessen Frau nach der Geburt des zweiten Kindes gestorben war, als einen denaturierten, vom Alkohol besessenen »trunkenen Dämon« (an Ernst Esmarch, 4.7.82) dar, der mit seinem skrupellosen Egoismus seine Kinder in den Tod treibt. Der Dichter betont nachdrücklich den gesellschaftsrelevanten Impetus der Novelle, in der es ihm »nicht auf des Vaters, sondern der Kinder Entwicklung durch jenen« (ebd.) angekommen sei.

Neben der Kritik an dem Zustand der Familie seiner Zeit, den er

durch sein Dichten zu bessern beabsichtigt, sieht sich Storm aber auch
genötigt, sich mit den veränderten gesellschaftlichen Verhältnissen, die
sich aus der Inbesitznahme Schleswig-Holsteins durch Preußen erga-
ben, kritisch auseinanderzusetzen. »Man wird äußerlich unters Proletariat gedrängt«, schreibt er an Pietsch (30. 1. 67), und an Friedrich Eggers
(16. 8. 67):

> »Wir können nicht verkennen, daß wir lediglich unter der Gewalt leben [...]
> jeder dumme Kerl [kommt] von dort mit der Miene des kleinen persönlichen
> Eroberers und als müsse er uns erst die höhere Weisheit bringen [...]. Die un-
> glaublich naive Roheit dieser Leute vertieft die Furche des Hasses, die Preußens
> Verfahren tief in die Stirn der Schleswig-Holsteiner eingegraben.«

Sich der Freiheit der Gedanken und damit der Möglichkeit bewußt,
»daß wenigstens der einzelne sich über diesen Zustand erheben kann«
(an Sohn Ernst, 3. 8. 70), geht er erneut dichterisch gegen die »freche
Junkerherrschaft« (an Ludwig Pietsch, 27. 12. 64) der Preußen vor. Um
seinen Widerstand vornehmlich gegen Adel und Kirche wirksam zum
Ausdruck bringen zu können, entwickelte er die Chroniknovelle, die es
ihm ermöglichte, auf dem Umweg über die verfremdende historische
Distanz massive Kritik an bestehenden gesellschaftlichen Zuständen
ohne unmittelbare Gefährdung der eigenen Person zu üben. In *Aquis
submersus* (1875/76) scheitern Liebende unterschiedlichen Standes, ein
Maler und ein vornehmes Mädchen, tragisch an dem »Übermute« Adli-
ger, »eines Bruchteils der Gesellschaft, der [...] sich besseren Blutes
dünkt und so das Schöne und Berechtigte mit der ererbten Gewalt zu
Boden tritt« (*Was der Tag gibt*, 23. 5. 83). Und in der Chroniknovelle
Eekenhof (1879) gipfelt Storms Kritik am »verrottetsten Junkertum« (an
den Vater, 10. 5. 62) – Pietsch gegenüber spricht er gar von der »ver-
fluchten Junkerbrut« (Pfingsten 64) – in der Darstellung eines niederträchtigen, brutal-tyrannischen Landadeligen, der, durch zwei Ehen zu
Vermögen gekommen, den von ihm früh verbannten Sohn und Majo-
ratserben zu ermorden versucht und darüber gemütskrank wird.

Es ist nicht zu übersehen, daß jene Erzählungen, die dem schon 1857/
58 einsetzenden gesellschaftskritischen Aufklärungsprozeß zuzurech-
nen sind – er beginnt mit der Novelle *Auf dem Staatshof* und reicht bis
zum *Etatsrat* –, überwiegend diagnostischen Charakter besitzen, d. h.
daß Storm es zunächst als seine dichterische Aufgabe ansah, die trost-
losen gesellschaftlichen Zustände seiner Zeit schonungslos zu bilanzie-
ren. Erst mit der 1881/82 entstandenen Novelle *Hans und Heinz Kirch*
gelingt es ihm, die Geschichte einer aus egoistischer Starrheit, Harther-

zigkeit und Stolz versäumten Liebe, die den Sohn verstößt und ins Verderben treibt, zu einem ergreifenden Zeugnis selbstloser Menschlichkeit zu wandeln. Dem in seinem Ich qualvoll gefangenen Hans Kirch erwächst nach des Sohnes Tod Rettung aus der menschlichen Zuwendung der zuvor von ihm verachteten und um ihr Lebensglück gebrachten Jugendliebe seines toten Sohnes. Mit seinem Bekenntnis zu »jener allbarmherzigen Frauenliebe, die allen Trost des Lebens in sich schließt« (3,129), verweist Storm seinen Leser wiederum auf seinen Humanitätsglauben, dem er schon 1865 in seinem Gedicht *Größer werden die Menschen nicht* Ausdruck verliehen hatte.

Auch in der späten Erzählung *John Riew* (1884/85), in der es Storm wie in *Carsten Curator* um das Thema Alkoholismus und Vererbung geht, vertraut er auf die erlösende Wirkung der Humanität, die den Leser zu einem von Vernunft geleiteten, erzieherisch-vorbildhaften Handeln aktiviert.

Früh schon bringt Storm in seine Novellistik auch die aus der zunehmenden Industrialisierung sich ergebenden schwerwiegenden sozialen Probleme ein. So wird in der 1878/79 geschriebenen Erzählung *Im Brauer-Hause* ein noch handwerklich produzierender Bierbrauer durch eine Rufmordkampagne, durch die er seine Kundschaft an die »neue Brauerei« (2,658) verliert, trotz Rehabilitierung in den wirtschaftlichen wie menschlichen Ruin getrieben. Auch in der 1885/86 entstandenen Novelle *Bötjer Basch* zeigt Storm einen durch eine »große neumodische Brauerei mit einem eigenen Böttcher« (3,477) in seiner Existenz bedrohten Handwerksmeister. Er wendet aber hier den tragischen Ansatz seines symbolträchtigen Werkes in das Glück erfüllter Hoffnung und gelebter Menschlichkeit, so daß Heyse es zum »Besten, Eigensten« (an Storm, 1. 10. 86) zählt, was er geschrieben hat.

Das bedeutendste sozialkritische Werk Storms stellt zweifellos die Novelle *Ein Doppelgänger* (1886) dar, in der sich mit unerbittlicher Konsequenz die Lebenstragödie eines straffällig gewordenen Proletariers vollzieht. Mit dem Werk, das er um ein zum Sinnbild fortwährender existentieller Gefährdung stilisiertes Brunnenmotiv komponiert hat, stellt Storm sich kompromißlos auf die Seite des von der Gesellschaft Erniedrigten und Entrechteten und erzwingt gerade mit der dargestellten grausamen Entmenschung des Protagonisten »die Hoffnung auf eine erlösende Wendung der Dinge«[4].

3. Advokat der Menschlichkeit

Die späten gesellschaftskritischen Novellen Storms erhellen den Wandel seines dichterischen Selbstverständnisses insofern, als ihm seine Erzählkunst zunehmend dazu dient, neben einer schonungslosen Diagnostik der bestehenden politischen, religiösen und sozialen Verhältnisse, welche den Dichter oft genug in tiefe Verzweiflung gestürzt haben, Wege zu ihrer Veränderung im Sinne einer Humanisierung der Welt und der Lebensbedingungen des Menschen zu weisen. Die hier in Storms Dichtung erkennbaren therapeutischen Wirkungen beruhen darauf, dem Leser im Kunstwerk die Erfahrung seiner möglichen Befreiung zu selbstverantwortlichem, vernünftigem Handel zu vermitteln. An dem Storm eigenen »wirklichen Volksverständnis« und Mitgefühl mit den »kleinen Leuten«[5], dem Eintreten für ihre Bedürfnisse und Belange, zeigt sich sein ausgeprägter Sinn für Humanität, der sein Spätwerk, etwa die in Hademarschen entstandenen Novellen, prägt und in dem so sensitive Themen wie das Recht auf Arbeit und die Resozialisierung von Strafgefangenen (beide in *Der Doppelgänger*), die Frage der Euthanasie (*Ein Bekenntnis*, 1887), in früheren Erzählungen schon das Rassenproblem (*Von Jenseit des Meeres*, 1863/64) und das tragische Schicksal eines behinderten Menschen (*Eine Malerarbeit*, 1867) abgehandelt werden. So bestätigt sich in seiner Altersdichtung jenes divinatorische Wort, das er schon am 16. 2. 65 über die Wirkung seiner Dichtung an Fontane geschrieben hatte: »Es muß ein Schrei unmittelbar von ihr herübertönen.«

Mit seinem letzten Werk, der erst kurz vor seinem Tod 1888 vollendeten Novelle *Der Schimmelreiter*, gelingt Storm ein überwältigendes Bekenntnis zur Humanität. In dem Werk vereint er noch einmal die Herder verpflichteten großen Ziele seiner Dichtung: Beseitigung der Barbarei, Überwindung der Unwissenheit, Ausbreitung der Kultur und Freiheit und Pflege der Menschenliebe. Gerade letztere bewährt sich in der Bereitschaft Haukes und Elkes zum gemeinsamen Leiden an ihrem schwachsinnigen Kind: »Da warf sich Elke an ihres Mannes Brust und weinte sich satt und war mit ihrem Leid nicht mehr allein.« (3,732) Durch Menschenliebe wird auch die irdische Schuld – Hauke Haien bringt durch sein Versagen die Gemeinschaft in tödliche Gefahr – als »eine menschlich verzeihliche« (an Ferdinand Tönnies, 7. 4. 88) vergeben.

An des Dichters Humanitätsanspruch zeigt sich, so Thomas Mann, die »absolute Weltwürde«[6] des Werkes Storms, der sich auch mehr als ein Jahrhundert nach seinem Tod noch als ein unbestechlicher Advokat der Menschlichkeit erweist.

Anmerkungen

Zitiert wird nach: Theodor Storm, *Sämtliche Werke*, hrsg. von Karl Ernst Laage und Dieter Lohmeier, 4 Bde., Frankfurt/Main 1987–88. Genannt werden jeweils Band und Seite.
Die Briefzitate wurden entnommen aus: Theodor Storm, *Briefe*, hrsg. von Peter Goldammer, 2 Bde., Berlin 1972, Berlin–Weimar [2] 1984 (Sigle: *Br*); sowie Theodor Storm, *Briefe*. Kritische Ausgabe. In Verbindung mit der Theodor-Storm-Gesellschaft, Husum. Berlin 1969ff.

1 Paul Heyse, ›Vorwort zu Theodor Storms Novelle »Eine Malerarbeit«‹, in: *Deutscher Novellenschatz*, hrsg. von Paul Heyse und Hermann Kurz, 24 Bde., München 1871–76, Bd. 9. Zit. nach: Br 2,410.
2 Alexander von Wussow (1820–89), Freund Storms, war während dessen Aufenthalt in Heiligenstadt dort Landrat.
3 David A. Jackson, ›Storms Stellung zum Christentum und zur Kirche‹, in: Brian Coghlan und Karl Ernst Laage (Hrsg.), *Theodor Storm und das 19. Jahrhundert*, Berlin 1989, S. 54.
4 Johannes Wedde, *Theodor Storm. Einige Züge zu seinem Bilde*, Hamburg 1888. Zit. nach: Theodor Storm, *Sämtliche Werke*, 4 Bde., Berlin/Weimar [6] 1986, Bd. 4, S. 644.
5 Ferdinand Tönnies, *Theodor Storm. Gedenkblätter*, Berlin 1916, S. 61.
6 Thomas Mann, ›Theodor Storm‹, in: Th. M., *Werke, Schriften und Reden zur Literatur, Kunst und Philosophie*, Bd. 2., Frankfurt/Main 1968, S. 22.

MICHAEL WINKLER

»Hugo, Dichter und Handelsmann«
Hofmannsthals Ästhetizismus

Das Tagebuch, in dem Arthur Schnitzler zumeist private Ereignisse
und Eindrücke notierte, spricht für die 1890er Jahre auffällig oft von
Mißhelligkeiten und Irritationen, wo man dies am wenigsten erwartet
hätte: im Verkehr mit den Freunden des sogenannten Jungen Wien.
Seinem Verhältnis zu ihnen und ihren Beziehungen untereinander fehle
bei aller Vertrautheit, ja gelegentlichen Intimität das wirklich verbin-
dende Element künstlerischer Toleranz, das diese Literaten-Gruppe
hätte zusammenhalten können. Trotz ihres beinahe täglichen Umgangs
miteinander seien sie letztlich doch nur bei einem distanzierten Nebeneinander verblieben und hätten deshalb ihre Gegensätze nicht mehr
ausgleichen können. Dafür gibt er sich selbst und den anderen gleichermaßen die Schuld, wenn er in einer Eintragung vom 4. 12. 1902 fest-
stellt: »Wir sind eben alle solche Egoisten. Und alle empfindlich, alle
mißtrauisch.«[1] Diese Bemerkung scheint lediglich auf eine charakter-
liche Unzulänglichkeit abzuzielen, die nun einmal zu den inneren Verhältnissen noch jugendlich ichbezogener Schriftsteller gehört, besonders wenn deren Neigung zu hypochondrischer Selbstreflexion in ihr
Gegenteil, den (auch richtungslosen) Drang zu dominierender Selbst-
behauptung, umschlägt.

Tatsächlich verweist Schnitzler jedoch auf eine vielleicht eher intuitiv erkannte als systematisch analysierte zeitsymptomatische Problematik, die zur sozialpsychologischen Signatur der künstlerischen
Avantgarde vor der Jahrhundertwende gehört. Sie entspringt einer tief-
reichenden Verunsicherung und Überforderung, durch die sich das
dichterische Ich als integrierender Sammelpunkt für widersprüchliche
Wirklichkeitserfahrungen in Frage gestellt sieht, ja oft genug gänzlich
ausgeschaltet findet. Solche Zerstörung subjektiver Identität ist die
Folge der Überwältigung durch eine grenzenlos gewordene Empirie,
durch eine ins Unübersehbare sich verzweigende Dingwelt, deren aus-
wuchernde Materialfülle sich vernünftiger Bändigung durch einheits-
stiftende Verinnerlichung und durch sinnvolle Eingliederung in ur-

sprüngliche Gesetzmäßigkeiten widersetzt. Zugleich läßt der Verlust einer logischen Systematik natürlicher Ordnungen auch das Gegenspiel vordergründig transparenter Phänomene und eines hintergründig transzendenten Numinosen hinfällig erscheinen. Metaphysik hebt sich in der essentiellen Indifferenz des technisch Reproduzierten und in der Ubiquität des Trivialen auf. Mit der Klarsicht des pragmatischen Skeptikers führt Schnitzler daher Hofmannsthals Klage, »wie wenig er könne, er bringe eigentlich keine Gestalten heraus«, d. h. keine als Individuen klar ausgeprägten Träger einer dramatischen Handlung, auf folgende »Fehler« zurück:

»er hält das unbegreifliche und das begreifliche nicht auseinander; das Wesen des Kunstwerkes bestehe vielleicht darin, dass der sonderbare Contrast zwischen dem begreiflichen (alltäglichen etc.) und dem unheimlichen, das über dem allen ist, mit Klarheit gegeben werde. Und Hugo gehört zu denen, die es als etwas ebenso unheimliches schildern, wenn einer ans Sterben denkt oder wenn er ins Kaffeehaus geht.«[2]

Diese Zusammenfassung eines Gesprächs vom 1. 10. 1896 plädiert nicht nur für sachgerechte Präzision in der künstlerischen Gestaltung dessen, was sich als Logik, wenn auch zumeist als unbewußte Zwangslogik sozialen Verhaltens durchschauen läßt; sie betont auch die Notwendigkeit, das subjektive Gefühl bei aller Undurchdringlichkeit der Verhältnisse an Überschaubares zu binden. Denn nur so könne dem Zerfall der Ich-Identität, könne ihrer Auflösung ins endlos Diffuse widerstanden und das Zerstreute auf zentrale Brennpunkte als auf sozusagen magnetische Kraftzentren zurückgeführt werden. Das ermögliche die sinnvolle Strukturierung einer Selbst- und Lebenserfahrung, die dem Anprall höchst gegensätzlicher und überwältigender Eindrücke zu erliegen droht; ansonsten führe die Angst vor der Langeweile, die sich nach künstlerischer Selbstwiederholung einstellt, zur Hektik des unablässigen Experimentierens bzw. lasse das Ungenügen am Vordergründigen die als irrational erfahrenen Lebensverhältnisse zu Welträtseln werden, die sich erst in einem dionysisch erfahrenen mythischen Sein auflösen.

Der junge Hofmannsthal selbst versteht mit intellektuell-intuitiver Hellsicht die hier angesprochene Krise der deutschen Dichtkunst in den frühen 1890er Jahren als die nahezu unlösbare Aufgabe, hoher Literatur als subtil stilisierter Welterkenntnis eine selbstbewußt kritische, wenn auch nicht mehr die zentrale Rolle bei der Suche nach zeitgemäßer Lebensorientierung zurückzugewinnen. In der Überwindung sowohl von Sprachlosigkeit wie Geschwätz, aber auch jenseits von narzißhafter

Selbstbespiegelung sollte ihr eine wiederum kulturstiftende und damit
sozial verbindliche Dignität zurückgegeben werden, die er historisch
vorbildhaft zuletzt in den Dezennien um 1800 verwirklicht fand.
Sie sollte als humane Alternative gelten vor allem zur Sprache sozial-
und naturwissenschaftlicher Abstraktionen, zu den Sinngebungen
übermächtig sich verselbständigender Partialwerte und zur Zwangsme-
chanik wirtschaftlich-industrieller Gesetzmäßigkeiten. Solchem Selbstverständnis der Kunst widersprachen jedoch zumindest zwei Gegebenheiten: zum einen die Tatsache, daß gerade auch die ehedem kulturell
führende Bildungsschicht des begüterten Bürgertums ihre Ansprüche
an die Kunst auf gepflegte Ablenkung von den Tagesgeschäften und auf
dekorative Repräsentation reduziert hatte, zum anderen die Erkenntnis,
daß sich Lebenserfahrung kaum noch direkt und persönlich gewinnen
ließ, sondern als Auseinandersetzung mit den manipulativen Vermitt-
lungsstrategien von Autoritäten, die sich immer weitere Aspekte
menschlicher Existenz zu unterwerfen suchten.

Die Konstituierung einer autonomen, d. h. nur einem höheren, ideellen Interesse verpflichteten Kunst, die darin auch ihre soziale Verantwortlichkeit erweist, wird daher zu einer Lebensaufgabe. Sie steht für
Hofmannsthal unter dem Druck eines »furchtbar Autobiographischen«, das seinem Werk von den ersten lyrischen Anfängen bis in die
Zeit unmittelbar vor Ausbruch des Weltkriegs als die Problematik eines
sprachmagischen Ästhetizismus zugrunde liegt.[3] Die unterschiedlichen
(auch häufig mißlungenen) Versuche zu seiner Überwindung machen
die thematische Kontinuität eines Werkkomplexes aus, dessen Perspek-
tivik und Bildersprache immer wieder das Wissen um die Gefahr einer
selbstgenügsamen Isolierung im Reichtum der eigenen Vorstellungs-
welt und in der Fülle assoziativ als wahlverwandt übernommener Sensi-
bilitäten ausdrückt. Diese Lebensproblematik wird in den imaginativen
Rezensionen und Essays zu einzelnen Facetten zeitgenössischer Kunstpraxis und der ihr entsprechenden Sozialpsychologie erörtert. Künstlerische Gestaltung findet sie in den Gedichten, kurzen Dialogspielen
und lyrischen Dramen, die, poetologische Selbstreflexionen insgesamt,
das Dilemma selbstbezogener Unfähigkeit zu menschlicher Gemeinschaft in subtiler Modernisierung historischer Vorbilder thematisieren.

Eine sehr ähnliche Werkkonsistenz nimmt auch Stefan George für
sich in Anspruch. Der Hofmannsthal als Dichter eines l'art pour l'art
durch viele Affinitäten zugleich nah und auf Distanz verbundene Anti-
pode beruft sich gleichfalls auf eine von Anfang an gewissermaßen dä-
monisch wirksame Folgerichtigkeit seiner künstlerischen Entwicklung.

Damit widerspricht er einem geläufigen Urteil, das er als irrige Einschätzung durch die unverständige Kritik der Zeitgenossen und als ein fundamentales Mißverständnis seines Auftrags als Dichter abtut. Mit deutlichem Bezug auf seine erste poetische Identifikationsfigur Algabal (1892) wendet sich das erste der »Zeitgedichte« in *Der Siebente Ring* (1907), die für ihn vorbildliches Dichtertum beschwören, gegen die Annahme, seine Rolle habe sich geändert. Es geht ihm darum, einen vermeintlichen Unterschied zwischen seinen Anfängen als solipsistisch ästhetisierender Schöngeist –

> Da galt ich für den salbentrunkenen prinzen
> Der sanft geschaukelt seine takte zählte
> In schlanker anmut oder kühler würde
> In blasser erdenferner festlichkeit. –

und seiner neuen *persona* eines apokalyptischen Verkünders, der »eifernde posaune bläst / Und flüssig feuer schleudert«, als irrelevant auszugeben: »Ihr sehet wechsel · doch ich tat das gleiche.« Er sieht sich jetzt wie damals als »der empörer eingedrungen / Mit dolch und fackel in des feindes haus ..«[4] Dabei ist offensichtlich, daß diese rigorose Selbststilisierung auch den Vorwurf gerade an die deutsche Intelligenz nach Nietzsche enthält, die Notwendigkeit strenger Absonderung vom Zeitgeist nicht begriffen zu haben.

Diese aggressive Opposition richtet sich gegen ein in steriler Erstarrung bzw. flacher Geschäftigkeit befangenes Kulturleben, das den Sinn für jene würdevolle Größe verloren hat, die über den Tagesereignissen steht und das im Leben Wichtige nach ihrem Bilde formt. Daher findet sich ein Dichtertum in die Isolation gedrängt, das die Kunst als »die GEISTIGE KUNST« verwirklichen will, als »eine kunst für die kunst« (1892) und damit »frei von jedem dienst: über dem leben nachdem sie das leben durchdrungen hat: die nach dem Zarathustraweisen zur höchsten aufgabe des lebens werden kann« (1896).[5] Dem Versuch jedoch, dem »atemholen neuer noch schlafender geister« nachzuhelfen, und dem Anspruch, »das geheimnis der erweckung und das geheimnis des übergangs«[6] zum Neuen Menschen und zur ästhetischen Rechtfertigung des Lebens als eine öffentlich wirksame Kraft erweisen zu können, ging die Erfahrung der Einsamkeit voraus. Sie wird teils als Quelle der Inspiration gepflegt, teils beklagt als Grund für die Schwierigkeit, die Eigendynamik einer nur sich selbst verbürgenden und reproduzierenden Privatsphäre nach außen, ins Gesellschaftliche zu übertragen. Dieses Gefühl der Beziehungslosigkeit ist bei George und Hofmanns-

thal gleich stark ausgeprägt und läßt seine äußerlichen Ausdrucks- und
Kompensationsformen als sekundär erscheinen. Ob es sich als asketisch
strenge Selbstbeschränkung gebärdet, die sich auch dem geringsten
Verdacht der Vereinnehmbarkeit oder Kompromißbereitschaft durch
den Rückzug in einen als »DIE HALTUNG« propagierten esoterischen
Manierismus[7] entzieht, ob es sich als kulant großzügige Lässigkeit darstellt, die ihre snobistische Vorliebe für »manche Allüren und Marot-
ten« aristokratischer Lebensweise[8] zur Tarnung eines leicht verletz-
lichen Gemüts einsetzt: Bis in Georges spätes Bemühen, eigenmächtig
seinen Nachruhm selbst zu verwalten, und bis in Hofmannsthals Abscheu vor jedem »Versuch ihn öffentlich darzustellen«[9] wirkt dieses
Trauma ihrer Frühphase weiter. Es ist dies die Erfahrung einer künstlerischen Elite, die sich als Geistesaristokratie unverstanden weiß und
sich erst »allmählich wieder ein wirkliches *Publikum* erziehen muß«[10].

  Die objektiven Voraussetzungen dafür waren zunächst denkbar un-
günstig. Mit der Aufnahme der *Blätter für die Kunst*, durch die George
seit 1892 »zerstreute und unbekannte ähnlichgesinnte zu entdecken und
anzuwerben«[11] versucht, finde er, so schreibt Hofmannsthal aus Wien,
»nichts als Ärger; wir stehen wirklich einsamer, als ich je geglaubt
hätte«[12]. Er könne bei »ruhiger Verständnislosigkeit oder tactloser Geringschätzung« unter den etwa 50 Menschen, an die er sich gewandt
habe, »auf 4 bis 5 vollkommen mitgehende Leser rechnen« (S. 52). Aber
auch im folgenden Jahr mußte er »die fast vollständige Rathlosigkeit des
Publicums einem so fremdartigen und herb-wortkargen Unternehmen
gegenüber« (S. 68) eingestehen, womit er das Desinteresse der literarischen Öffentlichkeit und zugleich die eigenen Bedenken gegenüber
Georgescher Exklusivität sehr höflich umschreibt. Doch noch über ein
Jahrzehnt später, zur Zeit der beginnenden Zusammenarbeit mit Max
Reinhardt, fühlt er sich zu folgendem Selbstbekenntnis genötigt:

> »Wenn ich sage, ›aufhören sich isoliert‹ zu fühlen, so meine ich nicht, daß ich
> hier ganz allein bin. Ich habe hier Freunde, deren lose und doch bedeutungsvolle
> Gruppierung mir eine nie versagende Freude macht. Aber als Mensch meiner
> Zeit, als Künstler meiner Zeit finde ich mich samt meinen Freunden isoliert,
> finde uns an einem einsamen Rande hangen.«[13]

Das Bedürfnis nach verständnisvoller Förderung, nach fruchtbaren Beziehungen im gehobenen Kulturleben läßt daher die unmittelbar folgende Bemerkung eher als schmeichelhaftes Wunschdenken denn als
wahren Lagebericht erscheinen: »Das Gefühl, eins zu sein mit meiner
Epoche, dieses Gefühl überhaupt kennen gelernt zu haben, danke ich
Ihnen. Es auszubauen ist dann leicht«, da nunmehr »in geistiger Hin-

sicht die Form dafür gegeben« sei. Doch wie prekär auch diese Form
blieb, geben besonders deutlich die häufigen Klagen über den ihm gegenüber wenig verständnisvollen Theaterbetrieb der Zeit zu erkennen.
Das berührt die kommerzielle Seite des Verhältnisses von Kunst und
Leben, die sich auch Hofmannsthal spätestens nach Beendigung des
Universitätsstudiums – nach dem ersten juristischen Staatsexamen und
der Ableistung eines Freiwilligenjahres in einem Dragonerregiment dis-
sertierte er 1897 in romanischer Philologie und erwog noch 1901 die
Habilitation – und mit dem Entschluß zum Beruf des freien Schriftstellers aufdrängen mußte. Er konnte sich wohl als einziger Sohn auf die
verständnisvolle und durchaus standesgemäße Unterstützung durch
einen Vater verlassen, der als Direktor bei der Österreichischen Cen-
tral-Bodencredit-Bank in Wien auch nach dem Verlust eines sehr be-
trächtlichen Teils des Familienvermögens im Börsenkrach vom 9. Mai
1873 die Konventionen großbürgerlicher Lebensweise nicht preiszugeben brauchte. Aber der junge Dichter wußte auch gerade dann, wenn er
die Privilegien des kosmopolitischen Gentleman genoß, um die sehr engen Grenzen, die seiner finanziellen Unabhängigkeit gesetzt waren. Er
mußte also schon vor der Heirat im relativ jungen Alter von 27 Jahren an
die Verpflichtung denken, sich den Lebensunterhalt durch seine Kunst
zu verdienen. Daß es ihm bis Kriegsausbruch dann auch gelang, sich
trotz jener Widerstände, die er z. B. als »den immer sehr möglichen Fall
eines häßlichen Theaterabends und feindseliger Gesinnungen«[14] be-
zeichnete, ein eigenes bescheidenes Vermögen zu erarbeiten, ist sicher
auch der Furcht vor sozialer Deklassierung zuzuschreiben.

Möglich wurde solcher Erfolg erst, als sich gesamteuropäisch bei der
gesellschaftlichen Oberschicht die Vorliebe für eine psychologisch raf-
finierte Stilkunst durchzusetzen begann, die der Suche nach transzen-
denter Sinnerfahrung durch eine subtil profunde Gemütserregung ent-
gegenkam und dabei ein gewisses melancholisches Glissando auf den
Reiz des erotisch Riskanten abzustimmen verstand. Um den ihm ge-
bührenden Anteil an diesem »Kunstmarkt« bemühte sich Hofmannsthal
trotz häufiger durch Nervenschwächen und andere Unpäßlichkeiten
bedingter Schaffenskrisen. Er war bei Premieren zugegen, ließ sich auf
Reisen in der maßgeblichen Öffentlichkeit sehen, pflegte die Kontakte
zu Kunstfreunden, nahm möglichst viele Gelegenheiten zur Absicherung seiner Interessen wahr; über Tantiemen, Kosten, Mitarbeiterver-
träge, Auflagenhöhen usw. verhandelte er mit eigenwilliger Zähigkeit,
also selten mit diplomatischer Zurückhaltung – kurz: er sorgte für die
bestmögliche Verwertung seines geistigen Eigentums. Freilich nur in

einem Brief erwähnt er, er habe sich einen in der ersten Dezemberhälfte 1906 zu haltenden Vortrag zur Frage ›Der Dichter und diese Zeit‹, der ihm »mehr Mühe gekostet als ein ganzes Theaterstück« und bei »dessen Materie [...] man sich auf gar keine Thatsachen [...] stützen« könne, doch noch abgerungen, und zwar »um des Geldes willen, weil ich ja in diesem Jahr überhaupt sehr wenig verdiene«.[15] Der Vortrag selbst, der bei allen Vorbehalten gegenüber den vom Titel verlangten Verallgemeinerungen doch eine systematische Zusammenfassung der für sein Selbstverständnis relevanten Gedanken versucht, spart diesen Aspekt gänzlich aus – eine auf geistige Problematik spezialisierte Einstellung, die ihn z. B. Georg Simmels *Philosophie des Geldes* (1900) als »sehr merkwürdig, nur ermüdend zu lesen« bezeichnen und damit auf Distanz halten ließ.[16]

Intellektuelle Analysen der materiellen Sozialstruktur und der Funktionssystematik moderner Industriestaaten und die journalistischen Diskussionen über die Organisationsprinzipien öffentlicher Macht und politischer Ideologien haben die schon sehr früh bemerkte und anerkannte außergewöhnliche Intelligenz des jungen Hofmannsthal kaum anzuregen, geschweige denn zu faszinieren vermocht. Die Sozialdemokratie etwa begann er als 21jähriger zur Kenntnis zu nehmen, als er sich sehr intensiv und nachhaltig auf »magische« Vorstellungen, auf den »Traum von großer Magie« eingestellt hatte. Seinen um ein gutes Jahr älteren Freund Edgar Karg von Bebenburg belehrte er über das, »was man so gewöhnlich die sociale Frage nennt«, etwas altklug mit dem Hinweis, über diese Dinge höre

»man recht viel reden, oberflächliches Zeug, auch besseres, aber alles so entfernt und unlebendig, wie wenn man durch ein Fernrohr von ganz weit einer Gamsherde grasen zusieht; es kommt einem gar nicht wie wirklich vor. Was es ›wirklich‹ ist, weiß wohl auch niemand, weder die drin stecken, noch gar die ›oberen Schichten‹. Das ›Volk‹ kenne ich nicht. Es gibt, glaub ich, kein Volk, sondern, bei uns wenigstens, nur Leut, und zwar sehr verschiedene Leut, auch unter den armen sehr verschiedene, mit ganz verschiedenen inneren Welten.«[17]

Doch versucht Hofmannsthal nicht, sich die in solchen Diskrepanzen verschleierten Sozialprobleme als für die Dichtung akute Fragen näher zu vergegenwärtigen. Immerhin war im gleichen Jahr, als er dies schrieb, die Christlich-soziale Partei unter Karl Lueger aus den Wiener Gemeindewahlen zum erstenmal mit einer soliden Mehrheit hervorgegangen, nicht zuletzt aufgrund ihres bei allen Bevölkerungskreisen populären antiliberalen und antisemitischen Reformprogramms. Vielmehr hält er sich, eskapistisch zitierend, an Georges Vorbild, für den nicht »der sinn (sonst wäre sie etwa weisheit gelahrtheit) sondern die form d. h. durchaus nichts äusserliches sondern jenes tief erregende in maass und klang« den »wert der dichtung entscheidet«[18]. Beiden geht es mit solchen Behauptungen nicht um die soziale Wirklichkeit, die sich dichterisch gestalten ließe, sondern ums Gedicht als »ein gewichtloses Gewebe von Worten«, die »einen genau umschriebenen, traumhaft deutlichen, flüchtigen Seelenzustand hervorrufen, den wir Stimmung nennen«. In ihm hat, so George, jene Sprache, die »noch von der sucht ergriffen ist etwas ›sagen‹ etwas ›wirken‹ zu wollen«, hat, so Hofmannsthal, das »Wort als Träger eines Lebensinhaltes« neben dem »traumhaften Bruderwort, das in einem Gedicht stehen kann«, keinen Platz. Sie

»streben auseinander und schweben fremd aneinander vorüber, wie die beiden Eimer eines Brunnens. Kein äußerliches Gesetz verbannt aus der Kunst alles Vernünfteln, alles Hadern mit dem Leben, jeden unmittelbaren Bezug auf das Leben und jede direkte Nachahmung des Lebens, sondern die einfache Unmöglichkeit: diese schweren Dinge können dort ebensowenig leben als eine Kuh in den Wipfeln der Bäume.«[19]

Das ätherische Schweben über den bedrückenden Dingen eines auf pragmatische Leistung abgestimmten Lebens, die Entbindung von der »Mühsal, durch noch Ungetanes / schwer und wie gebunden hinzugehn«[20], gilt ihm als die besondere Daseinsweise der »ganz großen Dichter«. Denn »schaffen sie nicht jenen seligen schwebenden Zustand der deukalionischen Flut, jene traumhafte Freiheit, ›im Kahn über dem Weingarten zu hängen und Fische zu fangen in den Zweigen der Ulme‹?«[21] Das Werk des Dichters entwirft also einen Freiraum spielerischer Absichtslosigkeit und zwangsfreier Selbstentfaltung, in dem er sich als einzigen Überlebenden in der allgemeinen Weltzerstörung (und implizite als Schöpfer eines neuen Menschengeschlechts) vorstellt. Diese Transzendierung vermittels des Dichterischen in ein Mysterium innerweltlicher Dreieinigkeit – »Und drei sind Eins: ein Mensch, ein Ding, ein Traum« endet die dritte der dem Thema Vergänglichkeit gewidmeten »Terzinen«[22] – versteht George als Sehnsucht nach einem Sprechen jenseits gebräuchlicher Sprache. Seine »Lobrede« auf Mallarmé spricht davon, »jeden wahren künstler« habe »einmal die sehnsucht befallen in einer sprache sich auszudrücken deren die unheilige menge sich nie bedienen würde oder seine worte so zu stellen dass nur der eingeweihte ihre hehre bestimmung erkenne...«[23] Dem entsprechen seine Versuche, ein nur ihm eigenes dichterisches Idiom zu entwerfen, wofür die Schlußverse des Gedichts »Ursprünge«[24] ein Beispiel geben:

In einem sange den keiner erfasste
Waren wir heischer und herrscher vom All.
Süss und befeuernd wie Attikas choros
Über die hügel und inseln klang:
CO BESOSO PASOJE PTOROS
CO ES ON HAMA PASOJE BOAÑ

Solche Eigenmächtigkeit der poetischen Subjektivität hielt letztlich
auch nicht vor der willentlichen Selbstprojizierung in die Transzendenz
zurück, die George in der Apotheose des jugendlichen Genius Maximin
zelebriert. Der Gott des »schönen lebens« als leibgewordener Traum
des Dichters macht diesen zum »geschöpf nun eignen sohnes«, garan-
tiert also in absoluter Identifikation von Vision und Wirklichkeit, daß
aus solcher Autogamie

Unzertrennbar sich gebäre
Bild aus dir und mir im traume.[25]

Doch bleibt gerade eine derartige Inkarnation das Geheimnis des Dichters, das sich nur ihm als »wahre weisheit« erschließt:

Wer schauen durfte bis hinab zum grund
Trägt ein gefeiter heim zu aller wohl
Den zauber als Begehung und als Bild.
Bringt er nur zeichen: tilgt er sie und sich
Ein übersichtiger dem ein auge fehlt.[26]

George wußte sehr wohl, wie leicht der Zauber der Poesie, der die Bild-
werdung des Göttlichen als feierliches Ritual begeht, in falscher Beschwörung mißbraucht werden kann und daß die Menschen »lähmen-
des entsetzen« ergriffe, wenn »Das Andre grausam schreckhaft sich
erhübe«. Er hat sich daher im vollen Bewußtsein, »dass ein verborgen-
halten von einmal ausgesprochenem heut kaum mehr möglich ist«, zunächst nur an den sehr kleinen und sorgfältig vorbereiteten Kreis der
»freunde des engern bezirks«[27] gewendet. Ihnen aber sollte sein Werk
die einer religiösen Bindung entsprechende zentrale Sinngebung ihres
Lebens sein, die alle Widersprüche der Zeit aufgehoben hat.

Mit gleicher Sensibilität für den »ungeheuren Druck des ganzen an-
gesammelten Daseins«[28] und den »zersplitterten Zustand dieser Welt«
(S. 249), wenngleich ohne die herrische Gebärde und ohne die Versen-
kung in mythische Urgründe, möchte auch Hofmannsthal das Erleben
des Gedichteten als religiöses Erlebnis rechtfertigen; ja, er meint,
»nichts Befremdliches« zu sagen, wenn er von diesem Erlebnis, das sich

ihm beispielsweise in »hundert Seiten Dostojewski« oder der »Gestalt der Ottilie in den *Wahlverwandtschaften*« oder in einem Gedicht von Goethe oder Stefan George kristallisiert, als dem vielleicht »einzigen religiösen Erlebnis« spricht, das den Lesern dieser Zeit »je bewußt geworden ist« (S. 256). Das führt er auf eine zeitgenössische Sehnsucht nach der »ganzen Bezauberung der Poesie« (S. 239) zurück, die sich als Suche nach der »Synthese des Inhalts der Zeit« (S. 249) ausdrückt. Dem Dichter spricht er daher die fast unpersönliche Rolle eines »Seismographen« zu. Gerade weil er, heimgekehrt wie von fürstlicher Pilgerfahrt ins Heilige Land, nun »als ein unerkannter Bettler« »gespenstisch im Dunkeln« seines eigenen Hauses liegt (S. 243), muß er die exemplarische Aufgabe übernehmen, »den Zusammenhang des Erlebten, den erträglichen Einklang der Erscheinungen« (S. 252) zu schaffen:

»Seine Schmerzen sind innere Konstellationen, Konfigurationen der Dinge in ihm, die er nicht die Kraft hat zu entziffern. Sein unaufhörliches Tun ist ein Suchen von Harmonien in sich, ein Harmonisieren der Welt, die er in sich trägt. In seinen höchsten Stunden braucht er nur zusammenzustellen, und was er nebeneinanderstellt wird harmonisch.« (S. 248)

Hofmannsthal wußte freilich nur zu gut um die immense Schwierigkeit, die dem Dichter aufgetragenen Synthesen auch tatsächlich als künstlerisches Werk zu leisten. Denn ein derartiges Postulat mit seiner ans Maßlose grenzenden Überforderung der Dichtkunst sollte ja auch zumindest als poetologisches Programm die Selbstpreisgabe der Poesie angesichts des Entsetzens über menschliche Roheit und über den »Mechanismus ›einer sich barbarisierenden Civilisation‹«[29] überwinden. Davon hatte der Schluß des als Chandosbrief bekannten Essays ›Ein Brief‹ (1902) gesprochen. Mit dem bewußten Verstummen der Sprache zugunsten einer intuitiv beredten Gestik als der Ausdruckskraft spontaner Kreatürlichkeit, die der Zerstörung des Lebens unmittelbar vorausgeht, war der Anspruch auf aktive Selbstverwirklichung durch den sprachlichen Ausdruck dem Beharren in stumm gefaßter Resignation untergeordnet worden. Als Absage an den Trost der Kunst bedeutete diese Haltung zugleich auch die Abdankung des Dichters. Dem sollte seine Neukonstituierung als exemplarisch Leidender und als visionärer Schöpfer symbolischer Synthesen entgegenwirken.

Damit formuliert Hofmannsthal ein Selbstverständnis, das sich zwar mit manchen zeitgenössischen Bestrebungen vor allem um die Revitalisierung des Theaters in prinzipiellem Einverständnis sehen konnte. Doch wie beispielsweise die sehr umfangreiche Korrespondenz mit dem Insel-Verlag (seit 1901) zeigt[30], blieb der Absatz seiner Bücher doch

enttäuschend. Während es etwa eine Sammlung wie Otto Julius Bier-
baums *Irrgarten der Liebe* (1901) in fünf Jahren aufs vierzigste Tausend
brachte, hielt George z. B. für den Band *Ausgewählte Gedichte* (1903) eine
Auflage von zunächst 300 Exemplaren aus Rücksicht auf den Selten-
heitswert des Bandes, aber auch aus finanziellen Überlegungen für angebracht.[31] Und anläßlich der Luxusausgabe des Dramoletts *Der weiße
Fächer*, die wie ähnliche Vorzugsdrucke auf das Geltungsbedürfnis rei-
cher Kunstfreunde abzielte, teilte der Geschäftsführer des Insel-Ver-
lags mit, er beginne trotz solider Werbung für das Weihnachtsgeschäft
»mit einem nach Tausenden zählenden Verlust an diesem Werk leider
zu rechnen«[32]. Obwohl der mäzenatisch gut abgesicherte Insel-Verlag
und ab 1904 auch der Verleger Samuel Fischer sich um die Verbreitung
von Hofmannsthals Büchern bemühten, wurde sein gesamtes Frühwerk zunächst nur im kleinsten Kreise gelesen, hatte also auch nach der
Jahrhundertwende sehr geringen Einfluß auf die Ausbildung eines
neuen literarischen Geschmacks. Das ändert sich erst nach dem sensa-
tionellen internationalen Erfolg der Vertonung der *Elektra*[33] durch Richard Strauss und mit der sich daraus ergebenden engen Zusammenarbeit zwischen dem Dichter und dem Komponisten. Jetzt steigen auch
sprunghaft die Rezensionen und öffentlichen Diskussionen, die, von
sehr wenigen Ausnahmen abgesehen[34], zuvor recht spärlich ausgefallen
waren. Das führte jedoch zumeist dazu, daß sich die Legende vom früh-
reif preziösen Ästheten und der Nimbus seines Jugendwerkes als einer
exquisit stilreinen Kunst für die Kunst weiter verdichtete, nunmehr
angereichert um die Fama altaristokratischer Vornehmheit.

Anmerkungen

1 Arthur Schnitzler, *Tagebuch 1893–1902*, hrsg. von Werner Welzig. Wien 1989,
  S. 387.
2 A. a. O., S. 219.
3 Das Zitat entstammt einer als »Imaginärer Brief an C. B.« bezeichneten Notiz des
  Jahres 1927, die zum Komplex der Aufzeichnungen *Ad me ipsum* gehört. Über sein
  Jugendœuvre schreibt er dort, er »staune, wie man es hat ein Zeugnis des l'art
  pour l'art nennen können – wie man hat den Bekenntnischarakter, das furchtbar
  Autobiographische daran übersehen können –«. In: *Aufzeichnungen*, hrsg. von
  Herbert Steiner. Frankfurt/Main 1959, S. 240.
4 Stefan George, *Werke. Ausgabe in zwei Bänden*. München–Düsseldorf 1958.
  Band I, S. 227 f.
5 Nach *Einleitungen und Merksprüche der Blätter für die Kunst*. München–Düsseldorf
  1964, S. 7 bzw. S. 13 f.

6 *Werke*, I, 531.

7 *Einleitungen*, S. 12.

8 Schnitzler, *Tagebuch* (Eintragung vom 28. 7. 1896), S. 206.

9 Vgl. Rudolf Borchardt, ›Hofmannsthals Lehrjahre‹, in: *Prosa I*, hrsg. von Marie Luise Borchardt, Stuttgart 1957, S. 146.

10 Nach einem Brief Kesslers vom 6. 3. 1903 in: Hugo von Hofmannsthal, Harry Graf Kessler, *Briefwechsel 1898–1929*, hrsg. von Hilde Burger, Frankfurt/Main 1968, S. 51.

11 *Einleitungen*, S. 7.

12 *Briefwechsel zwischen George und Hofmannsthal*, Berlin 1938, S. 51. Die Seitenzahl der beiden folgenden Zitate aus dieser Korrespondenz wird in Klammern direkt im Text gegeben.

13 Briefwechsel Kessler, Brief vom 18. 6. 1904, S. 64.

14 Briefwechsel George, S. 202.

15 Brief vom 5. 12. 1906 in: Hugo von Hofmannsthal, Eberhard von Bodenhausen, *Briefe der Freundschaft*, o. O. 1953, S. 87. Der Industrielle E. v. Bodenhausen stand dem Dichter wiederholt auch als Berater in Finanzangelegenheiten bei.

16 A. a. O., S. 80, Brief vom 7. 6. 1906.

17 Hugo von Hofmannsthal–Edgar Karg von Bebenburg, *Briefwechsel*, hrsg. von Mary E. Gilbert. Frankfurt/Main 1966, S. 80. Brief vom 18. 6. 1895. Karg, 1872 geboren, entstammte väterlicherseits einer österreichischen Offiziers-, mütterlicherseits einer Bankiersfamilie, die nach dem frühen Tod des Vaters verarmt war. Während seiner Ausbildung als Marinekadett wandte er sich besonders dringlich an Hofmannsthal mit Bitten um Rat und menschliche Hilfe.

18 *Werke*, I, 530.

19 Vgl. Hofmannsthals Essay ›Poesie und Leben‹ vom Jahre 1896, in: *Prosa I*, hrsg. von Herbert Steiner, Frankfurt/Main 1950, S. 306 f.

20 So der Beginn von Rilkes Gedicht ›Der Schwan‹ aus dem Band *Neue Gedichte* (1907); zitiert nach *Gesammelte Gedichte*, Frankfurt/Main 1962, S. 266.

21 So der Schlußsatz der Besprechung ›Der neue Roman von d'Annunzio. »Le Vergini delle Rocce«‹, in: *Prosa I*, S. 281.

22 Zitiert nach *Gesammelte Werke*, I: *Die Gedichte/Lyrische Dramen*. Berlin 1924, S. 15.

23 *Werke*, I, 506.

24 Aus dem Zyklus ›Traumdunkel‹ von *Der Siebente Ring*; in: *Werke*, I, S. 295.

25 So der Schluß des Gedichts ›Einverleibung‹ aus dem zentralen Zyklus ›Maximin‹ von *Der Siebente Ring*; in: *Werke*, I, 295.

26 *Werke*, I, 390.

27 Vgl. die ›Vorrede‹ von 1929 zur Ausgabe des *Stern des Bundes* (1914) in der *Gesamt-Ausgabe der Werke, Endgültige Fassung* (1927–1934); Zitat nach *Werke*, I, 347.

28 Dieses und die folgenden Zitate aus der Rede ›Der Dichter und diese Zeit‹, mit der sich Hofmannsthal ab November 1905 beschäftigt hatte, nach: *Prosa* II, hrsg. von Herbert Steiner, Frankfurt/Main 1959, S. 241.

29 Vgl. Borchardts Brief vom 5. 8. 1912 in: Hugo von Hofmannsthal – Rudolf Borchardt, *Briefwechsel*, hrsg. von Marie Luise Borchardt und Herbert Steiner, Frankfurt/Main 1954, S. 75.

30 Hugo von Hofmannsthal, *Briefwechsel mit dem Insel-Verlag 1901–1929*, hrsg. von Gerhard Schuster, Frankfurt/Main 1985.

31 Eine 2. Auflage in 400 Exemplaren, um vier auf 18 Gedichte vermehrt, erschien 1904.

32 Brief 197, vom 10. 12. 1907, in: *Briefwechsel mit dem Insel-Verlag*, S. 294.
33 Die Uraufführung fand am 25. 1. 1909 im Königlichen Opernhaus Dresden statt.
34 Nach den frühen Hinweisen in Hermann Bahrs kritischen Studien zur Gegen-
    wartsliteratur, die seit 1892 erschienen, z. B. die am 8. 9. 1902 in Göttingen gehal-
    tene ›Rede über Hofmannsthal‹ von Rudolf Borchardt.

Der Dichter der freischwebenden Ästhetik:
Thomas Mann

In einer frühen Erzählung Thomas Manns, *Der Wille zum Glück* (1896), erleben zwei künstlerisch talentierte Schuljungen das »Pathos der Distanz« aus Nietzsches *Jenseits von Gut und Böse* [1], »das jeder kennt, der mit fünfzehn Jahren heimlich Heine liest und in Tertia das Urteil über Welt und Menschen entschlossen fällt.« (VIII, 44)[2] Der Held der Erzählung wird Künstler. Aber mit einer gespannten Ruhe, die den »Eindruck eines sprungbereiten Panthers« (VIII, 49) erweckt, verfolgt er sein eigentliches erotisches Ziel. Am Ende erzwingt er »das Glück«, die Hochzeitsnacht mit der geliebten und bürgerlich geheirateten Frau, um den Preis seines Lebens. Die Frau bezeichnet den Gegenpol zur künstlerischen Distanz; das »Glück« ist die Einordnung in die Bürgerlichkeit. Sein Wille, der stärker ist als der Selbsterhaltungstrieb, gehört zum Außerordentlichen, zum Künstlertum, zum Kreativen, zum Pathos der Distanz, aber nicht das Ziel dieses Willens, das »Glück«.

Vor seiner Heirat diskutierte Thomas Mann brieflich die Bedeutung seines »Glücks«, die bürgerliche Heirat. Er glaubte zu wissen, daß Heinrich »mit etwas Geringschätzung« auf diese Heirat blickte.

»Nie habe ich das Glück für etwas Leichtes und Heiteres gehalten, sondern stets für etwas so Ernstes, Schweres und Strenges wie das Leben selbst – und vielleicht *meine* ich das Leben selbst. [...] Ich [...] habe mich ihm unterzogen aus einer Art Pflichtgefühl, einer Art Moral, einem mir eingeborenen Imperativ, den ich, da er ein Zug vom Schreibtische *weg* ist, lange als eine Form von Liederlichkeit fürchtete, den ich aber mit der Zeit doch als etwas Sittliches anzuerkennen gelernt habe. Das ›Glück‹ ist ein Dienst – das Gegenteil davon ist ungleich bequemer; [...].«[3]

Der Imperativ, der Dienst ist die Zuwendung zum »Leben«, zur bürgerlichen Wirklichkeit, zum Leser.

Thomas Manns Selbstverständnis als Dichter kann man am besten mit der Metapher einer Spannung zwischen den Polen Distanz *von* und Zuwendung *zur* Bürgerlichkeit beschreiben.[4] Thomas Manns Sprache wendet sich an die Leser, oft mit Humor, spricht sie in ihrer Welt an und hält doch zugleich auch Abstand von den fiktiven Figuren und der erzählten Welt. Dieser Abstand ist die vielberufene »Ironie«.

Heinrich Manns Prosa sucht die Leser durch ungewöhnliche Wendungen aus der gemeinsamen Welt herauszureißen, stellt das Künstlerisch-Besondere stärker, ja greller heraus, während die Sprachhaltung des jüngeren Bruders gewinnender sein will. Heinrichs Stil enthält schon den Führungsanspruch, den er später für den kreativen Künstler und Intellektuellen erhob. Der Vergleich mit dem Bruder hat Thomas Manns Selbstverständnis als Dichter ganz wesentlich bestimmt.

Thomas Manns Zuwendung zu den Lesern, sein gewinnender Stil erhält seinen besonderen Charakter durch die »Spannung« zu dem anderen, dem Distanzpol. Dieser ist schon sehr früh bemerkbar. In Artikeln einer Schülerzeitschrift, die der Achtzehnjährige verfaßte, argumentiert er dagegen, an einen Dichter einen moralischen Maßstab anzulegen. Heine sei »kein ›guter‹ Mensch«, sondern ein »großer«. (XI, 713) Es ist Heines Kreativität, seine Fähigkeit, mit der Welt zu spielen, ohne eine feste Stellung zu beziehen (XI, 712), die seine Größe begründe. Die übliche »Gutheit« verachtet der junge Mann, sie sei »aus praktischem Lebensegoismus und christlicher Moral mit möglichster Inkonsequenz zusammengestückt«. (XI, 711) In diesem merkwürdig frühreifen Aufsatz des lässig-schlechten Schülers findet sich schon sehr moderne Anti-Metaphysik: »Ein absolutes ›gut‹ oder ›schlecht‹, ›wahr‹ oder ›unwahr‹, ›schön‹ oder ›häßlich‹ gibt es eben in der Theorie ebensowenig wie es im Raum ein oben und unten gibt.« (XI, 711)[5]
Dieser 1893 geschriebene Aufsatz geht der nachweisbaren Lektüre von Schopenhauer und Nietzsche voran, obwohl indirekter Einfluß über Heinrich Mann nicht auszuschließen ist. Jedenfalls kam die Überzeugung, daß sich die bürgerliche Welt über die Stabilität ihrer Grundlagen täusche, daß es in Wahrheit keine gültigen primären Orientierungen gebe, dem kritischen Nietzsche und der Welterklärung Schopenhauers entgegen.

Wenn Schopenhauer den Weltsinn auf einen blinden Willen reduzierte, der das Leiden bewirke, dann war damit das bürgerliche Erfolgsstreben mitgetroffen, aus dem die Brüder Mann geflohen waren; wenn er die Kunst als Mittel der Erlösung begriff, so war die Verweigerung des Daseinskampfes gerechtfertigt. Wenn Nietzsche die perspektivisch aufgefaßte Welt dem Maßstab des Kreativen unterstellte, dann rechtfertigte er die überlegene, leidenschaftlich festgehaltene Distanz des Künstlers (»Pathos«).

Demgegenüber gibt es schon ein frühes Zeugnis dafür, daß Thomas

Manns Kunstverständnis eine Zuwendung zum Leser einschloß. In einem Brief an Otto Grautoff vom November 1894 kritisiert er den Helden in einer Novelle des Jugendfreundes: »Der Leser *kennt* ihn nicht, sieht ihn weder von außen noch von innen. [...] Er weiß nichts von seinem Charakter, seiner Weltanschauung, seiner Herkunft, seiner Entwicklung [...].«[6] Das deutlichste Zeugnis für diese realistische Zuwendung ist ein Brief an Hermann Hesse vom 1. April 1910, der auf dessen Kritik von *Königliche Hoheit* reagiert. Die »populären Elemente« in diesem Roman, gemeint sind die realistischen, seien »ebenso ehrlicher und instinktiver Herkunft wie die artistischen«. Eine »Coenakel-Wirkung« könne ihn nicht befriedigen. »*Mich verlangt auch nach den Dummen.*« Wenn er trotzdem behauptet, »daß keine Berechnung, kein bewußtes Liebäugeln mit dem Publikum dabei im Spiele« sei, dann meint er, daß die Zuwendung zum bürgerlichen Publikum nicht primär wirkt, sondern »instinktiv«, also Teil seines künstlerischen Willens sei. Wagners »ebenso exklusive wie demagogische Kunst« habe ihn beeinflußt, »um nicht zu sagen, korrumpiert«.[7]

Ob Wagner ihn bestimmt oder nur bestärkt hat, sei dahingestellt. Zur Zuwendung zum Leser gehört auch, daß Thomas Mann später gerne und gut vorlas. Die Vorführungsartistik[8] meldete sich früh als Nachahmungstalent, das er selbst besaß und das er dem Ich-Erzähler in *Der Bajazzo* und Christian Buddenbrook verlieh. Es ist eine Halbkunst, die der Distanz entbehrt. Noch am Ende seines Lebens beschreibt er deren Zusammenhang mit der eigentlichen Kunst anläßlich Tschechows. Wie fast überall im *Versuch über Tschechow* (1954) ist Autobiographisches im Spiel:

»Es ist der primitive, der äffische Urgrund der Kunst [...], das Talent, die gauklerische Lust und Gabe zu amüsieren, die einst zu ganz anderen Mitteln greifen, sich in ganz andere Formen ergießen, sich mit Geistigem vermählen, moralische Veredelung erfahren, aus dem Ergötzlichen zum Erschütternden aufsteigen soll – in tiefstem, bitterstem Ernst den Sinn für das Komische aber nie verlernen [...] wird.« (IX, 848)

Die Betonung einer Distanz von der bürgerlichen Herkunft war in der deutschen Literatur seit dem Naturalismus üblich. Der Titel *Frühlingssturm* und der programmatische Leitartikel der erwähnten Schülerzeitschrift (XI, 545) waren Anpassung an diese Tendenz gewesen. In den Briefen an Grautoff gibt es jedoch schon Zeichen eines Bewußtseins davon, daß Konformität mit der literarischen Mode nicht die richtige, die qualitätsbedingte Distanz ist. Die Annäherung an die Leser darf nicht zur Unterwerfung unter deren modisch-modernen Geschmack

werden. Das Drama *Heimat* von Hermann Sudermann, in dem eine
emanzipierte Wagner-Sängerin gegen die alte soziale Oberklassenmora-
lität rebelliert, verurteilt der Briefschreiber wegen Effekthascherei.
Zwar sei es »ein brilliant gemachtes Stück«, aber Sudermann sei mit
diesem Drama »ein vor dem Geschmack der misera plebs kriechender
Kompromißler ohne jedes künstlerische Gewissen«.[9] Zuwendung und
Distanz müssen in Spannung zueinander bleiben. Auch gegen Phanta-
siegebilde, die den Leser durch ihre Großartigkeit beeindrucken sollen,
gegen die Schwabinger Bewunderung des »Enormen«, ist er skeptisch:
»[...] denn meistens haben grade die Minderbemittelten die Neigung,
mit weltumfassenden Monumentalwerken um sich zu donnern.«[10] Das
Plakative, das zum Stil des Bruders gehört, ist seinem Stilgefühl fremd.

Damit hängt schon früh, 1895, die Abtrennung der Wirkungsabsicht
seiner Kunst von der politischen zusammen. Die sogenannte »Umsturz-
vorlage« im Reichstag, die die Pressefreiheit einschränken sollte, aber
nicht Gesetz wurde, sei ihm »völlig gleichgültig«, schreibt er Grautoff,
»denn ich werde kaum jemals in Versuchung kommen, Umsturz zu
erregen; meine Muse ist keine reisige Maid, die zürnend dreinschlägt,
sondern ein liebliches Mägdelein, das Kränze windet und leise singt«[11].
Das muß man auf dem Hintergrund einer noch immer vom Naturalismus mitbestimmten Literatur lesen, in der gesellschaftliche Probleme
und Reformen sehr ernsthaft dargestellt und essayistisch in Zeitschriften behandelt wurden. Der Konservativismus des Bildes, das Thomas
Mann gebraucht, ist natürlich humorvoll gemeint, aber dennoch signifi-
kant. Um die Distanz seiner freischwebenden Ästhetik vom vorherrschenden Modisch-Konventionellen auszudrücken, kann er leicht zu
einer konservativen Bildlichkeit oder Begrifflichkeit greifen. Er braucht
sie als Ausgleich und erwartet, daß sie schwebend ironisch, nicht als
ideologische Festlegung verstanden wird. In diesem Falle sichert er sich
gegen ein mögliches Mißverständnis Grautoffs und fügt deshalb hinzu:
»Aber weil ich nicht nur meine eigne Kunst, sondern die Kunst überhaupt liebe, muß ich die Vorlage allerdings ebenfalls verurteilen.«[12] Mit
anderen Worten: Er ist für Meinungsfreiheit aller Literaten. Was ihn
betrifft, so kann seine schwebende, allusive, perspektivische, vieldeu-
tige Ausdrucksweise mit dezenten Mitteln arbeiten, denn er verabscheut das Plakative, Eindeutige, das zu Aussagen mit politischen
Absichten gehört.

Neben der Metapher einer Spannung von Zuwendung zu und Distanz vom Leser begreifen wir Thomas Manns Selbstbewußtsein als
Dichter unter dem Bild eines freien Schwebens über ideologischen,

weltanschaulichen oder ästhetischen Positionen, die in seiner Umwelt gültig sind. Dieses Prinzip der Nicht-Festlegung oder der freischwebenden Ästhetik kommt in dem einleitenden Absatz der Lobpreisung eines Buches in der Zeitschrift *Das 20. Jahrhundert* unter dem Titel *Ein nationaler Dichter* zum Ausdruck. Diese Lobpreisung, die 1896 erschien, folgt der nationalistisch-konservativen Tendenz des Blattes. Der Autor salviert sich mit kaum merkbarer Ironie.[13] Von zwei Figuren ausgerechnet eines französischen Romans ist die Rede, einem Konservativen und einem Dilettanten, dem »Typus des skeptischen ästhetisierenden Genußmenschen«. Der konservative Moralist, »Katholik und Legitimist« steht in Paul Bourgets *Kosmopolis* dem künstlerisch und kosmopolitisch empfindenden Dilettanten »prächtig« gegenüber. (XIII, 376) Dieses »prächtig« ist Thomas Manns freischwebende Sehweise, die er selbst »artistisch« nennt.[14] Er sympathisiert nicht, wie man erwarten könnte, mit dem ästhetisierenden moderneren Dilettanten gegen den moralisierenden katholischen Legitimisten. Aber er hält es auch nicht mit dem Konservativen, sondern mit dem Gegenüberstehen an sich, mit dem Widerspruch.

Ein anderer Aufsatz aus dem *20. Jahrhundert*, *Kritik und Schaffen* (1896), nennt Georg Brandes als künstlerischen Kritiker. Das ist eine der wenigen Erwähnungen Brandes' in Thomas Manns Werk. Der liberale Brandes war die bedeutendste Quelle seiner literarischen Bildung und muß dem »Dreigestirn ewig verbundener Geister« (XII, 72), Schopenhauer, Wagner, Nietzsche, ausgleichend an die Seite gestellt werden.[15] Worauf es in unserem Zusammenhang ankommt, ist zweierlei: daß Thomas Mann schon hier der Kritik einen künstlerischen Charakter zuschreibt und daß er sich mit Brandes auf die literarische Tradition bezieht. Kenntnis der literarischen Tradition sichert vor dem Verfall an die modische Konvention. Nietzsches Wort, wenn es von den Nachteilen der Historie für das Leben handelte, gilt nicht absolut.

An der Ansicht, daß Kritik und künstlerisches Schaffen nicht zu trennen sei, hält er fest. In der Antwort auf eine Rundfrage der Zeitschrift *Kritik der Kritik*, die dort im Oktober 1905 erschien, beruft er sich auf Schiller und Nietzsche, um den Beitrag kritischer Intelligenz zur Kreativität zu demonstrieren.

»Kritik ist Geist. Der Geist aber ist das Letzte und Höchste. Und wenn, was freilich besser nicht geschähe, Geist und Kunst einander in die Haare geraten, so bin ich imstande und nehme Partei für den Geist. Ich bin, um es ganz schlicht zu sagen, für *Freiheit*. Das Wort, der Geist sei frei. Die Kritik sei frei – denn sie ist das steigernde, befeuernde, emportreibende Prinzip, das Prinzip der Ungenügsamkeit.« (XIII, 246)[16]

Sein Sinn für kreative Freiheit impliziert Abwehr gegen jede ideologische Beschränkung.

Frühe Prosa spielt in vielfacher Weise probierend mit der Moderne. In *Gefallen* (1894) wird Frauenemanzipation gegen den Glaubens- und Orientierungsverlust der Moderne ausgespielt. Andere frühe Erzählungen der zweiten Hälfte der neunziger Jahre problematisieren immer wieder aufs neue das verfeinert ästhetische Empfinden als Ersatz für das Leben in der Bürgerlichkeit. In *Enttäuschung* versagt das große Leben als Religionsersatz, worin eine Kritik an dem sonst hochgeschätzten Nietzsche steckt. Die Außenseitererzählungen wie *Der kleine Herr Friedemann*, *Der Bajazzo*, *Tobias Mindernickel* preisen keineswegs die Trennung von der bürgerlichen Normalität, sondern beschreiben sie als Gegenstand des Leidens. Die Flucht vor dem blinden Willen in die ästhetische Idylle kann dem kleinen Herrn Friedemann, entgegen der Lehre Schopenhauers[17], nicht gelingen. Zwischen dem triebhaft grausamen und gleichgültigen Leben und der sensitiven, feinfühligen Kunst herrscht Feindschaft. Die Kunst kann einen Lebenssinn weder zeigen noch ersetzen.

Der Künstler gestaltet das Leben aus der Distanz. Dafür bietet das moderne Märchen *Der Kleiderschrank* ein Bild. Der Außenseiter kann nur dann die traurigen Geschichten einer anziehenden nackten Erzählerin hören, wenn er sie unberührt läßt. Das Wort »Alles muß in der Luft stehen« (VIII, 153, 161), das der Erzähler dem Außenseiter unterlegt, ist charakteristisch für die Distanz von der Realität, für die Auflösung der wiedererkennbaren erzählten Welt in ein symbolisches Geflecht, das in Thomas Manns Werk nur halb verborgen ist und es eigentlich zusammenhält.

Das moderne – und vergebliche – Bedürfnis nach einem Ersatz für den verlorenen Glauben ist Gegenstand des Romans *Buddenbrooks* (1901). Die daraus resultierende existenzielle Unsicherheit spiegelt sich in Dekadenz und Verfall einer Familie, der auch als biologische Schwächung dargestellt wird. Dieser eigentlichen Intention auf der symbolischen Ebene steht der Humor des Erzählers und die Präzision der Darstellung des bürgerlichen Lebens gegenüber, die sich den Lesern zuwenden.

In der Erzählung *Tristan* (1903) will ein Außenseiter-Schriftsteller eine künstlerisch begabte Bürgersfrau zur Kunst verführen und verursacht ihren Tod. Der Erzähler nimmt deutlich Abstand von Spinell, dessen jüdische Herkunft er andeutet, bei Thomas Mann immer ein Zeichen der Fremdheit, negativ und positiv zu bewerten.[18] Dem gröber gewebten Großkaufmann Klöterjahn billigt der Autor ein warmes Gefühl zu. Kunst und Tod stehen Leben und Bürgerlichkeit gegenüber. Das entspricht nicht nur der Polarität von lebensfeindlicher Distanz und lebens- und bürgerfreundlicher Zuwendung, sondern auch dem Wertsystem des Symbolismus, der der Kunst Zeitenthobenheit, Erstarrung und Tod zuordnet.

In der gleichzeitig erschienenen und mit *Tristan* verschränkt entstandenen Erzählung *Tonio Kröger*[19] spricht Thomas Mann sein Programm als Schriftsteller aus, in szenischen Bildern und in einem essayistischen Dialog, eben die Spannung zwischen der künstlerischen Außenseiter-Distanz, dem »Abgrund von Ironie, Unglaube, Opposition, Erkenntnis, Gefühl«, der den Künstler »von den Menschen trennt« (VIII, 297), und seinem Bedürfnis, sich den schlichten Bürgern mit Sympathie zuzuwenden, das Leben zu lieben, nicht, indem er Cesare Borgia oder »irgendeine trunkene Philosophie« preise, sondern: »das Normale, Wohlanständige und Liebenswürdige [...] ist das Leben in seiner verführerischen Banalität«. (VIII, 302) Dieser Absage seiner Figur an den modischen Lebenskult steht der Autor sehr nahe. Sie bezieht sich auch auf den Bruder Heinrich und auf die Seite Nietzsches, die er schon damals weniger schätzte.

In zwei Artikeln von 1903 und 1904 (XIII, 383–388, 388–398) hat Thomas Mann Frauenliteratur benutzt, um sich zu einem sensitiven Stil zu bekennen. In kaum bemerkbaren Andeutungen setzt er ihn von dem seines Bruders ab. In dem Artikel von 1903 über einen Roman von Toni Schwabe spielt er deren »leise und innig bewegte Sprache« aus gegen die »Blasebalg-Poesie, die uns seit einigen Jahren aus Italien eingeführt wird«. (XIII, 384) Er meint Gabriele d'Annunzio, ein Vorbild Heinrichs. Und an einer anderen Stelle bezieht er sich offensichtlich auf dessen Romane der Herzogin von Assy[20]:

»Uns armen Plebejern und Tschandalas, die wir unter dem Hohnlächeln der Renaissance-Männer ein weibliches Kultur- und Kunstideal verehren, die wir als Künstler an den Schmerz, das Erlebnis, die Tiefe, die leidende Liebe glauben und der schönen Oberflächlichkeit ein wenig ironisch gegenüberstehen: uns muß es wahrscheinlich sein, daß von der Frau *als Künstlerin* das Merkwürdigste und Interessanteste zu erwarten ist, ja, daß sie irgendwann einmal zur Führer- und Meisterschaft unter uns gelangen kann.« (XIII, 387 f.)

In dem Artikel über Gabriele Reuter von 1904 lobt er die Schriftstellerin, weil sie der Frauenbewegung gegenüber einen überlegenen

Standpunkt einnehme. Das gibt ihm Gelegenheit, sein Verständnis von
Kunst von allen sozialen Reform-Bewegungen abzusetzen, wie sie damals in den Rundschau-Zeitschriften des Bildungsbürgertums diskutiert wurden. Im Gegensatz zu den Zweifeln an der Modernität, die oft
in der Symbolik seiner Werke ausgedrückt werden, möchte er nicht
unmodern erscheinen: »Regeneration, Schulreform und Frauenbefrei-
ung sind ohne Zweifel edle Dinge, und gegen Banausen wird der Künstler sie stets in Schutz nehmen.« (XIII, 392) Aber in die Kunst, wie er sie
damals versteht, gehört kein Engagement für solche Ziele:

>»Ein agitatorischer Mensch wird sich gegen die Vorstellung empören, daß je-
mand die Gottesgabe des Wortes und des Gedankens empfangen haben könne,
ohne gewillt zu sein, sie zu praktischen und sozialen Zielen zu benützen. Er wird
deine Ironie, deine Wirklichkeitskritik, den moralischen Unterton deiner Schil-
derungen immer mißverstehen, wird niemals begreifen, daß Ironie nur ein Stil,
Wirklichkeitskritik nur ein Pathos, Moral nur ein Vertiefungsmittel zu sein
braucht, und setzest du dich nicht ausdrücklich zur Wehr, so akklamiert er dich
unversehens vor allem Volk als Vorkämpfer der Regenerationsbewegung oder
der Schulreform, während du nichts gemacht zu haben glaubst als ein wenig
absolute Musik.«

Seine Kunst soll frei und individualistisch sein, keiner sozialen Solidarität verpflichtet. Diese freie Kunst erlaubt sich jedoch, den künstlerischen Außenseiter fortwährend zu bezweifeln, obwohl diese Figuren
doch Paradigmata des modernen Individualismus sind, die selbstver-
schuldete Unmündigkeit um den Preis sozialer Entfremdung hinter sich
lassen. Ein solcher Zweifel wiederum kann sich tragisch oder komisch
äußern. Diese Widersprüchlichkeit ist charakteristisch für die freischwebende Ästhetik. Sie will er vor Parteilichkeit, vor ideologischer
Ausrichtung schützen. So ist die Auseinandersetzung mit dem Bruder
in den *Betrachtungen eines Unpolitischen* schon damals vorprogrammiert.[21]
    Seit Ende 1905 begann Thomas Mann, sich als öffentliche Person zu
fühlen. 1905 ist auch das Jahr seiner Eheschließung. Seine bürgerliche
Niederlassung, die er 1907 in einer literarischen Zeitschrift als un-
verdient und unangemessen verspottete (XI, 329–333), gab ihm eine
gewisse Sicherheit, die ihm bald unentbehrlich wurde. Aber seine
Bisexualität und seine dichterische Existenz machte – trotz der Liebe
seiner Frau, trotz seiner Kinder, trotz der finanziellen Sicherheit – seine
Rolle als Ehemann und Familienvater problematisch.
    Um so mehr legte er Wert darauf, seinen Rang anerkannt zu wissen.
Als ein Offizier namens Fritz Oswald Bilse Mißstände in einer lothring-
schen Garnison durch einen Schlüsselroman bekannt machte und als in

einer Lübecker Gerichtsverhandlung *Buddenbrooks* als »Bilse-Roman«
bezeichnet wurde[22], wehrte Thomas Mann sich öffentlich gegen den
Vergleich mit dem »unreine[n] Pamphletist[en]« (XI, 548). Zwar leug-
nete er durchaus nicht, aus der bürgerlichen Wirklichkeit Modelle für
seine Figuren zu nehmen, aber er gebe ihnen aus Eigenem hinzu. »Es ist
nicht die Gabe der Erfindung, – die der Beseelung ist es, welche den
Dichter macht.« (X, 15) Der Schriftsteller, der seine Sprache aus der
bürgerlichen Wirklichkeit nimmt und in ihr seine Leser erreicht, gewinnt seinen Rang erst, wenn er in diese Zuwendung seine kreative
Distanz von dieser Wirklichkeit einbringt, eine Distanz, die er in sich
hat, aus sich gewinnt. Das Vorbild hört dann auf, mit sich identisch zu
sein. »Nicht von euch ist die Rede, gar niemals, seid des nun getröstet,
sondern von mir, von mir . . .« (X, 22)

In diesem Artikel, *Bilse und ich*, ist wieder, ähnlich wie in *Tonio Kröger*,
von »Feindseligkeit« des Dichters gegenüber der Wirklichkeit die Rede.
Es sei der »dichterische Kritizismus« in der Nachfolge Nietzsches, »die
scheinbare Objektivität und Degagiertheit der Anschauung, die Kühle
und Schärfe des bezeichneten Ausdrucks«, die »jenen Anschein von
Feindseligkeit« erwecke. (X, 19)

In einer Antwort auf eine Rundfrage, die sich zum *Versuch über das
Theater* (1908) auswuchs, behauptet Thomas Mann den Vorrang des
Romans als höhere und geistigere Kunst vor dem des Theaters, gegen
die ästhetische Tradition Friedrich Theodor Vischers und gegen Wagners Idee des theatralischen Gesamtkunstwerks. Wagners Kunst ist ihm
»diese moderne Kunst, die man erlebt, erkannt haben muß, wenn man
von unserer Zeit irgend etwas verstehen will«, aber »dieser kluge und
sinnige, sehnsüchtige und abgefeimte Zauber« ist sowohl »ungeheuer«
als auch »fragwürdig«, weil theatralisch. (X, 37) Er geht so weit, den
Ring des Nibelungen »dies ideale Kasperltheater mit seinem unbedenk-
lichen Helden« zu nennen. Siegfried habe eine »hohe Ähnlichkeit [. . .]
mit dem kleinen Pritschenschwinger vom Jahrmarkt« (X, 42).

Es ist nicht nur die Schopenhauer-Affinität, das nihilistisch-pessimi-
stische Urteil über den Wahn der wirklichen Welt und der musikalische
Trost über das unlösbare Leiden, was Thomas Mann modern an Wagner erscheint, im Gegensatz zum liberalen oder lebenskultischen Opti-
mismus. Als modern empfindet er dessen strukturelles Motivsystem,
das den Zuhörer zwingen will, das Musikdrama als in sich geschlossenes
Kunstwerk aufzunehmen, das seinen Sinn nicht aus der wirklichen
Welt bezieht, sondern sich darüber erhebt. Das ist, was den Symboli-
sten an Wagner imponierte. Symbolisch ist auch das Motivsystem der

Werke Thomas Manns unter der realistischen Oberfläche. Die andere,
die fragwürdige, ungeistige Seite in Wagners Werk ist das Theatra-
lische, der Jahrmarktszauber, die Effekthascherei, das Modische im Gegensatz zum Modernen, die Affinität zu Makart (X, 37 f.), die Wagners
Werk dann doch wieder auf das zeitgebundene großbürgerliche und ari-
stokratische Theater-Publikum bezieht, es durch Klangmassen überwältigen will, um seinen Enthusiasmus buhlt. Distanz und Zuwendung
auch hier – nur ist die Zuwendung im Gegensatz zu der stukturierten
Künstlichkeit ungeistig, unwürdig, billig. Um so schlimmer und um so
faszinierender, daß Thomas Mann, wie jeder Künstler, auch in sich das
Bedürfnis nach Erfolg und Effekt kannte.[23]

Der Theatererfolg mit einem Stück, das sich gegen künstlerische Mo-
den, die schlechte Moderne richtete, *Fiorenza* (1905), versagte sich ihm.
Seit 1908 entwickelte Thomas Mann den Ehrgeiz, ein maßgebendes
»Literaturessay« zu verfassen, das er »Geist und Kunst« nennen wollte.
Kritik an der ehrerbietigen Wagner-Rezeption, Kritik am modischen
Lebenskult, der Regenerationsbewegung, wollte er mit der Forderung
verbinden, daß wahre Kunst »geistig« sein solle, sich nicht bloß naiv oder
inspiriert geben dürfe, sondern einen kritischen Bestandteil haben
müsse.[24] Die selbstgestellte Aufgabe geriet jedoch zu sehr ins Wider-
sprüchlich-Abstrakte, er gab die Absicht auf. Das muß 1910 gewesen
sein. Ende 1910 schrieb Heinrich Mann den Aufsatz *Geist und Tat*, der im
Januar 1911 erschien. Darin forderte er das Engagement des deutschen
Schriftstellers für eine vom »Geist«, das heißt vom Schriftsteller inspirierte, eigentlich von ihm geführte Demokratie, so wie die französische
dritte Republik sich in der Dreyfus-Affäre von Zola hatte beeinflussen
lassen. Dieser Aufsatz bezog sich schon im Titel auf die Pläne des Bruders.

Vermutlich antwortete Heinrich mit diesem Aufsatz auch auf des
Bruders Roman *Königliche Hoheit* (1909), in dem dieser mit dem Bruder-
verhältnis sowie mit seiner eigenen bürgerlichen Ehe und Einordnung
symbolisch gespielt hatte. Die Figur eines Prinzen mit autobiographischen Zügen dient als Symbol für den Dichter. Der Schauplatz ist ein
fiktives deutsches Großherzogtum. Die Darstellung von dessen reprä-
sentativ-monarchischer Spitze war sowohl ironische Kritik an den deutschen politischen Zuständen als auch affirmativ, weil das Märchen ja
glücklich ausging und die fürstliche Repräsentation mit der dichterischen gleichgesetzt wurde. Das mußte Heinrich zur Kritik herausfordern. Wahrscheinlich wollte er mit seinem Essay auch seine Lebens-
zugewandtheit beweisen, im Gegensatz zu dem quasi abdankenden
Großherzog, der im Roman mit seinen Zügen ausgestattet war.

Ein anderes, dem vorigen entgegengesetztes Spiel mit dem Außenseitermotiv war Thomas Manns Plan der fiktiven Autobiographie eines Hochstaplers, die anfangs *Dichtung und Wahrheit* und die deutsche Vorliebe zum autobiographischen »Bildungsroman« parodieren sollte.[25] Diesen Plan ließ Thomas Mann mehrere Male liegen zugunsten anderer Stoffe, die den Außenseiter zur Würde gelangen ließen, während zugleich dessen Einordnung in die soziale Ordnung ihre fragwürdigen Seiten haben sollte: Friedrich II. von Preußen und Goethe. Die Autorität des Außenseiters, des Dichters beschäftigt auch ihn, auch wenn er sie bezweifelbar lassen will.

Aus dem Plan einer Goethenovelle wurde *Der Tod in Venedig* (1912), in der ein Schriftsteller Anerkennung und Würde gewinnt, aber auf Kosten seiner Freiheit. Er ist auf Ruhm gestellt (VIII, 450) und leugnet das »Wissen«, die Fragwürdigkeit der Kunst, die sein Jugendwerk dargestellt hatte (VIII, 454). Diszipliniert beschränkt er sich auf den klassischen Stil. Aber das versäumte »Leben«, mit dionysischen Symbolen bezeichnet, holt ihn in Form einer homoerotischen Besessenheit ein, die seiner Distanz von der Bürgerlichkeit entspricht, während sie die Art seiner Anpassung an die Gesellschaft, die Würde zerstört. Jedoch bewahrt sein Tod ihn vor dem Öffentlichwerden seiner Entwürdigung. Tragik erhöht seinen Untergang.

Der Tod in Venedig ist das Werk Thomas Manns, in dem die Spannung des distanzierten Außenseiter-Künstlers zu seiner bürgerlichen Umwelt am intensivsten zum Ausdruck gekommen ist. Die Novelle liegt dem Distanzpol näher als die anderen Werke Thomas Manns. Dennoch wendet sich auch ihr Erzähler den Lesern zu, teilt deren Bereitschaft, das Kreative zu verehren und das Abgleiten aus der Würde moralisch zu beurteilen, allerdings ohne Humor. Humor ist wiedereingeführt in den Roman *Der Zauberberg* (1924), ursprünglich konzipiert als ein Gegenstück zum *Tod in Venedig*. Die Distanz zur Bürgerlichkeit wird durch die Geschichte eines einfachen jungen Mannes dargestellt, der sich entbürgerlicht und sich zugleich weigert, die bürgerliche Fortschrittsideologie anzunehmen.

Im Ersten Weltkrieg kam der immer latente Konflikt mit dem Bruder Heinrich zum Ausdruck in den *Betrachtungen eines Unpolitischen* (1918). Thomas Mann verteidigt seine freischwebende Ästhetik gegen die Anforderung, sie einer Ideologie zu unterstellen. Er hielt die Freiheit des Bildungsbürgers in einem von Fachleuten geleiteten Obrigkeitsstaat für gewährleistet. Die Demokratisierung des Schriftstellers, wie der »Zivilisationsliterat« sie fordert, sieht der unpolitische Betrachter als Ablen-

kung von seiner Aufgabe und Gefährdung seiner Freiheit. »Zivilisationsliterat« ist ein Begriff, der überwiegend auf Heinrich Mann zielt,
allenfalls einige expressionistische Aktivisten, voran Kurt Hiller, einbe-
zieht. Deren Ideologie sei die französisch-jakobinische; sie sei darum
deutschfeindlich. Den Kampf Deutschlands gegen die westlichen
Demokratien will der unpolitisch Betrachtende als Verteidigung der
Offenheit des Landes der europäischen Mitte erklären. Seine Anti-
Ideologie nennt er Konservativismus. Er sah nicht, daß sein Verständnis dieses Begriffes wenig oder nichts mit dem deutschen politischen
Konservativismus zu tun hatte.

Diese Einsicht drängte sich ihm nach Kriegsende auf. In einer öffentlichen Rede, die er 1921 in seiner Heimatstadt Lübeck hielt, *Goethe und
Tolstoi*, wollte er die freischwebende Ästhetik seinen Landsleuten als
Richtlinie vorstellen. Die kreativen Künstler Goethe und Tolstoi haben
aus ihrem narzißtischen Ich zu einer gemeinschaftsorientierten Pädago-
gik gefunden. Auch will er sie mit ihren mehr kritisch-geistig orientierten Gegenbildern Schiller und Dostojewski gleichstellen. Es darf keinen Streit über den Vorrang von Geist, dem kritischen Denken, und
Kunst, der Ausübung der Kreativität, geben, da Kreativität, allein gelassen, zur Anarchie neigt. Tolstois christliche Selbstdisziplinierung ist
jedoch ein trauriger Irrweg in ideologische Verengung. Bei der Aufnahme des vollständigen Essays in die Aufsatzsammlung *Bemühungen*
(1925), (IX, 58–173) fügte er einige verdeutlichende Bemerkungen
hinzu, die das deutsche Bürgertum aufforderten, sich zur Bewahrung
der Kultur mit der Sozialdemokratie zu verbünden. Für die Republik
setzte er sich öffentlich 1922 ein unter Berufung auf Novalis und Walt
Whitman. (XI, 809–852). Er hatte sich überzeugt, daß politische Stel-
lungnahme und Wahl jetzt nötig waren, um einen Zustand zu verteidi-
gen, die eine Kunst in freischwebender Ästhetik zuließ.

Er kooptierte sich die Forderung seines Bruders nach politischem Engagement des Schriftstellers zur Verteidigung von Kultur und Rede-
freiheit. Im Gegensatz zu seinen Zeitgenossen, die zwischen national
und widernational unterscheiden wollten, betrachtete er diese Verteidigung der Republik als Fortsetzung des antiideologischen Sinnes der *Betrachtungen eines Unpolitischen*. Seine Mitarbeit in der Sektion für Dichtkunst der Preußischen Akademie der Künste verstand er als kreative
Mithilfe. Nicht nur in Vorträgen über Lessing, Freud und Goethe
wandte er sich gegen die irrationalistischen Ideologien, er überwand
seinen Widerstand gegen die Politik und setzte seine Person ein, um sein
bildungsbürgerliches Publikum zum Widerstand gegen den zunehmen-

den Nationalsozialismus aufzufordern. Der große Roman *Joseph und seine Brüder*, an dem er seit 1926 arbeitete, stellte die Schwierigkeiten des bevorzugten träumenden Außenseiters in der Gemeinschaft dar. Der Plan war von Anfang an, Joseph, dem biblischen Vorbild gemäß, zu menschenfreundlichen Aufgaben zu führen.

Diesen Roman nahm Thomas Mann mit in das Exil. Sein Ausgeschlossensein vom deutschen Bildungsbürgertum, dokumentiert in dem »Protest der Richard-Wagner-Stadt München« gegen seine Wagner-Rede von 1933 [26], erschütterte ihn. Gerade dieses Erschüttertsein zeugt für seine Verbundenheit mit seinen Lesern. 1933 wollte er sich auf sein Schreiben zurückziehen. Solange noch eine Aussicht bestand, daß seine Bücher in Deutschland erschienen, hielt er sich von direkten Angriffen auf das Regime zurück.

Die Exilromane bis *Doktor Faustus* gehen alle auf Pläne aus der Vor-Exil-Zeit zurück. Dennoch reflektieren sie einen erneuten Zweifel an der Möglichkeit des kreativen Dichters, politische Autorität auszuüben. *Lotte in Weimar* stellt die Frage nach dem Verhältnis von Dichter-Autorität und Lese-Publikum. Die des Dichterfürsten Goethe macht seine Umgebung nicht selbstbewußter und freier, sondern klein. Den Josephsroman setzte er im wesentlichen nach der Konzeption von 1926 fort.[27] Ein Reflex der Exil-Enttäuschung könnte es sein, daß Joseph am Ende nicht den Hauptsegen Jaakobs bekommt, sondern der schuldbewußte Juda, daß Josephs Entwicklung zum Volkswirt ihn ein Stück weit aus der religiösen Aura entfernt, die Jaakob als Kulturgründer durch seine Gottesnähe und seine Geschichten verkörpert. Das Vorbild der Bibel schreibt diese Wendung nicht zwingend vor. Die Kooption der Forderung Heinrich Manns, der Dichter solle Führer werden, war im Exil als Utopie abgetan. Das Träumer-Genie kann sich zwar in einen menschenfreundlichen Praktiker wandeln, muß sich dann aber mit einer niedrigeren Rangstufe der Kreativität begnügen.

Die freischwebende Ästhetik wird entschiedener in Frage gestellt durch *Doktor Faustus*, einen Roman, der von den Plänen des Gesellschaftsromans »Maja« zehrt, für den sich Thomas Mann von etwa 1901 bis etwa 1908 Notizen anlegte.[28] Der späte Roman ist aber offensichtlich wesentlich von der Exil-Enttäuschung bestimmt.[29] Adrian Leverkühn besitzt eine ähnliche Autorität über seine Umwelt wie Goethe, nutzt sie aber nicht für das Gemeinwesen, sondern bleibt narzißtisch-artistisch der Zuspitzung und Verfeinerung seiner Musik ergeben. Diese Musik ist ihm und seinem Publikum eine Art von Religion, ein Verlangen nach Gnade, das aber nur mit Hilfe teuflischer Inspiration

zustande kommen kann, deren Bedingung die Enthaltung von liebender
Zuwendung ist. Zugleich wird das Gemeinwesen, das deutsche Bildungsbürgertum, dargestellt, wie es seinen Halt verliert und sich fa-
schistischen Ideologen mit Lust ergibt, während der humanistische Erzähler Zeitblom dieser Entwicklung hilflos zusieht und zuhört. Ob die
geniale Konzentration auf das Werk Schuld ist oder Gnade finden kann,
bleibt offen; Zeitblom, der das letztere glauben möchte, ist kein ganz
zuverlässiger Erzähler.

Vielleicht kann man aus dem versöhnlicheren Spätwerk folgern, daß
Thomas Mann die Zweifel sowohl an der sozialen Unabhängigkeit des
freischwebenden Genies als auch an dem Wert des deutschen Bildungsbürgertums halb zurückgenommen hat. Der konzentriert lebende Held
des Romans *Der Erwählte*, dem seine Schuld vergeben wird, die mit dem
Leben versöhnte Betrogene der gleichnamigen Novelle und der dem
freien Leben zugewandte Felix Krull der späten Phase des unvollende-
ten Romans könnten dafür sprechen, aber diese Figuren lassen sich
nicht überzeugend genug als Darstellungen des dichterischen Selbstbewußtseins deuten.

In dem späten *Versuch über Tschechow* (1954) sympathisiert Thomas
Mann mit Tschechows skeptischen Wort: »Führe ich nicht [...] den
Leser hinters Licht, da ich ja doch die wichtigsten Fragen nicht zu be-
antworten weiß?« (IX, 846) Das klang ähnlich wie der Vorwurf von
Walter Muschg in dessen *Tragischer Literaturgeschichte* (1948). Als »ba-
stardiertes Dichtertum« hatte Muschg Thomas Manns Werk charakte-
risiert, das der »verlorenen Welt« keine »rettende Wahrheit« gebe.[30]
Die Antwort darauf gab Thomas Mann am Ende des Essays mit Bezug
auf Muschg und Tschechows *Eine langweilige Geschichte*. Man muß die
Worte genau lesen, sie wollen optimistisch klingen, bieten aber keine
Sicherheit:

> »Es ist nicht anders: Man ergötzt mit Geschichten eine verlorene Welt, ohne ihr
> je die Spur einer rettenden Wahrheit in die Hand zu geben. Man hat auf die
> Frage der armen Katja: ›Was soll ich tun?‹ nur die Antwort: ›Auf Ehre und
> Gewissen, ich weiß es nicht.‹ Und man arbeitet dennoch, erzählt Geschichten,
> formt die Wahrheit und ergötzt damit eine bedürftige Welt in der dunklen Hoff-
> nung, fast in der Zuversicht, daß Wahrheit und heitere Form wohl seelisch be-
> freiend wirken und die Welt auf ein besseres, schöneres, dem Geiste gerechteres
> Leben vorbereiten können.« (IX, 869)

Anmerkungen

1 Aph. 257. Friedrich Nietzsche, *Werke*, hrsg. von Karl Schlechta, Band 2, München 1955, S. 726.

2 Nachweise im Text beziehen sich auf die Ausgabe in 13 Bänden, Thomas Mann, *Gesammelte Werke*, Frankfurt/Main 1960, 1974, 1990.

3 Thomas Mann – Heinrich Mann, *Briefwechsel*, hrsg. von Hans Wysling, Frankfurt/Main 1984, S. 53. Die Schreibweise Thomas Manns habe ich in den Zitaten normalisiert.

4 Diese Metapher versagt allerdings, wenn man die »Pole« Distanz und Zuwendung als Punkte auffassen will. Die Distanz wie die Zuwendung können verschiedene Formen annehmen. Die Metapher ist an Thomas Manns Denken in Polaritäten angelehnt. Nur gelegentlich spricht er auch einmal von Synthesen. Er lebte in einer intellektuellen Umgebung, die immer noch von Hegel beeinflußt war und in der man auf Entwicklung aus Widersprüchen, auf »Überwindungen« zielte. Wenn er in einem Kommentar zu der polaren Struktur von *Fiorenza* am Ende behauptet, der Dichter sei »die Synthese selbst [...], die Versöhnung von Geist und Kunst [...], – das Dritte Reich« (XI, 564), dann meint er, daß er die Gegensätze in sich trage.

5 In meinem Buch *Thomas Mann: Fiktion, Mythos, Religion*, Stuttgart 1965, habe ich den Ausdruck »dynamische Metaphysik« gebraucht, um Thomas Manns Weigerung auszudrücken, sich weltanschaulich festzulegen. Dieser Begriff ist mißverständlich. Er soll auf die Flexibilität in den Konzeptionen der Werke zielen, nicht jedoch auf eine Philosophie.

6 Thomas Mann, *Briefe an Otto Grautoff 1894–1901 und Ida Boy-Ed 1903–1928*, hrsg. von Peter de Mendelssohn, Frankfurt/Main 1975. S. 23 f. Diese Ausgabe wird im folgenden zitiert als *Briefe Grautoff*.

7 Hermann Hesse – Thomas Mann, *Briefwechsel*, hrsg. von Anni Carlson, Frankfurt/Main 1968, S. 6.

8 Die Vorführungsartistik wurde zum Erzählgegenstand im Zirkuskapitel der *Bekenntnisse des Hochstaplers Felix Krull*, VII, 455–464. Eine Trapezkünstlerin, die nicht mit dem Publikum liebäugelt, von der Menge mehr verehrt als bejubelt wird, schließt der erzählende Krull aus der Menschheit aus. Die Qualität ihrer Vorführung bedingt die Distanz zum Publikum.

9 *Briefe Grautoff*, S. 18, 13./14. November 1894. – Wenn er die Trägerin der Emanzipationsrolle in Sudermanns Drama »eine unverschämte Theatersau oder Großkokotte« nennt, dann mag das als moralischer Konservativismus erscheinen, aber so ist es nicht gemeint, denn er beklagt, daß Sudermann diese Figur einen »sehr oberflächlich begriffenen Nietzsche deklamieren ließ«. Die sehr burschikosen Ausdrücke, die sich gegen die Bewunderung des Dramas seitens des Briefempfängers richten, zielen auf die Publikumswirksamkeit einer Emanzipationsrhetorik, die für das »voll- und-ganz-moderne Premièren Israël« berechnet sei. Mit diesem antisemitischen Bild will er modische Modernität treffen. Seine eigene Modernität, durch Nietzsche ermutigt, will nicht den emanzipatorischen Fortschritt, sondern die Kreativität zum Maßstab nehmen. Im Herbst 1894 beginnt das nachweisbare Studium Nietzsches.

10 *Briefe Grautoff*, S. 23.

11 Ebd., S. 32.

12 Ebd.

13 Heinrich Mann leitete eine Zeitlang die Zeitschrift. Die Anpassung der Brüder an
    deren Tendenz, weil sie sich als Journalisten bewähren wollten, gerät trotz der
    Ironie manchmal ins bedenklich Zynische. Schlüsse aus Thomas Manns Beiträ-
    gen zu der Zeitschrift sind nur mit Vorsicht zu ziehen.
14 An Grautoff, 6. April 1897: »Ich sehe die Welt und mich selbst weder mit mora-
    lischen noch mit ärztlichen, sondern mit artistischen Augen an [. . .].« *Briefe Grau-
    toff*, S. 88.
15 Siehe Hans Joachim Sandberg, ›Tradition und/oder Fortschritt? Zum Problem
    der Wandlung Thomas Manns im Lichte der Brandes-Rezeption des Dichters‹,
    in: *The Activist Critic*, hrsg. von Hans Hertel und Sven Möller Kristensen, *Orbis
    Litterarum*, Supplement Nr. 5 (1980), S. 169–190. Weitere Literatur dort in An-
    merkung 4, S. 186 f.
16 Einen besseren Text als XIII, 245–247 bietet die Ausgabe von Harry Matter,
    Thomas Mann, *Aufsätze, Reden, Essays*, Band 1, Berlin 1983, S. 56–57. Das in
    meinem Text angeführte Zitat ist in beiden Ausgaben identisch.
17 Vgl. Nietzsche, ›Was bedeuten asketische Ideale‹, in: *Zur Genealogie der Moral*, in:
    Werke, hrsg. von Karl Schlechta, Band 2, München 1955, S. 847 (Nr. 6), wo
    Nietzsche Schopenhauers Beschreibung des epikuräischen schmerzenslosen Zu-
    stand kritisch zitiert.
18 Siehe Ruth Angress-Klüger, ›Jewish Characters in Thomas Mann's Fiction‹ in:
    Horizonte, hrsg. von Hannelore Mundt u. a., S. 161–172; und Egon Schwarz,
    ›Die jüdischen Gestalten in »Doktor Faustus«‹, in: *Thomas Mann-Jahrbuch*,
    Band 2, 1989, S. 79–101.
19 Hans Wysling, ›Dokumente zur Entstehung des »Tonio Kröger«‹, in: Paul
    Scherrer und Hans Wysling, *Quellenkritische Studien zum Werk Thomas Manns*,
    Thomas Mann-Studien 1, Bern 1967, S. 48–63.
20 Thomas Mann gab das zu im Brief an Heinrich vom 23. Dezember 1903. *Thomas
    Mann – Heinrich Mann, Briefwechsel*, S. 41.
21 Die Bedeutung der Auseinandersetzung mit dem Bruder für Thomas Manns
    dichterisches Selbstbewußtsein muß sich in diesem Rahmen mit Andeutungen
    begnügen. Der Briefwechsel und die Einleitung von Hans Wysling geben Aus-
    kunft.
22 Siehe die Anmerkungen von Harry Matter in seiner Ausgabe der *Aufsätze, Reden,
    Essays* Band 1, a. a. O., S. 381 f. und 383–387.
23 Vgl. Hans Vaget, »›Goethe oder Wagner«: Studien zu Thomas Manns Goethe-
    Rezeption 1905–1912‹, in: Hans R. Vaget und Dagmar Barnouw, *Thomas Mann:
    Studien zur Frage der Rezeption*, Bern 1975, S. 1–81. Vagets Darstellung des Wag-
    ner-Einflusses ist wegweisend. Da Nietzsches Wagnerkritik zu Thomas Manns
    sehr frühen Eindrücken gehört, kann ich allerdings der Wagnerskepsis in *Versuch
    über das Theater* nicht die Bedeutung einer Wende zubilligen. Die Ambivalenz von
    Faszination und Verachtung kann jederzeit gegensätzliche Äußerungen hervor-
    bringen.
24 Text und Kommentar bei Hans Wysling, »›Geist und Kunst«: Thomas Manns
    Notizen zu einem »Literatur-Essay«‹, in: Scherrer/Wysling, *Quellenkritische Stu-
    dien . . .*, S. 123–233.
25 Siehe das die Zeit nach 1909 umfassend darstellende Werk von Hans Wysling,
    Narzissmus und illusionäre Existenzform, Thomas Mann-Studien 5, Bern 1982.
26 In: Klaus Schröter, *Thomas Mann im Urteil seiner Zeit*, Hamburg 1969,
    S. 199–200.

27 Die Anschauung, daß Franklin D. Roosevelts Sozialreformen, das »New Deal«
    Joseph der Ernährer beeinflußt haben, ist weit verbreitet. Die Idee der Reformen
    »von oben« ist aber sicher eine sehr deutsche bildungsbürgerliche Idee. Thomas
    Manns Bild von Roosevelt ist umgekehrt auch durch die Josephsgestalt seines
    Romans beeinflußt. Vielleicht kann man sagen, daß Roosevelts Reformen Tho-
    mas Mann ermutigten, trotz des Faschismus in der ursprünglichen Konzeption
    fortzufahren.

28 Zusammen mit dem Novellenplan »Die Geliebten«. Hans Wysling, ›Zu Thomas
    Manns »Maja«-Projekt‹, in: Scherrer/Wysling, *Quellenkritische Studien...*,
    S. 23–47, und Wysling, *Narzissmus...*, S. 15.

29 Diese Andeutungen über die Krise von Thomas Manns dichterischem Selbstbe-
    wußtsein im Exil werden dem Thema nicht gerecht, aber ihre Ausführung würde
    den Rahmen sprengen. In einer Rundfunkansprache nach Deutschland während
    des Krieges sagt er, die Quelle seiner Produktivität sei das Gewissen gewesen.
    »Ihr Deutsche dürftet mir heute meine Werke nicht danken, auch wenn ihr woll-
    tet – sei es drum. Es wurde nicht um euretwillen, sondern aus eigenster Not
    getan.« (XI, 1019) Diese Distanzierung ist allenfalls in der Exilsituation halbwahr
    und jedenfalls wenig zweckentsprechend, drückt aber die Krise aus. Die Tagebü-
    cher der Zeit bieten eine Fülle von Zeugnissen. Vgl. auch meinen Artikel ›Der
    Narziß und die Welt: Zum biographischen Hintergrund des »Doktor Faustus«
    von Thomas Mann‹, in: *Orbis Litterarum* 44 (1989), S. 234–251.

30 Walter Muschg, *Tragische Literaturgeschichte*, Bern 1948, S. 255. Thomas Mann
    hatte Muschg, ohne den Namen zu nennen, schon vorher im Essay zitiert: »[...]
    eine verlorene Welt ergötzen, ohne ihr die Spur einer rettenden Wahrheit in die
    Hand zu geben« (IX, 859). Die Stelle hat Erich Heller identifiziert; *Thomas Mann:
    Der ironische Deutsche*, Frankfurt/Main 1959, S. 188 f.

KLAUS MÜLLER-SALGET

Entselbstung und Selbstbehauptung

Der Erzähler Alfred Döblin

Alfred Döblins Selbstverständnis als Dichter ist zutiefst geprägt von Herkunft und Kindheitserfahrung. Der musisch begabte, in allerlei Künsten dilettierende Vater, der 1888 die Familie im Stich ließ und sie demütigender Armut überantwortete – die nüchtern pragmatische Mutter, die so zweifellos ›recht‹ hatte und vor der der träumerisch introvertierte Sohn die ersten schriftstellerischen Versuche ängstlich verbarg: dieser Dualismus ist bestimmend geworden für Döblins Berufswahl und für seine Haltung gegenüber dem eigenen Tun. Obwohl er schon auf der Schulbank zu schreiben begonnen hatte, folgte er selbstverständlich dem Wunsch der Mutter, einen ›ordentlichen‹ Beruf zu erlernen, studierte Medizin, promovierte 1905 mit einer psychiatrischen Arbeit (die er »Seiner lieben Mutter« widmete[1]) und eröffnete nach mehrjähriger Tätigkeit in verschiedenen Kliniken 1911 in Berlin eine Praxis, die er bis zur erzwungenen Flucht aus Hitlerdeutschland aufrechterhielt. 1927 schrieb er am Ende des Aufsatzes *Arzt und Dichter*:

»Ich versichere [...]: ich werde, wenn die Umstände mich drängen, eher, lieber und von Herzen die Schriftstellerei in einer geistig refraktären und verschmockten Zeit aufgeben, als den inhaltsvollen, anständigen, wenn auch sehr ärmlichen Beruf eines Arztes.«[2]

Offenkundig hat Döblin den Arztberuf zur Rechtfertigung seiner Existenz gebraucht; daß er ihn nach 1933 (in Ermangelung einer französischen – später: amerikanischen – Approbation) nicht mehr ausüben durfte, gehört zu den schwersten Verlusterlebnissen seines Exils.

Ein Dichter mit schlechtem Gewissen also[3], aber darum nicht etwa ein bescheidener Gelegenheitsliterat, sondern einer der fruchtbarsten, originellsten und anspruchlichsten Autoren der ersten Jahrhunderthälfte, Schöpfer eines auch für Spezialisten nur schwer überschaubaren Œuvres, den man vor 1933 durchaus mit Thomas Mann auf eine Stufe gestellt hat. Sein fragiles Selbstwertgefühl, das ihn auf eine lebenslange »Ich-Suche« schickte, wurde austariert durch mediale Begabung, eruptive Phantasie, sprachschöpferische Kraft, musikalische Sensibilität *und* einen scharfen Blick für die Realität. Bei aller Abschätzigkeit, die immer wieder in seine Urteile über Kunst und Künstler, über die Literatur und über das eigene Schreiben einfloß, hat er doch die Bedeutung der Dichtung, auch der eigenen Dichtung, ernstlich nie in Zweifel gezogen.

Gerade der vom Pflichtethos der Mutter her verinnerlichte Zwang zur Rechtfertigung seiner ›unordentlichen‹ Tätigkeit hat ihn die besondere, die auffällige Leistung anstreben lassen. Kompensationsbedürfnis und Trotz mögen ihm die Feder geführt haben, wenn er hartnäckig seine Stellung zwischen allen Stühlen behauptete[4], sich mit dem Aufsatz *Von der Freiheit eines Dichtermenschen* gegen den Expressionismus absetzte[5] oder den diktatorischen Manifesten Marinettis die berühmt gewordenen Sätze entgegenhielt: »Pflegen Sie Ihren Futurismus. Ich pflege meinen Döblinismus.« (*SÄ* 119)

Nach eher verquälten Anfangswerken, die um das Ich, auch um die Entdeckung des anderen Geschlechts kreisten[6], nach teils realistischen, teils surrealistischen (›expressionistischen‹) Erzählungen[7] begann Döblin mit dem ›Chinesischen Roman‹ *Die drei Sprünge des Wang-lun* (1916) dasjenige Feld zu erobern, auf dem seine wesentlichsten Hervorbringungen angesiedelt sind: das des großen Romans oder, wie er sagte, des modernen Epos. Durchaus nämlich stellte er sich selbst in die Tradition der Homer, Dante, Cervantes[8], und 1927 hat er in der Tat, zwar einer Zeitströmung folgend, vor allem aber dem eigenen Drang zum rhythmischen Sprechen, ein ›indisches Epos‹ vorgelegt: *Manas*, sein bis heute am wenigsten beachtetes Werk. Zuvor hatte er mit dem *Wang-lun*, mit dem zweibändigen *Wallenstein* (1920) und mit der negativen Utopie *Berge Meere und Giganten* (1924) die Hochschätzung von Kennern errungen; erst 1929 gelang ihm mit *Berlin Alexanderplatz*, *dem* deutschen Großstadtroman, der große Erfolg, der ihn hätte weitertragen können, wäre er nicht gezwungen gewesen, im Februar 1933, als Jude, Sozialist und ›Asphaltliterat‹, Hitlers Deutschland zu verlassen. Im Exil widmete er sich vor allem der Frage nach den Ursachen für den Sieg des Faschismus, gestaltete in *Pardon wird nicht gegeben* (1935) die Zwangsmechanismen des ›autoritären Charakters‹, versuchte in der *Amazonas*-Trilogie (1937/38) die Fehlentwicklung des modernen europäischen Denkens (von ihm ›Promethismus‹ genannt[9]) seit der Zeit der Entdeckungen nachzuzeichnen, unternahm es andererseits, in dem schließlich auf vier Bände anwachsenden ›Erzählwerk‹ *November 1918* (1939 und 1948–1950), das Mißlingen der ›deutschen Revolution‹ am Ende des Kaiserreichs als Ursache für das Scheitern der Weimarer Republik vor Augen zu stellen. Sein letzter großer Roman, *Hamlet oder Die lange Nacht nimmt ein Ende* (1956), fragt nach den Wurzeln der menschlichen Aggression und glaubt sie in der Spaltung des Menschen in zwei Geschlechter zu finden – eine Thematik, mit der er zu seinen Anfängen zurückkehrte.

Neben den großen Romanen dürfen Döblins dramatische Versuche[10] und auch die nach 1920 entstandenen Erzählungen als Nebenwerke gelten. Ganz sicherlich *nicht* gilt das für sein umfangreiches essayistisches Œuvre mit philosophischer, politischer und kunsttheoretischer Thematik. Nur eine Zusammenschau dieser weitgespannten Essayistik kann ein zutreffendes Bild von Döblins Rollenverständnis als Schriftsteller vermitteln.

In dem für seine mittlere Schaffensphase zentral wichtigen romantheoretischen Vortrag *Der Bau des epischen Werks* (1929) nennt Döblin als Kennzeichen des »spezifisch epischen Berichtes« »das Exemplarische des Vorgangs und der Figuren«: »starke Grundsituationen, Elementarsituationen des menschlichen Daseins, [...], Elementarhaltungen des Menschen« (*SÄ* 218). Ging es ihm also um das ›Allgemeinmenschliche‹, das immer, von Zeit und Raum unabhängig Gültige? Ja und nein.

Von Beginn an kreisten Döblins Fühlen und Denken um ein Grundproblem der Moderne: die Stellung des Einzelmenschen in der Welt, eine Stellung, die durch die Entdeckung und das Erlebnis mannigfacher Abhängigkeiten nachhaltig erschüttert schien. Mit leidendem Sarkasmus hat Döblin in den frühen Erzählungen das Individuum zu destruieren gesucht, dann, in den Romanen vom *Wang-lun* bis zu *Berge Meere und Giganten*, diese zerstörerische Grunderfahrung in seinen Willen aufnehmen wollen; in Anlehnung an Lehren des Taoismus und des Buddhismus redete er dem Erlöschen vor der Welt das Wort, dem Nichthandeln, der Rückkehr in den Schoß der Natur.

Mit der Wahl scheinbar abgelegener Stoffe und Schauplätze (das China des 18., das Deutschland des 17., das Europa des 23.–25. Jahrhunderts) schien Döblin tatsächlich in Gleichnisse des ›Allgemeinmenschlichen‹ auszuweichen; in Wahrheit aber sind diese drei Romane leicht dechiffrierbar als Gegenentwürfe gegen Tendenzen der Zeit: gegen die Hybris des wilhelminischen Kaiserreichs, gegen die Vergötzung ›großer Männer‹, gegen die Verherrlichung des Kriegs und gegen einen ökologisch ignoranten Technik-Optimismus. Selbst der in einem mythischen Indien angesiedelte *Manas* steht mit seinem Versuch, die Stellung des Ichs in und gegenüber der Natur neu zu begründen, nicht außerhalb von Zeit und Raum, sondern bezieht sich, in emphatischem Widerspruch, auf eben jene Entmächtigung des Individuums in der

Moderne, von der schon die Rede war. Freilich ist die poetische Umsetzung nur zum Teil geglückt; gerade an der entscheidenden Stelle, in der Schilderung des Kampfes zwischen Manas und dem Gott Schiwa, versagt das bilderreiche Sprechen, schlägt um in philosophische Begrifflichkeit. Zwei Jahre später aber, in *Berlin Alexanderplatz*, gelang Döblin der große Wurf: die Gestaltung eines exemplarischen Einzelschicksals und seiner Umwelt im Berlin der Gegenwart: konkreteste aktuelle Gegenständlichkeit *und* mythische Transparenz, eben das, was er am Schluß des Vortrags vom *Bau des epischen Werks* als Forderung aufgestellt hatte:

»Was macht das epische Werk aus? Das Vermögen seines Herstellers, dicht an die Realität zu dringen *und* sie zu durchstoßen, um zu gelangen zu den einfachen großen elementaren Grundsituationen und Figuren des menschlichen Daseins. Hinzu kommt, um das lebende Wortkunstwerk zu machen, die springende Fabulierkunst des Autors. Und drittens ergießt sich alles im Strom der lebenden Sprache, der der Autor folgt.« (*SÄ* 245)[11]

Döblins Hinwendung zum Einzelmenschen, erstmals angedeutet in dem Buch *Reise in Polen* (1925), bekräftigt dann in den naturphilosophischen Schriften *Das Ich über der Natur* (1927) und *Unser Dasein* (1933), hatte eine entscheidende Wandlung auch seiner Romanpoetik zur Folge.

In den einschlägigen Aufsätzen der vorangegangenen Jahre[12] hatte er nicht nur der Gestaltung von Einzelschicksalen und deren Psychologisierung eine Absage erteilt[13], sondern auch eine Eliminierung des persönlichen (auktorialen) Erzählers gefordert: Der Autor (wie er sagt) habe im Roman total zu verschwinden, sich gänzlich zu verwandeln in den konkreten Vorgang[14]; nicht weit genug könne der »Fanatismus der Selbstverleugnung« getrieben werden (*SÄ* 122); »Entselbstung, Entäußerung des Autors, Depersonation« seien geboten; der Leser solle »einer eisernen, stummen Front« gegenübergestellt werden (*KS* I 228): »er mag urteilen, nicht der Autor.« (*SÄ* 121)[15] Als »höchster Ehrgeiz der Prosa« erschien es ihm damals, die »Plastik des Vorgangs erscheinen zu lassen« (*KS* I 229).

Die Rücknahme der eigenen Person bzw. des fiktiven Erzählers war von Döblins damaligem Menschenbild her durchaus konsequent. Dem hätte aber auch ein politischer Fatalismus entsprochen, wie er etwa in der »Zuneigung« des *Wang-lun* formuliert war, eine Haltung, die Döblin selbst aber spätestens seit den Kriegserlebnissen als Militärarzt keineswegs einzunehmen gewillt war. Seit 1917 und dann erst recht seit 1919 trat er mit scharfen Polemiken hervor, goß, teilweise unter dem

Pseudonym ›Linke Poot‹, ätzenden Spott aus über die Restaurierung
der alten Machtstrukturen, propagierte zunehmend radikal einen utopischen Sozialismus, in dem auch der einzelne zu seinem Recht kommen
sollte.[16] Bezeichnenderweise war es auch ein politisches Ereignis, die
Wiedererrichtung eines selbständigen Staates Polen, das ihn einer Revision seiner früheren Ansichten näherbrachte: Die Beharrungskraft dieses ›nationalen Individuums‹[17] wie auch das Überdauern des Ostjuden-
tums wurden ihm zum Beweis für die Größe des menschlichen Geistes,
der Seele, der »Kraft des Ich«.[18]

Seit der Polenreise im Herbst 1924 gelangte Döblin allmählich zu
einer neuen Konzeption vom Menschen, die nicht etwa eine Negation
seiner früheren Auffassungen zum Ziel hatte, sondern auf Ergänzung
und Synthese hinauslief: Als »Stück der Natur«, wie Döblin dann in
Unser Dasein formuliert, *bleibt* der Mensch ein hinfälliges Mängelwesen;
als »Gegenstück der Natur« aber, als denkendes, fühlendes, handelnd
eingreifendes Ich, erhebt er sich zu einer nur ihm eigenen Kraft und
Würde. Der Mensch erscheint nun als ein mehrschichtiges Wesen: als
»Natur-Ich« abhängig von seinen tierischen, pflanzlichen, ja minerali-
schen Bestandteilen; als »Passions-Ich« eingebettet in die menschliche
Umwelt, abhängig von Tradition, Geschichte, Moral, mit der Tendenz, eingeschmolzen zu werden in die Masse; als »Privat-Ich« aber ein
unverwechselbares Individuum mit dem Recht und der Pflicht zum
Umgestalten und Überformen des Vorgefundenen.[19]

Dieses neue Menschenbild fand seine Entsprechung in einer neuen
Romantheorie (*Der Bau des epischen Werks*) und seinen Niederschlag im
›modernen Epos‹ *Berlin Alexanderplatz*. Mit gutem Grund trägt dieses
Buch einen Doppeltitel: *Berlin Alexanderplatz. Die Geschichte vom Franz
Biberkopf*; denn es verbindet die Gestaltung eines exemplarischen Einzelschicksals mit einem Panorama der Großstadt Berlin, zeigt den ›Helden‹ als »Stück« dieser scheinbar übergewaltigen Massensiedlung, läßt
ihn in einem verfehlten Kampf gegen diese Gewalt fast unterliegen, am
Schluß aber zur Einsicht in seine Verantwortlichkeit und seine *relative*
Eigenmacht gelangen. In einmontierten Behördentexten, Wetter-
richten, Schlagern, Reklamesprüchen usw. meldet sich immer wieder
die Großstadt (›die Welt‹) selber zu Wort; die Einflüsse dieser Umwelt
auf Biberkopf, ihm selber nur zum Teil bewußte Steuerungsmechanis-
men, werden gestaltet in den zahllosen ›inneren Monologen‹ (Biberkopf
als »Passions-Ich«).[20] Darüber hinaus reißt Döblin mit Zitaten aus und
Paraphrasen zu mythologischen Überlieferungen[21] und Dichtungen
der unterschiedlichsten Provenienz[22] eine menschheitsgeschichtliche

Tiefenperspektive auf. Dieses Verfahren verstärkt zum einen den exemplarischen Charakter von Biberkopfs Einzelschicksal; andererseits dokumentiert sich hier Döblins Auffassung von der ›Gleichzeitigkeit des Ungleichzeitigen‹; denn das Schichtenmodell galt ihm nicht nur für den Menschen, sondern auch für jede Gegenwart:

»Man faßt am besten die Gesamtwirklichkeit einer Epoche nach dem Muster der Geologie schichtenweise auf. Diese Schichten sind gleichzeitig da, lagern aufeinander, beeinflussen [auf]einander durch Druck, Spannung, Schwerkraft, aber haben ihren eigenen Charakter, ihr eigenes Gefälle.«[23]

Der Gegenwartsroman *Berlin Alexanderplatz* erweitert sich demzufolge fast zwangsläufig zum Großen Welttheater, in dessen Mitte aber ein einzelner steht, denn: »Nur durch das Tor des Ich betritt man die Welt.«[24].

Der neuen Auffassung von der Stellung des Menschen in der Welt entspricht eine neue Konzeption des Erzählers. In *Der Bau des epischen Werks* bemerkt Döblin nach einem Rückblick auf seine frühere, »die sogenannte Objektivität des Erzählers« ins Zentrum stellende Theorie:

»Aber man ist ein ganzes Leben lang nicht fähig, diesen Standpunkt innezuhalten. Eines Tages entdeckt man auch etwas anderes neben der Rhone, den Tälern und den Nebenflüssen: man entdeckt sich selbst. Ich selbst – das ist das tollste und verwirrendste Erlebnis, das ein Epiker haben kann.« (*SÄ* 226)

Die Folgerung aus dieser Entdeckung lautet: »Darf der Autor im epischen Werk mitsprechen, darf er in diese Welt hineinspringen? Antwort: ja, er darf und er soll und muß.« (*SÄ* 226) und:

»Selber Faktum sein und sich Raum schaffen dafür in seinen Werken, das macht den guten Autor, und dafür ermahne ich ihn heute, im Epischen die Zwangsmaske des Berichts fallen zu lassen und sich in seinem Werk zu bewegen, wie er es für nötig hält.« (*SÄ* 228)

Dementsprechend arbeitet Döblin in *Berlin Alexanderplatz* mit einem persönlichen Erzähler, der in einem Proöm, in Prologen zu den einzelnen Büchern, in Kapitelüberschriften, eingeschobenen Kommentaren, nachträglichen Resümees, Erwägungen zum Sujet und zur Erzählweise das Urteil des Lesers zu steuern sucht – und trotzdem kein auktorialer Erzähler im herkömmlichen Sinne ist. Denn auch für ihn gilt das Schichtenmodell des Ichs. Er ist nicht konzipiert als der olympische *spiritus rector*, sondern als *eine*, wenn auch wesentliche Kommentar-Stimme, die oft genug verstummt, um der (scheinbar) sich selbst erzählenden Stadt das Feld einzuräumen, die einmontierten Beispielerzählungen, Bibel-Paraphrasen usw. für sich sprechen zu lassen (der Erzähler als »Passions«-Ich), und obendrein ist seinen Kommentaren die

mahnende Stimme des Todes neben-, vielleicht sogar übergeordnet.[25]
Der schnoddrige Ton des Moritatensängers mit dem Zeigestock, den
der Erzähler im Proöm[26] und an vielen späteren Stellen anschlägt, wirkt
einerseits autoritär, setzt andererseits aber auch Distanz zwischen den
Erzähler und die Geschichte: so, als erzähle er tatsächlich Geschehenes
nur nach, als sei er nur einer von vielen möglichen Interpreten. Insgesamt fällt es schwer, die zwischen Ironie und tiefem Ernst changieren-
den Redeweisen einer festen Erzählerfigur zuzuordnen. Das erzählende
Ich bedient sich imitatorisch der verschiedensten Sprachstile, spiegelt
auf diese Weise die bunte Vielfalt der dargestellten Welt.

Das bisher in den philosophischen Schriften und im Roman *Berlin
Alexanderplatz* nachgewiesene Modell vom Menschen als »Stück und
Gegenstück der Natur« bzw. seiner Schichtung in »Natur-«, »Pas-
sions-« und »Privat-Ich« wurde maßgebend auch für Döblins Kunstbe-
griff und für sein Selbstverständnis als Künstler. Schon in seiner ersten
kunsttheoretischen Publikation, den *Gesprächen mit Kalypso. Über die Musik*[27], stellt Döblin zwei Prinzipien gegeneinander, die er später miteinander zu harmonisieren suchte: die Modellfunktion der Natur für das
Kunstwerk (freilich gerade *nicht* im Sinne der Nachahmung oder der
Widerspiegelung, sondern in bezug auf formale Merkmale wie Wiederholung, Variation, »Beziehlichkeit«) *und* die Überschreitung, ja Ablehnung des nur Gegebenen im Kunstwerk. Das antinaturalistische
Programm der *Gespräche* gipfelt in der Vorstellung, die Kunst könne sich
auch noch der – in der Dichtung repräsentierten – Zeichensprache bege-
ben, völlig bezugslos selbstherrliche Neubildungen schaffen: »Die
Wirklichkeit überwinden, ihre Herrin, und ihrer spotten.« (*SÄ* 61) Dieses Programm resultierte kompensatorisch aus der von Döblin damals
schmerzlich empfundenen Sprachproblematik, die vor allem in dem
›Roman von den Worten und Zufällen‹ *Der schwarze Vorhang* themati-
siert worden war. Noch 1928, in dem Vortrag *Schriftstellerei und Dichtung*, hielt er fest: »Die Wortkunst hat es überaus viel schwerer als etwa
die Malerei und Musik, um zur Kunst zu kommen.« (*SÄ* 202) Ihr Material, das Wort, sei ja zugleich ein »direkter Gebrauchsartikel« und be-
dürfe daher einer besonders intensiven Transformation; denn: »Auf
Wirklichkeitsfremdheit, kraß: auf Unnatur kommt es ja an; es hat keinen Sinn und ist unmöglich, das Vorhandene zu wiederholen« (*SÄ* 202);
vielmehr:

»Die Literatur tut etwas zur Realität, die unser tägliches Wortmaterial gibt,
hinzu, die Daten der Realität werden benutzt, um zu zeigen, daß man zusetzt
und wo man zusetzt und was man zusetzt.« (*SÄ* 203)

Dieser ›Zusatz‹, der im *Bau des epischen Werks* präziser gefaßt wird als Durchbruch in die ›überreale, exemplarische Sphäre‹, beruht nicht etwa auf Willkür, sondern entwickelt sich nach Döblins Vorstellung organisch aus dem Gegebenen:

»Die Entfernung von der Realität und den Gegenständen, dabei aber eine Benutzung der Realität und ihrer Objekte, das ist letzten Endes der biologische Tatbestand des Wachstums. Der Mensch wächst im Kunstwerk über die vorhandene Natur hinaus; er ist selbst schaffende Natur.« (*SÄ* 208)[28]

Auch den Künstler definiert Döblin jetzt also als »Stück und Gegenstück der Natur«. Präzisiert wird diese polare Beziehung im Verhältnis des Dichters zur vorgefundenen Sprache. Ihr wohne eine eigene Produktivkraft inne, heißt es im *Bau des epischen Werks*, und durchaus könne es geschehen, daß der Autor von ihr überrollt werde: »man glaubt zu schreiben und man wird geschrieben« (*SÄ* 243). Darum sei es verständlich (und so war es ihm ja auch selbst ergangen), »daß, wer etwas Eigenes sagen will, geistig oder phantastisch, daß der die alten Sprechweisen erst von sich wegstoßen muß, um zu singen, wie ihm selber der Schnabel gewachsen ist.« (*SÄ* 244) Für seine inzwischen erreichte Position aber konstatierte er: »Ich bin mit der Sprache zufrieden.« (*SÄ* 241) Jetzt fühlte er sich fähig, die verschiedensten überkommenen Sprachstile[29] aufzunehmen, einzuschmelzen in ein Eigenes; *Berlin Alexanderplatz* gab die Probe aufs Exempel.[30]

Auch den künstlerischen Schaffensprozeß selbst hat Döblin als ein Hin und Her zwischen halb unbewußter Konzeption, die »tastend gepflegt« (*SÄ* 232) und beobachtet wird, und dem denkenden und wertenden Ich dargestellt:

»Bewußtlos ist nur das Inkubationsstadium, in eigentümlicher Weise aber bewußt, gedankengetränkt, mit Werten des ganzen Milieus, des Standes, der Klasse, der Volksschicht, des Volkstums durchsetzt das zweite Stadium. Und all diese Dinge, Gedanken, Werte der genannten Umwelt formen nun in ringender Kollektivarbeit mit der dichtenden, sehr persönlichen Instanz das Werk.« (*SÄ* 233)[31]

Wird hier der Einfluß der Gesellschaft auf die dichterische Arbeit hervorgehoben, so führte die Konzeption vom »Passions-« und vom »Privat-Ich« umgekehrt auch zu präziseren Vorstellungen über die Verantwortung des Schriftstellers gegenüber der Gesellschaft. Das heißt: Döblins politisches Engagement, das als Movens für seine weltanschauliche Neuorientierung wirksam geworden war, erfuhr nun umgekehrt von dieser neuen Weltsicht her eine tiefere Begründung.

1921, in der Rede *Der Schriftsteller und der Staat*, hatte Döblin noch gehofft, die Weimarer Republik werde den Autoren »ein Optimum von Wirkungsbedingungen« gewähren (*SÄ* 158), eine Hoffnung, die er in den Folgejahren, angesichts des Wiedererstarkens der reaktionären Kräfte und angesichts zahlreicher Zensurmaßnahmen, verlor.[32] Schon 1923 konstatierte er:

»Parteikämpfe, Haß der Klassen, Hochmut der Industrie, wüste verwirrte Ideologien, die Geistigen klein vor den anmaßenden Industrierittern, Börsenhyänen. Die Geistigen Beschützer des Schwachsinns der Imperialisten und ihrer Freßsucht. Groß im Land die Beschäftigung mit nebulosen Dingen. Der ›Faust‹ geht schrecklich um (nennt sich auch ›Hölderlin‹).«[33]

Gerade angesichts dieser Situation erschien ihm die schon 1921 angemahnte Verantwortung des Schriftstellers für die Gesellschaft, d. h. für die Stärkung der elementaren Gemeinschaftskräfte gegen die Ansprüche von Industrie, Technik und Handel (*SÄ* 159), um so dringlicher. 1928 in die Sektion für Dichtkunst der Preußischen Akademie der Künste gewählt, kämpfte er für eine Erweiterung dieses Kreises über die Belletristen hinaus, plädierte dafür, daß Einfluß auf Schule und Erziehung gewonnen werde.[34] Er konnte sich nicht durchsetzen, griff dafür in seiner Gedenkrede für Arno Holz[35] einen Gedanken wieder auf, den er ebenfalls schon 1921 formuliert hatte, daß man nämlich der notorischen elitären Absonderung der deutschen Literatur vom größten Teil der Bevölkerung entgegenwirken müsse durch größere Einfachheit und Verständlichkeit (*SÄ* 162). Jetzt, 1930, propagierte er »eine organisch-funktionelle Beziehung zwischen Volk und Literatur« (*SÄ* 269), die »Beseitigung des Bildungsmonopols« und als Mittel dazu eine »Senkung des Gesamtniveaus der Literatur« (*SÄ* 270). – Döblins eigene Bemühungen in diese Richtung, das an Brechts Technik angelehnte Stück *Die Ehe* (1931) und die versimpelte, auf Umkehrung der ursprünglichen Tendenz abzielende Version von *Berge Meere und Giganten (Giganten. Ein Abenteuerbuch*, 1932), ließen freilich klarwerden, daß für ihn selbst dieser Weg nicht gangbar war, daß er mit dem Versuch, sein Schreiben zu popularisieren, scheitern mußte.

Dieses Scheitern besagt freilich noch nichts über Richtigkeit oder Unrichtigkeit des Programms selbst oder der ihm zugrunde liegenden Diagnose. Die Gedenkrede auf Holz bewog den damals 22jährigen Studenten Gustav René Hocke zu einem Offenen Brief an den Autor, in dem er nach Stellung und Aufgabe der Intellektuellen in dieser Zeit fragte.[36] Döblin antwortete nach längerem Zögern (»Sie müssen mich kennen, wie ich bin, ein vollkommen privater Mensch. [...] Nun verlangen Sie Repräsentanz von mir.«): »Sie haben einen Satz von mir zitiert, von der ›Verpflichtung, geistige Hilfe zu leisten‹, und das ist in der Tat ein immer mehr drängendes Gefühl in mir, und zu dem Satz stehe ich.« (*DM* 132) Aus den zunächst in der Zeitschrift *Das Tage-Buch* publizierten Antworten erwuchs das Buch *Wissen und Verändern!* (1931), in dem Döblin die Stellung des Intellektuellen sowohl gegen das bürgerliche als auch gegen das marxistische Lager abhob, ausdrücklich einen utopischen Sozialismus propagierte[37] und angesichts der Zersplitterung der sozialistischen Arbeiterschaft in Sozialdemokraten und Kommunisten festhielt, die Intellektuellen hätten »in keiner dieser Gruppen, so wie sie heute sind, etwas zu suchen«: »Wir treten neben sie mit dem Bewußtsein der Generallinie, von der sie sich abgezweigt haben.« (*DM* 227) Die Aufgabe bestehe darin, »der teils irrelaufenden, teils schon wieder einschlafenden Bewegung ihre eigentümliche Kraft und ihre Wucht wiederzugeben.« (*DM* 229)

Über den pragmatischen Wert einer solchen Positionsbestimmung kann man streiten, und das Buch selbst ist denn auch damals von fast allen Seiten heftig angegriffen worden. Andererseits kam es zur Bildung eines Diskussionskreises, der 1932 mit einem Aufruf an die Öffentlichkeit treten wollte – eine Konsequenz, vor der Döblin dann aber zurückzuckte; angesichts bevorstehender Reichstagswahlen wollte er weder für eine bestimmte Parteirichtung eintreten noch mit der Publikation allgemeiner Grundsätze eine illusionäre »Front über den Fronten« propagieren.[38] Heinz Gollong, einer seiner ergebensten Anhänger, schrieb enttäuscht zurück:

»Wir hätten zwar als geistige Spezies eine kleine Front außerhalb der gegenwärtigen politischen Fronten gebildet, aber praktisch hätten wir unbewußt und unausgesprochen doch die linke Front unterstützt. Und das zu tun, kann ich nicht für falsch halten!«[39]

Nach der Vertreibung aus Nazideutschland hat Döblin seine Prinzipienreiterei am Vorabend der Machtübergabe offenbar selbst als Versagen empfunden. In einem Brief an Thomas Mann vom 23. Mai 1935 fragte er angesichts der breiten Zustimmung der Deutschen zur Hitler-Diktatur: »und was hat also unsere Literatur geleistet? Ich finde (ich nehme mich nicht aus): wir haben unsere Pflicht versäumt.«[40] Und im Hinblick auf die neue Lage meinte er: »vielleicht kann man doch mehr, auf geistige, moralische Weise, seine Politik in der Schrift unterbringen, schärfer härter offener als früher.«[41] – Im Exil hat Döblin sich einerseits, von 1933 bis 1937, für den jüdischen Neo-Territorialismus eingesetzt[42], andererseits, in den schon genannten Romanen *Pardon wird nicht gegeben*, *Amazonas* und *November 1918*, den mentalitäts- und

geistesgeschichtlichen sowie den unmittelbar politischen Ursachen für
die Heraufkunft des Faschismus nachzuspüren versucht.[43] Die Verantwortung des Schriftstellers gegenüber der Gesellschaft blieb ein
Leitmotiv seines Schaffens, wurde in der Broschüre *Die deutsche Literatur (im Ausland seit 1933)*[44] noch einmal bekräftigt, erfuhr nach der
Konversion zum Katholizismus (1941) allerdings eine neue Akzentu-
ierung.

In dem Aufsatz *Die Dichtung, ihre Natur und ihre Rolle* von 1950 stellt
Döblin den Dichter zwischen den Heiligen, »den wahrhaft Wissenden«
(*SÄ* 503), und den (Natur-)Wissenschaftler oder auch den Politiker:
Die beiden letzteren blieben den Details der Realität verhaftet[45], der
Dichter dagegen »zeigt dem an die materielle Wirklichkeit verlorenen
und verbannten Menschen die Überrealität« (*SÄ* 499), »ein sehnsüchti-
ges Stück Übernatur« (*SÄ* 516), nimmt damit am Leben der Gesell-
schaft sogar intensiver teil als der Politiker[46]; denn seine Entwürfe einer
Gegenwelt sollen »den Menschen dieser Ära zu der wahren und wirk-
lichen und aktivierenden Aufklärung [...] verhelfen.« (*SÄ* 504) – »Überrealität« meint nun das von Gott dem Menschen eingepflanzte Wissen
um eine ursprünglich gute und gerechte Welt. Der »Aufklärung« im
Sinne einer Wiederbelebung dieser religiösen Weltsicht sollten auch
Döblins ›Religionsgespräche‹ *Der unsterbliche Mensch* (1946) und *Der
Kampf mit dem Engel*[47] dienen, ebenso seine Rundfunkbeiträge[48] und
sein in mehreren Städten der damaligen Westzonen gehaltener Vortrag
Unsere Sorge der Mensch.[49]

Um zusammenzufassen: Die das Frühwerk auch vieler anderer Autoren
kennzeichnende Beschäftigung mit dem eigenen Ich wurde bei Döblin
durch seine widersprüchlich-konfliktreiche Elternerfahrung in beson-
derer Weise geprägt und verschärft, erweiterte sich ihm dann, durchaus
epochenspezifisch, zur Frage nach der Stellung des Individuums in
einer Gesellschaft und in einer Welt, die den einzelnen in der Masse
verschwinden zu lassen drohten. Eine Lösung fand er in der Konzeption
vom Menschen als »Stück und Gegenstück der Natur«, die bestimmend
wurde sowohl für die Gestaltung seiner Romane, ihrer ›Helden‹ wie
ihrer Erzähler, als auch für seine Einschätzung der Dichtung und der
Stellung des Schriftstellers in seiner Zeit; von hierher klärte sich ihm
einerseits sein Verhältnis zur Tradition, insbesondere zur Sprache, und
andererseits seine Wechselwirkung mit der Gesellschaft.

Die Eigenart dieses Autors hat Thomas Mann sehr genau gekennzeichnet, als er 1943, zur Geburtstagsfeier des 65jährigen, die »Vereini-

gung archaischer und fortgeschritten-gegenwärtigster Elemente« als Signum seiner Dichtung benannte: Döblin sei

»kein Romanschriftsteller nach verbrauchtem Schema, sondern ein Sänger im ewig-epischen Sinne des Wortes [...], ausgestattet dabei mit aller herausfordernden Intelligenz und Erkenntnisschärfe heutiger sozialer Geistigkeit.«[50]

Anmerkungen

1 Alfred Döblin, *Gedächtnisstörungen bei der Korsakoffschen Psychose*, Berlin 1905, S. 3.

2 Alfred Döblin, *Schriften zu Leben und Werk*, Olten und Freiburg i. Br. 1986 (im folgenden: *SLW*), S. 98.

3 Vgl. *SLW* 122.

4 Vgl. Alfred Döblin, *Der deutsche Maskenball* von Linke Poot, *Wissen und Verändern!*, Olten und Freiburg i. Br. 1972 (im folgenden: *DM*), S. 113.

5 Alfred Döblin, *Schriften zur Ästhetik, Poetik und Literatur*, Olten und Freiburg i. Br. 1989 (im folgenden: *SÄ*), S. 127–136.

6 Vgl. Alfred Döblin, *Jagende Rosse, Der schwarze Vorhang und andere frühe Erzählwerke*, Olten und Freiburg i. Br. 1981.

7 Alfred Döblin, *Die Ermordung einer Butterblume und andere Erzählungen*, München und Leipzig 1913.

8 Vgl. *SÄ* 125, 206, 218 u. ö.

9 Vgl. den Aufsatz *Prometheus und das Primitive* (1938), in: Alfred Döblin, *Schriften zur Politik und Gesellschaft*, Olten und Freiburg i. Br. 1972, S. 346–367.

10 Gesammelt in: Alfred Döblin, *Drama Hörspiel Film*, Olten und Freiburg i. Br. 1983.

11 Hervorhebung nicht original.

12 *An Romanautoren und ihre Kritiker* (1913), *Bemerkungen zum Roman* (1917), in: *SÄ* 119–123, 123–127; *Über Roman und Prosa* (1917), in: Alfred Döblin, *Kleine Schriften I*, Olten und Freiburg i. Br. 1985 (im folgenden: *KS* I), S. 226–232.

13 Vgl. noch 1924, in den *Bemerkungen zu »Berge Meere und Giganten«*, das Diktum: »Zum Epischen taugen Einzelpersonen und ihre sogenannten Schicksale nicht.« (*SLW* 56).

14 Vgl. *KS* I 227.

15 Ganz so radikal, wie er selbst es forderte, hat Döblin dieses Programm nicht durchgeführt; schon die »Zueignungen« zum *Wang-lun* und zu *Berge Meere und Giganten* sprechen dagegen. Vgl. Klaus Müller-Salget, *Alfred Döblin. Werk und Entwicklung*, Bonn ² 1988, S. 116–120, 163–176, 223–225.

16 Vgl. die Bände *Schriften zur Politik und Gesellschaft* und *Der deutsche Maskenball*... sowie die mit politischen Kommentaren durchsetzten Theaterberichte für das *Prager Tagblatt*, gesammelt in: Alfred Döblin, *Ein Kerl muß eine Meinung haben. Berichte und Kritiken 1921–1924*, hrsg. von Manfred Beyer, Olten und Freiburg i. Br. 1976.

17 So Heinz Graber im Nachwort zu Alfred Döblin, *Reise in Polen*, Olten und Freiburg i. Br. 1968, S. 362.

18 Döblin, *Reise in Polen*, S. 98 f.

19 Vgl. Alfred Döblin, *Das Ich über der Natur*, Berlin 1927, S. 107–181.

20 Zum »Natur-Ich« wird der zum Sterben entschlossene Biberkopf, wenn seine

Seele sich zu den Feldmäusen gesellt und ihre »Pflanzenkeime« zurückgibt. Vgl.
Alfred Döblin, *Berlin Alexanderplatz. Die Geschichte vom Franz Biberkopf*, Olten und
Freiburg i. Br. 1961, S. 472 f.

21 U. a.: Orest, Hiob, Isaak, Hure Babylon.

22 U. a.: Prediger Salomo, Schillers *Worte des Glaubens*, Kleists *Prinz Friedrich von
Homburg*, Wilhelm Hauffs *Reiters Morgenlied*.

23 *Blick auf die heutige deutsche Literatur. Referat vor Arbeitern* (1933), in: *SÄ* 278–288;
S. 286.

24 Alfred Döblin, *Unser Dasein*, Olten und Freiburg i. Br. 1964, S. 33 u. ö.

25 Vgl. Otto Keller, *Döblins ›Berlin Alexanderplatz‹. Die Grossstadt im Spiegel ihrer Diskurse*, Bern – Frankfurt/Main – New York – Paris 1990, S. 25–28 u. ö.

26 Vgl. Döblin, *Berlin Alexanderplatz*, S. 10: »Dies zu betrachten und zu hören wird
sich für viele lohnen, die wie Franz Biberkopf in einer Menschenhaut wohnen und
denen es passiert wie diesem Franz Biberkopf, nämlich vom Leben mehr zu verlangen als das Butterbrot.«

27 Unvollständiger Erstdruck im 1. Jg. der Zeitschrift *Der Sturm* (1910/11); jetzt in:
SÄ 11–112. Eine eindringliche Untersuchung der *Gespräche* und ihrer Bedeutung
für Döblins spätere Poetik gibt Johannes Balve, *Ästhetik und Anthropologie bei Alfred
Döblin. Vom musikphilosophischen Gespräch zur Romanpoetik*, Wiesbaden 1990.

28 Breit ausgeführt wird dieser Gedanke dann in *Unser Dasein*, a. a. O., S. 239–263.

29 Er nennt: »die Konversationssprache«, »die Sprachebene der Zeitungsleute, Börsianer und anderer Berufe«, den »Stil des Bibelübersetzers Luther«, »Schillers
Jambenstil, Goethes Altersprosa, die Prosa Heinrich Heines, [...], den klassizistischen Stil Platens« (*SÄ* 243 f.).

30 Vgl. auch die Umformung überkommener literarischer Muster in *Hamlet oder Die
lange Nacht nimmt ein Ende*.

31 Vgl. auch *Die Arbeit am Roman* (*SÄ* 213 f.).

32 Vgl. *SÄ* 245–251: *Kunst ist nicht frei, sondern wirksam: ars militans* (1929).

33 Alfred Döblin, *Aufsätze zur Literatur*, Olten und Freiburg i. Br. 1963, S. 279.

34 Alfred Döblin, *Bilanz der »Dichterakademie«*, in: *Vossische Zeitung*, 25. 1. 1931.

35 *Vom alten zum neuen Naturalismus* (1930), in: *SÄ* 263–269.

36 Vgl. *DM* 129–131.

37 Vgl. *DM* 144: »Offen ist die Trennung von Sozialismus und Klassenkampf zu
vollziehen, der Sozialismus wieder als ›Utopie‹ herzustellen, als reine Kraft, Element in uns, seine Verwirklichung oder die Annäherung an ihn mit neuen Mitteln
zu versuchen.«

38 Die Geschichte des ›Döblin-Kreises‹ ist dokumentiert in: Leo Kreutzer, *Alfred
Döblin. Sein Werk bis 1933*, Stuttgart – Berlin – Köln – Mainz 1970, S. 148–162;
das Zitat aus Döblins Zirkular-Brief vom 4. 7. 1932 dort auf S. 160.

39 Ebd., S. 161.

40 Alfred Döblin, *Briefe*, Olten und Freiburg i. Br. 1970, S. 206.

41 Ebd., S. 207.

42 Vgl. dazu Klaus Müller-Salget, ›Alfred Döblin und das Judentum‹ (demnächst
in: *Akten des Jerusalemer Kongresses »Deutsch-jüdische Exil- und Emigrationsliteratur im
20. Jahrhundert«* vom 14.–18. Mai 1989).

43 Zur Problematik dieser Versuche vgl. Klaus Müller-Salget, ›»schärfer härter offener als früher«? Alfred Döblin auf der Suche nach den Wurzeln des Übels‹, in:
Exil, Sonderband: *Realismuskonzeptionen der Exilliteratur zwischen 1935 und 1940/
41*, Maintal 1987, S. 12–23.

44 Erstdruck: Paris 1938; jetzt in: *SÄ* 316–364.

45 Vgl. *SÄ* 516 und 545.

46 Vgl. *SÄ* 544.

47 Die Erstveröffentlichung dieses seinerzeit ungedruckt gebliebenen Manuskripts ist erst 1980 im Rahmen der Auswahlausgabe (zusammen mit *Der unsterbliche Mensch*) zustande gekommen.

48 Eine Ausgabe dieser bislang unveröffentlichten Beiträge bereitet Alexandra Birkert vor. Ein (unvollständiges) Verzeichnis gibt die *Bibliographie Alfred Döblin*, bearb. von Louis Huguet, Berlin und Weimar 1972, S. 148–161.

49 Druck: München 1948.

50 Thomas Mann, *An Alfred Döblin*, in: *Altes und Neues*, Frankfurt/Main 1953, S. 778–780; S. 779.

GERHARD NEUMANN

Hungerkünstler und singende Maus

Franz Kafkas Konzept
der »kleinen Literaturen«

Ich bin kein brennender Dornbusch. (J 202)

Die Rolle, die sich ein Autor in der Gesellschaft zuschreibt, in der er lebt, ist immer auch eine Rolle in der Geschichte der Autorschaft; er findet sie, indem er sich mit anderen Autoren vergleicht, im Blick auf die anderen seine eigene »Ansicht« des Schriftstellers gewinnt. Auf einer Reise liest Kafka ein Reclam-Bändchen, das Storms *Erinnerungen* enthält. Über diese Lektüre berichtet er an Max Brod:

»Ein Besuch bei Mörike. Diese beiden guten Deutschen – Storm und Mörike nämlich – sitzen im Frieden dort beisammen in Stuttgart, unterhalten sich über deutsche Literatur [...] und dann sprechen sie auch über Heine. [...] ›Er ist ein Dichter ganz und gar‹ sagte Mörike ›aber nit eine Viertelstund' könnt' ich mit ihm leben, wegen der Lüge seines ganzen Wesens.‹ Den Talmudkommentar dazu her!« (*Br* 397; 20. 7. 1922)

Diese Situation, beinahe am Ende seines Lebens (fast wie im Rückblick auf sich selbst und das Geleistete) im Brief an den Freund festgehalten, drückt sehr genau Kafkas zwiespältiges Verhältnis zu seinem eigenen Ort in der Gesellschaft, zu seinem Schreiben in der Welt aus: »Schreiben als Form des Gebetes«, wird Kafka sich Ende 1920 notieren (*H* 348); und ein Satz aus den frühen Tagebüchern erwidert mit der Gegenmeinung: »Schriftsteller reden Gestank« (*T I*, 13); in einem Brief, den Kafka am 14. 8. 1912 an den Verleger Ernst Rowohlt schreibt, spricht er von der »Gier, unter Ihren schönen Büchern auch ein Buch zu haben« (*Br* 103); und auf einem Zettel, den er seinem Freund und Nachlaßverwalter Max Brod hinterläßt, findet sich der Satz: »Mein Testament wird ganz einfach sein – die Bitte an Dich, alles zu verbrennen« (*P* 318).

Im Werk Kafkas zeigt sich, wie vielleicht bei keinem anderen Schriftsteller des 20. Jahrhunderts, die Zwiespältigkeit moderner Autorschaft, das Problematische der Rolle des Autors in der Zeit: der Wunsch nach Verinnerlichung bis zur Selbstauslöschung – und der andere Wunsch, soziale Wirkungen zu zeitigen, »die Welt ins Reine, Wahre, Unveränderliche zu heben« (*T I*, 838), gleichsam Modelle des Weltverstehens zu liefern: der Wunsch, gelesen zu werden. Kafka hat sich zeitlebens in diesem Konflikt nicht zu entscheiden vermocht. Wenige, luxuriöse Drucke seiner kleinen Geschichten hat er an die Öffentlichkeit gebracht, die drei großen, Fragment gebliebenen Romane blieben unpubliziert wie andere umfangreiche Konvolute voll von Werkteilen, Entwürfen, Aphorismen und Tagebuchaufzeichnungen.

Kafkas Wirkungsgeschichte spiegelt diese Zwiespältigkeit wider: Zu seinen Lebzeiten nur von Eingeweihten gekannt, wurde er zu einem Autor von Weltgeltung, als sein Freund Max Brod die drei Romane an die Öffentlichkeit brachte und Kafka damit zum »Romancier« des 20. Jahrhunderts schlechthin, zum Darsteller der Lebens- und Welterfahrung dieses Jahrhunderts, seiner Technokratie, seiner Inhumanität und seiner Verwaltungsmaschinerien machte. Und dies, obwohl Kafka selbst immer wieder von den »Niederungen« gesprochen hatte, in denen sich sein Romanschreiben bewege, und obwohl er nur wenige der kurzen Erzählungen hatte gelten lassen wollen: *Das Urteil*, *Die Verwandlung*, den *Heizer*, ferner die *Landarzt*-Erzählungen und den *Hungerkünstler*-Band.

Die testamentarische Verfügung Kafkas und ihre doppelbindende Gewalt haben die Situation der Überlieferung und Wirkung dieses Werkes vollends kompliziert: Es wird nie auszumachen sein, wie solche – an den besten Freund und größten Bewunderer gerichteten – Botschaften, das Werk zu vernichten, gelesen werden müssen, ob sie dem Erben die Rolle des Judas oder des Johannes zumuten. Max Brod jedenfalls verbrannte den Nachlaß nicht, sondern rettete ihn aus dem von den Nationalsozialisten besetzten Prag in einer abenteuerlichen Flucht durch die Dardanellen und über das Schwarze Meer nach Israel.

Kafkas Werk- und Lebensgeschichte machen deutlich, daß der moderne Autor zwischen zwei aufeinander bezogenen, zugleich aber miteinander unvereinbaren Möglichkeiten steht; daß er sich einerseits dadurch definiert, daß Selbsterleben und Poetologie ein und dasselbe werden, gleichsam im Schreibprozeß zusammenwachsen; andererseits aber dadurch, daß es ihm nicht gelingt, die alte Identitätsformel »Du bist Deine Geschichte« aus dem Schreibakt noch in Lebensrealität und Welterfahrung umzusetzen; die Geschichte, die er lebt, und die Geschichten, die er schreibend erzählt, zu einem Band der Identität zusammenzuflechten, wie dies Goethe in *Dichtung und Wahrheit* getan hatte, und wie etwa Hans Christian Andersen in seiner Autobiographie *Das Märchen meines Lebens* es ihm nachzutun suchte.

Für Kafka stellt sich diese Frage anders; er hat sie am Ende seines
Lebens im Tagebuch in der Formel zusammengefaßt: »Was hast Du mit
dem Geschenk des Geschlechtes getan?« (*T I*, 879) Dieser verzweifelte
Aufschrei meint zweierlei: die Familie und ihren Blutkreislauf, das Geflecht aus Liebe und Haß, das sie erzeugt; und das Geschlecht als Abfolge
der Generationen, wie es sich in die lange Geschichte des Judentums
einschreibt. Es ist die Frage nach der Herkunft und die Frage nach der
Zeugung, die auf dunkle Weise mit der Sexualität verknüpft ist und
zugleich im Schreibprozeß des Autors sich einnistet; Schrift und Genealogie, die zur »Geschichte des Selbst« zusammenwachsen. Kafka hat
diesen auf doppelte Weise zu verstehenden genealogischen Prozeß am
Ende seines Lebens als verloren angesehen; dies war der Grund, warum
er Max Brod bat, den Nachlaß zu vernichten.

Kafkas Tagebücher sind der Ort, wo dieser (zuletzt scheiternde) Le-
bensprozeß sich in den Schreibprozeß verwandelt, der auf die Findung
einer Rolle in der Welt zielt. Dies geschieht auf eine vordergründige
Weise durchaus auch im herkömmlichen Sinne. Die Tagebücher zeigen,
wie Kafka seinen Ort in der Prager Literaturszene sucht, wie er sich mit
seinen sehr viel berühmteren Schriftstellerkollegen Max Brod und Franz
Werfel, mit Oskar Baum oder Felix Weltsch auseinandersetzt, wie er
einen Dialog über die Zeiten hinweg mit großen europäischen Autoren
führt, mit Flaubert, mit Dostojewski, mit Goethe, Grillparzer oder
Kleist. Es läßt sich an seinen Niederschriften ablesen, in welcher Weise
diese Arbeit am Selbstbild des Autors zugleich als Teilnahme am kulturellen Leben verstehbar wird: so bei den philosophischen, natur- und
geisteswissenschaftlichen Vorträgen im Salon Fanta, bei Konzert- oder
Theaterbesuchen, in Dichterlesungen und Rezitationen. Auch die Sub-
kultur Prags wird sichtbar, die Kafka faszinierte – die Cabarets, die
Nachtclubs, die Variétés, die Kinos und die Bordelle. Kafka erweist sich
in seinen Tagebüchern als ein minuziöser Beobachter der Semiotik des
Alltags. Wenn man sich verdeutlicht, daß auch die wesentlichen literarischen Texte aus dem Tagebuch herauswachsen – *Das Urteil*, *Der Heizer*
und zahllose andere, zum Teil Fragment gebliebene Werke –, so wird
evident, daß Kafkas Tagebuchschreiben den Versuch darstellt, Organi-
sationsformen des Lebens zu finden und den eigenen Lebensgang in
diesen anzusiedeln. Es ist ein Feld, an dessen Rändern Innerstes wie
Äußeres aufscheinen: Träume, die niedergeschrieben werden, aber auch
die Weltgeschichte, die zu Wort kommt. Legendär ist die Aufzeichnung
am Tag des Ausbruchs des Ersten Weltkriegs, am 2. August 1914:
»Deutschland hat Rußland den Krieg erklärt. – Nachmittag Schwimm-

schule«. (*T I*, 543) Auch diese Disproportion gehört zum Wesen von Kafkas Tagebuch und seiner Selbstdeutung: die im Grunde unüberbrückbare Spannung zwischen welthistorischem Ereignis und der Intimität des Blicks auf das Naturhafte des eigenen Körpers. Er schreibt:

»Die Zeit, die jetzt verlaufen ist und in der ich kein Wort geschrieben habe, ist für mich deshalb wichtig gewesen, weil ich auf den Schwimmschulen in Prag, Königssaal und Czernoschitz aufgehört habe, für meinen Körper mich zu schämen.« (*T I*, 37)

Kafka war sechsundzwanzig Jahre alt, als er im Jahre 1909 mit der Aufzeichnung seiner Tagebücher begann. Der erste Satz, den er niederschreibt, lautet: »Die Zuschauer erstarren, wenn der Zug vorbeifährt.« (*T I*, 9) Was Kafka hier festhält, ist die Erfahrung einer der ersten Kino-Aufführungen[1], die damals Sensation machten; seine Selbst-Beschreibung geht nicht vom realen Leben aus, sondern vom »inszenierten Augenblick«, dem Simulakrum der Wirklichkeit, dem bewegten Bild. Fast unmittelbar auf diese erste Aufzeichnung folgen Erlebnis- und Traumberichte über die Tänzerin Jewgenja Eduardowa vom Petersburger Ballett, das Kafka im Mai 1909 in Prag besuchte. Wieder geht es um Inszenierung, nicht um Lebenswirklichkeit – diesmal um den höchst artifiziell auf der Bühne sich in Szene setzenden menschlichen Körper. An diese Niederschrift schließt sich eine Körperbeobachtung des Tagebuchschreibenden an: »Meine Ohrmuschel fühlte sich frisch rauh kühl saftig an wie ein Blatt.« (*T I*, 12) Und Kafka kommentiert: »Ich schreibe das ganz bestimmt aus Verzweiflung über meinen Körper und über die Zukunft mit diesem Körper«. (*T I*, 12) Simulakren des Wirklichen, wie sie der eben entstehende Film liefert, der Inszenierungsgestus des Balletts, wie es das Theater zeigt, eine Körperempfindung und das Schreiben über diesen Körper treten in Kafkas Tagebuch unvermittelt zusammen: als verkeilte Erfahrung einer unüberbrückbaren Differenz zwischen der Unmittelbarkeit des Leiblichen und dessen literarischer Verzeichnung. Die hieran sich anschließenden Niederschriften lauten: »Ich ging an dem Bordell vorüber, wie an dem Haus einer Geliebten« (*T I*, 13) und, wie aus diesem Eindruck herauswachsend: »Schriftsteller reden Gestank« (*T I*, 13). Suggestive Körpererfahrung und literarische Äußerung erscheinen in unversöhnbarem Konflikt; es ist diese Einsicht, die von Kafka als Folgerung aus der Sequenz seiner Aufzeichnungen gezogen wird.

Das hier beschriebene Tagebuch-Ensemble ist die Urszene von Kafkas Schreiben. Aus ihr erwachsen seine Schreibversuche, Ansätze zu seiner Selbst-Situierung in der Lebenswelt, fortgesetzte Erneuerungen und Um-Schreibungen seiner Selbst-Deutung. Es ist nur konsequent, daß schon wenige Seiten später im Tagebuch ein solcher erster literarischer Schreibversuch einsetzt: die sechzehn einander folgenden Neuansätze eines literarischen Textes mit dem Titel ›Der kleine Ruinenbewohner‹. In ihnen versucht Kafka ein zeitdiagnostisches und ein poetisches Vorstellungsfeld miteinander zu verknüpfen, die eigene, als verfehlt und zwanghaft angesehene Erziehung einerseits und die Phantasie von einem in einer Ruine, fern der städtischen Welt aufgezogenen tierhaften Wesen andererseits, das sich frei und naturhaft zu entwickeln vermag: Es ist die Phantasie einer Selbstbildung, die an das europäische Identitätsmodell anknüpft, wie es Rousseau zwischen contrat social und Utopie des Naturhaft-Wilden entwickelt hatte. Man könnte auch sagen, daß es in diesen Inszenierungsversuchen Kafkas um Selbstgeburtsphantasien geht; er schreibt:

»Diese Unvollkommenheit ist nicht angeboren und darum desto schmerzlicher zu tragen. Denn wie jeder habe ich auch von Geburt aus meinen Schwerpunkt in mir, den auch die närrischeste Erziehung nicht verrücken konnte. Diesen guten Schwerpunkt habe ich noch aber gewissermaßen nicht mehr den zugehörigen Körper. Und ein Schwerpunkt, der nichts zu arbeiten hat, wird zu Blei und steckt im Leib wie eine Flintenkugel.« (*T I*, 24)

Es geht Kafka um die das Selbst zerreißende Differenz von natürlichem Selbstgefühl und disziplinarischem Zwang, von sprachlicher Inszenierung und unverwechselbarer Körperlichkeit; leiblicher Schwerpunkt, Körper- und Selbstbewußtsein dissoziieren – Kleist in seinem *Marionettentheater* hatte es den Verlust der Grazie genannt –, und die Schrift, die Freiheit und Selbstausdruck sein könnte, wendet sich gegen das schreibende Subjekt selbst: »[...] jeden Tag soll zumindest eine Zeile gegen mich gerichtet werden wie man die Fernrohre jetzt gegen den Kometen richtet.« (*T I*, 14)

Diese Erfahrungen der Selbstauflösung zwischen Lebensvollzug und Schreibakt verdichten sich dann modellhaft in einer Aufzeichnung vom Weihnachtsabend des Jahres 1910, wo Kafka den Blick auf den eigenen Körper, das Schreiben des Tagebuchs und die Inszenierung seines Selbst in der Welt so zusammenführt:

»24 [Dezember 1910] Jetzt habe ich meinen Schreibtisch genauer angeschaut und eingesehn, daß auf ihm nichts Gutes gemacht werden kann. Es liegt hier so vieles herum und bildet eine Unordnung ohne Gleichmäßigkeit ohne jede Verträglichkeit der ungeordneten Dinge, die sonst jede Unordnung erträglich macht. Sei auf dem grünen Tuch eine Unordnung wie sie will, das durfte auch im Parterre der alten Theater sein. Daß aber aus den Stehplätzen

25 [Dezember 1910] aus dem offenen Fach unter dem Tischaufsatz hervor Broschüren, alte Zeitungen, Kataloge, Ansichtskarten, Briefe, alle zum Teil zerrissen, zum Teil geöffnet in Form einer Freitreppe hervorkommen, dieser unwürdige Zustand verdirbt alles. Einzelne verhältnismäßig riesige Dinge des Parterres treten in möglichster Aktivität auf, als wäre es im Teater erlaubt, daß im Zuschauerraum der Kaufmann seine Geschäftsbücher ordnet, der Zimmermann hämmert, der Officier den Säbel schwenkt, der Geistliche dem Herzen zuredet, der Gelehrte dem Verstand, der Politiker dem Bürgersinn, daß die Liebenden sich nicht zurückhalten u. s. w. Nur auf meinem Schreibtisch steht der Rasierspiegel aufrecht, wie man ihn zum Rasieren braucht, die Kleiderbürste liegt mit ihrer Borstenfläche auf dem Tuch, das Portemonnaie liegt offen für den Fall daß ich zahlen will, aus dem Schlüsselbund ragt ein Schlüssel fertig zur Arbeit vor und die Kravatte schlingt sich noch teilweise um den ausgezogenen Kragen. Das nächst höhere, durch die kleinen geschlossenen Seitenschubladen schon eingeengte offene Fach des Aufsatzes ist nichts als eine Rumpelkammer, so als würde der niedrige Balkon des Zuschauerraumes, im Grunde die sichtbarste Stelle des Teaters für die gemeinsten Leute reserviert für alte Lebemänner, bei denen der Schmutz allmählich von innen nach außen kommt, rohe Kerle, welche die Füße über das Balkongeländer herunterhängen lassen, Familien mit soviel Kindern, daß man nur kurz hinschaut, ohne sie zählen zu können richten hier den Schmutz armer Kinderstuben ein (es rinnt ja schon im Parterre), im dunklen Hintergrund sitzen unheilbare Kranke, man sieht sie glücklicherweise nur wenn man hineinleuchtet u. s. w. In diesem Fach liegen alte Papiere die ich längst weggeworfen hätte wenn ich einen Papierkorb hätte, Bleistifte mit abgebrochenen Spitzen, eine leere Zündholzschachtel, ein Briefbeschwerer aus Karlsbad, ein Lineal mit einer Kante, deren Holprigkeit für eine Landstraße zu arg wäre, viele Kragenknöpfe, stumpfe Rasiermessereinlagen (für die ist kein Platz auf der Welt), Krawattenzwicker und noch ein schwerer eiserner Briefbeschwerer. In dem Fach darüber –
Elend, elend und doch gut gemeint. Es ist ja Mitternacht, aber das ist, da ich sehr gut ausgeschlafen bin, nur insoferne Entschuldigung als ich bei Tag überhaupt nichts geschrieben hätte. Die angezündete Glühlampe, die stille Wohnung, das Dunkel draußen, die letzten Augenblicke des Wachseins sie geben mir das Recht zu schreiben und sei es auch das Elendste. Und dieses Recht benütze ich eilig. Das bin ich also.« (*T I*, 137 ff.)

Dieser Tagebucheintrag Kafkas ist der Versuch einer Ordnungs- wie einer Sinnstiftung zugleich; der Schreibtisch wird zur Bühne, aber in einer Verkehrung der Perspektive ist es nicht mehr das schreibende Ich, das zum Inszenator der Welt wird, sondern das Bühnenhaus des Schreibtischs, das Gewalt über den Schreibenden gewinnt. Es ist die umgekehrte Phantasie einer Selbstinszenierung aus den auf das Selbst gerichteten Fernrohren; was zur Darstellung kommt, ist zwar die Welt in ihren Erscheinungsformen: Ökonomie, Militär, Theologie, Wissen-

schaft, Politik, Erotik und Familie – aber eine Welt im Zeichen des
Schmutzes, der puren Körperlichkeit, der Depravierung und des
Chaos; letzter Fluchtpunkt dieses Weltentwurfs ist die Verzweiflung
des Diaristen über das schriftstellerische Versagen: »Elend, elend und
doch gut gemeint [...] Das bin ich also«. Theatralik einer verrotteten
Welt, suggestive Körperlichkeit, einem Scheinbild des Wirklichen ausgeliefert – dies alles konvergierend in einem Schreibakt, der sich zu
einer selbstzerstörerischen Vision verdichtet – zugleich aber ist es ein
Grenzaugenblick der Identität, die Phantasie einer »Geburt des Helden« in der Weihnachtsnacht – und ihr Mißglücken zuletzt, eine Fehlge-
burt; auch dies eine Ursituation Kafkaschen Schreibens, die sich in der
Anfangssequenz des *Proceß*-Romans wiederholen wird, jenes »riskante-
sten Augenblicks« auf der Grenze zwischen Wachsein und Traum, in
Szene gesetzt am Morgen des Geburtstages, wo sich das Verhör des
Helden unvermerkt in die nächtliche Aufführung einer Komödie ver-
wandelt.[2] Was die Tagebuchstelle vom 24./25.12.1910 festhält, ist die
Geburt des Autor-Ichs, die »Selberlebensbeschreibung« (Jean Paul) des
Diaristen zwischen Welt und ich, zwischen Eigentümlichkeit und Er-
ziehung, zwischen Ausgeliefertheit und autonomem Spiel.

Dieses Grundmodell der versuchten Inszenierung von Subjektivität
bleibt für Kafkas ganzes Tagebuch-Werk bestehen; es wird zur Schlüs-
selfigur seiner Selbsterfahrung und reicht von der frühen Beobachtung
des jiddischen Theaters in Prag – als eines »Welt-Theaters« schlechthin
– über das Spiel mit der Doppelperspektive von Zuschauer und Schauspieler – »lauter Theater, ich einmal oben auf der Gallerie, einmal auf
der Bühne...« (*T I*, 239) – bis hin zu der späten Aufzeichnung:

»Theaterdirektor, der alles von Grund auf selbst schaffen muß, sogar die Schauspieler muß er erst zeugen. Ein Besucher wird nicht vorgelassen, der Direktor ist
mit wichtigen Theaterarbeiten beschäftigt. Was ist es? Er wechselt die Windeln
eines künftigen Schauspielers.« (*T I*, 107; 18.2.1922)

Ebenso deutlich wie die in immer neuen Ansätzen erprobte Selbstinszenierung ist freilich in Kafkas Tagebuchaufzeichnungen auch das stets
sich wiederholende Scheitern solcher Ansätze; eine Niederschrift vom
3.Oktober 1911 bezeugt dies besonders eindringlich:

»Beim Diktieren einer größern Anzeige an eine Bezirkshauptmannschaft im Bureau. Im Schluß, der sich aufschwingen sollte, blieb ich stecken und konnte
nichts als das Maschinenfräulein Kaiser ansehn, die nach ihrer Gewohnheit besonders lebhaft wurde, ihren Sessel rückte hustete, auf dem Tisch herumtipte
und so das ganze Zimmer auf mein Unglück aufmerksam machte. [...] Endlich
habe ich das Wort »brandmarken« und den dazu gehörigen Satz, halte alles aber

noch im Mund mit einem Ekel und Schamgefühl wie wenn es rohes Fleisch, aus mir geschnittenes Fleisch wäre (solche Mühe hat es mich gekostet). Endlich sage ich es, behalte aber den großen Schrecken, daß zu einer dichterischen Arbeit alles in mir bereit ist und eine solche Arbeit eine himmlische Auflösung und ein wirkliches Lebendigwerden für mich wäre, während ich hier im Bureau um eines so elenden Aktenstückes willen einen solchen Glückes fähigen Körper um ein Stück seines Fleisches berauben muß.« (*T I*, 54)

Hier gilt Kafkas Beobachtung der Lebenswelt seines Berufs und der Sprache, die sich in ihr entwickelt; und auch hier kommt es zu einer Spaltung, bei der Alltagshandeln und poetische Verwandlung auseinandertreten, eine unüberbrückbare Differenz zwischen Sprache und Körper, Tat und Beobachtung sich auftut; mit der zuletzt unrealisierten Utopie einer Erlösung aus diesem Zustand bricht der Text ab. In der Vorstellung von der Sprache, die am Fleischklumpen des Körpers zu ersticken droht, ist die Unmöglichkeit, zu leben und zu schreiben, das Wirkliche und die Dichtung zusammenzuführen, buchstäblich zum Ausdruck gebracht. Von solchem Scheitern handeln Kafkas Tagebücher.

Freilich gibt es immer wieder Versuche Kafkas, diese Spaltung zwischen Leben und Schrift, zwischen Körper und Sprache zu heilen, die Kluft, die sich zwischen beidem auftut, zu überschreiten. Es sind Versuche der Aneignung von Ordnungserfahrungen, die von außen an ihn herantreten, und mit denen Kafka sich auseinandersetzt: so seine Begegnung mit Rudolf Steiner, dem Begründer der Anthroposophie, im März 1911, eine Hoffnung, die bitter enttäuscht wird, so aber auch seine Begegnung mit den jiddischen Schauspielern, die etwa zur gleichen Zeit, im Oktober desselben Jahres, in Prag gastierten.

Diese Schauspieltruppe war aus Lemberg nach Prag gekommen und gastierte vier Monate lang – vom 24. September 1911 bis zum 21. Januar 1912 – in Herrmanns Café Savoy. Kafka besuchte zahlreiche Aufführungen, verkehrte privat mit den Schauspielern, informierte sich durch Lektüre über die Geschichte des Judentums und die Entwicklung der jüdisch-deutschen Literatur und hielt, bei einem Rezitationsabend des Schauspielers Jizchak Löwy, den er selbst arrangiert hatte, eine ›Rede über die jiddische Sprache‹. (*H* 421–426) Was Kafka offenbar faszinierte, war die Welt des Körperausdrucks, die sich im jiddischen Theater manifestierte: gleichsam die Darstellung des Volkskörpers einer Nation, deren »Blutkreislauf« zwar auch die Westjuden angehörten, von deren Wesen und Erscheinungsbild diese sich aber vehement zu distanzieren suchten. Die Reaktion von Kafkas Vater auf den Umgang des Sohnes mit diesen Schauspielern lautete denn auch: »Wer mit Hunden zu Bett

geht, steht mit Flöhen auf«. Kafka selbst dagegen war fasziniert von
»Löwy, den ich im Staub bewundern möchte« (*T I*, 89). In den jiddischen Stücken, die von den ostjüdischen Schauspielern gespielt oder
rezitiert wurden, glaubte Kafka jene Verbindung von Sprache und Literatur mit den Fragen der Familie und der Nation wahrzunehmen, nach
deren Ausdruck und Bewältigung er suchte; keine Enttäuschung also,
wie in der Begegnung mit Steiner, sondern die Beseelung durch ein
glühendes Engagement, wie nie zuvor in seinem Leben, und wie vielleicht auch später nie wieder. Diese Kafka zutiefst aufwühlende Erfahrung hatte zwei Konsequenzen. Sie führte einerseits zum Entwurf eines
Literaturkonzepts der »kleinen Literaturen« (nach dem Beispiel der jiddischen) und ihrer politischen Funktion[3], das Kafka im Tagebuch aus
dem Erlebnis des jiddischen Theaters abzuleiten suchte; und es er-
brachte zugleich die Entwicklung eines Sprachkonzepts, wie es sich
schließlich in der › Rede über die jiddische Sprache‹ niederschlug; Kafka
suchte aufgrund der Erfahrung der Eigentümlichkeit des jüdischen
Volkskörpers, seiner »Geschlechtlichkeit« im doppelten Sinne, eine
Poetologie zu entwerfen, die ihm zu seiner eigenen Stellung in der Welt
verhelfen sollte. So ist denn die Konzeption dessen, was Kafka die
»kleinen Literaturen« nennt, für seine Kunstauffassung von kaum zu
übeschätzender Bedeutung; solche »kleinen Litteraturen« hätten den
Vorteil, daß sie der Nation »für sich und gegenüber der feindlichen
Umwelt« (*T I*, 318) Rückhalt böten. Es sei dies, schreibt Kafka, »das
Tagebuchführen einer Nation, das etwas ganz anderes ist als Geschichts-
schreibung« (ebd.). Der Begriff des Tagebuchs wird hier für Kafka zum
Schlüssel, der die Intimität von Literatur ans Öffentliche, Politische
vermittelt und damit gleichzeitig dem Schriftsteller seinen Ort in der
Gesellschaft zuweist; Literatur als Tagebuchführung nationaler Minderheiten, die sich von der offiziellen, literarischen wie historischen Ge-
schichtsschreibung als Identitätskonstrukt »großer Nationen« wesentlich unterscheidet. Die Vorzüge solcher minoritärer Literaturen seien
»die Übernahme litterarischer Vorkommnisse in die politischen Sorgen« und die »Veredlung und Besprechungsmöglichkeit des Gegensat-
zes zwischen Vätern und Söhnen« (ebd.) in ihnen; damit bettet Kafka
das ödipale Triangel der Familie in das politische Dreieck ein, das
menschliche Beziehungen in die Instanzen von Bürokratie, Sozialpäd-
agogik und Justiz transformiert. Durch die Entstehung und das Auf-
blühen kleiner Literaturen wird dem Schriftsteller eine Stellung mitten
im Leben des Volkes zugewiesen: »die Litteratur ist weniger eine Angelegenheit der Litteraturgeschichte als Angelegenheit des Volkes«

(*T I*, 315), schreibt Kafka. Hier ist der Punkt, wo Kafkas historische
Diagnose und sein Literaturkonzept konvergieren: in der Einsicht nämlich in die politische Wirklichkeit jener Minderheiten, die das Ferment
und den Kontrapost großer Nationen bilden. Von entscheidender Bedeutung ist dabei der Gedanke, daß eine minoritäre Literatur die kleinsten, privatesten Vorkommnisse ins Öffentliche zu vermitteln ver-
möchte, also das literarische Theater des Subjekts, wie es sich in Kafkas
Schreibtischvisionen abzeichnet, in das Tagebuchführen einer Nation,
einen die Zeit durchlaufenden Schreibstrom verwandelt; minoritäre
Literaturen seien dabei nicht durch die Begriffe des Werks, der Autorschaft und der historischen Tradition bestimmt, sondern Angelegenheit des Volkes und seines »Jargons«; ein überdauerndes, mündliches,
und eben dadurch vollendbares Projekt, das sich im Idiolekt einer Gemeinschaft realisiert.

Damit aber ist Kafkas zweites Thema berührt, das er aus der Begegnung mit der Schauspieltruppe Löwys entwickelte – und das sich
schließlich in der ›Rede über die jiddische Sprache‹ niederschlug. Diese
enthält ein Sprachkonzept, welches das Literaturkonzept der »minori-
tären Literaturen« ergänzt. Kafka zeigt, daß der »Jargon« (das Jiddische) eine subversive Macht besitze; daß eine beunruhigende Kraft von
ihm ausgehe, die der »Ordnung der Dinge« (*H* 422), welche die west-
europäischen Verhältnisse regelt, die Verwirrung des Jargons gegen-
überstellt: Dieser »hat keine Grammatiken. Liebhaber versuchen Grammatiken zu schreiben, aber der Jargon wird immerfort gesprochen [...]
Das Volk läßt ihn den Grammatikern nicht.« (*H* 422) Kafka benutzt zur
Charakterisierung des Jargons die doppelte Formel von »Bastelei« und
»Anarchie« und markiert durch diese beiden Vorstellungen das Eigentliche, Außergewöhnliche und Eigentümliche dieser Sprache: »In diesem
Treiben der Sprache« – so schreibt er – »herrschen aber wieder Bruchstücke bekannter Sprachgesetze« (*H* 423), die Ordnung dieser Sprachgesetze sei gekennzeichnet durch ein Zusammenspiel von »Willkür und
Gesetz« (*H* 423). Im Grund genommen, so fügt Kafka hinzu, bestehe
der Jargon nur aus »Fremdwörtern«, die nicht in ihm befestigt sind,
sondern ihn mit Neugier, Leichtsinn und Kraft gleichsam »durchlaufen« (*H* 423). Der Jargon ist weder »Muttersprache« noch »Weltspra-
che«, sondern ein exterritoriales Idiom: »Gemurmel« (*H* 423). Es handelt sich um jenes »Gemauschel« (so sagt es ein Brief an Max Brod von
1921, *Br* 336), das dann in Kafkas letzter Erzählung in der Utopie des
Volks der Mäuse und des Singens der Sängerin Josephine eine so wichtige Rolle spielt. Diese subversive Paradoxie des Jargons als Form eines

apersonalen literarischen Sprechens drückt Kafka in einer Notiz des
Tagebuchs abschließend aus: »seht Ihr, alle Sprachen kenn ich, aber auf
jiddisch« (*T I*, 350).

Kafkas poetisches und linguistisches Konzept, das aus seiner Begegnung mit der Welt der jiddischen Schauspieler erwächst und ihm selbst
einen Ort in der Welt verschaffen soll, ist geprägt durch Vorstellungen
von Anarchie und Verwirrung, die in die geregelte Ordnung der großen
nationalen Welt einbrechen; es ist im Grunde ein politisches Konzept.
Denn der Jargon nutzt die herrschende Sprache und pervertiert sie zugleich. Ein später Brief an Max Brod (Juni 1921) drückt dies mit großer
Genauigkeit aus: Die kleine Welt »der deutsch-jüdischen Literatur« sei
»Anmaßung eines fremden Besitzes, den man nicht erworben, sondern
[...] gestohlen hat« (*Br* 336). Diese sei eher »Gebärdensprache« als »Pa-
pierdeutsch«, »eine von allen Seiten unmögliche Literatur, eine Zigeu-
nerliteratur, die das deutsche Kind aus der Wiege gestohlen und in großer Eile irgendwie zugerichtet hatte, weil doch irgendjemand auf dem
Seil tanzen muß« (*Br* 338). Damit wird Literatur recht eigentlich zum
illegitimen und anarchischen Spiel einer poetischen Rede, die anonym
aus dem Körper des Schreibenden wächst, das Tagebuchschreiben
einer so verstandenen »kleinen« Nation zu einer subversiven politischen
Aktion, einer »Sprachmeute« macht (wie Canetti sagen würde), die das
Prinzip der wahren Poesie allererst freisetzt.

Kafka sucht also die Stellung des Schriftstellers in der Welt dadurch
zu bestimmen, daß in ihm die politische Situation einer Minderheit in
einem modernen Machtstaat zum Vorschein kommt; er zeigt die Entwicklung eines Sprachkonzepts und eines Literaturkonzepts der Sub-
version, die in ihrer Verknüpfung politische Züge tragen; und er liefert
die Begründung für die literarische Utopie eines Volkskörpers, der das
Subjekt in seine Gemeinschaft einbettet und assimiliert: als Autor und
als Bruderkörper zugleich. Die letzte Erzählung Kafkas, *Josephine die
Sängerin*, bietet eine literarische Verarbeitung dieses Konzepts, die Vorstellung vom Künstler, dessen Subjektivität im Volkskörper sich löst,
diesen vollendend und mit ihm verschmelzend: Es ist der Verzicht auf
Autorschaft und Werkidee.

Kafka selbst freilich hat an die Realisierung dieses Konzepts nicht
geglaubt, hat es in seinem schriftstellerischen Tun nicht verwirklicht
gesehen; das Tagebuch kehrt immer wieder zu jenen Augenblicken zurück, in denen das Gefühl des Selbst zerbricht, in denen die immer von
neuem gesetzten Anfänge ersticken. So heißt es am 16. 1. 1922 im Tagebuch:

»Es war in der letzten Woche wie ein Zusammenbruch, so vollständig wie nur
etwa in der einen Nacht vor 2 Jahren, ein anderes Beispiel habe ich nicht erlebt.
Alles schien zuende und scheint auch heute durchaus noch nicht ganz anders zu
sein. [...] Erstens: Zusammenbruch, Unmöglichkeit zu schlafen, Unmöglichkeit zu wachen, Unmöglichkeit des Lebens, genauer die Aufeinanderfolge des
Lebens zu ertragen. Die Uhren stimmen nicht überein, die innere jagt in einer
teuflischen oder dämonischen oder jedenfalls unmenschlichen Art, die äußere
geht stockend ihren gewöhnlichen Gang. Was kann anderes geschehn, als daß
sich die zwei verschiedenen Welten trennen und sie trennen sich oder reißen
zumindest an einander in einer fürchterlichen Art. Die Wildheit des inneren
Ganges mag verschiedene Gründe haben, der sichtbarste ist die Selbstbeobachtung, die keine Vorstellung zur Ruhe kommen läßt, jede emporjagt um dann
selbst wieder als Vorstellung von neuer Selbstbeobachtung weiter gejagt zu
werden. Zweitens: Dieses Jagen nimmt die Richtung aus der Menschheit. Die
Einsamkeit, die mir zum größten Teil seit jeher aufgezwungen war, zum Teil
von mir gesucht wurde – doch was war auch dies anderes als Zwang – wird jetzt
ganz unzweideutig und geht auf das Äußerste. Wohin führt sie? Sie kann, dies
scheint am Zwingendsten, zum Irrsin führen, darüber kann nichts weiter ausgesagt werden, die Jagd geht durch mich und zerreißt mich. Oder aber ich kann –
ich kann? – sei es auch nur zum winzigsten Teil mich aufrechterhalten, lasse
mich also von der Jagd tragen. Wohin komme ich dann? ›Jagd‹ ist ja nur ein Bild,
ich kann auch sagen ›Ansturm gegen die letzte irdische Grenze‹ undzwar Ansturm von unten, von den Menschen her und kann, da auch dies nur ein Bild ist,
es ersetzen durch das Bild des Ansturmes von oben, zu mir herab.
Diese ganze Litteratur ist Ansturm gegen die Grenze und sie hätte sich, wenn
nicht der Zionismus dazwischen gekommen wäre, leicht zu einer neuen Ge-
heimlehre, einer Kabbala entwickeln können. Ansätze dazu bestehn. Allerdings
ein wie unbegreifliches Genie wird hier verlangt, das neu seine Wurzeln in die
alten Jahrhunderte treibt oder die alten Jahrhunderte neu erschafft und mit dem
allen sich nicht ausgibt, sondern jetzt erst sich auszugeben beginnt.« (*T I*, 877 f.)

Der Zusammenbruch, von dem Kafka hier spricht, ist ein vollständiger;
innere und äußere Wahrnehmung zerfallen; der Zeittakt, der so sehr
zum Wesen des Tagebuchs gehört, bricht auseinander; Selbstbeobachtung dient nur noch dazu, das Handeln zu paralysieren; Einsamkeit
wird als die Jagd aus der Menschheit heraus begriffen; es ist der dro-
hende Irrsinn, das verzweifelte Anstürmen der Literatur gegen die
letzte irdische Grenze; die Vision des Zionismus und der Kabbala als
Wirklichkeit aufschließender Organe erlischt; der durch die Tradition,
das klassische Konzept noch überlieferte Begriff des »Genies«, über das
neunzehnte Jahrhundert hinweggerettet, versagt. Es ist der Augenblick
des Zusammenbruchs, in dem Kafka seine Selbstzweifel auf die erschütternde Frage zuspitzt: »Was hast Du mit dem Geschenk des Ge-

schlechtes getan? Es ist mißlungen [...]. Aber es hätte leicht gelingen können. Freilich eine Kleinigkeit [...] hat es entschieden [...]. Bei den größten Schlachten der Weltgeschichte ist es so gewesen.« (*T I*, 879)

Als Kafka am Ende seines Lebens in Spindlermühle nach einer lebensbedrohlichen Krise an seinem *Schloß*-Roman zu arbeiten beginnt, schreibt er einen Satz nieder, der zum Inbegriff seiner Poetologie der Unmöglichkeit wird:

>»Merkwürdiger, geheimnisvoller, vielleicht gefährlicher, vielleicht erlösender Trost des Schreibens: das Hinausspringen aus der Totschlägereihe Tat – Beobachtung, Tat – Beobachtung, indem eine höhere Art der Beobachtung geschaffen wird, eine höhere, keine schärfere, und je höher sie ist, je unerreichbarer von der ›Reihe‹ aus, desto unabhängiger wird sie, desto mehr eigenen Gesetzen der Bewegung folgend, desto unberechenbarer, freudiger, steigender ihr Weg.« (*T I*, 892)

Was sich hier abzeichnet, ist eine Poetologie, die sich von der Vorstellung und vom Ziel eines »Durchbruchs« in die Welt der Geschichte gelöst hat; die Unvermittelbarkeit von Handeln und Beobachten, von Tun und Wissen wird dem Autor zu tödlicher Einsicht; die Beobachtung erscheint unüberbrückbar getrennt vom Handeln, das politisch werden könnte. Eine diese »Totschlägereihe« überwindende »höhere« Beobachtung, die ihre eigenen Gesetze verfolgte, könnte die der Poesie sein; einer Poesie freilich, die den, der sie erzeugt, zerstört. Die letzte Niederschrift im Tagebuch überhaupt heißt: »Jedes Wort, gewendet in der Hand der Geister [...] wird zum Spieß, gekehrt gegen den Sprecher.« (*T I*, 126)

Diese letzten Aufzeichnungen des Tagebuchs bezeugen, daß Kafka meinte, den Kampf um die Wirklichkeit, um die Erkenntnis ihrer Gesetze, damit aber den Kampf um seine Stellung als Autor und Lebender in der Welt, verloren zu haben. Dies spricht eine Notiz vom 3. März 1922 aus; sie nimmt noch einmal das Thema der »Totschlägereihe« Tat – Beobachtung auf und lautet:

>»Wie wäre es wenn man an sich selbst erstickte? Wenn durch drängende Selbstbeobachtung die Öffnung durch die man sich in die Welt ergießt, zu klein oder ganz geschlossen würde? Weit bin ich zu Zeiten davon nicht. Ein rücklaufender Fluß.« (*T I*, 910)

Kafka war zeitlebens auf der Suche nach dem Ort seines Schreibens in der Welt; man könnte geradezu eine Urszene dieser Suche nach dem schreibenden Selbst ausmachen. Eine frühe Aufzeichnung berichtet von den kindlichen Schreibversuchen Kafkas und seinen Bemühungen, die Aufmerksamkeit der Umwelt auf sie zu lenken:

»So schrieb ich einmal auch an einem Sonntagnachmittag, als wir bei den Groß-
eltern zu Besuch waren und ein dort immer übliches besonders weiches Brot,
mit Butter bestrichen aufgegessen hatten, etwas über mein Gefängnis auf. Es ist
schon möglich, daß ich es zum größten Teil aus Eitelkeit machte und durch
Verschieben des Papiers auf dem Tischtuch, Klopfen mit dem Bleistift, Herum-
schauen in der Runde unter der Lampe durch jemanden verlocken wollte, das
Geschriebene mir wegzunehmen, es anzuschauen und mich zu bewundern.«
(*T I*, 196)

Was in dieser Szene noch in den Grenzen familialer Sozialisation sich
abspielt, wird in einem frühen Brief an Oskar Pollak dann ins Transzen-
dente erweitert:

»Übrigens ist schon eine Zeit lang nichts geschrieben worden. Es geht mir damit
so: Gott will nicht, daß ich schreibe, ich aber, ich muß. So ist es ein ewiges Auf
und Ab, schließlich ist doch Gott der Stärkere und es ist mehr Unglück dabei,
als Du Dir denken kannst.« (*Br* 21)

Und in einem Brief an Felice Bauer vier Jahre später erhält dieser Gedanke eine weitere Dimension, die Vorstellung von einer göttlichen
Macht, in deren Händen der Mensch zum Organ, zum Ausdrucksmittel
irdischen Handelns wird:

»Gibt es also eine höhere Macht, die mich benützen will oder benützt, dann liege
ich als ein zumindest deutlich ausgearbeitetes Instrument in ihrer Hand; wenn
nicht, dann bin ich gar nichts und werde plötzlich in einer fürchterlichen Leere
übrig bleiben.« (*F* 66)

Was in dieser allmählich sich erweiternden Szenerie der Selbstcharakteristik, die vom Kind am Familientisch bis zum Kind Gottes in der Welt
sich steigert, zunehmend an Kontur gewinnt, ist die Vorstellung des
Gerichts. Dies drückt eine Tagebuchaufzeichnung vom 20. Dezember
1910 aus: »Womit entschuldige ich, daß ich heute noch nichts geschrieben habe? Mit nichts. Zumal meine Verfassung nicht die schlechteste
ist. Ich habe immerfort eine Anrufung im Ohr: ›Kämest Du, unsichtba-
res Gericht!‹« (*T I*, 135) Gerichtstag und Auserwählung: Es sind zwei
einander widersprechende Vorstellungen, in deren Licht Kafka sein
Schreiben ansiedelt. Sie führen zum Bild des Menschen, der vom Blick
Gottes fixiert wird, strafend und überwachend; und dies doch um seiner Auserwählung zum Schriftsteller willen. In einem Brief vom
3. 6. 1920 an Milena Jesenská schreibt Kafka:

»Sehen Sie Milena, ich liege auf dem Liegestuhl vormittag, nackt, halb in Sonne
halb im Schatten, nach einer fast schlaflosen Nacht; wie hätte ich schlafen können, da ich, zu leicht für Schlaf [...] entsetzt war über das ›was mir in den Schoß
gefallen war‹, so entsetzt im gleichen Sinne wie man von den Propheten erzählt,
die schwache Kinder waren [...] und hörten, wie die Stimme sie rief und sie

waren entsetzt und wollten nicht und stemmten die Füße in den Boden und
hatten eine gehirnzerreißende Angst und hatten ja auch früher schon Stimmen
gehört und wußten nicht, woher der fürchterliche Klang gerade in diese Stimme
kam [...] und wußten auch nicht [...] daß die Stimme schon gesiegt hatte [...]
womit aber noch nichts für ihr Prophetentum ausgesagt war, denn die Stimme
hören viele, aber ob sie ihrer wert sind, ist auch objektiv noch sehr fraglich und
der Sicherheit halber von vornherein lieber streng zu verneinen [...]« (M 39)

Gerichtstag und Auserwählung: eine Verschärfung erfährt diese Situation dadurch, daß die Vorstellung von der Auserwählung zum Seher
und Propheten bei Kafka immer wieder überlagert wird durch Phantasien von Besessenheit und Teufelsaustreibung, durch das Trauma der
Einwirkung fremder, anonymer Gewalt auf Seele und Körper, die zu
selbstzerstörerischen Konflikten zwischen solcher fremden Einwirkung, selbstbehauptender Kraft und der Beziehung zu anderen Menschen – Kafka nennt es im *Urteil* den »Menschenverkehr« – führt. Ein
Bekannter Felices Bauers in Berlin hatte ihr aus der Schrift Kafka dessen
literarische Begabung diagnostiziert. Empört schreibt Kafka am 14. August 1913 an seine Briefpartnerin in Berlin:

»Der Mann in Euerer Pension soll die Graphologie lassen [...] Ich habe kein
literarisches Interesse, sondern bestehe aus Literatur, ich bin nichts anderes und
kann nichts anderes sein. Ich habe letzthin in einer *Geschichte des Teufelsglaubens*
folgende Geschichte gelesen: ›Ein Kleriker hatte eine so schöne süße Stimme,
daß sie zu hören die größte Lust gewährte. Als ein Geistlicher diese Lieblichkeit
eines Tages auch gehört hatte, sagte er: das ist nicht die Stimme eines Menschen, sondern des Teufels. In Gegenwart aller Bewunderer beschwor er den
Dämon, der auch ausfuhr, worauf der Leichnam (denn hier war eben ein
menschlicher Leib anstatt von der Seele vom Teufel belebt gewesen) zusammen-
sank und stank.‹ Ähnlich, ganz ähnlich ist das Verhältnis zwischen mir und der
Literatur, nur daß meine Literatur nicht so süß ist wie die Stimme jenes Mön-
ches. –« (F 444 f.)

Die Folge dieser fordernden, dieser mit Macht auf den Menschen ein-
wirkenden Kraft ist die ständig wachsende Isolation; das Getrenntwer-
den von den anderen Menschen, das immer beherrschender Werdende
wahnhafter und zwanghafter Erfahrungen. Das Tagebuch umkreist
diese Einsicht in wechselnden, vielfältigen Abwandlungen. So notiert
sich Kafka am 3. 1. 1912:

»In mir kann ganz gut eine Konzentration auf das Schreiben hin erkannt werden. Als es in meinem Organismus klar geworden war, daß das Schreiben die
ergiebigste Richtung meines Wesens sei, drängte sich alles hin und ließ alle Fähigkeit leer stehn, die sich auf die Freuden des Geschlechtes, des Essens, des

Trinkens, des philosophischen Nachdenkens der Musik zu allererst richteten. Ich magerte nach allen diesen Richtungen ab.« (*T I*, 341)

Kafka wird diese Vorstellung in seinen letzten Lebensjahren dann dichterisch in der Figur des Hungerkünstlers zur Anschauung bringen. In ihm wird der Körper selbst zum Zeichen, das, vertrieben aus dem »Menschenverkehr« der irdischen Welt, sich aufzuzehren beginnt, seine eigene Wahrheit durch Selbstauslöschung beglaubigt.

»Einmal schriebst Du«, heißt es in einem Brief an Felice Bauer vom 14. zum 15. 1. 1913, »Du wolltest bei mir sitzen, während ich schreibe; denke nur, da könnte ich nicht schreiben [...]. Schreiben heißt ja sich öffnen bis zum Übermaß; die äußerste Offenherzigkeit und Hingabe, in der sich ein Mensch im menschlichen Verkehr schon zu verlieren glaubt und vor der er also, solange er bei Sinnen ist, immer zurückscheuen wird – denn leben will jeder, solange er lebt – diese Offenherzigkeit und Hingabe genügt zum Schreiben bei weitem nicht.« (*F* 250)

Es sind Phantasien gänzlicher Abgeschlossenheit, die von Kafka Besitz nehmen, des Lebens und Schreibens in einem für immer verriegelten Gefängnis. »Ich brauche zu meinem Schreiben Abgeschiedenheit, nicht ›wie ein Einsiedler‹, das wäre nicht genug, sondern wie ein Toter. Schreiben in diesem Sinne ist ein tieferer Schlaf, also Tod, und so wie man einen Toten nicht aus seinem Grabe ziehen wird und kann, so auch mich nicht vom Schreibtisch in der Nacht.« (*F* 412) Im Schreiben konzentrieren sich jene guten Kräfte, die Leben überhaupt möglich machen – »daß nämlich das Schreiben mein eigentliches gutes Wesen ist!« (*F* 407), heißt es einmal in einem Brief –; versagen diese Kräfte, so stellt sich die Vision des Tieres aus der *Verwandlung* ein, das ohne Mitleid aus der menschlichen Gemeinschaft entfernt wird:

»Mein Leben besteht und bestand im Grunde von jeher aus Versuchen zu schreiben und meist aus mißlungenen. Schrieb ich aber nicht, dann lag ich auch schon auf dem Boden, wert hinausgekehrt zu werden.« (*F* 65).

Jene alten Vorstellungen, die den Dichter als einen Besessenen denken und das von ihm Hervorgebrachte wie in einer unwillkürlichen Geburt aus ihm hervortreten lassen, werden von Kafka radikalisiert und wörtlich genommen; man könnte auch sagen, daß er sein Schreiben im Zeichen jener Besessenheit wahrnimmt, die noch Züge des antikischen Pathos trägt, eines zwischen Mythos und Psychologie angesiedelten »göttlichen Wahnsinns«. An Robert Klopstock schreibt Kafka in seinem letzten Lebensjahr, Ende März 1923:

»Ich habe inzwischen, nachdem ich durch Wahnsinnszeiten gepeitscht worden bin, zu schreiben angefangen und dieses Schreiben ist mir in einer für jeden Menschen um mich grausamsten (unerhört grausamen, davon rede ich gar nicht) Weise das Wichtigste auf Erden, wie etwa einem Irrsinnigen sein Wahn (wenn er ihn verlieren würde, würde er ›irrsinnig‹ werden) oder wie einer Frau ihre Schwangerschaft. Das hat mit dem Wert des Schreibens, wie ich auch hier wiederhole, gar nichts zu tun, den Wert erkenne ich ja übergenau, aber ebenso auch den Wert, den es für mich hat...« (*Br* 431)

Diese Einsicht in die zerreißenden und zerstörerischen Selbstzweifel ist es eigentlich, die das Besondere des Kafkaschen Künstlerbildes – seines Bildes von sich selbst und seinem Ort in der menschlichen Gesellschaft – ausmacht. Während seit dem Ende des achtzehnten Jahrhunderts der Künstler – als Gegenstand dichterischer, malerischer oder plastischer Darstellung – zum Inbegriff menschlichen Daseins stilisiert wird, von Goethes *Torquato Tasso* über Novalis und Hölderlin bis hin zu den, zwar ironisch gebrochenen, aber ästhetisch rehabilitierten Figuren Thomas Manns, zu Gustav Aschenbach oder Adrian Leverkühn, gibt es im Werk Kafkas keine einzige Künstlergestalt, die menschliche Dignität besitzt; es sind Scharlatane und Komödianten, listige, dubiose und betrügerische Figuren, vom Affen Rotpeter, der sich in die Welt der Menschen schmuggelt, weil er einen »Ausweg«, nicht die »Freiheit« sucht, über den Maler Titorelli aus dem *Proceß*, der schmeichelhafte Richterporträts und triviale Heidelandschaften anfertigt, bis zu den Trapezkünstlern und chinesischen Gauklern, den singenden und fliegenden Hunden, zuletzt zu Josephine der Sängerin, einer Maus, deren Gesang sich nur dadurch von dem Pfeifen anderer Mäuse unterscheidet, daß er leiser und ausdrucksschwächer ist, und der daher in seinem Kunstcharakter im Grunde gar nicht wahrnehmbar ist. Hierfür ist schon eine frühe Aufzeichnung aus dem Tagebuch charakteristisch. Dort ist von jenen »japanischen Gauklern« die Rede,

»die auf einer Leiter klettern, die nicht auf dem Boden aufliegt, sondern auf den emporgehaltenen Sohlen eines halb Liegenden und die nicht an der Wand lehnt sondern nur in die Luft hinaufgeht. Ich kann es nicht, abgesehen davon daß meiner Leiter nicht einmal jene Sohlen zur Verfügung stehen.« (*T I*, 14)

So bedeutet Kunst für Kafka eine doppelte Unmöglichkeit: die Unmöglichkeit, eigene Standfestigkeit in der Welt zu gewinnen, und die zweite Unmöglichkeit, eine Beziehung zum anderen Menschen aufzubauen. Die Briefe, die er an Felice Bauer und später an Milena Jesenská sandte, dienten ihm dazu, die Unmöglichkeit solcher Existenz zu sichern und fortzuschreiben: die Frau an sich heranzulocken, um aus der Beziehung zu ihr die Literatur herauszureizen; und sie von sich fernzuhalten, um den einsamen Schreibakt nicht zu gefährden. Am 5. 11. 1911 schreibt Kafka ins Tagebuch:

»Ich hatte gehofft, durch den Blumenstrauß meine Liebe zu ihr ein wenig zu befriedigen, es war ganz nutzlos. Es ist nur durch Literatur oder durch den Beischlaf möglich.« (*T I*, 231)

Und sehr viel später heißt es in einem Brief an Felice Bauer:

»Mein Leben besteht aus zwei Teilen, der eine Teil nährt sich mit vollen Backen von Deinem Leben und wäre an sich glücklich und ein großer Mann, der andere Teil aber ist wie ein losgemachtes Spinngewebe, Freisein von Rüttelung, Freisein von Kopfschmerzen ist seine höchste, nicht allzu häufige Seligkeit. Was fangen wir mit diesem zweiten Teile an? Jetzt wird es zwei Jahre, daß er zum letzten Mal gearbeitet hat und ist doch nichts anderes als Fähigkeit und Lust zu dieser Arbeit.« (*F* 736 f.)

Die Form der Beziehung, die aus solcher Unmöglichkeit erwächst, die aber solche Unmöglichkeit zugleich immer erneut auch hervorbringt, ist die der Doppelbindung, Verkettung mit dem andern und Zurückstoßung des andern als ein und derselbe Vorgang:

»Wie könnte ich aber auch, selbst bei noch so fester Hand, alles im Schreiben an Dich erreichen, was ich erreichen will: Dich gleichzeitig von dem Ernst der zwei Bitten überzeugen: ›Behalte mich lieb‹ und ›Hasse mich!‹« (*F* 341)

Das Bild, das Kafka von sich selbst – dem Autor, der in dieser Welt zu schreiben hat – entwirft, geistert immer wieder durch die verzweifelten Äußerungen, die in Briefen und Tagebüchern niedergelegt werden; seine eigentliche Ausdruckskraft, seine wahre Gestalt gewinnt es aber erst in jenen Parabeln, die Kafka bei seinen nächtlichen Schreibversuchen in den verschiedensten Kontexten, Konstellationen und Abwandlungen entwarf. »Parabel und Paradox« hat man einmal zu recht diese Grundfigur von Kafkas Selbstdarstellung und Selbstdeutung genannt.[4] Kafkas Parabeln kreisen um die Frage nach dem Selbstbild des Autors: Sie fragen nach dem schöpferischen Kern des Subjekts, der Bedingung seiner Möglichkeit in der Kultur, seiner Entfaltung und seiner Beschädigung in einer sozialen Welt der technischen Medien und Bürokratien, in der der Dichter seinen Platz zu finden hat. In der europäischen Kultur der letzten Jahrhunderte stand diese Idee des Schöpferischen im Zeichen dreier Grundkonzepte: der Vorstellung von der Authentizität der Autorschaft, von der Werkvollendung und von der kommunikativen Kraft der Texte, ihrer Fähigkeit, Ordnungen der Welt zu entwerfen, zu stiften und zu beglaubigen. Das Bild, das Kafka von sich selbst zeichnet, subvertiert diese Vorstellungen. Seine Parabeln handeln vom Schwinden des Subjekts und seiner schöpferischen Fähigkeit, vom Zerbröckeln und Zerfallen des Werkcharakters der Texte und dem Verlöschen ihrer Wirksamkeit, dem Versickern ihrer Botschaften; sie handeln vom Versagen der Kommunikation zwischen Mann und Frau, vom Versagen aber auch des »Menschenverkehrs« im Bereich der Öffentlichkeit, zwischen »Herr« und »Knecht«, um das Begriffspaar Hegels aufzugreifen: einer Öffentlichkeit ohne Individualität, die durch Institutionen und Kommunikationsapparate geregelt erscheint.

Es sind fünf von Kafkas »Parabeln«, die diese Zusammenhänge – als miteinander verflochtene Problemkonstellationen – lakonisch verdichten: der kleine Text *Prometheus*, in dem Kafka den kulturgeschichtlich so bedeutsamen Mythos des Schöpfertums und der Autorschaft sich allmählich zersetzen läßt, bis Vergessen und Müdigkeit die Oberhand gewinnen und das Subjekt (›Prometheus‹) in seinem Schmerz im Urgestein des Unerklärlichen verschwindet; die Parabel vom *Neuen Advokaten* sodann, eine Geschichte, die nicht mehr von Alexander, dem Helden der Tat handelt, sondern von seinem in der modernen Welt zum Advokaten gewordenen Schlachtroß Bucephalus, das nicht mehr Protagonist des Mythos, des Schöpfertums und der strategischen Erfindung ist, sondern nur noch ein Lesender in einer Welt der Diskurse, jener juristischen und bürokratischen Ordnungen, die eine zunehmend apersonale Welt überformen und entstellen; ferner *Das Schweigen der Sirenen*, eine kleine Geschichte, die im Bild von Odysseus und den verführerischen Sirenen das Scheitern der Beziehung zwischen Mann und Frau, die Bedrohung ihrer Kommunikation durch die unauflösliche Verflechtung von Anziehung und Gewalt erzählt; und die *Kaiserliche Botschaft* des weiteren, die von dem Kaiser berichtet, der einem Boten eine Nachricht für den »in die fernste Ferne geflüchteten« Untertanen zuflüstert und diesen auf seinen unendlichen Weg schickt; es ist die Parabel von der Botschaft des »Herrn« an die »Knechte«, die ihren Weg zwischen den Menschen sucht und zuletzt in den Kanälen der Übermittlungsmaschinerien verlorengeht, zur Unentzifferbarkeit und Unhörbarkeit verkommt.

Vielleicht gibt es für Kafka zuletzt nur eine einzige Form des Auswegs, um diesen Zwängen und Zerstörungen zu entgehen; dasjenige nämlich, was Canetti einmal die Kunst und die Stärke des Sichkleinmachens genannt hat: nicht die Freiheit des prometheischen Helden, sondern der Entzug des Selbst in die Unerkennbarkeit, in das Spiel der Sprache, das zum Schild gegen die Macht, zum letzten Schutz der Freiheit im Ghetto der Innerlichkeit wird. »Vielleicht hat er«, – so heißt es von Odysseus angesichts der Verführung durch die Sirenen – »obwohl das mit Menschenverstand nicht mehr zu begreifen ist, wirklich gemerkt, daß die Sirenen schwiegen, und hat ihnen und den Göttern den obigen Scheinvorgang nur gewissermaßen als Schild entgegengehalten.« (*H* 79 f.) Kafkas kleines Textstück *Die Sorge des Hausvaters* macht deutlich, wie ein solcher »Ausweg« sich öffnen könnte. Das der Macht des Hausvaters ausgelieferte »Sorgenkind« Odradek entzieht sich dieser durch Verweigerung von Sprache und Antwort. Es verbirgt sich hinter dem Schutzschild seines unverständlichen Namens. Durch diese Verweigerung verwandelt sich der ödipale Zwangsapparat der Familie in das antisymbolische, antimimetische Sprachspiel der Kunst. Einer Kunst freilich, die die Möglichkeit ihres Daseins mit dem Preis hermetischer Verschlossenheit bezahlt.

Anmerkungen

Zitatbelege im Text erscheinen unter folgenden Chiffren mit Seitenzahl:

Br = Franz Kafka, *Briefe 1902–1924*, hrsg. von Max Brod, Frankfurt/Main 1966
E = Franz Kafka, *Erzählungen*, Frankfurt/Main 1967
F = Franz Kafka, *Briefe an Felice und andere Korrespondenz aus der Verlobungszeit*, hrsg. von Erich Heller und Jürgen Born, Frankfurt/Main 1967
H = Franz Kafka, *Hochzeitsvorbereitungen auf dem Lande und andere Prosa aus dem Nachlaß*, Frankfurt/Main 1966
J = Gustav Janouch, *Gespräche mit Kafka*, Frankfurt/Main 1968
M = Franz Kafka, *Briefe an Milena*, erweiterte und neugeordnete Ausgabe, hrsg. von Jürgen Born und Michael Müller, Frankfurt/Main 1983
P = Franz Kafka, *Der Prozeß. Roman*, Frankfurt/Main 1950
TI = Franz Kafka, *Tagebücher*, hrsg. von Hans-Gerd Koch, Michael Müller und Malcolm Pasley, Bd. I: Text. Frankfurt/Main 1990

1 Vgl. Walter Bauer-Wabnegg, ›Monster und Maschinen, Artisten und Technik in Franz Kafkas Werk‹, in: *Franz Kafka: Schriftverkehr*, hrsg. von Wolf Kittler und Gerhard Neumann, Freiburg 1990, S. 347–350.
2 Gerhard Neumann, ›Franz Kafka: »Der Prozeß«‹, in: *Lehren und Lernen* 3 (1990), 16. Jg., S. 1–30.
3 Hierauf haben zum erstenmal aufmerksam gemacht Gilles Deleuze / Félix Guattari, *Kafka. Pour une littérature mineure*, Paris 1975.
4 Heinz Politzer, *Parable and Paradox*, Cornell University Press 1962

»Abstieg« und »Torso«

Anmerkungen zum Selbstverständnis Bertolt Brechts als Dichter

Bertolt Brecht besaß ein ausgeprägtes Sensorium für das Katastrophale der Epoche. Die Qualität der Krise, ihr – um es so auszudrücken – universeller, geschichtsphilosophischer Rang spiegelt sich gewissermaßen kongenial in seinem gesamten Werk, am deutlichsten vielleicht in den frühen poetischen Arbeiten, unverhüllt-spontan insbesondere in den erstaunlichen *Tagebüchern 1920–1922* und den autobiographischen Schriften, die Herta Ramthun 1975 herausgab.

Die chaotischen emotionalen Impulse, im Tiefenbereich des in den Tagebuchaufzeichnungen Mitgeteilten wirksam, sind in auffälliger Weise bereits durch Einsicht und Reflexion gezügelt. Der Prozeß der Selbstbewußtwerdung, wenngleich rigoros vorangetrieben, wie es für junge ›Genies‹ charakteristisch ist, erscheint doch alles andere als egozentrisch auf den eigenen, engsten Interessenkreis bezogen. Von Anfang an steht für Brecht das Ganze, wie diffus auch immer zunächst erfaßt, zur Debatte.

Umrißhaft zeichnet sich schon die bedeutungsvolle Rolle ab, welche Brecht als Schriftsteller im größeren kulturellen Zusammenhang meinte spielen zu sollen. Freilich: Ehrgeiz in dem trivialen Sinn eines Strebens, um jeden Preis sich durchzusetzen, war dem jungen Brecht gewiß auch nicht fremd. Brecht entstammte dem gehobenen Bürgertum. Er verfügte über dessen ›Realismus‹, den Sinn fürs Geschäftliche eingeschlossen. Er kannte die einschlägigen Techniken und Strategien gesellschaftlichen Reüssierens und wandte sie meist ohne Zimperlichkeit an. In den ersten Berliner Jahren bediente er sich demgemäß erfolgreich der Maske des Bürgerschrecks und poète maudit. Später führte er mit Vorliebe den Typ des intellektuellen Arbeiters vor. In der Öffentlichkeit konnte Brecht »hochmütig, hämisch, bösartig« wirken; privat dagegen erschien er als »liebenswürdig, gesprächig, von abgeklärtem Witz«, ja »hell und human.«[1] Der Dichter des Parabelstücks *Der gute Mensch von Sezuan* durchlebte wie seine Protagonistin Shen-te (und wie imgrunde jeder nicht unempfindliche Mensch in »finsteren Zeiten«[2])

voll den Widerspruch zwischen öffentlicher und privat-menschlicher Existenz. Als Caspar Neher Brecht am 5. November 1947 in Zürich begegnete, sah er ihn so: »Er war dicker geworden, männlicher, zurückhaltender und seine Zartheit war mehr nach außen gekehrt als früher. Seine Fassade der Härte war vollkommen von ihm abgefallen. Seine angeborene Güte kam zum Vorschein.«[3] (Freilich, die Rolle des menschenfreundlichen, heiter-bedürfnislosen Weisen, wie sie die *Legende von der Entstehung des Buches Taoteking auf dem Weg des Laotse in die Emigration* dichtet, war Brecht auch in der Nachkriegszeit zu spielen kaum vergönnt.)

So interessant dergleichen Informationen und Beobachtungen sind – über den wesentlichen, geistigen Begriff der Rolle, zu der ein schöpferischer Mensch sich entscheidet, teilen sie eigentlich doch nichts Wichtiges mit und sind insofern wissenschaftlich ziemlich unergiebig. Aufschlußreicher als biographische Nachrichten sind die schriftlichen Äußerungen (im weitesten Sinn) eines Autors, so, im Fall Brechts, die erwähnten frühen Tagebücher. Sie zeigen, dramatisch fast, wie ein ›Charakter‹ (der ja nie bloße Naturanlage, vielmehr immer auch Resultat einer willentlichen Selbstproduktion ist) ›wird‹. Es sticht das Bemühen des jungen Brecht hervor, die außerordentlichen künstlerischen Fähigkeiten, die er in sich verspürte – und die der Grund und die Rechtfertigung eines ebenso außerordentlichen Selbstbewußtseins (in der empirisch-landläufigen Bedeutung des Worts) waren – historisch objektiv ›richtig‹ zu situieren. Der Schwierigkeit dieses Unterfangens einer über den individuellen Anspruch hinausgreifenden, auf umfassende Orientierung abzielenden Reflexion war sich der junge Brecht wohlbewußt. Symptom dafür sind die – durchaus ethisch zu bewertenden – (Selbst-)Zweifel, die jenes Selbstbewußtsein immer wieder angriffen und die dann der spätere Brecht, bisweilen in einer Art didaktischer Verdinglichung schon, in den Status eines methodischen Prinzips (»dialektisches Denken«) zu heben bestrebt war. (In Brechts Arbeitszimmer hing, mahnend gleichsam, das chinesische Rollbild des »Zweiflers«[4].)

Jene Zweifel richteten sich von früh an vor allem gegen jede Vorstellung des Fertigen, Vollendeten, Dauernden. Ein zentrales Motiv Brechtschen Schaffens. Eine Tagebuchnotiz vom März 1921, mit der Überschrift »Nachts«, verweist auf den zugrundeliegenden existentiellen künstlerischen Impuls. Es geht um einen Akt notwendiger Selbstüberschreitung. Im Blick auf einen umfassenderen Wahrheitsanspruch arbeitet sich in der Niederschrift, halbunbewußt noch, ein neues Ideal ästhetischen Produzierens hervor. Der »Intellekt« im Sinn eines räso-

nierenden, defensiv-aggressiven Vermögens wird, wie es scheint, als
ungenügend denunziert. In das vielstimmige nächtliche Selbstgespräch
mischt sich – verdeckt, aber zwingend – ein skrupulöser moralischer
Diskurs[5] ein, der die Reflexion zu tieferer Einsicht treibt.
»Zuerst ist alles einfach, naiv, gesund«, schreibt Brecht. »Der Zwanzigjährige begreift den Kosmos.« Aber: »Mit einem Mal ergeben sich
Fehler bei vollständig richtiger Rechnung. Die Dinge, wie sie sind, verändern ihr Gesicht oder werden unerreichbar. O Blasiertheit des erst-
malig Besiegten!« Diese Erfahrung eines Scheiterns, das nichts mit
Mangel an äußerem Erfolg zu tun hat, eher mit dem Gegenteil, ruft
Gegenkräfte auf den Plan:

»Von jetzt an verbirgt sich die Kraft, die nicht versiegt ist, in den Werken, sie
kriecht in die Widersprüche [...] Der Organismus organisiert den Widerstand
gegen sich selbst. Es sieht zwillinghaft dem *Abstieg* gleich, es geht haarfein am
Untergang vorbei [...] Ruhebedürfnis, formale Gerissenheit, letzte Bestände
von Übermut bringen die Gefahr feinster Verwüstung in die unerhört über-
spannten Kompliziertheiten. Immer untergräbt der Intellekt die Position. Der
in hundert Schlachten Geschliffene [...] wird Virtuose, vergißt das Heilige
Land. Schon der Dreiundzwanzigjährige kämpft verzweifelt gegen die Eitelkeit.
Verbissen leistet er Verzicht auf Achtung, die aus Rentabilität gewonnen wird.
Wütend findet er sich ab mit der Unklarheit seiner Formulierungen, da das
Stoffgebiet, das einzubeziehen ist, ein so ungeheures geworden ist, verzichtet
auf die geliebte Prägnanz zugunsten der Wahrheit. Er will nichts als den *Torso*.«[6]

Der »Abstieg« als Mittel, einen substantiellen Aufstieg und ein Fort-
schreiten zu bewerkstelligen, der »Torso« als Idee einer künstlerischen
Gestaltung, geeignet, die traditionelle Vorstellung einer wie auch immer vollendeten künstlerischen Aussage zu konterkarieren: Dies sind
frühe ästhetische Einsichten Brechts, gewonnen und ausgesprochen
noch vor aller Programmatik. Brecht, der »Spezialist des Von-Vorn-
Anfangens«, wird jene beiden ›Gedanken‹, die in der Sache eng zusam-
mengehören, durch sein vielgestaltiges Schaffen hindurch mit bemerkenswerter Konsequenz verfolgen. In ihnen hat Brechts von Haus aus
»destruktiver Charakter«, »der das kaum Erreichte wieder in Frage« zu
stellen pflegte[7], gleichsam seinen theoretisch-methodologischen produktiven Reflex gefunden.

Einige Monate nach der Niederschrift der zitierten Notiz hat der Ta-
gebuchverfasser Brecht die Idee des »Torsos« wiederaufgegriffen und,
nun in wesentlich pointierterer Form, zu einer – wie sich herausstellen
sollte – für ihn überaus fruchtbaren Vorstellung künstlerischen Schaffens und poetischer Sprache fortentwickelt. Brecht kritisiert anläßlich

einer Inszenierung von Georg Kaisers Drama *Von morgens bis mitternachts* generell den expressionistischen Stil, jene »äußersten Kraftanstrengungen, gewisse (banale oder rasch banal werdende) Inhalte mit allen Mitteln herauszuschleudern« usw. Verglichen mit einem solchen Autor-Typus und dessen Neigung zu »rücksichtsloser Formulierung«, die »doch nur« zur »Isolierung« des Mitgeteilten »führt«, empfindet der junge Brecht sich selbst als »Klassiker« – eine Rolle, die er fortan in vielen Variationen und mit wechselnden Begründungen, im ganzen allerdings mehr mit als ohne Ironie spielen wird.[8] »Ich beobachte, daß ich anfange, ein Klassiker zu werden«, heißt es bereits 1921. Aber was Brecht dann in der vorliegenden Notiz skizziert, ist doch ein entschieden nichtklassisches Konzept von künstlerischer Form (die – wie der Autor betont – nicht »glatt« sein darf):

»Man muß loskommen von der großen Geste des Hinschmeißens einer Idee, des ›Noch-nicht-Fertigen‹, und sollte hinkommen zu dem Hinschmeißen des Kunstwerks, der gestalteten Idee, der größeren Geste des ›Mehr-als-Fertigen‹. Schon wieder abbröckelnd, schon wieder verblassend, hingehend, lieblich ausweichend, leicht gefügt, nicht sorgfältigst gesammelt, erschwitzt, versichert.«[9]

Dies ist, genau besehen, einer der frühesten Gedankenkeime zu Brechts späterer Theorie des »epischen« Stils, auch zu den – dann oft bis zum Überdruß dem Publikum ›erklärten‹ – Begriffen der »Verfremdung«, des »Historisierens« usw., Bezeichnungen für im Grunde äußerst komplexe ästhetische Mittel, die jedoch vielfach als bloße dramaturgische Technika, eingesetzt zu ausschließlich kognitivem Zweck, mißverstanden wurden (zum Teil vom Autor selbst). Ursprünglich hatte es sich – wie schon der merkwürdig emphatische Tonfall in dem eben zitierten Textstück verrät – um echte künstlerische ›Ideen‹ gehandelt, versehen mit einer Art schöpferischer Dunkelheit. Brecht, bemüht, sich gegen die damals vorherrschenden Tendenzen der Kunst wie insbesondere des Theaters durchzusetzen, sah sich offenkundig nicht selten gezwungen, seine authentischer Einbildungskraft entspringenden reichen Impulse in mehr oder minder apologetischen Ad-hoc-Manifesten zu ›systematisieren‹, das, was genuine, ›schwierige‹ Eingebung gewesen war, für den gesunden Menschenverstand vereinfachend darzustellen und bisweilen geradezu als Schulmeister in eigener Sache aufzutreten. Was hier partiell als theoretisch-didaktische Selbstinszenierung interpretiert werden kann (für weite Teile der Brechtschen Reflexion, etwa die tiefsinnige Schrift über den *Dreigroschenprozeß* oder den großartigen, Fragment gebliebenen *Messingkauf*, gilt diese Einschätzung freilich gewiß nicht), das dürfte noch mit inspiriert gewesen sein durch die Absicht, eben jene Rolle des »Klassikers« zu festigen, in die Brecht, zum Teil durch sein zunehmendes künstlerisches Prestige gedrängt, zum Teil aber auch aus freiem Antrieb, mehr und mehr hineinwuchs. »Klassiker« zu sein, kann man vermuten, hieß für Brecht, auch und vor allem künstlerische Praxis und Theorie, sowohl die der Kunst als auch die der Gesellschaft, miteinander zu verbinden und das eine Moment durch das andere zu stärken. Im Versuch solcher Synthese ist Brecht weiter als die meisten modernen Autoren gegangen, und sein eminenter Rang liegt wesentlich auch in diesem Aspekt begründet.

Allerdings: Das imposante Unternehmen hatte, wie man heute erkennt, seine Risse und Brüche, so daß man, will man sich des vollständigen und wirklichen Brecht versichern, inzwischen genötigt ist, ihn sich gegen die Stilisierungen des eigenen Rollenverständnisses und gegen den durch sie erzeugten Schein unantastbarer Ganzheit in kombinatorischer Lektüre, auch solcher gegen den Strich, gleichsam neu zu erschließen. Jene eben vorgestellte, 1921 schon ins Auge gefaßte Stilidee vom »Hinschmeißen des Kunstwerks«, von der »größeren Geste des ›Mehr-als-Fertigen‹« hätte man also z. B. zu verknüpfen mit scheinbar gegenläufigen Bemühungen Brechts um »Große Form«, wie sie etwa in dem *Gespräch über Klassiker* oder in den Notizen *Letzte Etappe: Ödipus* (beide Texte aus dem Jahre 1929) zum Vorschein kommen.[10] Auch hätte man den Bogen zu schlagen zu einer der berühmten Passagen aus dem Gespräch mit Benjamin im Jahre 1934. Brecht sagt dort u. a.: »Ich denke oft an ein Tribunal, vor dem ich vernommen würde. ›Wie ist das? Ist es Ihnen eigentlich ernst?‹ Ich müßte dann anerkennen: ganz ernst ist es mir nicht« (gemeint ist: mit der Kunst)[11]. Auch diese – letztlich geschichtsphilosophisch motivierte – Äußerung ergäbe einen aufschlußreichen Kommentar zur der früh formulierten ästhetischen Maxime, die, neben dem Hinweis auf notwendigen »Abstieg«, das »Hinschmeißen des Kunstwerks« oder auch den »Torso« vom wahren modernen Künstler verlangt. Beides sind metaphorische Wendungen wohlgemerkt, mit denen Brecht nicht gegen die Kunst schlechthin, sondern für eine neue Form der Kunst plädierte. Es wurde da – in der Sprache der deutschen Frühromantik zu reden – ein Stück »divinatorischer« Literatur- und Kunstkritik, tastend noch, umrissen, durch das die Kategorie des Verfalls und des Überholtwerdens als produktiver Reflexionspunkt aller künftigen progressiven ästhetischen Praxis etabliert und das Bewußtsein des Nicht-fertig-Seins als eine der Bedingungen der Möglichkeit zeitgemäßer künstlerischer »Größe« geweckt werden sollte. Das Lehrgedicht *Über die Bauart lang-*

dauernder Werke aus den »Gedichten 1926–1933« wird diesen ›Gedanken‹ dann dialektisch in klassisch anmutender lapidarer Diktion breit entfalten.[12]

Widersprüche für das Schaffen Brechts entstanden – wie in der Forschung häufig untersucht worden ist – auch aus der Friktion zwischen den Notwendigkeiten des antifaschistischen politischen Kampfs, dem sich Brecht verschrieb, und den Ansprüchen einer neuen, komplexen Kunstpraxis, die sich, in der Weise dialektischer Aufhebung, auf dem höchsten Niveau der bislang erreichten europäischen Ästhetik abspielte. Auch hier suchte Brecht die unvermeidbaren Spannungen zum Teil durch gewisse Systembildungen im Bereich seines (veröffentlichten) Denkens zu beschwichtigen. Andererseits muß man feststellen, daß er seinen ›Charakter‹ als moderner – und das hieß auch und gerade für Brecht geistig unabhängiger – Autor doch nicht einfach etwa an die maßgeblichen Instanzen der ›linken‹ Szene preiszugeben gewillt war, im Gegenteil. Er hat insofern im Konflikt der Rollen, denen damals niemand, insbesondere ein Brecht nicht, entgehen konnte, die eine, wesentlichere Rolle, die des gesellschaftskritisch orientierten, schöpferischen Avantgarde-Poeten (in dem hier vorauszusetzenden besonderen Verständnis von Avantgarde[13]), gegen die andere, weniger wesentliche Rolle, die eines parteipolitisch engagierten, in eine bestimmte konventionelle, taktisch-zweckmäßige Kunst-Räson sich fügenden Schriftstellers, mit Hartnäckigkeit durchgesetzt. Von den vielen »linken« Schriftstellerkollegen, ganz zu schweigen von den fremdbestimmten kulturellen Funktionären des Parteiapparats, unterschied sich Brecht, der »Bolschewik ohne Parteibuch«, zu seinem Vorteil durch die außerordentliche intellektuelle und ästhetische Qualität der meisten seiner literarischen und theoretischen Äußerungen wie auch durch die klare, mit Radikalität artikulierte Einsicht in das Katastrophale jener geistigen und materiellen Prozesse, die nicht nur die überlieferten ökonomischen und politischen Strukturen, sondern auch die anthropologischen Normen der bürgerlichen Tradition zerstört hatten (Stichwort: Vernichtung der ›Person‹ – ein wiederkehrendes Brecht-Thema, erstmals komödiantisch-furios dargestellt in dem »Lustspiel« *Mann ist Mann*). Als Brecht sich in die Auseinandersetzung mit dem Faschismus begab wie in einen entsagungsvollen Dienst – der Dichter wußte: Es war eine »*Schlechte Zeit für Lyrik*«[14] – achtete er im allgemeinen doch sehr darauf, daß seine Dichtung nicht auf die Ebene des bloß politisch Pragmatischen, ›Operationellen‹ absank. Nicht einmal ein recht robust konstituierter Zyklus wie die *Deutschen Satiren*[15] aus den *Svendborger Gedichten* wäre mit dergleichen

Kriterien zulänglich charakterisiert. Brecht, beurteilt man ihn im ganzen, wollte nicht zum ›Tendenzdichter‹ entarten, darin, wie in manchem anderen, Heinrich Heine, einem seiner Vorläufer, verwandt. Noch in höchst provozierenden und aggressiv-kritischen Werken, an Stellen, an denen man es gar nicht vermutet, vor allem natürlich in der Lyrik[16], zumal der des Exils, kann man bei Brecht einem Element ›elegisch‹ verweilender Nachdenklichkeit begegnen (wenngleich er, der die Distanz und Diskretion schätzte, sich den Ton tradierter subjektiver ›Klage‹ durchweg versagte). Ein Bewußtsein von der Vorläufigkeit menschlichen Tuns und Mitgefühl für das Elend aller Kreatur gelangen in bewegenden Nuancen manchmal selbst dort noch zum Ausdruck, wo die ganze Härte und Kälte des Kampfs der Klassen dichterisch in Erscheinung treten sollen. (Selbst in dem Lehrstück *Die Maßnahme*, einem der ›anstößigsten‹ Dramen Brechts, ist das der Fall.)

Brecht, derart darauf bedacht, sich ein Stück dichterischer Autonomie gegen verordnete Politik und die Sachzwänge des aktuellen Kampfs zu bewahren, nahm freilich gründlich (und nicht ohne Lust an der Destruktion, auch an der Selbstdestruktion) Abschied von der überlieferten Idee und Rolle des Genies, auch wenn er sich, als empirische Person, genieähnliche Lizenzen noch gönnte; meist wurden sie ihm allerdings von seiner Umgebung geradezu aufgenötigt. Auch mit Blick auf diese Entwicklung bewährt sich der oben angeführte Begriff des »Abstiegs« als hermeutische Chiffre für ein besseres, dialektisches Verständnis von Werk und Leben Brechts.

Der Habitus des Künstlers, der in der Einsamkeit als »Visionär«[17] Werke aere perennius schafft, war Brecht fremd. Schon die Art, wie er arbeitete, verweist – neben beneidenswerten Voraussetzungen seiner psychischen Konstitution – auf eine neue (Produktions-)Ästhetik. Brecht tat sich, um des Schaffens willen, gern mit Gleichgesinnten zusammen. »Nötig war eine Mannschaft.« »Mitarbeiter zu haben wurde ihm zum Bedürfnis.« »In völliger Abgeschiedenheit und Stille konnte er nicht arbeiten«[18] usw.

Die eigenen Dichtungen erklärte Brecht gern für bloße Experimente, »Versuche«, an denen gegebenenfalls auch andere weiterarbeiten sollten. Auch insofern vollzog er einen »Abstieg« herunter von den Höhen aristokratischen Selbstbewußtseins, wie sie einst mit dem Geniebegriff verbunden war. Und wie Brecht notorisch »lax« im Umgang mit fremdem geistigem Eigentum war, so suchte er, obwohl bei den meisten einschlägigen Unternehmungen der führende Kopf, als individueller Autor in der Anonymität eines Autoren-Kollektivs gleichsam unterzugehen.

Auch im Umgang mit Frauen – um diesen Punkt nicht ganz zu ignorieren – war Brecht »lax«. Aber selbst hier suchte er die patriarchalische Rolle des Genies älterer Provenienz, das seine es anhimmelnden Verehrerinnen sexuell ausbeuten durfte, zu vermeiden – was ihm nicht gerade leicht gemacht wurde: Seiner Faszination als Mann und Dichter zu erliegen, galt den Freundinnen als Auszeichnung. Im Idealfall wünschte sich Brecht erotische Beziehungen zugleich als Arbeitsbeziehungen. Die Geliebten sollten, über die Leistung der Liebe hinaus, zu ›Produzentinnen‹ werden. Auch war Brecht ›seinen‹ Frauen auf seine Weise »treu«, wie keine Geringere als Helene Weigel, die Hauptbetroffene, die Ehefrau, bestätigt hat – allerdings nicht unbedingt mit voller Zustimmung zu diesem von Brecht (als Privatperson) veranstalteten unbürgerlichen ›Experiment‹ zur Neuregelung der Geschlechterbeziehungen.[19]

Der bedeutsamste »Abstieg« hin zur »kleinsten Größe« im »Sturm«[20] damaliger Geschichte und zur Leugnung des ›Genies‹ war aber der, den der als Person höchst selbstbewußte[21] »Arme B.B.«[22] mit seinem Entschluß unternahm, sich als Dichter auf den Boden einer scheinbar so undichterischen Theorie wie des Marxismus zu stellen und sich darüber hinaus, als ›handelnde‹ politische Existenz, dem Kommunismus anzuschließen. Für Brecht, der von Haus aus durchaus ihn gefährdenden Umgang mit dem ›Chaos‹ pflegte, beseitigte der Marxismus jene spezifisch moderne künstlerische Malaise, die F. Schlegel um 1800 schon hellsichtig konstatiert hatte: daß der moderne, von keiner Mythologie inspirierte und geführte Poet »alles« aus »dem Innern herausarbeiten muß«, »bis jetzt nur jeder allein«; »jedes Werk wie eine neue Schöpfung von vorn an aus Nichts«[23]. In der Tat, der Marxismus wurde etwas wie Brechts Mythologie, gab ihm Blickpunkt, ja ein ›Weltbild‹ und ließ ihn auf neue Weise schöpferisch werden, sieht man von jenen angeborenen Risiken ab, die, bei allen Vorzügen, jedes System, jede feste Denkordnung wiederum – insbesondere aber der Marxismus in der Form, wie er damals von den meisten seiner Adepten gehandhabt wurde – für die ›freie‹ dichterische Einbildungskraft heraufbeschwören mußte.

Im großen und ganzen ging Brecht jedoch recht originell, ja souverän und keinesfalls in der Manier des ›weltanschaulich‹ obsessiven Ideologen mit dem Marxismus um. Er schätzte an dieser Lehre, neben dem Gewinn an Dialektik, eine »gewisse Grobheit des Denkens«. Der

Marxismus nehme dem Zeitgenossen das, was er sich in seiner drang-
vollen Lage nicht leisten könne: die allzu große Bedenklichkeit, die
»Angst vor dem Komplizierten«[24], meinte Brecht. Von dem marxisti-
schen Zentralsatz, »daß das Bewußtsein abhängt von der jeweiligen
Art, in der die Menschen das zum Leben Notwendige herstellen«,
mutmaßte er, es sei ihm »bestimmt, zwar nicht seinen Ruhm, aber
seine Wichtigkeit einmal zu verlieren«[25].

Seine Aufgabe als Poet dürfte Brecht seit Ende der zwanziger Jahre
vorzüglich in der Bemühung gesehen haben, den Marxismus als
›Wissenschaft‹, verfaßt in hochelaborierter Diktion, der »pfäffische[n]
Kamarilla«[26], die ihn von Amts wegen, dirigiert von Moskau, verbreitete, zu entreißen und das Substantielle daran, ohne Verlust an Dialektik, in eine prinzipiell einfache, volkstümliche (nicht »tümliche«[27])
künstlerische Gestalt zu übersetzen. Mit anderen Worten: Es ging
Brecht darum, jene Theorie durch Dichtung gleichsam allererst zur
sinnlichen sprachlichen ›Erscheinung‹ zu bringen, den Marxismus –
ähnlich wie es einst Schelling im Blick auf den zeitgenössischen transzendentalen Idealismus als bloße Bewußtseinstheorie gefordert hatte[28]
– durch Kunstproduktion ›objektiv‹, ›objektiv‹, d. h. anschaulich und
greifbar auch für eine größere Zahl von Menschen, werden zu lassen.

In seinem Anspruch war das ein echt deutsches, in höchstem Maß
ästhetisch riskantes und hybrides Experiment, eindrucksvoll in seinem
Mißlingen wie in seinem Gelingen – zu letzterem zählt u. a. die Schaffung eines neuen Stils der poetischen und theoretischen Sprache auf
der Basis einer umfassenden und gründlichen »Sprachwaschung«[29].

Die allerneueste Geschichte, die den Zusammenbruch der bisherigen ›real existierenden‹ Erscheinungsformen des Sozialismus verzeich-
net, hat, wenn nicht alles täuscht, aus jenem imposanten und für
einige Jahre weltliterarisch erfolgreichen Unternehmen Brechts – kann
man sagen: ganz ohne dessen Zutun und Verschulden?[30] – einen
›Torso‹ sondergleichen gemacht. Jäh hat Ende der 80er Jahre ein ›Abstieg‹ stattgefunden, wie ihn der Autor weder gewünscht noch voraus-
gesehen hatte, auch wenn er, in einer der paradoxen antiklassischen
Wendungen seiner ›Poetik‹, die das Bruchstückhafte in den Rang einer
ästhetischen Transzendentalie zu erheben suchte, gelehrt hat: daß gerade die »langdauernden Werke« »ständig am Einfallen«, daß die
»wirklich groß geplanten« »unfertig«[31] seien.

Anmerkungen

1 Ludwig Marcuse *Mein zwanzigstes Jahrhundert*, München 1960, S. 133. Zitiert nach: *Leben Brechts in Wort und Bild* von Ernst und Renate Schumacher, Berlin 1979, S. 71.

2 Vgl. *An die Nachgeborenen*. In: Bertolt Brecht, *Gesammelte Gedichte*, Frankfurt/Main 1976, Band 2, S. 722 ff.

3 Zitiert nach: *Leben Brechts in Wort und Bild*, S. 179.

4 Brecht, *Gesammelte Gedichte*, Band 2, S. 587 f.

5 Ein ähnlich ›moralischer‹ Diskurs im Blick auf künstlerisches »Verantwortungsbewußtsein« findet sich im *Arbeitsjournal, Erster Band 1938 bis 1942*, hrsg. von Werner Hecht, Frankfurt/Main 1973, S. 358 (Eintragung vom 16. 1. 1942).

6 Bertolt Brecht, *Tagebücher 1920–1922. Autobiographische Aufzeichnungen 1920–1954*, hrsg. von Herta Ramthun, Frankfurt/Main 1975, S. 88 f., (Hervorhebungen von F. N. M.).

7 Walter Benjamin, *Versuche über Brecht*, hrsg. von Rolf Tiedemann, Frankfurt/Main ³1971, S. 44 und S. 134.

8 Vgl. die Exilgedichte *Die Auswanderung der Dichter* und *Als der Klassiker am Montag (...)*, in: Brecht, *Gesammelte Gedichte*, Band 2, S. 495 und 559.

9 Brecht, *Tagebücher 1920–1922*, S. 138.

10 Bertolt Brecht, *Gesammelte Werke in 20 Bänden (Werkausgabe*, edition suhrkamp), Frankfurt/Main 1967, Band 15, S. 176 ff. und 184 ff.

11 Benjamin, *Versuche*, S. 118 f.

12 Brecht, *Gesammelte Gedichte*, Band 1, S. 387 ff.

13 Vgl. *Anmerkungen zur Oper »Mahagonny«*, in: Brecht, *Versuche 1–12 Heft 1–4*, Berlin und Frankfurt/Main 1959, S. 101 ff., insb. S. 106, Anm. 8.

14 Brecht, *Gesammelte Gedichte*, Band 2, S. 743 f.

15 Ebd., S. 694 ff.

16 Vgl. Franz Norbert Mennemeier, *Bertolt Brechts Lyrik, Aspekte Tendenzen*, Düsseldorf 1982.

17 Vgl. Benjamin, *Versuche*, S. 119 f.

18 Werner Mittenzwei, *Das Leben des Bertolt Brecht oder Der Umgang mit den Welträtseln*, 2 Bände, Frankfurt/Main 1987, Band 1, S. 228, 232, 560.

19 Vgl. Sabine Kebir: *Ein akzeptabler Mann? Brecht und die Frauen*, Köln 1989.

20 Zu diesen Begriffen vgl. *Das Badener Lehrstück vom Einverständnis*, in: Brecht, *Versuche 1–4*, S. 130.

21 Nur halb im Spaß hat er sich gelegentlich als »Einstein der neuen Bühnenform« bezeichnet. Vgl. *Leben Brechts in Wort und Bild*, S. 132.

22 Vgl. Brecht, *Gesammelte Gedichte*, Band 1, S. 261.

23 Friedrich Schlegel, *Rede über die Mythologie*, in: Kritische Friedrich-Schlegel-Ausgabe, Zweiter Band, *Charakteristiken und Kritiken I*, hrsg. von Hans Eichner, München–Paderborn–Wien, 1967, S. 312.

24 *Me-ti, Werkausgabe*, Band 12, S. 460 f.

25 Ebd., S. 434 f.

26 Benjamin, *Versuche*, S. 128.

27 Vgl. zu dieser Unterscheidung: *Werkausgabe*, Band 12, S. 18 und Brecht, *Gesammelte Gedichte*, Band 2, S. 625.

28 Vgl. Schelling, *Sechster Hauptabschnitt des Systems des transzendentalen Idealismus*: »[...] die ästhetische Anschauung eben ist die objektiv gewordene intellektuelle«.

Hier zitiert nach F. W. J. Schelling, *Texte zur Philosophie der Kunst*, ausgewählt von Werner Beierwaltes, Stuttgart 1982, S. 118.

29 Bertolt Brecht, *Über Lyrik*, Frankfurt/Main 1971, S. 91.

30 »Unwissende! schrie ich / Schuldbewußt«, heißt es in *Böser Morgen* mit Blick auf den Aufstand der Arbeiter vom 17. Juni, in: Brecht, *Gesammelte Gedichte*, Band 3, S. 1010.

31 Brecht, *Gesammelte Gedichte*, Band 1, S. 387.

Subversion als Spiel

Der Schweizer Schriftsteller
Max Frisch

Warum ich schreibe

In seiner vorläufigen Autobiographie (*Tagebuch 1946–1949*; II, 583–590)[1] erinnert sich Max Frisch, wie er zum Schreiben kam. »Eine Aufführung der Räuber, eine vermutlich sehr schwache Aufführung, wirkte so, daß ich nicht begriff, wieso Menschen, Erwachsene, die genug Taschengeld haben und keine Schulaufgaben, nicht jeden Abend im Theater verbringen.« Wenige Monate später erhält Max Reinhardt am Deutschen Theater in Berlin Max Frischs erstes Theaterstück. Auch später, befragt nach seinen ersten Schreibversuchen, erinnert sich Max Frisch an die ersten Besuche im Theater. »Ich bin zur Literatur ganz eindeutig nicht vom Roman oder vom Gedicht her gekommen – Gedichte habe ich versucht, das war gar nichts – sondern durchs Theater.«[2] Daß es eine Aufführung von Schillers *Räubern* war, mag als Zufall gelten, nicht aber, daß Max Frisch sein Interesse am Theater, seine »Lust, auch so etwas zu machen«, mit dem entscheidenden Begriff aus Schillers *Ästhetischen Briefen* begründet. »Die Frage: Warum schreibe ich? hat sich nicht gestellt, als ich angefangen habe zu schreiben. Ich meine: Im Anfang steht der Spieltrieb.«[3] Der Spieltrieb – das meint die zweckfreie Tätigkeit des Spiels wie der Kunst, die Lust am Gestalten, die durch die Phantasie ermöglicht wird und die ihrerseits Phantasie freisetzt. Max Frisch, der genaue Kenner Schillers, weiß, weshalb er dieses Wort wählt. Hatte doch Schiller mit »Spieltrieb« bezeichnet, was die beiden im Menschen widerstreitenden Kräfte – sinnlicher Trieb und Vernunfttrieb – aufheben und miteinander versöhnen kann. »Der Mensch spielt nur, wo er in voller Bedeutung des Worts Mensch ist, und *er ist nur da ganz Mensch, wo er spielt.*«[4]

Der Spieltrieb als Anlaß zum Schreiben enthält eine ästhetische Verpflichtung: genau zu unterscheiden, was gelebte Wirklichkeit und was literarische Wirklichkeit ist. Diese Unterscheidung wird vor allem die dramaturgischen Konzeptionen von *Santa Cruz* bis *Triptychon* bestim-

men. In ihrem Namen wendet sich Max Frisch gegen das Illusionstheater oder – wie er es mit Friedrich Dürrenmatt treffender benennt – das
Imitiertheater. Der Spielcharakter des Theaters: Es soll deutlich werden, daß auf der Bühne gespielt wird, daß das, was auf der Bühne vorgestellt wird, Spiel und nicht Leben oder imitiertes Leben ist. Anläßlich
der *Chinesischen Mauer* gefragt »Wo spielt das Stück?«, antwortet Max
Frisch: »Es spielt auf der Bühne« (II, 217). Auch hier weiß sich Max
Frisch Schiller verpflichtet, etwa der Vorrede zur *Braut von Messina*, in
der die Einführung des Chores als Kampfansage gegen jede Art von
Naturalismus in der Kunst verstanden wird. Um die poetische Welt von
der wirklichen Welt abzuschließen, um ihren »idealen Boden« zu erhalten, kurz um der »poetischen Freiheit willen« führt Schiller erneut den
Chor ein. Wenn Max Frisch vom Imitiertheater spricht, meint er durchaus den Naturalismus, dem schon Schiller Einhalt gebieten wollte.
»Wie immer Theater sich gibt, ist es Kunst: Spiel als Antwort auf die
Unabbildbarkeit der Welt.« (*Der Autor und das Theater*; V, 345) Das
könnte auf den ästhetischen Standpunkt eines unverbindlichen l'art
pour l'art hinauslaufen, der der Kunst einen Freiraum jenseits gesellschaftlicher Verpflichtungen zubilligt – gäbe es denn einen solchen
Freiraum, gäbe es die Unverbindlichkeit der Kunst. Auch wenn von der
Unabbildbarkeit der Welt ausgegangen und damit dem Naturalismus
der Boden entzogen wird: Es kann keine Rede sein vom Freiraum als
»Elfenbeinturm« der Kunst. Schon dadurch, daß sie Kunst ist, ist sie
ein gesellschaftlicher Faktor. »Wer selber schreibt, erfährt den Grund
sehr bald; man muß verändern, um darstellen zu können.« (*Der Autor
und das Theater*; V, 345) Um es paradox zu formulieren: Der Spieltrieb
ist Voraussetzung für die gesellschaftspolitische Relevanz der Kunst.
Denn »allein dadurch, daß wir ein Stück-Leben in ein Theater-Stück
umzubauen versuchen, kommt Veränderung zum Vorschein, Veränderbares auch in der geschichtlichen Welt, die unser Material ist« (*Der
Autor und das Theater*; V, 347).

Aber nicht der Spieltrieb allein ist Anlaß zum Schreiben. Die Kunst
vermag, was andere Tätigkeiten des Menschen nur unzureichend vermögen: Sie kann die Zeitlichkeit überwinden, indem sie Dauer verleiht,
was dem zeitlichen Wechsel unterliegt. Auch hier weiß Max Frisch sich
mit Schiller in Übereinstimmung. Ist doch der ästhetische Trieb darauf
gerichtet, »die Zeit in der Zeit aufzuheben«[5]. Die Zeit aufheben: das
meint das Bedrängende der Zeitlichkeit aufzuheben. Des öfteren
spricht Max Frisch von der Bedrängnis der Zeit. Er unterscheidet dabei
zwischen Zeit und Vergängnis: »die Zeit, was die Uhren zeigen, und

Vergängnis als unser Erlebnis davon, daß unserem Dasein stets ein anderes gegenübersteht, ein Nichtsein, das wir als Tod bezeichnen.« (*Tagebuch 1946–1949*; II, 499) Kunst hat offensichtlich die Fähigkeit, dieses unser Erleben der Zeit als Vergängnis zu überwinden. So wird sie Gegenentwurf und entspricht einer Zeiterfahrung, die der »Zeit der Uhren« entgegensteht: der Zeiterfahrung des erfüllten Augenblicks. Die Zeit der Uhren legt ja nur in ein Nacheinander, was »Allgegenwart des Möglichen« (II, 361) ist. Diese Allgegenwart des Möglichen aber ist im Erleben ständig dem Vergängnis der Zeitabfolge unterworfen. Allgegenwart des Möglichen, dem Vergängnis der Zeit nicht unterworfen, dokumentiert Literatur als Kunst. Beständig werden soll das Flüchtige. Max Frisch: »Hinzu kommt die Erfahrung, daß alles Natürliche vergeht; das Bedürfnis also, Vergänglichkeit aufzuheben durch Kunst, zum Beispiel einen Menschen, den man liebt, oder einen Ort abzubilden, damit er für immer da sei.« Das hat dem Autor nicht nur Sympathien eingetragen. Einen Menschen, den man liebt, durch Literatur der Vergänglichkeit zu entziehen, kann auch heißen, ihn als literarisches Material zu benutzen. Marianne, seine zweite Frau, hat es ihm untersagt: »Ich habe nicht mit dir gelebt als literarisches Material, ich verbiete es, daß du über mich schreibst.« (*Montauk*; VI, 686)

Es stellt sich die Frage des Autobiographischen als Entblößung. Vor allem für die Romane wird sie relevant. Hier allerdings weiß sich Max Frisch geschützt durch die Fiktion. »Autobiographisch ist eigentlich das Klima, aber nicht die Aktionen, nicht die Personen.«[6] Dies sagt er im Blick auf den *Stiller* und auf seine erste Ehe. Ein weiteres Problem des Autobiographischen wird unabweisbar, wenn denn Aufgabe der Literatur oder Antrieb zum Schreiben ist, dem Vergänglichen Dauer zu verleihen. Das vergängliche Leben wird offensichtlich nur literarisiert als dauerhaftes erfahren. Erst da, wo es zur Literatur geworden ist, hat das Leben Beständigkeit. Aber auch nur das, was zu Literatur geworden ist, erhält Beständigkeit. Eine Einsicht, die den späten Max Frisch erschreckt. »Ich habe mir mein Leben verschwiegen. Ich habe irgendeine Öffentlichkeit bedient mit Geschichten. Ich habe mich in diesen Geschichten entblößt, ich weiß, bis zur Unkenntlichkeit. Ich lebe nicht mit der eigenen Geschichte, nur mit Teilen davon, die ich habe literarisieren können.« (*Montauk*; VI, 720) Diese erschreckte Feststellung zeugt noch von dem Bewußtsein, daß Leben nur als literarisiertes, d. h. als ein in Geschichten sich manifestierendes, erkennbar wird. Dies gilt nicht nur für den Schriftsteller. »Jeder Mensch erfindet sich eine Geschichte,

die er dann, oft unter gewaltigen Opfern, für sein Leben hält, oder eine
Reihe von Geschichten, die sich mit Ortsnamen und Daten durchaus
belegen lassen, so daß an ihrer Wirklichkeit nicht zu zweifeln ist. Nur
der Schriftsteller glaubt nicht daran.« (*Unsere Gier nach Geschichten*; IV,
263) Der Schriftsteller Max Frisch glaubt nicht daran, weil er weiß, daß
sich das Leben aus Zufälligkeiten zusammensetzt. Zufälligkeit aber ist
ohne Sinnzusammenhang. Erst die – nachträgliche – Geschichte mit
Anfang und Ende gibt dem Zufälligen einen Sinn. Unsere Gier nach
Geschichten. Max Frischs Romane sind voll von Geschichten, vor allem
der *Stiller* und der *Gantenbein*. Das sind nicht Novellen, die ein Ereignis
ins hellste Licht stellen und im größeren Textzusammenhang struktur-
bildend sein sollen, es sind Geschichten, die dem Zufälligen Halt geben
sollen.

Warum ich schreibe? Hinzu kommt »ein Bedürfnis nach Selbsterkenntnis, nach Selbsterfahrung; sagen wir: ein autistisches Element«[7]. Solche Selbsterkenntnis darf nicht zur Mitteilung des Privaten
führen. Das Tagebuch könnte dieser Gefahr erliegen, hängt doch der
unmittelbare Anstoß, der zur Niederschrift des Tagebuchs führt, »in
jedem Fall mit einer existentiellen Selbstbestimmung des Schriftstellers« zusammen.[8] Das literarische Tagebuch aber ist sich trotz des subjektiven Standpunkts seiner Fiktionalität bewußt. Diese enthebt es auch
des aktuellen diarischen Charakters. Das *Tagebuch 1946–1949* ist Max
Frisch zwar ein »Logbuch der Zeitereignisse«, es ist aber zugleich
mehr, weil es »die Wirklichkeit nicht nur in den Fakten sucht, sondern
gleichwertig in Fiktionen«.[9] Das Tagebuch als literarisches rettet sich
vor der privaten Mitteilung und der Chronographie in die Wahrheit der
Fiktion. Das ist bei den Romanen schon aufgrund der literarischen Gattung anders. Die Fiktion ist vorgegeben, auch wenn *Stiller*, *Homo faber*
und *Gantenbein* das privat Chronographische nicht verleugnen. Nicht
nur, daß Anatol Stiller seine Schweizer Herkunft zu verabschieden
sucht; nicht nur, daß Walter Faber allein Hanna zuliebe ins Café Odéon
geht; nicht nur, daß Theo Gantenbein das 11-Uhr-Geläute in Zürich
stört. Ich-Geschichten sind sie allemal (auch der frühe Roman *Jürg Rein-
hart*, auch die späte Erzählung *Der Mensch erscheint im Holozän*), aber Ich-
Geschichten, die das Ich, das Max Frisch heißt, vergessen lassen. Denn
wenn Anatol Stiller sich eine neue Identität erfindet, wenn Walter Faber die Projektion eines Homo technicus erstellt, den dann doch das
mythische Geschick einholt, wenn Theo Gantenbein als sehender Blinder Gott spielen will, werden diese Geschichten zu Geschichten allzu
menschlicher Selbsterkenntnis. Schon die symbolisch anspielenden

Namen sprechen dafür, mehr noch die ihre Träger bewegenden Fragen nach Identitätssuche, Lebensentwurf und Herrschaftsanspruch. Solche Transkription ins allzu Menschliche, ist sie nicht Ausdruck eines Rückzugs aus gesellschaftlicher Verantwortung? Max Frisch gibt im *Gantenbein* eine Antwort. »Manchmal scheint auch mir, daß jedes Buch, so es sich nicht befaßt mit der Verhinderung des Krieges, mit der Schaffung einer besseren Gesellschaft und so weiter, sinnlos ist, müßig, unverantwortlich, langweilig, nicht wert, daß man es liest, unstatthaft. Es ist nicht die Zeit für Ich-Geschichten. Und doch vollzieht sich das menschliche Leben oder verfehlt sich am einzelnen Ich, nirgends sonst.« (V, 68) Es vollzieht sich oder verfehlt sich. Max Frisch zeigt solche Verfehlungen. Es bleiben die resignativ verklärenden Schlüsse: »Stiller blieb in Glion und lebte allein« (III, 780); »Auf der Welt sein: im Licht sein. Irgendwo (wie der Alte neulich in Korinth) Esel treiben, unser Beruf!« (*Homo faber*; IV, 199); »Gegenwart, und wir sitzen an einem Tisch im Schatten und essen Brot, bis der Fisch geröstet ist, ich greife mit der Hand um die Flasche, prüfend, ob der Wein (Verdicchio) auch kalt sei, Durst, dann Hunger, Leben gefällt mir –« (*Gantenbein*; V, 320).

Warum ich schreibe: aus Spieltrieb, aus dem Drang, die Zeitlichkeit aufzuheben, aus dem Bedürfnis nach Selbsterfahrung. Ein Letztes kommt hinzu: das Bedürfnis nach Kommunikation. Es ist nicht der Anlaß, stellt sich aber in dem Moment ein, in dem der Schriftsteller erfährt, daß er offenbar mit seinen Ich-Geschichten nicht nur die eigenen, sondern auch die Nöte anderer beschreibt. Erst durch diese Erfahrung wird die Kommunikation zu einem Bedürfnis, das zum Schreiben führt.

Littérature engagée und poésie pure

Im November 1947 lernte Max Frisch Bert Brecht in Zürich kennen. Brecht gab ihm das *Kleine Organon für das Theater des wissenschaftlichen Zeitalters* zur Korrektur. Immer wieder, vor allem in den beiden *Tagebüchern* und in fast allen Interviews, erinnert sich Max Frisch dieser Begegnung als einer entscheidenden in seinem Leben. Sie mag dazu beigetragen haben, daß der Architekt (Max Frisch baute damals das Schwimmbad Zürich Letzigraben) zum Schriftsteller wurde.[10]

1948 erschien Jean-Paul Sartres großer Essay *Qu'est-ce que la littérature?* Zusammengefaßt und fortgeführt wurde hier eine Diskussion, die sich am Begriff der littérature engagée entzündet hatte. Sartre wendet sich gegen die Vorstellung, das poetische Wort sei wie ein Zephir, nur leicht über die Dinge hinsäuselnd, ohne sie zu entstellen. Er wehrt sich gegen die Auffassung vom nur beschreibenden und darstellenden Charakter der Literatur, um gegen diese seine provozierende These zu formulieren: »Parler c'est agir.«[11] Das heißt: Jedes Ding, das man benennt, ist schon nicht mehr ganz dasselbe, das es zuvor war; es hat seine Unschuld verloren. Sobald das Benannte an die Öffentlichkeit tritt, beginnt es, anders als zuvor zu existieren. Sprechen ist Handeln, indem es benennt. Indem es aber benennt, enthüllt es, macht es erkennbar. Sartre wählt ein Beispiel: Wenn man das Benehmen eines Menschen benennt, hat man es offenbart. Er weiß sich, indem er sich selber sieht, auch vom anderen gesehen. Sprechen ist Handeln, indem es benennend enthüllt und damit öffentlich macht, was möglicherweise als Privates verdeckt bleiben könnte. Damit bekommt das Benannte eine neue Dimension. Etwas Flüchtiges, Vergängliches wird, indem es benannt wird, zu einem von anderen Erfahrbaren; es beginnt, wie Sartre sagt, »gewaltig zu existieren«.

Solcher Öffentlichkeit des »gewaltig« Existierenden im Wort ist sich Max Frisch durchaus bewußt. Kein Autor, wenn er einmal das Bedürfnis nach Kommunikation gespürt hat, wird sich des Anspruchs des »parler c'est agir« verweigern können. Es ist nur die Frage, wie er ihn verwirklichen kann.

Am 17. Dezember 1966 erhielt Emil Staiger den Literaturpreis der Stadt Zürich. In seiner Festrede mit dem Titel *Literatur und Öffentlichkeit* erörtert er die Frage des Verhältnisses von Ästhetik und Ethik. Die Rede löste heftige Kontroversen aus. Vor allem deshalb, weil Staiger eine »über die ganze westliche Welt verbreitete Legion von Dichtern« verdächtigte, »im Scheußlichen und Gemeinen zu wühlen«, in der »Kloake«, bevölkert von Zuhältern, Dirnen und Säufern, »ein Bild der wahren Welt« vorzustellen, kurzum ein Bild des Nihilismus und der Abgründigkeit zu beschreiben, das sich nur im Wohlstand gesättigte Schriftsteller leisten könnten.[12] Dagegen erhob Staiger – unter ausdrücklicher Berufung auf Schillers *Ästhetische Briefe* – die alte Forderung nach einer ästhetischen Ethik, deren Aufgabe es sei, die Heiterkeit des Schönen als höchste Form der Menschlichkeit zu propagieren. Max Frisch reagierte als Betroffener, auch wenn er sich nicht zu der Legion westlicher Dichter zählen mußte, die dem Nihilismus das Wort reden. In einer polemischen Antwort, die die Enttäuschung über die Rede des Freundes nicht verhehlt, fragt er nach den Schriftstellern, die Emil Staiger meinen könnte. Brecht kann wohl nicht gemeint sein. Otto F. Walter, Peter Bichsel oder Kurt Marti? – um nur einige seiner Schweizer Schriftstellerkollegen zu nennen. Max Frisch sieht jedenfalls die Legion nicht. Hinter der vordergründigen Polemik siedeln sich Sätze an, die eine entschiedene Gegenposition zu Staigers Rede erkennen lassen. Begrüßt, so meint Max Frisch, würde diese Rede von Regierungsmännern und Erziehungsdirektoren totalitärer Staaten. »Vor allem gefiele der Gedanke, daß es Aufgabe der Literatur ist, der jeweils herrschenden Gesellschaft ein heiliges Leitbild zu dichten.«[13] Da fällt denn auch das Stichwort von den »L'Art-pour-l'Artisten«, ein Stichwort, das Max Frisch des öfteren beschäftigt.

L'art pour l'art oder littérature engagée. Für Max Frisch ist das kein Gegensatz. Ein Gegensatz wird es erst, wenn man das Programm des l'art pour l'art seines historischen Standortes beraubt. Staiger hatte zwar nicht einem überzeitlichen l'art pour l'art das Wort geredet, aber doch der Idee einer überzeitlichen Menschlichkeit als Aufgabe einer sittlich verantworteten Literatur. Wer aber verantwortet die Sittlichkeit überzeitlicher Menschlichkeit? Goethe hat nicht die Industrialisierung mit ihren Folgen verhindern können, Heidegger nicht Hitler. Auf dem Grundriß der Geistesgeschichte ist das »Ungeheuerlichste« möglich geworden. Möglich geworden ist es, weil man die Geistesgeschichte ins Überzeitliche erhoben hat – so wie Staiger es mit seiner Rede tat.

»Parler c'est agir«. Max Frisch weiß von der problematischen Wirkung des schriftstellerischen Wortes. Viele seiner Gedanken, vor allem wenn er in Gesprächen nach seinem literarischen Credo gefragt wird, kreisen um das Engagement des Schriftstellers. Beispiel ist ihm Bert Brecht, der inzwischen »die durchschlagende Wirkungslosigkeit eines Klassikers« erreicht hat. Symptom dafür eine Aufführung von Brechts *Turandot* am Schauspielhaus Zürich: »Zürich hat gejubelt; das tut keine Gesellschaft, die sich entlarvt sieht. Es war schlimm. Ein Theater-Ereignis.« (VI, 199) Wenn Stücke wie *Turandot* zu Theater-Ereignissen werden, denen die Bourgeoisie, der sie doch gelten, zujubelt, ist Skepsis angebracht. Brecht hat ohne Zweifel eine Tendenz verfolgt, eine Ideologie vertreten, die er unmittelbar umgesetzt wissen wollte. »Was hat er bewirkt an Bewußtseinsänderung in der westlichen Welt?« fragt Max Frisch. »Wir wissen, daß er heute ein Klassiker ist, als solcher konsumiert wird und im Grunde ohne jede Wirkung bleibt. Er ist ein Bestandteil des bürgerlichen Kulturbetriebes geworden. Aus diesem Beispiel müßte man schließen, das direkt politische Engagement bewirkte überhaupt nichts, selbst dann, wenn es dichterische Qualität erreicht, wie im Fall Brechts.«[14]

Der »Fall Brecht« ist für Max Frisch Anlaß, über die eigene Position
zwischen poésie pure und littérature engagée nachzudenken. Zweifel
äußert er gegenüber dem direkt politischen Engagement im Sinne des
Agitprop. Literatur hat selten direkte Wirkung. Von Theateraufführ-
ungen sind noch keine Revolutionen ausgegangen. Aber was er als
»Stückeschreiber«, wie er sich selbst bescheiden nennt, erreichen will:
den Zuschauer mit Fragen konfrontieren, auf die er selbst keine Antwort weiß, aber so konfrontieren, daß der Zuschauer ohne die Antwort
nicht mehr wird leben wollen. Das ist denn doch eine der Intentionen
Brechts. Nicht zufällig dürfte Max Frisch immer wieder auf Brechts
Kleines Organon zurückgreifen. Ist doch dort von dem »fremden Blick«
die Rede, »mit dem der große Galilei einen ins Pendeln gekommenen
Kronleuchter betrachtete. Den verwunderten diese Schwingungen, als
hätte er sie so nicht erwartet [...]. Diesen Blick, so schwierig wie produktiv, muß das Theater mit seinen Abbildungen des menschlichen Zusammenlebens provozieren.«[15] Solch fremder Blick aber wird im Theater selten durch provozierende Thesen erzeugt; er wird erzeugt durch
die Art der Darstellung. Vielleicht hat sich deshalb Max Frisch so häufige, wenn auch meist den Stücken nachträgliche Gedanken über die
rechte Darstellungsform gemacht. Er beginnt mit Zeitstücken (*Als der
Krieg zu Ende war, Nun singen sie wieder*); er versucht es mit der Parabel
(*Biedermann und die Brandstifter, Andorra*); er versucht es mit der »Dramaturgie der Permutation« (*Biographie: Ein Spiel*). Vom »Abenteuer der
Darstellung« spricht er, das »aufregender sein muß als unsere Meinungen«. Künstlerisches Versagen ist angezeigt, wenn die Meinung und
nicht die Darstellung dominiert. In diesem Zusammenhang fällt erneut
das Stichwort: »L'art pour l'art als verächtlicher Begriff bei Leuten, die
nie erfahren haben, was an Leben geleistet werden muß, um eine reine
Figur der Kunst hervorzubringen, und der Gegenbegriff: la poésie engagée, begrüßt unter der unausgesprochenen Bedingung, daß uns die
Ideen passen, denen das Engagement dient, all dies ist schon oft und mit
Scharfsinn diskutiert worden, und doch, so scheint mir, bleibt unsere
Praxis der Urteilsprechung vage und willkürlich in ihrer Mischung von
künstlerischen und moralischen Kategorien.« (*Öffentlichkeit als Partner*;
IV, 247)

Die Praxis unserer Urteilsprechung zwischen künstlerischen und
moralischen Kategorien bleibt vage, weil die Vermischung selbst, wie
Max Frisch im Zürcher Literaturstreit erkannte, unstatthaft ist. Nicht
daß Literatur sich eines ethischen Anspruchs verweigern dürfte. Aber
ihre Aufgabe ist nicht die Proklamierung einer allgemeinen Moral, die

unter dem Zugriff der Herrschenden dann doch nur zu normativer Ideologie würde. Ihre Aufgabe ist im Gegenteil die Verunsicherung solcher Nominierung, die Verunsicherung von Ideologien. »Was ist die Aufgabe der Literatur? Neben dem schon erwähnten, dem Sich-selbst-Ausdrücken, sich selbst in der Welt retten durch Darstellen, liegt die Aufgabe der Literatur – der Dichtung, wie man's früher nannte, das Wort kommt vielleicht wieder – darin, Ideologie zu verunsichern, indem sie immer wieder versucht, die sich verändernde Realität ins Bild zu bringen, zur Darstellung zu bringen; und da zeigt sich dann die Diskrepanz zwischen dem Vokabular der Ideologie und der mit ihr verbundenen Realität. Daher ist Literatur – wenn es Literatur ist, wenn sie diesen Namen verdient, und auch noch die argloseste – immer ein subversives Unternehmen.«[16]

Ein subversives Unternehmen? Daß der Kunst ein subversives Potential innewohnt, ist nicht nur Meinung Max Frischs. Herbert Marcuse begründet mit diesem Potential den unlösbaren Widerspruch, in den die Kunst zwischen Affirmation und Negation gerät.[17] Worin aber besteht die Subversivität der Literatur? Wie kann sie Verunsicherung von Ideologie leisten? Max Frisch weiß, daß wir das Arsenal der Waffen mit dem Wort nicht aus der Welt schaffen können. »Aber wir können das Arsenal der Phrasen, die man hüben und drüben zur Kriegsführung braucht, durcheinanderbringen.« (*Emigranten. Rede zur Verleihung des Georg-Büchner-Preises*; IV, 236) So bestände denn die Subversivität der Literatur in der Zerstörung der Phrase. Das ist zugleich ihre Aufgabe. Erst die Phrase nämlich, welche die politische Ideologie transportiert, macht das Arsenal der Waffen möglich. Max Frisch erweist sich als Aufklärer, der der Verunsicherung des ideologiebefrachteten Wortes die Kraft zutraut, Kriege zu verhindern. Auch damit steht er nicht allein. In ihren Frankfurter Poetik-Vorlesungen kommt Christa Wolf zu der Einsicht, daß dem Krieg der Waffen immer der Krieg der Worte vorhergeht. Welchen genuineren Auftrag könnte ein Schriftsteller haben als den, diesen Krieg der Worte zu stören? Mit Worten kann erst Krieg geführt werden, wenn sie ideologisch besetzt und zu Phrasen geworden sind. Dagegen setzt Christa Wolf – auch im Blick auf Max Frisch – das »lebendige« Wort, das schon deshalb subsersiv genannt werden kann, weil es »unbekümmert«, »eindringlich im Wortsinn« ist und nicht danach fragt, »ob es sein Ziel erreicht«.[18] Angesichts dieser Aufgabe des Schriftstellers, der »heutigen Nekrophilie, die sich in Stahl, Glas, Beton manifestiert«, das lebendige Wort entgegenzustellen, wird der Gegensatz von littérature engagée und poésie pure hinfällig. Jede Literatur, auch die der Ich-Geschichten, ist engagierte Literatur, wenn sie – eingedenk des Satzes »parler c'est agir« – der Darstellung verpflichtet bleibt.

Der Schriftsteller und die Gesellschaft

1958 erhielt Max Frisch den Georg Büchner-Preis. Seine Dankesrede mit dem Titel *Emigranten* nutzt er, um seinen Standpunkt als politischer Schriftsteller zu definieren. Mit Georg Büchner, dem Emigranten, dem Verfassser des *Hessischen Landboten* und des *Woyzeck*, verbindet ihn ein Gefühl der Heimatlosigkeit, ein »Gefühl der Fremde schlechthin«. Dieses Gefühl der Fremde entsteht aus der geistigen Not des einzelnen angesichts der Fronten, die nicht nur mit Waffen errichtet werden. Es sind die Fronten der Unwahrheit und Unmenschlichkeit, die dadurch entstehen, daß Unwahrheit und Unmenschlichkeit verschwiegen werden. Mit Büchner verbindet ihn das Anschreiben gegen diese Fronten, »die Wahrhaftigkeit der Darstellung, und wäre es nur eine übliche oder ausgefallene Ehe, was da zur Darstellung gelangt«. Mit Büchner verbindet ihn schließlich »ein individuelles Engagement an die Wahrhaftigkeit, der Versuch, Kunst zu machen, die nicht national und nicht international, sondern mehr ist, nämlich ein immer wieder zu leistender Bann gegen die Abstraktion, gegen die Ideologie und ihre tödlichen Fronten, die nicht bekämpft werden können mit dem Todesmut des einzelnen; sie können nur zersetzt werden durch die Arbeit jedes einzelnen an seinem Ort.« (IV, 240 ff.)

Das individuelle Engagement an die Wahrhaftigkeit könnte wiederum als Rückzug aus der Verantwortung des Schriftstellers für die Gesellschaft verstanden werden. Aber war nach dem Scheitern des *Hessischen Landboten* Büchners Rückzug in die Dichtung, gar in die Komödie des Reiches Popo, ein Rückzug aus der Verantwortung des Schriftstellers für die Gesellschaft? Max Frisch sieht es anders. Gerade das Scheitern des *Hessischen Landboten* kann deutlich machen, wo die Verantwortung des Schriftstellers für die Gesellschaft liegt: in der Arbeit an seinem Ort. Der Ort des Schriftstellers aber ist die Sprache, die gestaltete Sprache, nicht das politische Manifest. Die Vision des *Woyzeck*-Fragments ist kein Dispens von der Politik, sie weist Büchner immer noch als politischen Schriftsteller aus, indem er Stellung nimmt auf die dem Dichter zukommende Weise: in der Darstellung.

Visionen wie die des *Woyzeck* entstehen nicht aus Rückzug. Sie entstehen aufgrund kritischer Zeitgenossenschaft. Ohne diese ist das kritische Engagement des Schriftstellers mit der Sprache nicht möglich. 1945 schon – Max Frisch war als Schweizer außenstehender Zeitgenosse der Diktatur des Nationalsozialismus und des Zweiten Weltkrieges gewesen – weiß er sich auf der Seite derjenigen Schriftsteller, für die er in Büchner ein Vorbild sieht. »Wer heutzutage schreibt und zu den Ereignisse schweigt, die uns zur Kenntnis kommen, ob wir es mögen oder nicht, und die uns manches liebe Vertrauen rauben, am Ende gibt natürlich auch er eine deutliche und entschiedene Antwort dazu – er begegnet ihnen nicht mit Verwünschungen, nicht mit Urteilen eines Richters, sondern mit Arbeit, mit seinem persönlichen Versuch, das Vorhandensein einer andern Welt darzustellen, ihre Dauer aufzuzeigen; er äußert sich zum Zeitereignis, indem er es nicht, wie man oft allzu leichthin von ihm fordert, als das einzig Wirkliche annimmt, sondern im Gegenteil: indem er ihm alles andere, was Leben heißt und auch noch Wirklichkeit hat, entgegenstellt.« (*Über Zeitereignis und Dichtung*; II, 285) Wenn die Literatur Gegenwelten entwirft, sind es doch keine Gegenwelten des Elfenbeinturms, auch keine pure Negation, es sind Gegenwelten, die ihr objektives Korrelat in der Wirklichkeit der Zeitereignisse haben. Dies gilt auch dann noch, wenn diese Gegenwelten nur als negative Utopie des Dargestellten erscheinen.

Freilich: eines ist die Zeitgenossenschaft, das andere die Schriftstellerei. Das eine aber schließt das andere nicht aus. Im Gegenteil: es bedingt sich gegenseitig. Aus der Mißachtung dieser Gegenseitigkeit resultiert wohl Max Frischs Zerwürfnis mit der *Neuen Zürcher Zeitung*. Unterscheidet sie doch allzu auffällig, wenn auch mit kompetenten Redakteuren besetzt, die Sparten des Politischen und des Kulturellen. Und nicht nur, weil das genus des Essay im Feuilleton ein anderes als das der politischen Reportage ist. Hans Bänziger formuliert es zugespitzt: Die *Neue Zürcher Zeitung* »hat fast in jeder Sparte, in der es auf Gesinnung ankommt, also vor allem im innen-, außenpolitischen und kulturellen Teil, ihre spezielle Gesinnung«[19]. Das führt genau zu der Trennung, die es ermöglicht, Max Frisch im Feuilleton zu ehren, ihn aber als kritischen Staatsbürger in gesellschaftlichen Fragen seines Landes nicht mitreden zu lassen. Auch wenn Max Frisch die Verantwortung des Schriftstellers, die aus der Zeitgenossenschaft resultiert, in der Darstellung anderer Welten verwirklicht sieht, will er es doch nicht unterlassen, als Zeitgenosse unmittelbar und unabhängig von der Schriftstellerei Stellung zu nehmen. In seinen essayistischen Arbeiten ist eine langsame, aber beständig zunehmende Aktualisierung hinsichtlich des politischen Tagesgeschehens festzustellen. Anfang der 50er Jahre überwiegen die literarischen Essays und jene, die das Verhältnis des Schriftstellers zur Gesellschaft grundsätzlich zu bestimmen suchen. Die Rede zur Eröffnung der Frankfurter Buchmesse am 24. September 1958, *Öffentlichkeit als Partner*, bedeutet einen vorläufigen Abschluß, auch wenn später noch, etwa in der *Schiller-Preis-Rede* 1965, Positionen der eigenen schriftstellerischen Arbeit beschrieben werden. Mit Beginn der 60er Jahre nehmen die aktuellen politischen Essays zu, bis hin zum *Offenen Brief an den Schweizerischen Bundesrat* über die Asyl-Politik seines Landes. Bei allem Wandel, eine Konstante gibt es: Es ist die Auseinandersetzung mit seinem Heimatland, der Schweiz, die keine Heimat für ihn ist.

Max Frisch und die Schweiz

»Außer Zweifel steht das Bedürfnis nach Heimat, und obschon ich nicht ohne weiteres definieren kann, was ich als Heimat empfinde, so darf ich ohne Zögern sagen: Ich habe eine Heimat, ich bin nicht heimatlos, ich bin froh, Heimat zu haben – aber kann ich sagen, es sei die Schweiz? (*Die Schweiz als Heimat?* VI, 514)

Der Zweifel, die Schweiz als Heimat anzuerkennen, gründet in zwei Erfahrungen, einer sehr persönlichen und einer grundsätzlichen. Die persönliche: Als Max Frisch 1936 eine Studentin aus Berlin, eine Jüdin, heiraten wollte und im Stadthaus Zürich die erforderlichen Papiere abholte, erhielt er unverlangt einen amtlichen Arier-Ausweis. Max Frischs Kommentar dreißig Jahre später: »Die Schweiz war nicht von Hitler besetzt; sie war, was sie heute ist: unabhängig, neutral, frei usw.« (*Tagebuch 1966–1971*; VI, 163) Es ist nicht allein die Erfahrung der Anpassung, es ist die Erfahrung der Diskrepanz zwischen propagierter Wirklichkeit und politisch gelebter, die Max Frisch zu dem lakonisch-bitteren Kommentar veranlaßt. Die grundsätzliche Erfahrung hängt mit seinem Schriftsteller-Ethos zusammen. Es ist das Ethos der Gegenwelten, der Utopie. Die Schweiz aber »ist ein Land ohne Utopie« (IV, 258).

Eine konkrete Utopie für die Schweiz hatte Max Frisch zusammen mit Lucius Burckhardt und Markus Kutter 1954 entworfen: die Utopie einer Stadt. Was lag näher für einen Architekten, der sich erst wenige Jahre zuvor für die Schriftstellerei entschieden hatte, der Schweiz eine städtebauliche Utopie zu entwerfen. Immerhin wäre auf einem begrenzten Feld, dem der »müden Sanierung« und des Verkehrsproblems

die Chance gegeben, eine Idee zu verwirklichen. Denn daran krankt die
Schweiz des Jahres 1954: Sie ist unfähig zu richtungsweisenden Ideen,
sie ist erstarrt in der Perfektionierung des Überkommenen. Max Frisch
erinnert an ihre Gründung und an die Landesausstellung des Jahres
1939. Die Schweiz ist aus der Idee der Freiheit und der Demokratie
hervorgegangen. Die Landesausstellung von 1939 war ein Manifest dieser Ideen gegen den Faschismus in Europa. Und 1954: »unsere Frage:
Hat die Schweiz, die heutige, eine Idee? Und wenn sie eine hat, wo
finden wir die verbindliche Manifestation dieser Idee?« (*Achtung: Die
Schweiz*; III, 297) Es mußte nicht die Verwirklichung des städtebau-
lichen Plans sein. Es sollte vor allem ein Aufruf sein, sich an die Tradition zu erinnern: »die Schweiz als eine Aufgabe«.

Die konkrete Utopie für die Schweiz ließ sich nicht verwirklichen.
Aber nicht das allein bringt Max Frisch zu seiner Distanz gegenüber der
Schweiz. »Die Schweizer haben Angst vor allem Neuen«, sagt er in
seiner Festrede zum Nationalfeiertag am 1. August 1957. Angst vor al-
lem Neuen: Es ist die Angst vor einer nicht kalkulierbaren Zukunft, die
Angst, sich einer Idee anzuvertrauen, selbst wenn sie scheitern sollte.
Diese Angst führt zur Bestätigung des erreichten Zustandes. Die
Schweiz begreift sich »als etwas Gewordenes, nicht als etwas Werden-
des« (*Überfremdung*; V, 391 f.).

Wer sich so begreift, ist für Max Frisch in bürgerlicher Ideologie erstarrt. »Bürgerlichkeit bedeutet für ihn Enge und Festgelegtsein, Verzicht auf Werden und schöpferische Bewegung.«[20] So wird die Schweiz
nicht nur zu einem Land ohne Utopie, sie ist ein Land der Mentalität
bürgerlicher Gesellschaft. Solche Mentalität beengt und schließt ein.
Von hierher wird ein Grundthema im literarischen Werk von Max
Frisch verständlich: das Thema des Ausbruchs. Verständlich wird
auch die Fehleinschätzung seines *Graf Öderland*, das er »das stärkste«,
das ihm »liebste« seiner Stücke nennt. *Graf Öderland* ist ihm das stärkste,
weil es in der Kritik an der bürgerlichen Gesellschaft radikal ist, weil es
»die Selbstzerstörung dieser Gesellschaft vorführt, ohne jede Hoffnung
für diese Gesellschaft, die dargestellt wird als eine Ordnung, die sich
selber sterilisiert, so daß die Vitalkräfte nur noch ins Kriminelle, ins
Faschistische oder in die Gewalt ausarten können«[21]. Aber *Graf Öderland* kann nur deshalb so radikal sein, weil es ein Theaterstück und nicht
ein Stück Leben ist.

Noch einmal, im Jahre 1989, greift Max Frisch eine konkrete Utopie
für die Schweiz auf: eine Schweiz ohne Armee. Bei der Volksabstim-
mung am 26. November 1989 votierten 35,6 % der Abstimmenden (bei

einer Stimmbeteiligung von 68,6%) für die Abschaffung der Armee. Max Frisch stellt die Frage der Abschaffung der Armee in einen größeren Zusammenhang. Die Frage ergab sich erst aus der Auflösung der sich feindlich gegenüberstehenden Blöcke, Kapitalismus auf der einen Seite, Sozialismus auf der anderen. Die Misere des real existierenden Sozialismus wurde im vollen Ausmaß bekannt. Ist das nun der sieg des Kapitalismus? Der Sozialismus, ausgesetzt der menschlichen Natur, »also der Canaille, die der Mensch wohl sein kann«, ist gescheitert. Ist er damit als Idee gescheitert? »Die Frage an uns: Kann unsere Demokratie-Utopie, ausgesetzt der menschlichen Natur, also der Canaille, die der Mensch in der Mehrheit ist, zu etwas anderem führen als zu der real existierenden Demokratie der Lobbies, getarnt durch Folklore? – oder mit anderen Worten: Wieviel Demokratie (Volk als Souverän) ist im real existierenden Kapitalismus überhaupt möglich?«[22]

Max Frisch blieb sich als Aufklärer treu: Er stellte Fragen, ohne deren Antworten der, den sie betroffen machen, nicht wird leben wollen.

Anmerkungen

1 Max Frisch wird zitiert nach: *Gesammelte Werke in zeitlicher Folge*, hrsg. von Hans Mayer und Walter Schmitz, Frankfurt/Main 1976; (römische Ziffer = Band, arabische Ziffer = Seitenzahl).

2 Heinz Ludwig Arnold, *Gespräche mit Schriftstellern*, München 1975, S. 10.

3 Max Frisch, ›Verantwortung des Schriftstellers‹. In: *Moderna Språk* 72 (1978), S. 261.

4 Friedrich Schiller, *Über die ästhetische Erziehung des Menschen*, 15. Brief.

5 Schiller, *Über die ästhetische Erziehung des Mernschen*, 14. Brief.

6 Arnold, *Gespräche mit Schriftstellern*, S. 18.

7 Max Frisch, ›Verantwortung des Schriftstellers‹, S. 261. Vgl. *Tagebuch 1946–1949*: »Schreiben heißt: sich selber lesen« (II, 361); vgl. Max Frisch, *Dramaturgisches. Ein Briefwechsel mit Walter Höllerer*, Berlin 1969, S. 19: Ich bin »ein Egomane, ich schreibe nicht, um zu lehren, sondern um meine Verfassung auszukundschaften durch Darstellung – meine Verfassung: meinen Zweifel an was?«

8 Rolf Kieser, *Max Frisch. Das literarische Tagebuch*, Frauenfeld und Stuttgart 1975, S. 17.

9 Horst Bienek, *Werkstattgespräche mit Schriftstellern*, München[3] 1976, S. 26.

10 In einem Gespräch mit Heinz Ludwig Arnold aus dem Jahre 1972 äußert sich Max Frisch zu dieser Entscheidung: »Ich wurde so langsam 38, 39, 40, hatte auf beiden Feldern einen gewissen Erfolg und mußte nun die Entscheidung fällen, was ich nun wirklich mache. Denn es bestand natürlich die Gefahr von einem – zwar erfolgreichen – Doppeldilettantismus. Es war nicht einmal eine Frage der Kraft oder der Zeit, sondern es war einfach die Gefahr, daß man ausweicht. Man

kann es so sagen: Für einen Architekten war das, was ich literarisch lieferte, ganz großartig; das, was ich baute, war für einen Schriftsteller ganz großartig. Ich hatte Angst vor der üblen Nachrede, daß die Architekten sagen, er soll ein guter Schriftsteller sein, und die Schriftsteller sagen, er soll ein guter Architekt sein. Dann kam es zu dieser Entscheidung, weil ich den Eindruck hatte, daß ich auf dem literarischen eigener sein würde als auf dem architektonischen Gebiet.«

11 Jean-Paul Sartre, *Qu'est-ce que la littérature*, Paris 1948, S. 29.

12 *Sprache im technischen Zeitalter*, 1967, S. 94f.

13 *Sprache im technischen Zeitalter*, 1967, S., 108. Max Frischs Antwort auf Emil Staiger findet sich unter dem Titel ›Endlich darf man es wieder sagen‹ auch in V, 455–464.

14 *Der Schriftsteller in unserer Zeit*, hrsg. von Peter André Bloch und Edwin Hubacher, Bern 1972, S. 18.

15 Brecht, *Kleines Organon für das Theater des wissenschaftlichen Zeitalters*, § 44.

16 Arnold, *Gespräche mit Schriftstellern*, S. 48.

17 Herbert Marcuse, *Konterrevolution und Revolte*, Frankfurt/Main 1973, S. 122.

18 Christa Wolf, *Voraussetzungen einer Erzählung: Kassandra*, Darmstadt und Neuwied *1983*, S. 124f. Christa Wolf bezieht sich unausgesprochen auf Max Frischs Rede auf der Frankfurter Dramaturgentagung 1964 ›Der Autor und das Theater‹: »Gäbe es die Literatur nicht, liefe die Welt vielleicht nicht anders, aber sie würde anders gesehen, nämlich so wie die jeweiligen Nutznießer sie gesehen haben möchten: nicht in Frage gestellt. Die Umwertung im Wort, die jede Literatur um ihrer selbst willen leistet, nämlich um der Lebendigkeit des Wortes willen, ist schon ein Beitrag, eine produktive Opposition [...] der Umbau des Vokabulars erreicht alle, die sich einer geliehenen Sprache bedienen, also auch die Politiker.« (V, 353)

19 Hans Bänziger, *Frisch und Dürrenmatt*, Tübingen *1987*, S. 38.

20 Hans Jürg Lüthi, ›Max Frisch‹. In: *Bürgerlichkeit und Unbürgerlichkeit in der Literatur der Deutschen Schweiz*, hrsg. von Werner Kohlschmidt, Bern und München 1978, S. 181.

21 *Der Schriftsteller in unserer Zeit*, S. 26f.

22 Max Frisch, *Schweiz als Heimat?*, hrsg. von Walter Obschlager, Frankfurt/Main 1990, S. 544.

Das dichterische Selbstverständnis
und seine Entwicklung
bei Günter Grass

Am Anfang von Grass' »dichterischem Selbstverständnis« steht der bereits in der Kindheit aufgekommene »vitale und vulgäre Wunsch, Künstler werden zu wollen, der nicht differenziert, der nur eins im Sinn hat: mit den Händen etwas zu tun«[1]. Von Anfang an bezieht sich dieses Selbstverständnis auf seine Doppelbegabung, die vom ersten Gedichtband *Vorzüge der Windhühner* (1956) bis zur jüngsten Veröffentlichung *Totes Holz* (1990) auch seine literarischen Werke prägt. Während schon der Dreizehnjährige den festen Berufswunsch hat, Maler, Bildhauer oder Bühnenbildner zu werden, weil dies gleichzeitig seiner Neigung zum Theater entgegenkommt[2], bemüht er sich zur selben Zeit um die »Anerkennung« seiner zweiten »Mitgift«, seines »rigorosen Schreibtalent[s]«, des ebenso selbstverständlichen, ja für ihn »notwendig[en]« Drangs zu schreiben: Er beteiligt sich an »einem Erzählwettbewerb der Hitlerjugendzeitschrift ›Hilf mit!‹«, mit seinem ersten größeren literarischen Werk, einem – der aktuellen Rassenpolitik in Danzig-Westpreußen natürlich völlig konträren – melodramatischen Fragment über die Kämpfe der slawischen Kaschuben gegen Polen und Brandenburg. (IX, 772 f.)

Die in kleinbürgerlichem Sinne kunstliebende Mutter mit Opernabonnement und Buchclubmitgliedschaft fördert die künstlerischen Ambitionen ihres Sohnes, was später in der *Blechtrommel* bei Oskars Geburt zur symbolischen Trommelverheißung der Mutter wird, diametral entgegengesetzt ›des Lebens ernstem Führen‹ hinter der väterlichen Ladenkasse.

Der Krieg unterbricht die künstlerischen wie die literarischen Versuche. Der Fünfzehnjährige wird mit seinen Klassenkameraden Flakhelfer mit höchst unregelmäßigem Schulunterricht; es folgt 1944 mit 16 Jahren die Einberufung zur Wehrmacht, mit 17 Einsatz an der Ostfront, Verwundung, Lazarett, amerikanische Kriegsgefangenschaft. Im Zuge der Umerziehung wird er fassungslos und ungläubig mit den Greueln der Konzentrations- und Vernichtungslager konfrontiert; erst das Geständnis seines ehemaligen obersten HJ-Führers Baldur von Schirach in den Nürnberger Prozessen durchbricht seinen Abwehrmechanismus: »Niemals würden Deutsche so etwas tun.«[3] Noch in der Frankfurter Poetikvorlesung *Schreiben nach Auschwitz* am 25. Februar 1990 bekennt sich Grass zu der Scham, den dummen und dumpfen Lügen der Nazis so fanatisch geglaubt zu haben. Mit 14 Jahren hatte er seinen katholischen Glauben verloren, mit 18 Jahren erlebt er jetzt den Zusammenbruch eines zweiten, das totum der Welt erklärenden ideologischen Systems – die gelegentlich von Kritikern ideologisch genannte Ideologiefeindlichkeit des Grass'schen Gesamtwerks hat in diesem Erlebnis ihre Wurzeln.

Nach einer kurzen Tätigkeit als Hilfsarbeiter im Kali-Bergbau entschließt sich der Neunzehnjährige im tiefsten Chaos des zweiten Nachkriegsjahrs, den Wunsch nach einer künstlerischen Ausbildung in die Tat umzusetzen und an die Kunstakademie Düsseldorf zu gehen. Nach einer zweijährigen Steinmetzlehre beginnt er das Studium der Bildhauerei und der Graphik. Die Düsseldorfer Jahre werden für Grass zu einer Phase der extensivsten und intensivsten Weltaneignung. Die verbotene entartete Kunst, die verbrannten oder unterdrückten Bücher, die verfemte ›Niggermusik‹ – zu all dem stehen jetzt die Türen weit offen. Grass liest, zeichnet und modelliert wie besessen. Anfangs wohnt er in einem katholischen Lehrlingsheim; in Gesprächen und einem noch in Berlin fortgesetzten Briefwechsel mit den betreuenden Franziskanerpatres kommt es zu einer neuerlichen, stärker intellektuell geprägten Auseinandersetzung mit dem Christentum, die seinem späteren Werk nicht nur eine Fülle biblischer und christlicher Motive zuwachsen läßt, sondern der Grass auch sein spezifisches Welt- und Menschenbild vom gefallenen Menschen in einer chaotischen Welt verdankt.[4] Hierin ist die von Grass selbst betonte Prädisposition für Camus' Existentialismus begründet: »Ich las den *Mythos von Sisyphos* Anfang der fünfziger Jahre. Doch vorher schon, ohne Kenntnis des sogenannten Absurden, dumm wie mich der Krieg entlassen hatte, war ich, der Zwanzigjährige, mit allen Seinsfragen und also mit dem Existentialismus auf Du.« (*Kopfgeburten oder Die Deutschen sterben aus*; VI, 212) Die Camus-Lektüre bewirkte, daß ihm »der Begriff des Absurden zur Person wurde«, zum »heiteren Steinwälzer« Sisyphos (ebd.), der im Akt des Wälzens eines ewig nicht zur Ruhe kommenden Steins dem Chaos kurzfristig vergängliche Perspektiven einzeichnet.

Nach der Zeit im Lehrlingsheim geht Grass mit Freunden aus der Akademie Wohn- und Ateliergemeinschaften ein und wird Mitglied einer Jazzband, in der er am Waschbrett sitzt. Theater – es ist die bedeutende Ära Gründgens in Düsseldorf – und Ballett faszinieren ihn ebenso wie das Kino. Monatelange Autostopreisen führen ihn 1951 nach Italien und 1952 nach Frankreich.

Der kreative »Nachkriegsrausch«[5] beschränkte sich bei Grass aber nicht nur auf Bildhauerei, Zeichnen, Jazz, Spiritual und Folk, sondern erstreckte sich auch aufs Dichten. Was er lesend in sich hineinschlingt, Arp, Baudelaire, Trakl, Apollinaire, Lorca, Rilke, Ringelnatz, van Hoddis usw. usw., setzt er in eigene Gedichte um – »Sprache hatte mich als Durchfall erwischt«(IX, 626). Einiges ist aus dieser rezeptiv-produktiven Aneignung der Moderne noch in Grass' privatem Archiv vorhanden; veröffentlicht wurden aus der Düsseldorfer Zeit nur ein Gedicht aus dem Komplex *Der Säulenheilige* (I, 240)[6] und eventuell noch *Lilien aus Schlaf* (I, 241), dessen üppige, von Grass später immer wieder explizit abgelehnte Genitivmetaphorik[7] ins Frühwerk weist und das von Grass auch nicht in den ersten Gedichtband mit ausschließlich in Berlin entstandenen Texten aufgenommen wurde.

Grass hat seine frühe künstlerische Entwicklung 1972 auf eine knappe Formel gebracht: »Neugierig erprobte ich meine Möglichkeiten, begriff ich Freiheit zuallererst in der Kunst und erschrak ich, als mir Gesellschaft und Abhängigkeit von ihr bewußt wurden.« (IX, 563) »Gesellschaft und Abhängigkeit von ihr« werden auf Grass' weiterem künstlerischem Weg die »Bleigewichte«, deren schwerstes und belastendstes der Komplex ›Auschwitz‹ ist.[8] Der Wechsel von Düsseldorf nach Berlin zu Beginn des Jahres 1953 ist nicht nur durch den dort lehrenden Bildhauer Karl Hartung bedingt, dessen Schüler Grass werden wollte, sondern bedeutet auch eine Absage an die »Hauptstadt des ausbrechenden Wirtschaftswunders«[9], an eine nach Weltkrieg und Auschwitz zu schnell und besinnungslos zum materialistischen Alltagsgeschäft zurückkehrende Gesellschaft.[10]

In Berlin findet Grass neben dem weiterhin intensiv betriebenen Zeichnen und der Bildhauerei auch zum eigenen Ton in der Lyrik und der Kurzprosa. Grass hat immer wieder betont, daß seine Entwicklung hin zum bewußten *Schreiben nach Auschwitz* »zeitverschoben«[11] erfolgte, daß es sich um »phasenverschobene Entwicklungen«[12] handelte. Die erste Sammlung der in Berlin entstandenen Texte ist dafür ein exemplarisches Zeugnis; in ihr stehen Gedichte, die die Freiheit der Kunst rühmen und den »vitale[n] und vulgäre[n] Wunsch [...]: mit den Händen etwas zu tun« dokumentieren, neben ersten Auseinandersetzungen mit den »Bleigewichten« Krieg und Auschwitz und solchen, die dem existentialistischen Sichvergewissern über den eigenen Weg durch das Chaos von Leben und Welt dienen. Der Bildhauer Grass mit seinem Sinn für Proportionen hat die für den jeweiligen Komplex bezeichnendsten Gedichte an den Anfang, in die Mitte und an den Schluß des Bändchens gestellt.

Die dominierende Position nimmt dabei das Gedicht *Die Vorzüge der Windhühner* (I, 10) ein. Es gibt nicht nur dem ganzen Buch den Titel. Grass hat es zudem auch der Originalausgabe als Klappentext programmatisch vorangestellt. Zusätzlich zeigt der von Grass gestaltete Umschlag ›Windhühner‹ und einen ›Windhahn‹ – ein früher Beleg für Grass' immer wieder geübtes Verfahren, die »Wortmetapher« auf ihre Tragfähigkeit hin zu überprüfen, indem er sie »ins grafische Bild übersetzt«.[13] Es ist ein Gedicht über das Dichten: Während es selbst seinen Schlüssel mitliefert, bekennt es sich zum Recht der Dichtung, verschlüsselt zu sein. Grass hat in morgensternscher Weise aus dem ›Windei‹ ein dazu passendes Windhuhn erschlossen, das als ›Huhn aus Wind‹ zu verstehen ist, wie die ersten Zeilen zeigen. Dieser »Wind« ist zugleich das ›pneuma‹ von *Johannes* 3, 8, der Geist, der weht, wo er will, die Phantasie, die diese Hühner gezeugt hat und die fortan von ihnen verkörpert wird. Sowohl die Metaphern »eine duldsame Fläche, ganz klein beschrieben, / keine Feder vergessen, kein Apostroph...« wie »wenn die Zwischenwände umblättern, / ein neues Kapitel sich auftut« geben die »Windhühner« als Gedichte oder Dichtungen preis. Als solche sind sie der Zweckprosa des Alltags entgegengesetzt, »die der Briefträger jeden Morgen vor meiner Türe verliert«, statt dessen »verschmähen sie die harten Traumrinden nicht«. Sie sind nicht festzulegen, lassen »die Tür offen«, sind Allegorie und Schlüssel zugleich und bleiben dennoch sie selbst – ein Bild, das sein eigenes Recht behauptet und »dann und wann kräht«. Weil das alles so ist, nährt das Ich sie und ist glücklich über den Reichtum seiner Phantasie: Es muß sie nicht einmal »zählen«, »weil sie zahllos sind und sich ständig vermehren«.

Das Gedicht *Polnische Fahne* (I, 33) in der Mitte des Bändchens beschwert sich bewußt mit dem »Bleigewicht« Auschwitz. Es erscheint hier unter dem verwandten Stichwort »Warschau«, das »der Schritt hinter den Wölfen« »finden« wird. Im Spiel mit den Flaggenfarben ›Rot‹ und ›Weiß‹, die zusammen mit den korrelierenden Farben von Oskars Trommel in der *Blechtrommel* so bedeutsam werden, in ihrer Umsetzung in »Aufbegehren« einerseits und winterliche Leichenstarre andererseits, erscheint in konzentrierter und verschlüsselter Form das Schicksal Polens von den Polnischen Teilungen über das von Pilsudski bewirkte ›Wunder an der Weichsel‹ bis zu den Warschauer Aufständen von 1943 und 1944, nach denen die Stadt von den Deutschen nahezu restlos zerstört wurde.

Das Schlußgedicht des Bandes, *Blechmusik* (I, 56 f.), gestaltet unser aller Leben als Leben zum Tode, der sein Werk schon beginnt, sobald wir aus der endlosen Ruhe des vorgeburtlichen Seins »ausgestoßen« werden. Zum zeitlosen »Damals« des stillen, signallosen Schlafens und Träumens »hin und zurück« treten das punktuelle »damals« des Wekkens, das Ausgestoßen-Werden in der zweiten, das »Heute« der dritten und das »Nun« der vierten und fünften Strophe im Gegensatz: Auf Signal des Kindes und Schicksalsgenossen, auf das sinnlose des »irren Husar[s]« oder gar auf das des Todes treten wir ins Leben, und Leben in der Zeit heißt in der Vergänglichkeit, die die Bilder der Schnittblumen und des im Kaffee vergehenden Zuckers fast barock bestimmen. Das Leben wird zur Flucht, die alles kurzfristig werden läßt, wobei vor der grundsätzlichen Vergänglichkeit alles gleich lang wird: der Sekundenbruchteil, in dem sich beim Trinken der »Trichter im Bier« bildet, die Minuten, in denen wir »Frauen, die sehr wenig Zeit haben«, ausfüllen, die Jahre, in denen ein Mantel unsere vergängliche Körperform abzeichnet, die Jahrzehnte, in denen unserm Kadaver leihweise ein Grab gehört, das »andre bezahlen«. »Liebe« wird wie Wäsche in Schubladen abgelegt, selbst Öfen verweigern das altruistische Aufwärmen, und das Kommunikationsinstrument Telefon versagt und verweist uns mit dem »Zeichen Besetzt« auf uns selbst zurück. ›Versöhnung‹ liegt nur noch in der Hinnahme dieser Flüchtigkeit allen Seins.

Somit stehen schon in Grass' erster Buchveröffentlichung an herausgehobenen Stellen drei Gedichte, die bis heute gültige, wenn auch leicht modifizierte Grundpositionen seines dichterischen Selbstverständnisses gestalten: das Bekenntnis zur Kreativität, die »mit den Händen« etwas tut und dabei Überschüssiges, der empirischen Zweckwelt Überlegenes produziert, die Auseinandersetzung mit deutscher Schuld und deutschen Schulden und das Bekenntnis zum »versöhnten« Aushalten eines flüchtigen Lebens in einer chaotischen Welt. Die letzte Position bleibt bei Grass im Gesamtwerk unwandelbar dieselbe; noch im Gespräch mit Klaus Stallbaum betont er sein »Beharren darauf, daß wir es mit einem chaotischen Umfeld zu tun haben, dem man versucht, in Sisyphosarbeit Perspektiven beizubringen«[14]. Die Gestaltung der deutschen Schuld wird in späteren Werken erweitert zum generellen Aufzeigen menschlicher Schuld, der Gewalt der Männer gegen die Frauen im *Butt*, der Gewalt gegen die Dritte Welt in *Butt*, *Kopfgeburten* und *Zunge zeigen*, der Gewalt des Gastes Mensch gegen die ihn beherbergende Erde in *Die Rättin* und *Totes Holz*.

Die stärkste Modifikation hat »der vitale und vulgäre Wunsch, Künstler werden zu wollen, der nicht differenziert, der nur eins im Sinn hat: mit den Händen etwas zu tun« erfahren. Noch in den fünfziger Jahren beginnt Grass hier durchaus zu »differenzieren«. Sein frühester kunst- und dichtungstheoretischer Essay preist 1956 an der *Ballerina* eine »Kunst«, bei der »kleinliches Feilen an einer leeren Form hier und immer wieder zu gewichtloser Schönheit [...] gereicht«. (IX, 8) Diese »gewichtlose Schönheit« entspricht durchaus den »Windhühnern«, die »kaum Platz einnehmen auf ihrer Stange aus Zugluft« (I, 10) – bereits ein halbes Jahr später setzt Grass ihr den *Inhalt als Widerstand* entgegen. Der Essay ist gleichermaßen eine Absage an die reine und leere Form wie an die »Formverächter, die den ganz dicken Inhalt am Busen wärmen und nichts außer ihrer Begeisterungsfähigkeit zu Tinte werden lassen«. Er bekennt sich dagegen zu einem »Formgefühl«, das sich unter dem Diktat einer »grauen« und akkuraten Muse an »widerspenstige[n], schneckenhaft empfindliche[n], detaillierte[n]« Inhalten abarbeitet, die »auf der Straße« liegen. (IX, 16) »Ein wahrer Poet muß eine solche und unentwegt wuchernde Menge Phantasie haben, daß er auf sie nicht mehr angewiesen ist.« (IX, 20) Nur so kann die Muse für ein *Schreiben nach Auschwitz* beschaffen sein.

Unter diesem Gesichtspunkt hat Grass in seiner Frankfurter Poetikvorlesung sein Frühwerk gemustert und einige unter den Gedichten und den frühen Theaterspielen als zu leer und zu leicht befunden.[15] Er selbst zitiert und deutet als »programmatisches Gedicht« der grauen Muse *Askese*[16]; aber auch das im Gedichtband *Gleisdreieck* von 1960 folgende Gedicht gestaltet das neue Programm: *Racine läßt sein Wappen ändern* (I, 99 f.), indem er die nach der Volksetymologie seines Namens darin enthaltene Ratte streicht und nur den Schwan darüber beibehält, »jenen Teil seines Wappens, / welcher weiß ist / und der Schönheit als Kopfkissen dient«. Die Ratte »aber hört nicht auf, seinem Wappen zu fehlen. / Weiß stumm und rattenlos / wird der Schwan seinen Einsatz verschlafen –/ Racine entsagt dem Theater.« Reine Schönheit ist leer, leblos und ohne Inhalt, die Welt liegt zwischen dem Oben und dem Unten, und Aufgabe der Kunst ist es, »dem ideologischen Weiß oder Schwarz abzuschwören, dem Glauben Platzverweis zu erteilen und nur noch auf Zweifel zu setzen, der alles und selbst den Regenbogen graustichig werden ließ«[17].

Wie bewußt sich Grass diese Position in den späten fünfziger Jahren erarbeitet hat, zeigt die *Blechtrommel*, die in dieser Zeit entsteht. In Oskars künstlerischer Entwicklung spiegelt und wiederholt Günter Grass seine eigene: Von Geburt an begreift Oskar »Freiheit« von einer von ihm durchschauten und daher verachteten Welt »allein in der Kunst«; das Geschenk der Blechtrommel am dritten Geburtstag ermöglicht ihm eine Existenz im Elfenbeinturm. Sein Trommeln beginnt als reine, absolute, klassische, sich selbst genügende Kunst, wenn er von seinem »in die Aprilluft getrommelten Tempelchen« spricht. (II, 110) Das »Tempelchen« steht in Grass' Bildwelt für die reine, zeitlose und damit wirklichkeitsfremde Kunst. Im Stück *Hochwasser* beschreibt Leo eine Artistin mit Beinen »aus reinstem Porzellan«, die im Verlauf des Auftritts »zu zwei Säulen aus Eis bis zu jenem Tempelchen in der Arktis« werden. (VIII, 43 f.) Dieselbe Bildlichkeit begegnet im Ballett-Komplex der *Hundejahre*; sie entspricht der »leere[n] Form«, der »gewichtslose[n] Schönheit«, der »gültig gezeigten Schönheit« des *Ballerina*-Essays. Sie ist einerseits der Wirklichkeit elfenbeinturmhoch überlegen, ihr andererseits aber schutzlos ausgeliefert. Oskars »Tempelchen« bringen »hundert teppichklopfende Weiber [...] mit wenigen Schlägen zum Einsturz« (II, 110), hinter der Bühne fällt die Ballerina »gleich einem Kartenhaus, das plötzlich der Zugluft ausgesetzt wird, in sich zusammen« (IX, 11). Auf einer nächsten Stufe reift Oskars Kunst zu einem rein ästhetisch begründeten Protest gegen die falsche Symmetrie der Tribünen, die Uniformen auf ihnen und die üble »Landsknechtpaukerei« (II, 137) der Musikzüge. Später vollzieht er sogar den Schritt vom Ästhetischen zum Ästhetizismus, wie ihn Silke Jendrowiak beschrieben hat: »Ästhetizismus [...] beinhaltet eine amoralische Komponente (im Sinne der Mißachtung gesellschaftlicher Moralvorstellungen), die dem ›Ästheten‹ nicht wesensimmanent ist.«[18] Dieser Ästhetizismus wird deutlich an der Skrupellosigkeit, mit der er sich nach dem Tod seiner armen Mama seine Trommeln verschafft, vor allem aber in seinem Anschluß an Bebras Fronttheater: Um sich und seine Trommlerexistenz in diesen Zeiten zu bewahren, läßt er sein Trommeln und sein Glaszersingen zum blödelnden Klamauk vor Frontsoldaten verkommen und zur ästhetisch verblasenen Barbarei vor den höheren Chargen. Oskars Biographie als Künstler entspricht genau der Karriere Eddi Amsels in den *Hundejahren* vom Erbauer von Nazischeuchen aus ästhetischen Gründen zum Leiter eines »KdF«-Balletts – nicht zufällig taucht Bebra mit den Resten seines Fronttheaters in Amsels Umgebung wieder auf. Grass hat für sich selbst als »Kopfgeburt« eine ähnliche Entwicklung beschrieben: Zehn Jahre früher geboren, wären auch ihm solche Verstrickungen nicht erspart geblieben, hätte er Nazibewegung und Krieg mit Gereimtem und Hymnischem begleitet, wären ihm, »verwickelt in Partisanenerschießungen, Vergeltungsschläge und Säuberungsaktionen, als Augenzeuge unübersehbarer Juden-Deportationen«, Gedichte von »ortlose[r] Trauer«. »sogenannte ›allzeit gültige Verse‹ gelungen«. (VI, 154 f.) Verkörperung dieses ›allzeit Gültigen‹ in Oskars Biographie ist Roswitha Raguna, die Inkarnation dessen, was Gottfried Benn den ›ligurischen Komplex‹ genannt hat; mit »Mittelmeeraugen« und einem »Mittelmeermund«, aus dem eine »Mittelmeerstimme« erönt (II, 205, 206, 393), besitzt sie die zeitaufhebende Kraft, die der ›wahren Kunst‹ gemäß dieser Ästhetik innewohnt, ist sie die »blutjunge uralte«, die »zeitlose« Schönheit (II, 205, 403). Ihrem Schicksal entspricht exakt das der für die »gültig gezeigte Schönheit« stehenden Ballerina in den *Hundejahren*: Beider Kunst zerbricht an der brutalen Wirklichkeit einer Luftmine.

Während Oskar in seinem Leben den Ästhetizismus erst in der späten Phase des »Zurücktrommelns« überwindet, bricht der erzählende Oskar schon früher den Stab darüber: Im Schlußmärchen des II. Buches, beim Bericht vom Tod des Sigismund Markus in der ›Reichskristallnacht‹, heißt es bewußt: »Es war einmal ein Spielzeughändler, der hieß Markus und nahm mit sich alles Spielzeug auf dieser Welt.« (II, 247) Während Oskar sich damals noch skrupellos plündernd drei Trommeln aus Markus' Vorrat sicherte, weiß der Erzähler, was er »damals nicht glauben« wollte: »daß mit dem Ende des Spielzeughändlers jene frühe noch verhältnismäßig heitere Spielzeit ihr Ende gefunden hatte.« (II, 252) Der schreibende Oskar hat bereits 1959 zu der Position gefunden, daß eine nach den Judenpogromen und nach Auschwitz geschriebene Literatur nicht mehr spielerisch und »heiter« sein darf, sondern dem Komplex »Auschwitz« standhalten muß. Dies gelingt Oskar in seiner künstlerischen Entwicklung, wenn er auf einer weiteren Stufe »die Kunst des Zurücktrommelns« (II, 584) lernt. Es ist der bewußte Einsatz der mimetischen Funktion des Trommelns, Vergangenes vollkommen zu vergegenwärtigen, zugleich ist es die Synthese aus der reinen Kunst einerseits und der aufklärerischen Vermittlung von Wirklichkeit und der Kritik an ihr andererseits: Nur durch »floskelosestes Trommeln« (II, 46) ist die Nachgestaltung der Wirklichkeit zu erzielen. Oder wie Grass seinen eigenen Ansatz beim Schreiben der *Blechtrommel* in seiner eigenen ästhetischen Begrifflichkeit beschreibt: »Artistisches Vergnügen [...] war da und wartete auf Widerstände: gefräßigen Stoff.« (IX, 626)

Oskars Trommeln und sein den Trommelstücken nachgeschriebener
Roman dienen bewußt der Vergegenwärtigung all dessen, was alle andern vergessen und verdrängen wollen. Als Videoproduzent in der *Rättin*
(1986) blickt Oskar auf diese Phase seines Lebens zurück; in ihr begann
die aufklärerische Tätigkeit, die er nun im zeitgemäßeren Medium fort-
setzt: »Als es dann wieder aufwärts ging und die falschen Fuffziger Hoffnung auf mehr und mehr machten, habe ich [...] auf das Blech meiner
Kindheit zurückgreifen müssen. Indem ich ein überholtes Instrument
abermals belebte und auf ihm Vergangenheit beschwor, gelang es mir, so
lange Konzertsäle zu füllen, bis jedermann das Vergangene satt hatte.«
(VII, 449) Diesen Zeitpunkt möglichst lange hinauszuzögern ist Oskars
erklärte Intention beim Schreiben der *Blechtrommel*. Wenn Grass 1972 in
Aus dem Tagebuch einer Schnecke zu der Definition findet: »Ein Schriftsteller, Kinder, ist jemand, der gegen die verstreichende Zeit schreibt« (IV,
400), so beschreibt er exakt Oskars Intention, gegen eben dieses Verstrei-
chen der Zeit zu trommeln und zu schreiben. Für das, wogegen er so
ankämpft, hat Oskar einen festen Begriff: ›historisch werden‹. Oskar will
verhindern, daß »heute schon alles zur Historie erklärt« wird, »was uns
gestern noch frisch und blutig als Tat oder Untat von der Hand ging«. (II,
536) In seinem *Rückblick auf die* »*Blechtrommel*« sagt Grass das explizit:
»Vergangenheit bewältigen konnte (wollte) er nicht« (IX, 625) – eben
weil es ihm nicht darum geht, die Vergangenheit in einem Ritual zu
exorzisieren und damit zu entschärfen. Will man von der Vergangenheit
lernen, muß sie scharf, offen und gegenwärtig bleiben.

Grass' für einen Autor weltweit völlig singuläres tagespolitisches Engagement über ein Vierteljahrhundert hinweg ist ausdrücklich nicht
Bestandteil seines dichterischen Selbstverständnisses. In seiner ersten
programmatischen Rede zu diesem Komplex, *Vom mangelnden Selbstver-
trauen der schreibenden Hofnarren unter Berücksichtigung nicht vorhandener
Höfe* (IX, 153–158), heißt es 1966, die Schriftsteller, die sich politisch
engagierten, müßten »gelegentlich ihren Schreibtisch umwerfen – und
demokratischen Kleinkram betreiben. Das aber heißt: Kompromisse anstreben. Seien wir uns dessen bewußt: Das Gedicht kennt keine Kompromisse; wir aber leben von Kompromissen. Wer diese Spannung tätig
aushält, ist ein Narr und ändert die Welt.« (IX, 158) In *Aus dem Tagebuch
einer Schnecke* hat er diesen Sachverhalt weniger pathetisch an zwei Bierdeckeln demonstriert: »›Der hier ist die politische Arbeit, mache ich als
Sozialdemokrat und Bürger; der ist mein Manuskript, mein Beruf, mein
Weißnichtwas.‹ Ich ließ zwischen den Bierdeckeln Distanz wachsen,
näherte beide einander, stellte sie sich stützend gegeneinander, verdeckte

mit dem einen den anderen (dann mit dem anderen den einen) und sagte: ›Manchmal schwierig, aber es geht.‹« (IV, 542) Auch in Phasen, wo Grass' Werke sich stärker der Politik näherten, wie in der zweiten Hälfte der sechziger und in den achtziger Jahren, blieben die Bierdeckel getrennt, das Selbstverständnis des Bürgers und das des Schriftstellers Günter Grass.

Die achtziger Jahre bewirken eine entscheidende Änderung in Grass' dichterischem Selbstverständnis: Konnte er bis dahin nach aller historischen Erfahrung der Menschheit auf den langen Atem der Literatur setzen, die noch stets die Tyrannen und Zensoren, die sie erstikken wollten, überlebt hat und weiter wirkte, wenn ihre Feinde schon lange tot und vergessen waren, so kommt ihm durch die beschleunigte katastrophale Entwicklung der Welt und der Menschheit diese Zukunft nunmehr abhanden. In der programmatischen Rede *Die Vernichtung der Menschheit hat begonnen* heißt es 1982, er werde zwar, »weil ich nicht anders kann, vom Wörtermachen, vom Schreiben nicht lassen können. Doch weiß ich, daß jenes Buch, das zu schreiben ich vorhabe, nicht mehr so tun kann, als sei ihm Zukunft sicher. Der Abschied von den beschädigten Dingen, von der verletzten Kreatur, von uns und unseren Köpfen, die sich alles und auch das Ende all dessen ausgedacht haben, müßte mitgeschrieben werden.« (IX, 832)

Die seit der *Blechtrommel* gültige Definition seiner schriftstellerischen Arbeit als eines ›Schreibens gegen die verstreichende Zeit‹ behält zwar ihre Gültigkeit, ändert aber ihre Zielrichtung: Die Zeit verstreicht nun nicht mehr zur Vergangenheit hin, sondern die letzte uns vielleicht noch verbliebene Zunkunft verstreicht unaufhaltsam im Angesicht der Gefahren des atomaren Holocausts, des Elends der Dritten Welt und ihrer Überbevölkerung sowie der globalen Umweltverschmutzung. Jedem dieser Themen hat Grass eines seiner zwischen 1986 und 1990 erschienenen Werke gewidmet.

Die im zitierten Abschnitt aus der Rede erstmals angekündigte *Rättin* (1986) wird zum Wettstreit zwischen den aufklärenden und warnenden Skripts, die der als Erzähler auftretende Autor Grass »fünf Minuten vor zwölf« für den Videoproduzenten Oskar entwirft, und den an die biblische Gattung der Apokalypse angelehnten Visionen vom Untergang der Menschheit im atomaren Doppelschlag der Großmächte »fünf Minuten nach zwölf«. In ihr übernehmen die Ratten die von der untergegangenen Menschheit ruinierte Erde und tilgen auch noch die letzten menschlichen Reminiszenzen in kollektiver Solidarität, zu der der Mensch nie fähig war.

Die Calcutta-Erfahrungen eines seit dem *Butt* geplanten längeren Indienaufenthalts 1986/87 gestaltet *Zunge zeigen* (1988). Tagebuchartige Momentaufnahmen und Zeichnungen halten die Details des bedrängenden Elends und der anscheinend unauflösbaren Widersprüche Indiens fest; ein Langgedicht verknappt und intensiviert die Prosa und gibt damit zugleich Einblick in Grass' lyrische Werkstatt. Die Fürstin dieser Welt ist die indische Göttin Kali, deren Vernichtungsrausch einst beinah ihren eigenen Gatten Schiwa getroffen hätte. Die Scham hierüber ließ sie in indischer Körpersprache die Zunge zeigen. Grass hat gegen dieses immer schwärzere Chaos Welt, in dem es doch zu leben gilt, kein anderes Rezept als die immer wieder beschworene Aufgabe der Kunst, Zunge zu zeigen. Schon 1960 hieß es im Gedichtband *Gleisdreieck*: »Wer jene Fäulnis, / die lange hinter der Zahnpaste lebte, / freigeben, ausatmen will, / muß seinen Mund aufmachen.« (I, 120). Demgegenüber verstummt Grass in dem Band zum Waldsterben, *Totes Holz* (1990), fast völlig, wie ja auch schon Grass' und Oskars Film zu diesem Thema, *Grimms Wälder*, in der *Rättin* als Stummfilm gedreht werden sollte – »weil alles gesagt ist.« (VII, 110) Die schwarzen Skizzen toter Wälder in den deutschen Mittelgebirgen sind nur von einem kurzen Essay und Zitaten aus dem Behördendeutsch der offiziellen *Waldschadensberichte* begleitet – angesichts der nicht mehr abzuwendenden, der eingetretenen Katastrophe hat es Grass die Sprache verschlagen. Verstummen aber will er nicht: Grass wird den Stein des Sisyphos als Dichter wie als politisch engagierter Bürger weiter bergauf rollen.

Anmerkungen

1 ›Der vitale und vulgäre Wunsch, Künstler zu werden‹, Interview mit Klaus Stallbaum, in: *Die »Danziger Trilogie« von Günter Grass. Texte, Daten, Bilder*, hrsg. von Volker Neuhaus und Daniela Hermes Frankfurt/Main 1991, S. 11–33, hier S. 12.

2 Günter Grass, *Werkausgabe in zehn Bänden*, hrsg. v. Volker Neuhaus, Bd. X, S. 437, im folgenden im Text mit Band- und Seitennummer zitiert.

3 *Schreiben nach Auschwitz*, Frankfurt/Main 1990, S. 8.

4 Siehe dazu Volker Neuhaus, ›Das christliche Erbe bei Günter Grass‹, in: *Günter Grass. Text + Kritik*, 1/1a, hrsg. von Heinz Ludwig Arnold, München [6]1988, S. 108–119.

5 Oskars Formulierung in *Die Blechtrommel* (II, 536).

6 Von Detlef Krumme 1980 bei einer Lesung mitgeschnitten.

7 Vgl. etwa ›Der vitale und vulgäre Wunsch, Künstler zu werden‹, a. a. O., S. 14.

8 *Schreiben nach Auschwitz*, S. 18.

9 Ebd., S. 19.

10 Vgl. dazu Volker Neuhaus, ›»Das biedermeierliche Babel« – Günter Grass und Düsseldorf‹, in: *Die »Danziger Trilogie« von Günter Grass*, a. a. O., S. 133–143.

11 *Schreiben nach Auschwitz*, S. 15.

12 ›Der vitale und vulgäre Wunsch, Künstler zu werden‹, a. a. O., S. 12.

13 *Bin ich nun Schreiber oder Zeichner?* (IX, 790).

14 ›Der vitale und vulgäre Wunsch, Künstler zu werden‹, a. a. O., S. 14.

15 *Schreiben nach Auschwitz*, S. 20–22.

16 Ebd. S. 15–19; I, 98.

17 *Schreiben nach Auschwitz*, S. 18 f.

18 *Günter Grass und die ›Hybris‹ des Kleinbürgers*, Heidelberg 1979, S. 336, Anm. 46.

WOLFGANG EMMERICH

Orpheus in der DDR

Heiner Müllers Autorschaft

> »Arbeit am Verschwinden des
> Autors ist Widerstand gegen
> das Verschwinden des Menschen.«
> *Heiner Müller*

I

In dem 1977 entstandenen Stück *Hamletmaschine*, einem Monolog, der sich genaugenommen auf drei Protagonisten (Hamlet, Hamletdarsteller und Ophelia) verteilt, formulieren die Sprecher die Reflexion des Autors und Intellektuellen auf seine Autorschaft in der Dauerkrise eines nahezu vollständigen geschichtlichen Stillstands. Daß es dabei auch um den wirklichen Autor Heiner Müller geht, legen offenkundige autobiographische Bezüge sowie die gemeinsamen Initialen »HM« von Autorname und Stücktitel nahe. Im Text des 4. Bildes heißt es aus dem Munde des »Hamletdarstellers«:

> »In der Einsamkeit der Flughäfen
> Atme ich auf Ich bin
> Ein Privilegierter Mein Ekel
> Ist ein Privileg
> Beschirmt mit Mauer
> Stacheldraht Gefängnis
> *Fotografie des Autors*

Ich will nicht mehr essen trinken atmen eine Frau lieben einen Mann ein Kind ein Tier. Ich will nicht mehr sterben. Ich will nicht mehr töten.
Zerreißung der Fotografie des Autors.
Ich breche mein versiegeltes Fleisch auf. Ich will in meinen Adern wohnen, im Mark meiner Knochen, im Labyrinth meines Schädels. Ich ziehe mich zurück in meine Eingeweide. Ich nehme Platz in meiner Scheiße, meinem Blut. Irgendwo werden Leiber zerbrochen, damit ich wohnen kann in meiner Scheiße. Irgendwo werden Leiber geöffnet, damit ich allein sein kann mit meinem Blut.

Meine Gedanken sind Wunden in meinem Gehirn. Mein Gehirn ist eine Narbe.
Ich will eine Maschine sein. Arme zu greifen Beine zu gehn kein Schmerz kein
Gedanke.«(6, 96)

Diese Passage, die ihr Zentrum in der »Zerreißung der Fotografie des
Autors« hat, gehört zu den meistzitierten aus dem Werk Heiner Müllers
überhaupt. Verführerisch griffig und eindeutig präsentiert sich der
Autor als DDR-Beckett, der in der Tradition der ästhetischen Moderne
deren radikalste Zerstörungs- und Annihilierungsakte mit- und nach-
vollzieht. Nietzsches »Gott ist tot« ist schon so selbstverständlich, daß
es nicht mehr bemüht zu werden braucht. Doch die beiden anderen
inzwischen klassischen Widerrufe der (Spät-)Moderne ergehen ausdrücklich: der des autonomen, zielgerichteten, geschichtsmächtigen
Subjekts und der des Autors im Sinne selbstverantworteter Urheber-
schaft – das »Verschwinden des Autors« als Programm. Der Rest wäre
Kapitulation der Poesie, Schweigen.

Ist es so? Zumindest Gerhard Stadelmeier, der Theaterkritiker der
FAZ, möchte es so sehen:

»Der Autor sei, so Müllers poetische Theorie, eigentlich unmöglich; ihn darf es
gar nicht mehr geben. Er hat nichts mehr zu erzählen, denn Geschichte ist unmöglich geworden. Es geht ein Riß durch sie hindurch wie durchs Bild des Autors, der
vor der zerfallenen Geschichte selbst verfällt. Die Konsequenz wäre: Müller nicht
mehr spielen; Müller nicht porträtieren; Müller beim Wort nehmen.«[1]

Die Willkür des Feuilletonisten, geboren aus dem verständlichen
Wunsch, sich den Stücken Müllers nicht mehr aussetzen zu müssen,
verfehlt dessen Intention gründlich. Heiner Müller beim Wort nehmen, muß heißen: alle seine verfügbaren Äußerungen zugleich beim
Wort nehmen. In unserem Falle, der Frage von Müllers Selbstverständnis als Autor, führt dieses Verfahren nicht zu einhelligen Befunden à la Stadelmeier, sondern in nicht auflösbare Widersprüche. Weder, so wird sich zeigen, geht Heiner Müller im Klischee vom aus der
Geschichte ausgetretenen, gescheiterten und deshalb sich selbst
durchstreichenden Autorsubjekt auf, noch gleicht er dem Abziehbild
des staatstreuen, gläubigen ›Autors im Sozialismus‹ als Sozialpäd-
agoge, das das Feuilleton des Jahres 1990 von DDR-Autoren pauscha-
lierend zurechtgemacht hat. Was nottut, ist eine *Historisierung* der
Autorschaft Müllers und ihrer Reflexion im Kopf des Autors über einen
Zeitraum von immerhin vierzig Jahren. Zwei zunächst selbständige
Stränge der Begründung lassen sich dann ausmachen für die programmatische Annihilierung der Instanz des individuellen Autors. Am historischen Anfang steht nicht die schwarze Melancholie der Hamlet-

Maschine namens Heiner Müller, der sich vor sich selber ekelt, sondern der Traum eines jungen Kommunisten von der »Literatur als einer Angelegenheit des Volkes« (Kafka).

II

Obwohl bereits der Müller der späten 40er Jahre – anders als die meisten seiner Altersgenossen in der SBZ/DDR – Nietzsche, Kafka, Ernst Jünger und Benn gelesen hat, ist für ihn zunächst und bis weit in die 60er Jahre hinein zweifellos die marxistische Interpretation der Geschichte und des Menschen leitend. Mit Marx und Brecht hält er die Welt für veränderbar, und zwar mit sozialistischer Perspektive. Innerhalb dieses Programms wird dann auch Autorschaft verortet. Das geschieht z. B. in dem Text *Orpheus gepflügt* von 1958, der noch zwanzig Jahre später Müllers Rede über Postmodernismus in New York einleiten wird, und zwar ohne die geringste Veränderung.

»Orpheus der Sänger war ein Mann der nicht warten konnte. Nachdem er seine Frau verloren hatte, durch zu frühen Beischlaf nach dem Kindbett oder durch verbotnen Blick beim Aufstieg aus der Unterwelt nach ihrer Befreiung aus dem Tod durch seinen Gesang, so daß sie in den Staub zurückfiel bevor sie neu im Fleisch war, erfand er die Knabenliebe, die das Kindbett spart und dem Tod näher ist als die Liebe zu Weibern. Die Verschmähten jagten ihn: mit Waffen ihrer Leiber Ästen Steinen. Aber das Lied schont den Sänger: was er besungen hatte, konnte seine Haut nicht ritzen. Bauern, durch den Jagdlärm aufgeschreckt, rannten von ihren Pflügen weg, für die kein Platz gewesen war in seinem Lied. So war sein Platz unter den Pflügen.«[2]

Der Text – eine von Müllers zahlreichen produktiven Neulektüren griechischer Mythen – reflektiert zum Schluß hin die Rolle des Dichter-Sängers in den (Müller angemessen marxistisch gesprochen) Klassenkämpfen. In einer kühnen Zuspitzung – um nicht zu sagen: Wendung – deutet Müller Orpheus' Tod, von dem uns Ovid in den *Metamorphosen* zu Anfang des XI. Buches ausführlich berichtet, neu, indem er genauer fragt, was denn Orpheus verletzen und schließlich töten konnte und was nicht. Die Mänaden können ihm mit den Steinen, Erdschollen und Ästen (Thyrsoslanzen), die sie als Waffen einsetzen, nichts anhaben. Denn all dem hatte Orpheus' Lied gegolten, und »was er besungen hatte, konnte seine Haut nicht ritzen«. Es blieb gleichsam mit ihm solidarisch. Erst mit den von den fliehenden Bauern zurückgelassenen Ackergeräten – Pflugscharen, Hacken und Spaten – gelingt es den rasenden Mänaden, die

Stiere und dann Orpheus selbst umzubringen – mit dem also, so denkt Müller Ovid auf seine Weise zu Ende, für das »kein Platz gewesen war in seinem Lied«.[3] Der Umkehrschluß würde lauten: Hätte der Dichter die Pflüger und ihr Arbeitsgerät (wir ergänzen noch: die Arbeit selbst) besungen, wäre ihm auch deren Solidarität und Schutz zuteil geworden; er wäre ganz und gar unverwundbar, ja: unsterblich geworden. Der marxistische Schriftsteller Heiner Müller begründet so im uralten Orpheus-Mythos eine forciert neue Funktionsbestimmung von sozialistischer Autorschaft. Die poetische Produktion legitimiert sich aktuell durchs Bündnis mit der Arbeiterklasse, konkret: durch ihre Auseinandersetzung mit der materiellen Produktion und ihrem Träger, dem Proletariat. Dieser quasi theoretischen Legitimation aus dem Mythos entsprechen Müllers dramatische Texte zumindest in dem Jahrzehnt zwischen 1955 und 1965 nun auch tatsächlich. Der Autor verfaßt sogenannte Brigade- oder Produktionsstücke – *Der Lohndrücker, Die Korrektur, Traktor, Die Umsiedlerin* und *Der Bau* –, nimmt also explizit ›die Pflüge‹ in sein Lied hinein. In dem Stück *Traktor*, in dem es um die Wiedergewinnung der von Minen durchsetzten Äcker für den Getreideanbau geht, geschieht das sogar ganz wörtlich – und gleichzeitig wird das »Minenpflügen« zur Metapher für die im »Reich der Notwendigkeit« noch unabsehbar lange auf der Tagesordnung stehende harte menschliche Arbeit:

> »TRAKTORIST Die Welt ist ein Brachfeld. Der einzige Pflüger bin ich.
> Der ewige Traktorist. Wie lang ist ewig.« (2, 13)

Nicht zufällig wird auch in dem Produktionsstück *Der Bau* von 1963/64 der gegen Ende auftretende Dichter vom Parteisekretär Donat als »Orpheus« apostrophiert – freilich ironisch: als einer, der zu spät kommt, nachdem »die Tragödie [...] gelaufen« ist, keine Katastrophen mehr lieferbar sind und also (so Donat) »kein Grund für Poesie« mehr besteht (1, 135). Der Dichter, selbstredend gebildet wie Müller, erinnert sich des Orpheus und seiner Zerreißung durch die Mänaden – »übrigens mit Pflügen«, so sagt er. Und dann scheint er zu zitieren:

> »Denn das Lied schont den Sänger. Der Fleißige hatte besungen
> Alles, Gewächs und Getier und die Glieder lösende Liebe
> Aber den Grund nicht: schweißtreibende Arbeit und Werkzeug
> [...]
> Sie pflügten ihn. Das war Orpheus, ich heiße –«(1,135).[4]

Doch den Namen erfährt man nicht, der Lärm eines Dumpers verschluckt ihn, und der Dichter geht ab. Daß Müller sich hier in Hitch-

cock-Manier mit einer kleinen Rolle in seinem eigenen Stück unter-
bringt, soll nicht weiter interessieren; wohl aber, daß er den Dichter der
›neuen Zeit‹ eindeutig von Orpheus, der mit der »Vorgeschichte« im
marxschen Sinne untergegangen ist, absetzt.

Müllers eingreifende, operative Dramaturgie der Produktionsstücke,
basierend auf der Annahme einer produktiven Kommunikations- und
Lernsituation zwischen Autor und Publikum, entspricht dem neuen
Rollenverständnis des Autors, der ›mit den Pflügern‹ sein und sich ihnen nützlich machen will. Zwar weiß der Verfasser des *Lohndrückers*,
daß er, der »Stückschreiber«, wie er sich in Anlehnung an Brecht
nennt, »den Kampf zwischen Altem und Neuem [...] nicht entscheiden
kann«. Aber er kann versuchen – und er tut es –, diesen Kampf »in das
neue Publikum zu tragen, das ihn entscheidet« (1, 15). Freilich mußte
Müller sehr rasch die bittere Erfahrung machen, daß der Parteiapparat
nicht dazu bereit war, durch das Theater initiierte, radikal offene Lern-
prozesse des Publikums in Gang kommen zu lassen. Das zeigte sich
schon bei den Reaktionen der SED auf das 1957 entstandene, wie *Der
Lohndrücker* dem Normenproblem gewidmete Hörspiel *Die Korrektur.
Ein Bericht vom Aufbau des Kombinats »Schwarze Pumpe«*, das Müller mit
seiner ersten Frau Inge zusammen schrieb. Der Text, so lautete der
Vorwurf, enthalte zu viel Negatives, ›Altes‹, und zu wenig Positives,
›Neues‹. Müller war einverstanden mit einer Korrektur der *Korrektur*,
um sie den gegebenen bzw. von der Partei unterstellten Rezeptionsbe-
dingungen anzupassen. Er begründete diesen Vorgang sogar mit dem
schönen Argument einer wünschenswerten Koproduktion von Autor
und proletarischen Hörern/Zuschauern (sprich: von Sänger und Pflügern):

»Die Selbstkritik der Autoren ist in die exekutive Phase getreten: *Die Korrektur*
wird korrigiert. Die neue Literatur kann nur *mit dem neuen Publikum* entwickelt
werden.« (1, 61)

Es ist hier nicht der Ort, *Die Korrektur* und ihre freiwillige Korrektur
durch die Autoren im einzelnen zu analysieren.[5] Es muß mit der Feststellung sein Bewenden haben, daß dieser von der Partei initiierte, autoritär gesteuerte Bearbeitungsprozeß nicht nur die ursprüngliche Wider-
spruchsstruktur des Stückes zerstörte, sondern auch Müllers an Brecht
anknüpfende Lehrstück-Dramaturgie ad absurdum führte – gerade indem er sie äußerlich, dem Buchstaben nach erfüllte. Bei künftigen Texten gab sich die Partei nicht mehr mit glättenden ›Korrekturen‹ zufrieden, sie verbot oder verhinderte die Aufführung neuer Müller-Stücke.

Das Bauernstück *Die Umsiedlerin* wurde 1961 nach der Uraufführung verboten, und Müller wurde für ein Dutzend Jahre, bis zur Uraufführung von *Zement* im Oktober 1973, zu einem in seinem Land, der DDR, ungespielten, übrigens auch mittellosen Autor.

Heiner Müllers Autorschaft der 60er Jahre – und bis an die Krisenjahre 1976/77 heran – ist höchst zwiespältig. Zunächst hält der Stückeschreiber an Brechts Lehrstückkonzeption fest und radikalisiert sie sogar noch in *Horatier* (1968) und vor allem *Mauser* (1970), das Brechts *Maßnahme* nachgebildet ist. Die Absage der Honecker-Ära an Ulbrichts Phantom der bereits vollendeten »sozialistischen Menschengemeinschaft« nach 1971 und die Möglichkeit, *Zement* zur Aufführung zu bringen, mögen Müller neue Hoffnung gegeben haben. Sie spricht z. B. aus einer Äußerung auf den Brecht-Tagen 1973: »Aber die entscheidende Frage ist letztlich doch«, so sagte Müller damals,

»ob wir diese Gesellschaft betrachten als etwas, das im Ganzen in sich geschlossen ist, in sich ruht – und auch wieder in einer ›geschlossenen Form‹ auf das Theater kommt –, das in sich im Grunde ohne Entwicklung ist, oder ob wir diese Gesellschaft als etwas Offenes betrachten – und deshalb auch offene Elemente des Theaters benutzen.«[6]

Man hat versucht, Müllers vorläufig endgültige Abwendung von der Utopie einer lernenden, offenen sozialistischen Gesellschaft und damit auch vom Traum einer Koproduktion von Autor und Publikum auf die Biermann-Ausbürgerung vom November 1976 zu datieren, und sein vielzitierter Brief an Rainer Steinweg vom 4. 1. 1977, in dem er sich vom Lehrstück »bis zum nächsten Erdbeben« verabschiedet[7], scheint dafür zu sprechen. Doch vergleichbare Äußerungen der Resignation, ja, der Verzweiflung finden sich auch schon in den Jahren davor. So heißt es in einem Kommentar zu *Traktor* von 1974:

»Das Gefühl des Scheiterns, das Bewußtsein der Niederlage beim Wiederlesen der alten Texte ist gründlich. [...] Puppen, mit Wörtern gestopft statt mit Sägemehl. Herzfleisch. Das Bedürfnis nach einer Sprache, die niemand lesen kann, nimmt zu. Wer ist niemand. [...] Die Schutthalde der Literatur im Rücken. – Das Verlöschen der Welt in den Bildern.« (2, 14)

Und ganz ähnlich konstatiert ein Gedicht von 1975 das Scheitern des Traums von einem anderen Orpheus, der diesmal mit den Pflügern ist:

ALLEIN MIT DIESEN LEIBERN
Staaten Utopien
Gras wächst auf den Gleisen
Die Wörter verfaulen
Auf dem Papier

Die Augen der Frauen
Werden kälter
Abschied von morgen
STATUS QUO
(5, 28)

Ein Vierteljahrhundert nach seinen Anfängen ist der Marxist Heiner Müller im schwarzen Loch des geschichtlichen Stillstands angekommen und assoziiert Hofmannsthals Lord Chandos-Brief. Was bleibt, ist die Reflexion auf die möglichen Rollen des Intellektuellen und Künstlers in einer Zeit »gestockter Widersprüche«[8]. Sie steht – so wie gleichzeitig in Christa Wolfs *Kein Ort. Nirgends* und *Sommerstück* oder in Volker Brauns *Der Stoff zum Leben I* – im Mittelpunkt von Müllers Stücken der Jahre 1976/77: dem Gundling-Stück und der *Hamletmaschine*.

III

Müllers unerledigte Geschichte schon im Titel auftürmendes Stück *Leben Gundlings Friedrich von Preußen Lessings Schlaf Traum Schrei* von 1976 ist ein zutiefst skeptischer Text über die verstümmelte Aufklärung in Preußen-Deutschland und ihre Folgen für Geschichte und Individuum bis in die Gegenwart hinein. Diese Geschichte, und die Rolle der Intellektuellen und Künstler in ihr, kann Müller nur als *Greuelmärchen* (so der Untertitel) begreifen. Das Stück ist eine Bilder- und Figurensammlung vergeblicher, scheiternder, mißbrauchter oder zerstörter Anläufe, geistig-künstlerische Arbeit zum gesellschaftlichen Leben in ein sinnvolles Verhältnis zu setzten, kurz: eine Beispielreihe mißglückter Autorschaft. Sie beginnt mit dem preußischen Akademiepräsidenten Jacob Paul Gundling, einem jener »gelehrten Hofnarren«, wie ihn schon die *Allgemeine Deutsche Biographie* nennt[9], der im Augenblick seiner Erhöhung ins Amt aufs tiefste erniedrigt wird. Friedrich Wilhelm I. läßt Gundling von einem Bären, dem man die Krallen beschnitten und die Zähne ausgebrochen hat, zum Gaudi der Anwesenden fast umbringen, bis er (wie Kafkas Gregor Samsa) bewegungsunfähig auf dem Rücken liegt. Am Ende urinieren die Offiziere auf den am Boden liegenden Gundling. Den Künstlern und Philosophen der nächsten Generation ergeht es kaum besser. Schiller, der unter Hustenanfällen aus seiner den Ständestaat kritisierenden Elegie *Der Spaziergang* rezitiert, wird ein Sack über den Kopf gestülpt; Voltaire, der erkennen muß, daß aus dem Preußen Friedrichs II. kein Athen zu machen ist, »kotzt an der Rampe«. Nur

der Bildhauer Johann Gottfried Schadow findet für sein marmornes
Abbild einer Bäuerin Friedrichs Beifall – nicht hingegen den der Bauern, die sich in der Statue nicht wiedererkennen und sie umwerfen (7,
30–32). Immer noch und immer wieder ist das Verhältnis zwischen
Künstler (Orpheus) und Volk (Pflügern) gestört. Die schöpferische Intelligenz wird nach wie vor aus der Gesellschaft ausgegrenzt – auch und
gerade in der DDR –, oder sie grenzt sich selbst elitär aus. Die Beispielreihe scheiternder deutscher Autorschaft kulminiert im letzten, dem
Lessing-Teil des Triptychons, der in Form einer Engführung, eines
Kurz-Schlusses die historische Preußenthematik mit der aktuellen Problematik des Intellektuellen / Künstlers in der DDR (und anderswo) zusammenführt. Der hier vorgestellte 47 Jahre alte Lessing ist Lessing –
und gleichzeitig der zum Zeitpunkt der Niederschrift ebenfalls 47 Jahre
alte Heiner Müller (der genaue 200 Jahre nach Lessing geboren ist), wie
biographische Anspielungen (so auf den Selbstmord der ersten Frau
Inge 1966) belegen. Vorgeführt wird ein vollständig desillusionierter,
traum-loser (Lessing meinte bekanntlich, nicht träumen zu können –
Müller kann es nicht mehr), auch nicht mehr trauernder Mensch, der
das Fazit einer 30 jährigen Autorexistenz als Aufklärer und Rationalist
zieht:

»30 Jahre lang habe ich versucht, mit Worten mich aus dem Abgrund zu halten,
brustkrank vom Staub der Archive und von der Asche, die aus den Büchern
weht, gewürgt von meinem wachsenden Ekel an der Literatur, verbrannt von
meiner immer heftigeren Sehnsucht nach Schweigen. Ich habe die Taub-
stummen um ihre Stille beneidet im Geschwätz der Akademien. Und in den
Betten der vielen Frauen, die ich nicht geliebt habe, um ihren lautlosen Beischlaf. Ich fange an, meinen Text zu vergessen. Ich bin ein Sieb. Immer mehr
Worte fallen hindurch.« (7, 35 f.)

Das zweite Lessing-Bild zeigt diesen in Amerika, die Falsifizierung seines Nathan und seiner Emilia durch den *american way of life*. Das dritte
Bild schließlich führt die Apotheose des berühmten Autors ins »Kultur-
erbe« vor:

»Projektion
APOTHEOSE SPARTAKUS EIN FRAGMENT
Auf der Bühne ein Sandhaufen, der einen Torso bedeckt. Bühnenarbeiter, die
als Theaterbesucher kostümiert sind, schütten aus Eimern und Säcken Sand auf
den Haufen, während gleichzeitig Kellner die Bühne mit Büsten von Dichtern
und Denkern vollstellen. Lessing wühlt im Sand, gräbt eine Hand aus, einen
Arm. Die Kellner, nun in Schutzhelmen, verpassen Lessing eine Lessingbüste,
die Kopf und Schultern bedeckt. Lessing, auf den Knien, macht vergebliche
Versuche, sich von der Büste zu befreien. Man hört aus der Bronze seinen

dumpfen Schrei. Applaus von Kellnern Bühnenarbeitern (Theaterbesuchern).«
(7, 37 f.)

Orpheus in Preußen, Orpheus in der DDR, so lautet Müllers bittere
Pointe, braucht nicht mehr zerstückelt oder »gepflügt« zu werden.
Auch der Ruhm, die Integration ins ›Positive‹, die Erklärung des Gescheiterten, des Fragments zum Gelungenen, zum Werk (»Spartakus«
als Stück und als Revolution) reicht zu, um die sprengenden Potentiale
der Kunst stillzustellen.

   Sofern eine Radikalisierung dieser Position noch möglich ist, vollzieht Müller sie in der ein Jahr später, 1977, geschriebenen *Hamletmaschine*. Hamlet, der begehrt, nicht schuldig zu werden, tatenarm und
gedankenvoll, von Ferdinand Freiligrath in dem bekannten Gedicht mit
Deutschland in eins gesetzt, war für Müller, wie er mehrfach geäußert
hat, »Dreißig Jahre lang [...] eine Obsession«, die er zerstören wollte,
um sich ihrer zu entledigen.[10] Die Manifestation dieses selbsttherapeu-
tischen Akts ist das kurze Stück *Hamletmaschine*. Es artikuliert nun in der
Tat die denkbar radikalste Absage an das autonome Subjekt, an den
selbst- und geschichtsmächtigen Autor, der einen verantwortbaren,
authentischen Text (von dem z. B. Christa Wolf immer noch träumt)
hervorbringt. War Hamlet bei Shakespeare zwar handlungsunfähig,
aber immerhin noch literaturfähig, so zerstört Müller nun auch diese
Illusion.[11] Nicht um die Wiederherstellung Intellektueller und künstlerischer Integrität, um die Ausstellung eines traurigen, aber vielleicht
doch noch reparablen Zustands namens Hamlet geht es, sondern um die
endgültige Verabschiedung einer Fiktion. Folgerichtig wird von Hamlet vom ersten Satz an nur retrospektiv, im Präteritum gesprochen:

»Ich war Hamlet. Ich stand an der Küste und redete mit der Brandung BLA-
BLA, im Rücken die Ruinen von Europa.« (6, 89)

Statt Hamlet agiert im 4. Bild der Hamlet*darsteller* – und auch er muß,
als letzte Rückzugsposition von Brechts »mittelpunktsindividuum«, ab-
danken und die Ideale von Verantwortlichkeit, Parteilichkeit, gar: gesellschaftlicher Nützlichkeit *ad acta* legen. Das Rollenspiel des Individuums ist beliebig geworden, an seine Stelle die Maschine getreten. Der
Mensch als Maschine: das ist die traumatische Vorstellung eines seelen-
losen Apparats (schon E. T. A. Hoffmann und Büchner war sie vertraut), beliebig anzuschließen oder auch abzuschalten. Mit ihr korrespondiert eine Erfahrung von Geschichte im Stillstand, womit auch die
Struktur des Dramatischen zu bestehen aufhört. Galt die kapitalistische

Welt ohnehin schon als zukunftslos, so jetzt auch die sozialistische. Geschichtslosigkeit, Ohnmacht des Individuums, Verflüchtigung von Autorschaft heißt das dreifache Fazit einer stehenden Zeit.

IV

Heiner Müller hat die *Hamletmaschine* nicht zurückgenommen, aber er hat sie als Durchgangsstadium gekennzeichnet[12] und tatsächlich bereits 1978/79 wieder andere Töne hören lassen. Vielleicht ist ihm auch der nicht unbeträchtliche Rest an Koketterie und Narzißmus bewußt geworden, der in der öffentlichen, theatralischen »Zerreißung der Fotografie des Autors« angelegt war: eine forcierte Evokation des Autors *per negationem*, die den traditionellen Diskurs einer Ästhetik individueller Autoren nicht abbrach, sondern im Wege der Überbietung fortschrieb.

Unabhängig davon kommt zu Ende der 70er Jahre eine doppelte Bewegung in Gang: Wo Geschichte nicht am eigenen Lebensort und nicht in der eigenen Zeit, der Gegenwart, stattfindet, sucht Müller sie am anderen Ort auf – in der Dritten Welt – und in anderer Zeit – sprich: in der Vergangenheit. Vor allem das 1979 geschriebene Stück *Der Auftrag. Erinnerung an eine Revolution*, in dem sich die Problemkreise Revolution, Dritte Welt und Status des Intellektuellen (des Autors) miteinander verschränken, zeugt davon. Hier soll ein einziger essayistischer Text dieser Phase näher beleuchtet werden, in dessen Mittelpunkt so deutlich wie nie zuvor die Reflexion der Autorproblematik steht: die für ein New Yorker Treffen der Modern Language Association 1979 geschriebene (aber nicht von Müller selbst vorgetragene) Postmodernismus-Rede *Der Schrecken die erste Erscheinung des Neuen*.

Müller leitet seine kaum fünf Seiten lange Rede, wie schon erwähnt, mit seinem Text *Orpheus gepflügt* von 1958 ein.[13] Das läßt sich nicht anders verstehen, als daß für ihn unverändert die gleichen Fragen von Autorschaft auf der Tagesordnung stehen wie zwanzig Jahre zuvor: Wie ist das Verhältnis des Sängers zur Wirklichkeit? Was an ihr besingt er, was nicht? Und vor allem: Stellt sich eine Allianz her zwischen den Arbeitenden (ergänzen wir: den Erniedrigten und Beleidigten schlechthin) und dem Sänger/Autor oder nicht?

Freilich hat Müller noch einen zweiten Grund, auf seinen Orpheus-Text zurückzukommen. Das Buch eines der führenden Postmoderne-Theoretiker, Ihab Hassan, zuerst 1971 erschienen, trägt den Titel *The Dismemberment of Orpheus: Toward a Postmodern Literature*. In ihm stellt

Hassan sich und Leslie Fiedler, der damals energisch ein Überbrücken der Kluft zwischen Hochliteratur und Popliteratur (z. B. Pornographie) forderte, in die Tradition des zerstückelten Orpheus:

»that impulse of self-unmaking which is part of the literary tradition of silence. Pop and silence, or mass culture and deconstruction, or Superman and Godot – or as I shall later argue, immanence and indeterminacy – may all be aspects of the postmodern universe.«[14]

Nun ist es zweifellos so, daß auch Müller, der sich inzwischen mit Foucault, Deleuze/Guattari, Baudrillard und anderen Denkern des Poststrukturalismus beschäftigt hat, Hassans Überlegungen zum »impulse of selfunmaking« im Sinne einer »Abkehr von den Prinzipien der Mimesis und der Repräsentation, Verweigerung gegenüber der Konvention der Autorzentriertheit und der Sinn-Synthese, Autoreferentialität der Kunst, die ein problematisch gewordenes Autorenverständnis zu erkennen gibt, Indifferenz der Zeichen«[15] und anderem mehr aufgeschlossen gegenübersteht, ja: sich einer Ästhetik der Postmoderne im Sinne eines »dismemberment of Orpheus« stark angenähert hat.[16] Das Besondere an Heiner Müller als dem Orpheus aus der DDR liegt freilich darin, daß er in dieser postmodernen Auslegung von Orpheus' Tod bestenfalls zur Hälfte aufgeht, weil er unverändert am gesellschaftlichen Auftrag literarischer Produktion, an seiner Selbstbindung an ›die Pflüger‹ festhält. So zitiert er gleich nach seiner Orpheus-Reminiszenz von 1958 (verkürzt) jene Stelle aus Kafkas Tagebüchern, die Gilles Deleuze und Félix Guattari Anlaß für ein ganzes Buch gegeben hat[17]: »Die Literatur ist eine Angelegenheit des Volkes.«[18]

Hier kann nicht einmal ansatzweise diskutiert werden, ob bzw. inwieweit Müllers Verständnis von Kafkas Äußerung derselben gerecht wird (die Frage wäre schon an Deleuzes/Guattaris Buch, das Müller seinerzeit las, zu richten). Festzuhalten bleibt, daß sich für Müller die Frage der Autorschaft auf das Verhältnis von Autor und Volk (was immer das sei) hin zuspitzt. Er sieht sich schreiben »unter Bedingungen, in denen das Bewußtsein von der Asozialität des Schreibens nicht mehr verdrängt werden kann«.

Schon Talent sei »ein Privileg, Privilegien müssen bezahlt werden: der Eigenbeitrag zu seiner Enteignung gehört zu den Kriterien des Talents«[19] Kunst, »eine im Sinne von Marx borniertе Tätigkeit«, könne aus ihrer »sozialen Funktion« nicht entlassen werden, solange noch das »Reich der Notwendigkeit« bestehe, sprich: Herrschaft und Ausbeutung. In *diesem* Reich, so weiß der Autor, und das macht sein nicht auflösbares Dilemma aus, »sind Realismus und Volkstümlichkeit« – die Brecht noch zusammenzwingen wollte – »zwei Dinge. Der Riß geht durch den Autor.« Ein »sozialer Realismus, der die Kluft zwischen Kunst und Wirklichkeit schließen hilft, die *Kunst ohne Anstrengung, mit der Menschheit auf Du*, von der [Thomas Manns, W.E.] Leverkühn träumt, bevor ihn der Teufel holt, eine neue Magie, heilend den Riß zwischen Mensch und Natur«[20]: all das bleibt Utopie, so weiß Müller. Vor die Alternative zwischen Volkstümlichkeit und Realismus gestellt (ein Begriffspaar, auf das er in diesen Jahren wieder und wieder zurückkommt[21]), entscheidet er sich für den Realismus und gegen die Volkstümlichkeit – gegen jene Koproduktion mit dem Volk, die die frühen Produktionsstücke versucht hatten und die so bald scheiterte. Was bleibt, ist die Verweigerung der »Meisterwerke«, die als »Komplicen der Macht« fungieren. »Die großen Texte des Jahrhunderts arbeiten an der Liquidation ihrer Autonomie [...], an der Enteignung, zuletzt am Verschwinden des Autors.«[22] Rimbaud und Lautréamont (»die anonyme Katastrophe«), Kafka und Joyce, Artaud und Beckett, Majakowski und Brecht sind die Beispiele, die Müller assoziiert, um anzudeuten, was er mit dem »Verschwinden des Autors« meint, und Arlene Akiko Teraoka hat sinnfällig gemacht, was sich im einzelnen hinter diesen Assoziationen verbirgt.[23] Bemerkenswert ist, daß sich in diesen Beispielen ›aufgehobener‹ Autorschaft zwei Linien durchdringen: die Linie des Ekels am individuierten, isolierten, entfremdeten Autorsubjekt, die in seine tatsächliche oder mittelbare Abschaffung einmündet (so in den Fällen Rimbauds, Lautréamonts, Kafkas, Artauds, Majakowskis, Becketts), und die Linie einer gesellschaftlichen ›Aufhebung‹ dergestalt entfremdeter Autorschaft im sozialistisch intendierten Gebrauch ihrer Hervorbringungen, in der Inbesitznahme der Literatur durch das Volk (so bei Majakowski in seinem Poem *150 Millionen* oder bei Brecht, wenigstens in der Lehrstückpraxis um 1930). Letzteres wäre, so Müllers Vision gegen eine unpolitische Postmoderne, Literatur, die »an der Geschichte« teilnimmt, »indem sie an der Bewegung der Sprache teilnimmt; die sich zuerst in den Jargons vollzieht und nicht auf dem Papier. In diesem Sinn ist sie *eine Angelegenheit des Volkes*, sind die Analphabeten die Hoffnung der Literatur.«[24] Dabei denkt Müller an Robert Wilsons Theater so gut wie an die »Wandbilder der Minderheiten und die proletarische Kunst der Subway, anonym und mit gestohlener Farbe.«[25] In diesem Verständnis ist ihm »Arbeit am Verschwinden des Autors [...] Widerstand gegen das Verschwinden des Menschen«[26]. Am Horizont scheint neuerlich ein Humanismus auf, der sich frappierenderweise gerade über die Aufhebung des (Autor-)Individuums herstellt.

Eine schwierige Frage ist es, zu entscheiden, wie nahe der Heiner Müller der späten 70er und 80er Jahre an den Poststrukturalismus heranzurücken ist. Wie gesagt, er kennt ihn gut, jedenfalls besser als alle anderen DDR-Autoren zusammen. Dennoch geht seine Utopie vom »Verschwinden des Autors« nicht ohne weiteres in ähnlichen klingenden Theoremen von Roland Barthes oder Michel Foucault auf, und noch weniger kann er (wie Genia Schulz und Hans-Thies Lehmann das tun) mit Mallarmés Satz »L'œuvre pure implique la disparition élocutoire du poëte, qui cède l'initiative aux mots«[27] in eins gesetzt werden. Gewiß teilt Müller Foucaults Kritik an einer Kultur, die er ansieht als »tyranniquement centrée sur l'auteur, sa personne, son histoire, ses goûts, ses passions«[28]. Ebenso gewiß folgt er Foucault in seiner Analyse und Kritik der Diskurse als Regelsystemen, die gesellschaftlich einschneidende Funktionen der Selektion, der Kontrolle und des Wahrheitszwangs ausüben und die selbstverantwortete, authentische Autorschaft zumindest extrem schwierig machen – freilich, im Sinne der Grenzüberschreitung in Richtung aufs verbotene Wort, auch wieder provozieren.[29] Vielleicht auch träumen Müller und Foucault von der gleichen Utopie einer Kultur, »où les discours circuleraient et seraient reçus sans que la fonction – auteur aparaisse jamais«[30]. Und doch ist nicht zu übersehen, daß Müllers Utopien marxistisch inspiriert bleiben. Freilich macht das seine Position zur Frage des (Autor-)Subjekts keineswegs eindeutiger. Einerseits sieht Müller, auf den Spuren von Brechts *Mann ist Mann* und den *Fatzer*-Fragmenten, die Heraufkunft des Massenmenschen, des »Neuen Tiers«[31], auswechselbar wie eine Maschine (›Mann ist Mann‹) – und damit den Fall des Individuums »als Mittelpunkt«[32]. Andererseits polemisiert er gerade gegen die Unterwerfung der Subjekte unter Andy Warhols Programmformel »Ich will eine Maschine sein«, die er in der *Hamletmaschine* zitiert (6, 96), und fordert eine Theorie, die sich nicht nur darauf beschränkt, »auf der Seite der Sieger zu stehen, der Maschinen« (was er dem Poststrukturalismus explizit vorwirft[33]). Nein, Müller will sich mit Foucaults Prognose, der Mensch und sein Werk werde einem in den Sand des Meerufers gemalten Gesicht gleich verschwinden[34], nicht abfinden. Er hält sogar explizit, auch für seine eigene Person, am Subjektbegriff fest[35] und damit an einer Grundposition der humanistischen Tradition. Prosa und Lyrik, die in den 80er Jahren an Gewicht gewonnen haben, sind die Orte, an denen er unverhüllt subjektive Obsessionen sich aussprechen läßt.[36]

V

Mit Mitte der 80er Jahre, und erst recht mit der Wende von 1989/90, tritt der Umbau der Autorposition Heiner Müllers[37] in eine neue Phase ein. Die Reformen Gorbatschows lassen Müller offenbar glauben, daß seine »einsamen Texte« nun nicht mehr länger auf Geschichte zu warten brauchten.[38] In einem Gespräch von 1986 konnte er formulieren:
»Die Situation ist reif für Veränderungen. Das ist der Moment, wo wieder gelernt werden kann, gelernt werden muß. Da wird auch dieses Spielmodell Lehrstück wieder aktuell.«[39]
Überraschenderweise ist der Autor dreißig Jahre nach dem *Lohndrücker* wieder bei der gleichen Dramaturgie und damit dem gleichen Verständnis von Autorschaft angekommen: der Hoffnung, die Utopie der schönen Koproduktion von Orpheus und den Pflügern könne Wirklichkeit werden. Freilich, vier Jahre später, in der Wende 1989/90, treffen ›die Pflüger‹ eine andere Wahl, als es sich der marxistische Sänger erhofft hat. Daß Müller dies in aller Nüchternheit zur Kenntnis nimmt und anerkennt und damit vierzig Jahre eigene »Gesammelte Irrtümer« zur Disposition stellt, nötigt Respekt ab. Seine sprachmächtige Autorschaft, wie paradox er auch immer an ihrer Abschaffung gearbeitet haben mag, ist durch weltanschauliche Irrtümer ohnehin nicht zu beschädigen.

3 SELBSTKRITIK
Meine Herausgeber wühlen in alten Texten
Manchmal wenn ich sie lese überläuft es mich kalt Das
Habe ich geschrieben IM BESITZ DER WAHRHEIT
Sechzig Jahre vor meinem mutmasslichen Tod
Auf dem Bildschirm sehe ich meine Landsleute
Mit Händen und Füssen abstimmen gegen die Wahrheit
Die vor vierzig Jahren mein Besitz war
Welches Grab schützt mich vor meiner Jugend.[40]

Anmerkungen

Die Texte Heiner Müllers werden nach der siebenbändigen Werkausgabe des Rotbuch Verlags Berlin 1974ff. mit der jeweiligen Band- und Seitenzahl zitiert.

1 Gerhard Stadelmeier, ›Im Weihrauch von Zigarren. Theaterwerkstatt als Sakristei: Porträt Heiner Müllers (ZDF)‹, in: *FAZ*, 10. 5. 1990.
2 4, 16f., und H. Müller, *Rotwelsch*, Berlin 1982, S. 94.
3 Vgl. Ovid, *Metamorphosen*. Buch XI, Bers 1–57. – Meines Erachtens stilisiert

Müller einen Kontrast zwischen untauglichen (weil besungenen) Waffen und tauglichen (weil nicht besungenen), der so in Ovids Text nicht gegeben ist; vgl. vor allem Vers 18f.

4 Ob, und wenn ja: woraus Müller hier zitiert, war für mich nicht aufklärbar. Bei Ovid, *Metamorphosen*, findet sich eine solche Stelle nicht.

5 Vgl. dazu z. B. Genia Schulz, *Heiner Müller*, Stuttgart 1980, S. 29–34.

6 H. Müller, ›Diskussionsbeitrag‹, in: Werner Hecht (Hrsg.), *Brecht 73. Dokumentation*, Berlin (DDR) 1973, S. 221.

7 6, 85. Diese Auffassung vertritt Norbert Otto Eke, *Heiner Müller. Apokalypse und Utopie*, Paderborn–München–Wien–Zürich 1989, S. 64.

8 Franz Fühmann, *Saiäns-Fiktschen*, Rostock 1981, S. 7.

9 *Allgemeine Deutsche Biographie*, Bd. 10, Leipzig 1879, S. 126–129.

10 *Walls/Mauern*, Interview mit Sylvère Lotringer, in: Müller, *Rotwelsch*, S. 81.

11 Vgl. G. Schulz/Hans-Thies Lehmann, ›Es ist ein eigentümlicher Apparat. Versuch über Heiner Müllers *Hamletmaschine*‹, in: *Theater heute* 1979, Heft 10, S. 149f.

12 Vgl. Müller zit. in: Ingrid Seyfarth, ›Marathon vorm Kongreß‹, In: *Sonntag* 17/1980, S. 3.

13 Vgl. Müller, *Rotwelsch*, S. 94–98; hier S. 94.

14 Ihab Hassan, *The Dismemberment of Orpheus. Toward a Postmodern Literature*, Madison/Wisconsin ² 1982; hier: ›Postface 1982‹, S. 261. – Müller nimmt in Abschnitt 4 seiner Rede direkt Bezug auf Hassan; vgl. *Rotwelsch*, S. 96.

15 So faßt N. O. Eke, *Heiner Müller*, a. a. O., S. 39, treffend zusammen.

16 Vgl. dazu G. Schulz / H.-Th. Lehmann, ›Protoplasma des Gesamtkunstwerks. Heiner Müller und die Tradition der Moderne‹, in: Gabriele Förg (Hrsg.), *Unsere Wagner*, Frankfurt/Main 1984, S. 50–84. Freilich rücken Schulz/Lehmann Müller zu nahe an Mallarmés l'art pour l'art-Position heran; vgl. S. 58–60.

17 Vgl. Gilles Deleuze / Félix Guattari, *Kafka: Pour une littérature mineure*, Paris 1975.

18 *Rotwelsch*, S. 94. – Vgl. Franz Kafka, *Tagebücher 1910–1923*. Hrsg. v. Max Brod, Frankfurt/Main 1967, S. 147–150 (= Eintrag vom 25. 12. 1911).

19 *Rotwelsch*, S. 94.

20 Ebd., S. 95 und 96.

21 Vgl. ebd., S. 89, 91 und 162f.

22 Ebd., S. 97.

23 Vgl. Arlene Akiko Teraoka, *The Silence of Entropy or Universal Discourse. The Postmodernist Poetics of Heiner Müller*, New York – Bern – Frankfurt/Main 1985, S. 38–47.

24 *Rotwelsch*, S. 98.

25 Ebd., S. 97.

26 Ebd., S. 98.

27 Stéphane Mallarmé, *Crise de Vers*, in: Œvres complètes, Paris 1945, S. 366.

28 Michel Foucault, *La Mort de l'Auteur*, in: *Manteia* 1968, Nr. 5, S. 13.

29 Vgl. dazu Uwe Japp, ›Der Ort des Autors in der Ordnung des Diskurses‹, in: Jürgen Fohrmann / Harro Müller (Hrsg.), *Diskurstheorien und Literaturwissenschaft*, Frankfurt/Main 1988, S. 223–234.

30 M. Foucault, *Qu'est qu'un auteur?*, in: *Bulletin de la Société française de Philosophie* 63 (1969), Nr. 3, S. 95.

31 *Rotwelsch*, S. 97.

32 Bertolt Brecht, *Die dialektische Dramatik*, in: Werkausgabe Suhrkamp, Frankfurt/Main 1968, Bd. 15, S. 222.
33 »Denken ist grundsätzlich schuldhaft«. H. Müller im Gespräch mit Frank Raddatz, in: *Transatlantik* 7/1990, S. 18. Vgl. auch »Ich bin ein Neger«. Diskussion mit Heiner Müller, Darmstadt 1986, S. 37, sowie Eke, a. a. O., S. 100.
34 Foucault, *Les mots et les choses*, Paris 1966, S. 398.
35 *Walls/Mauern*, a. a. O., S. 67.
36 Vgl. ebd. S. 71 und 73.
37 Vgl. dazu Hans-Christian Stillmark, ›Umbau einer Autorenposition. Skizze zur Veränderung Heiner Müllers poetologischer Positonen in den 80er Jahren‹, in: *Wissenschaftliche Zeitschrift der Pädagogischen Hochschule »Karl Liebknecht« Potsdam* 32 (1988), Heft 2, S. 255–263.
38 Vgl. Müllers Brief an Rainer Steinweg übers Lehrstück (6, 85).
39 Gespräch mit Gregor Edelmann, in: *Gesammelte Irrtümer*, Frankfurt/Main 1986, S. 189.
40 Müller, *Ein Gespenst verläßt Europa*, Köln 1990, ohne Seitenangabe.

Kunst ja, Politik nein

Thomas Bernhard in Österreich

Von Thomas Bernhard gibt es keine explizite Programmatik, von der aus sich ein Rollenverständnis als Verständnis seiner Position innerhalb der zeitgenössischen Gesellschaft bestimmen ließe. Die gleichwohl recht zahlreichen Äußerungen Bernhards zu seiner Person, seinem Schreiben, dem (österreichischen) Staat und der Funktion von Literatur im allgemeinen und seiner im besonderen lassen sich allerdings so weit systematisieren, daß zumindest einige zentrale Theoreme und Perspektiven deutlich werden. *Eine* Eigentümlichkeit seiner Texte besteht darin, daß alle Arbeiten Bernhards, also auch die fiktionalen, gedanklich wie stilistisch identisch sind; eine Trennung von »literarisch« und »expositorisch« erscheint weder sinnvoll noch eigentlich möglich. Die Protagonisten seiner Romane und Theaterstücke sind variierte, sich stets erneuernden Metamorphosen eines durchaus konsistenten Künstler-Bildes. Die Figuren, die Thomas Bernhard entwirft, sind Teil seiner Theorie vom »Geistesmenschen« in seinem unermüdlichen, teils tragischen, teils komischen Kampf mit Obsessionen und der alltäglichen Wirklichkeit. Indem diese Helden einer radikal individuellen Sinnkonstitution sich selbst als Auserwählte definieren und erfahren, entfalten sie ein immer neues und das immer gleiche Bild einer poetisch-philosophischen Existenz, deren elementare Strukturen von gelegentlichen diskursiven Texten Bernhards unterstützt, aber nicht eigentlich modifiziert oder variiert werden. Ich werde daher bei diesem Versuch, sein literarisch-gesellschaftliches Selbstverständnis nachzuzeichnen, das gesamte Werk als Quelle heranziehen und gleichzeitig versuchen, die dem Konzept inhärenten Spannungen und Insuffizienzen zu bestimmen.

Im Zentrum des Bernhardschen Literatur-Kosmos steht der von seinen Plänen und Visionen besessene Einzelne, der Künstler und Intellektuelle, der oft »Geistesmensch« genannte Opponent jeglicher vorgegebener Ideologie oder Organisation. Anfangs zeichnet Bernhard die tragischen Aspekte der selbstgewählten und doch ungeliebten Isolation, die Nähe zu Verwahrlosung und Vereinsammung (etwa der Maler

Strauch in *Frost*) oder zu Wahnsinn und masochistischer Destruktion (der Fürst Saurau in *Verstörung* oder Konrad in *Das Kalkwerk*); später dominieren die komischen Momente der Weltverbesserer, Theatermacher und skurrilen Alten (vornehmlich in den Bühnenwerken). In allen Fällen konstruiert Bernhard durch Figurenkonstellation, Rede und den distanzierten Blick des beobachtenden Erzählers, der identisch zu sein pflegt mit der Zentralgestalt, eine dichotomische Welt, in der Einzelner und Masse, Einzelner und Staat, Einzelner und Kulturbetrieb einander unversöhnlich gegenüberstehen. Kunst und Erkenntnis erscheinen so als letzte Sanktuarien einer geistigen Existenzweise, die in der Lebenswelt längst verlorengegangen ist und nur noch mit äußerster Anstrengung von wenigen – und dann stets bedroht vom endgültigen Scheitern – realisiert werden kann. Der Geistesmensch erfährt sich als ausgeliefert und als auserwählt; daraus resultieren einander durchdringende und instabile Gefühle von Macht und Ohnmacht, Omnipotenzwahn und Depression. Die Dichtung als die höchste Stufe der intellektuellen Weltdurchschauung reflektiert zwar ihre Begrenzungen und ihre Würde, aber nicht eigentlich ihren gesellschaftlichen Status; weder Bernhards Protagonisten noch Bernhard selbst sind interessiert an einer historischen Genese und Genealogie dieses spätromantischen Poeten-Bildes. Weder Emphase noch Selbstparodie legen seine Wurzeln frei, statt dessen verfestigt jeder Text, sei er im herkömmlichen Sinn fiktional oder essayistisch, die Dichotomie von geistbestimmtem Einzelnen und destruktiv-irrelevanter Masse. Sie wird auch dadurch nicht aufgehoben, daß an vielen Stellen die sentimentale Sehnsucht nach Aufnahme in den Kreis der Vielen, dann als bösartig Geschmähten, durchschimmert oder durchbricht, vor allem im lyrischen Frühwerk, aber auch am Ende des Romans *Holzfällen. Eine Erregung* (1984).

Der biographische Grund dieser Poetik des überlegenen Außenseiters, der Macht erringt durch das Wort und dem daher alle Worte zu Instrumenten der Macht werden, dürfte die Gestalt des Großvaters mütterlicherseits, des Schriftstellers Johannes Freumbichler, gewesen sein. Der, ein lebenslang vollkommen erfolgloser Autor von Romanen und Erzählungen, verkörperte, zumindest in der Erinnerung, vielleicht gar Konstruktion oder Projektion des Enkels Thomas Bernhard, den Typus des Unabhängigen. Daß er seine intellektuelle Unabhängigkeit erkaufen mußte durch quälende materielle Entbehrungen und ständige Abhängigkeit von der Arbeit seiner Lebensgefährtin, Thomas Bernhards Großmutter Anna Bernhard, ist ihm stets sehr bewußt gewesen. In den *Texten* wird das reflektiert durch die Tendenz, die Geistesmen-

schen in materiellem Reichtum agieren zu lassen (von wenigen Ausnahmen abgesehen), wodurch sie ihrem Beruf als Denker, Künstler oder
Misanthrop ohne den hemmenden Zwang zum profanen Geldverdie-
nen nachgehen können; und Bernhards *Leben* zeigt, nach allem was bei
der jetzigen Kenntnis seiner Vita gesagt werden kann, einen ausgeprägten Hang zu geschäftstüchtiger Vermarktung seiner Texte, besonders
der Theaterstücke. Jedenfalls scheint er nach dem Erwerb des Bauern-
hofes in Ohlsdorf (1965) jene materielle und situative Unabhängigkeit
erreicht zu haben, die der Großvater nie erreichte und von der der junge
und zudem schwerkranke Thomas Bernhard lange geträumt haben
muß. Der noch eine Zeitlang ausgeübte Zweitberuf als Nebenerwerbs-
landwirt hat sein Selbstbewußtsein insofern sicher gestärkt, als dadurch
die Konzentration auf das Schreiben von dem Zwang entlastet wurde,
durch Anpassung an die Forderungen des Kulturbetriebs und die Erwartungen präsumptiver Leser die elementaren Lebensbedürfnisse befriedigen zu müssen. Ob die so gewonnene und bis ans Lebensende
bewahrte Freiheit von äußeren Dependenzen auch das Zentrum seines
Verhältnisses zu Gesellschaft und Politik, das Zentrum der Lebens-
entwürfe seiner Protagonisten konstituiert oder es tangiert hat, darf zumindest bezweifelt werden. Jedenfalls bleibt unübersehbar, daß die mo-
nomanische Rede seiner Texte nur als *abhängige* zu begreifen und zu
interpretieren ist: abhängig von den selbstgewählten Irritationen, von
der Erinnerung an Geschichte und individuelle Entwicklung, abhängig
von der alltäglichen Lebenswelt, die immer als Zeichen verstanden wird,
als Signum universaler Verdüsterung, Verfinsterung und Verstörung.
Gleichmut ist *nicht* die vorherrschende Tugend des Geistesmenschen;
die stets von Bernhard postulierte Gleich-Gültigkeit gegenüber allem
und allen erweist sich als Attitüde, als Maske, die angesichts einer als
feindlich und zerstörerisch empfundenen Gesellschaft zu tragen ist. Die
Rolle des distanzierten Weltenrichters reflektiert die Interdependenz
von objektivem Bedeutungsverlust und subjektivem Selbstbewußtsein
des schreibenen Einzelnen. Der Gestus des Beiläufigen, der den nicht-
fiktionalen (wie ich sie der Einfachheit halber noch einmal nennen will)
Texten anhaftet, ist Korrelat *und* Korrektiv des Kunst-Pathos seiner
Romane. In ihnen manifestiert sich die Unsicherheit einer Literatur, die
ihren emphatischen Kunstanspruch nicht aufgeben kann und will, aber
von ihrer Ent-Auratisierung tief, ja entscheidend geprägt ist. Autarkie
im materiellen und intellektuellen Sinn ist das Telos aller seiner Werke;
aber in zunehmend groteskeren und komischen Bildern und Szenen entwirft Bernhard das evidente, oft grausame Scheitern dieser Sehnsüchte.

Herrschte am Anfang seiner literarischen Entwicklung noch der Versuch vor, die Alltäglichkeit sentimental oder rein zerebral zu intellektualisieren, so wird zunehmend, und ganz unübersehbar in den letzten Texten, eine Irritabilität sichtbar, die von sehr konkreten Erfahrungen gesellschaftlich-politischer Art angestoßen wird und auf sehr direkte Art – nicht mehr nur im Prozeß einer ästhetisch-literarischen Verwandlung – darauf reagiert. Diese Erfahrungen zentrieren sich immer ausschließlicher um Politik, Zeitgeschichte und Staat, und dieser Staat ist sehr konkret der österreichische.

Thomas Bernhards teils ätzend-scharfe, teils bloß raunzend-substanzlose Tiraden richten sich vor allem gegen die politische Struktur und die Erscheinungsform des Politischen der an sich geliebten Heimat Österreich. Die Korruption der politischen Klasse, die servile Haltung der vom Staat unterstützten, um nicht zu sagen ausgehaltenen, Künstler, die affirmative Österreichtümelei der Wiener Pseudo-Intellektuellen – all dies und noch vieles mehr wird in recht gleichförmiger Weise als debil und verbrecherisch, schmutzig und – ein steter, bald vorhersehbarer Höhepunkt der Beschimpfung – nationalsozialistisch attackiert. Der naheliegende Einwand, Bernhard hätte in jedem Staat die gleichen Diagnosen gestellt und die gleichen Epitheta lustvoll aufgehäuft, dürfte zwar richtig sein (unbeweisbar und unwiderlegbar ist er auf jeden Fall), geht aber an der Erkenntnis vorbei, daß Bernhards Position des einsamen Propheten, der in einer geistigen und moralischen Wüste zu einem Volk predigt, das auf diese Predigten mit sich steigerndem Haß reagiert und sich folglich zumindest partiell getroffen fühlt, eine der österreichischen Situation angemessene ist. Ein Staat, der in so eklatanter Weise die Beute der Großparteien SPÖ und ÖVP geworden ist, daß beide ohne signifikanten Widerspruch ihre Partikularinteressen als staatspolitische Notwendigkeit ideologisch überhöhen durften (was sich erst in den letzten Jahren ein wenig geändert hat, vor allem durch die Aufdeckung zahlloser Skandale, in die beide Parteien verwickelt waren und sind) und eine beträchtliche Anzahl der sogenannten Intellektuellen diese Verquickung von Parteien und Staat mit jubelndem Einverständnis als geschichtliche Großtat zelebrieren konnten, ein Staat, dessen reale Irrelevanz von unermüdlichen Propagandisten unter den Schlagworten »Mitteleuropa« (ein Codebegriff für die Restitution des Habsburgerreiches) und »Neutralität« in welthistorische Bedeutung umgelogen wurde und teilweise immer noch wird – ein solcher Staat, »kleinkariert und größenwahnsinnig« (Thomas Bernhard, passim), kann in der Tat nur aus einer Position radikaler Individualität und außerhalb der von den Parteien

und den von ihnen kontrollierten Medien obrigkeitlich vorgegebenen
Diskurse kritisiert werden. Es ist Bernhards Verdienst, hier, wenngleich gelegentlich mit dem Holzhammer, eine neue Sprache eingeführt
zu haben. Aber die Verfilzung des politischen und geistigen Lebens in
Österreich, die allesumfassende und lähmende Korruption stiftet einen
dominanten geistig-politischen Diskurs, der eben nur durch eine radikal
andere Sprache, eine radikal andere Perspektive aufgebrochen werden
kann.

Freilich gelang es ihm nie, wirklich aus dem Kerker austriakischer
Selbstbezogenheit zu entkommen, wenngleich einige der Protagonisten
des Spätwerks sich äußerlich von Österreich entfernen und Bernhard
selbst einen Teil seiner Zeit in Portugal und Spanien verbracht hat. Sein
Denken und Schreiben bleibt auf die Heimat fixiert; er mag zwar die
Bedeutungslosigkeit Österreichs immer wieder beschwören und die Politiker als Gauner, Parasiten und Nationalsozialisten verhöhnen und be-
schimpfen – stets bleibt er Gefangener seiner Idiosynkrasien und Obsessionen. Es dürfte zweifelhaft sein, daß Bernhard an dem sogenannten
Habsburger-Mythos mitgestrickt hat (der sowieso nur eine Erfindung
des italienischen Germanisten Claudio Magris ist), eher liegt die Ver-
mutung nahe, daß die Realität des gegenwärtigen Österreich für ihn
nicht politisch oder soziologisch beschreibbar, sondern lediglich als Moment einer historischen Depravation verstehbar und darstellbar war.
Das ständige Lamento, der homo austriacus sei ebenso katholisch wie
nationalsozialistisch und auch die Sozialisten seien nichts als National-
Sozialsten, hat ja keinerlei Erkenntniswert; es ist der Versuch, die privaten Erfahrungen von Kindheit und Jugend, Nationalsozialismus und
Krieg, ohne substantielle Veränderung auf die zeitgenössische Situation zu übertragen. Das kann nur in begrifflicher und gedanklicher
Konfusion enden, wenngleich häufig auch in eindrucksvoller Literatur.
Im Gestus des bindungslosen Außenseiters, vor dessen Tribunal alle zu
erscheinen haben und alle unterschiedslos abgeurteilt werden, liegt das
objektive Eingeständnis kategorialer und realer Hilf- und Machtlosig-
keit. Bernhard *beschreibt* das Sumpfland Österreich, aber er *erklärt* es
nicht. Nun müssen Romane und Theaterstücke dies nicht tun; aber
nirgendwo in seinem veröffentlichten Werk findet sich auch nur ansatzweise eine Reflexion auf historische, politische oder soziologische Kategorien. Zwar ist er sich durchaus seiner Rolle als teils verletzender, teils
unterhaltsamer Provokateur bewußt, aber die Fixierung auf *seine* Situation, unabdingbar für alle Literatur, verhindert gerade die notwendige
Einsicht in makrostrukturelle Zusammenhänge. So haftet allen seinen

Äußerungen zu Österreich immer etwas Unernstes an, auch Unbegriffenes, als seien Korruption und Parteienherrschaft, Megalomanie und Selbsthaß, Österreichtümelei und Xenophobie mythische Kategorien und Verhältnisse. Daß ein Teil der Kraft seiner Prosa sich der Partizipation an den österreichischen Deformationen verdankt, gewendet in den künstlerischen Ausdruck – das dürfte ihm klar gewesen sein. Die schwächeren, die direkten Artikulationen seines Verhältnisses zu Staat und Gesellschaft vermitteln jedoch den Eindruck hilfloser Auflehnung gegen eine Realität, *die gar nicht durchschaut werden darf*, soll der kreative Impetus nicht erlöschen. So stellt sich Bernhards Österreich-Diagnose – unabhängig vom Grad partieller Richtigkeit oder Unrichtigkeit – dar als Extrapolation privater Erfahrungen, die nur als Voraussetzungen künstlerischen Ausdrucks im emphatischen Sinn wahr sind. Er bleibt an das gefesselt, was er verabscheut, und weil er weiß, daß er ohne diese Fesselung kein Schriftsteller mehr wäre, muß er seinen Zustand gleichzeitig hassen und lieben. Seine Protagonisten leben ohne Distanz. Diese aber ist die Voraussetzung begrifflich nachvollziehbarer Erkenntnis. Statt dessen arbeiten die Texte am Mythos des Großen Einsamen in erbärmlicher Welt. Die erbärmliche Welt heißt bei ihm meistens – nicht immer – Österreich. Im Rückblick auf sein Leben in und mit Östereich will scheinen, daß seine Unfähigkeit, die Ursache der Misere zu designieren, den Romanen und Theaterstücken entschieden zugute gekommen ist: Vor dem Hintergrund einer diffusen Katastrophe heben sich die Gestalten der Geistesmenschen, hebt sich die Gestalt des Autors Thomas Bernhard leuchtend ab. Das mag nicht die Absicht gewesen sein, aber dies ist die Konstellation, aus der heraus die Texte ihre Suggestivkraft beziehen.

So wie im ganzen zum Staat Östereich, so bleibt auch seine Haltung zum Kulturbetrieb im einzelnen durchaus ambivalent. Einerseits war Thomas Bernhard von Anfang an ein erfolgreicher Autor; in den 50er Jahren wurden einzelne seiner (wie man damals zu sagen pflegte) avantgardistischen Kurzdramen, teilweise vertont von Gerhard Lampersberg, im kärntnerischen Maria Saal aufgeführt; er fand für seine Gedichte namhafte Verlage, und schon der erste Roman, *Frost*, 1963, brachte neben Kritikerlob den Bremer Literaturpreis. Die späteren Romane und Theaterstücke haben ihn dann, wie nicht näher ausgeführt zu werden braucht, zu einem der berühmtesten Autoren der deutschen Gegenwartsliteratur gemacht. Insofern war er stets Teil des Kulturbetriebs. Andererseits hat er, ebenfalls von Anfang an, mit radikaler Rhetorik und dem Verzicht auf Gruppenpartizipation und politischer Gesinnungspräsentation eine scharfe Grenze zwischen sich und der Öffentlichkeit gezogen. So entstand das Bild des Eremiten, der, verschlossen in österreichischer Bergwelt (Ohlsdorf liegt freilich, wie ein Blick auf die Landkarte jedermann hätte belehren können, im Alpenvorland, außerdem verkehrsgünstig an der Westautobahn, die Salzburg und Wien verbindet, respektive trennt), in erhabener Einsamkeit dem Tod seine düsteren Manuskripte abringt. Daran war sicher richtig, daß seine schwere, schließlich tödliche Lungenkrankheit eine immense Konzentration auf das Schreiben forderte und förderte; richtig war aber auch, daß Bernhards Umgang mit Verlegern, Publikum und den Inszenatoren des Kulturbetriebs keineswegs ungeschickt oder bescheiden war, eher geprägt von einem sich immer prägnanter artikulierenden Selbstbewußtsein, dem Bewußtsein der eigenen literarischen Bedeutung. Nur die besten Schauspieler und Regisseure, nur die Salzburger Festspiele und das Wiener Burgtheater waren würdig, seine Theaterstücke zu realisieren, und die Megalomanie vieler seiner Bühnenhelden kann interpretiert werden als selbstironische Beschreibung der mentalen Verfassung ihres Schöpfers. »Nur die Lumpe sind bescheiden, Brave freuen sich der Tat«: die Maxime Goethes könnte als Motto über Bernhards Selbsteinschätzung (und Œuvre) stehen. Seiner literarischen Bedeutung war er sich sehr bewußt; daraus entstand nicht bloß Distanz zu den schreibenden Kollegen, sondern vielfältig sich ausdrückende Verachtung für alles Mittelmäßige, d.h. was er für mittelmäßig hielt, darunter Bruckner und Heidegger. Aber auch die künstlerische Perfektion, worunter er natürlich seine Werke subsumiert hat, ist lächerlich angesichts des Todes, der kreatürlichen Hinfälligkeit und menschlichen Endlichkeit. Damit unterläuft sein Schreiben zunehmend das in ihm angelegte Pathos der spätromatischen Kunst-Religion. Die Texte der 60er und frühen 70er Jahre künden nämlich noch vergleichsweise ungebrochen von der Idee einer auratischen Literatur und den zwei Welten, zwischen denen der einzelne zu wählen hat: der Welt der alltäglichen Stupidität und der der außerordentlichen Kunstanstrengung.

Die unterschiedlichen Haltungen und Stimmungen des Werkes, die meist hochartifizielle Rede der Romane und der saloppe, gelegentlich banale und widersprüchliche Ton mancher Interviews und Gespräche findet ihre Erklärung in der Gestalt des *Dandy*, den Bernhard mit zunehmender Virtuosität gespielt hat. Die prätendierte Indifferenz – nur zu verstehen als Abwehrmechanismus gegen die quälende und verstörende Realität – muß *gezeigt* werden, damit nicht der Eindruck entsteht, der Dandy sei Teil des gesellschaftlichen Sumpfes, vor dem es ihn öffentlich ekelt und den er doch mit gar nicht verborgener Faszination umkreist, betrachtet und in dem er sich spiegelt.

Die diversen Literaturskandale von mittlerer Bedeutung und Dauer, in die Bernhard verstrickt war (etwa die Auseinandersetzung mit Gerhard Lampersberg um den Roman *Holzfällen. Eine Erregung*, die österreichische Entrüstung über *Heldenplatz*, um nur zwei zu erwähnen), entzündeten sich stets an bestimmten rabiaten Urteilssätzen, die der Erzähler des Romans oder eine Bühnenfigur artikulieren; ob sie die Meinung des Autors repräsentierten oder als fiktiv zu lesen seien: das war für manche Interpreten Anlaß zu Spekulationen. Im Grunde eine müßige Frage, eine sinnlose Unterscheidung. *Alle* Sätze Bernhards sind Urteile – Meinungen *und* Verdammungen. Sie haben ihren Ursprung im Willen des Autors und Dandys Thomas Bernhard, die Welt und die ihn umgebende (österreichische) Gesellschaft gleichzeitig zu insultieren und ihre Anerkennung, ja Verehrung zu erringen. Von Anfang an bewegt sich sein Schreiben zwischen den Polen der narzißtischen Selbstbezogenheit und der unbedingten Intention, Aufmerksamkeit zu erregen und von den anderen (als ihnen überlegen) akzeptiert zu werden. Das scheint auf den ersten Blick nicht sonderlich Bernhard-spezifisch zu sein. Jeder Schriftsteller veröffentliche mit dieser Absicht, jeder sei gleichzeitig selbstzentriert und öffentlichkeitsfixiert, so könnte man einwenden. Bei Bernhard jedoch wird mit jedem Buch deutlicher, daß eine Trennung von innen und außen, fiktional und expositorisch, ästhetisch und politisch unmöglich, ja falsch ist. Es gibt nur *einen* Redestrom, an dem *alle* Texte partizipieren. Sprache und Sprecher sind eins. Thomas Bernhard entwirft gleichsam einen imaginären Protagonisten namens Thomas Bernhard, dessen Person aus seinen Texten besteht und dessen Texte seine Person konstituieren. Darum eröffnen die vielen scheinbar privaten Äußerungen Bernhards innerhalb der letzten Lebensjahre keinen neuen oder kategorial anderen Zugang zu Person oder Werk, vielmehr konstruieren sie eine Figur, von der Bernhard gehofft haben mag, sie erfülle ihre öffentliche Funktion in der von ihm intendierten Weise. Die Nähe zur Bühne und der Idee des Schauspielers ist evident. Die Frage nach dem »eigentlichen« Thomas Bernhard ist aufgrund der publizierten Texte und überlieferten Äußerungen unbeantwortbar. Das ist eine Definition des Dandy. Ob sich hinter der Maske überhaupt ein Gesicht verbirgt, ob es ein »jenseits der Sprache« gibt – das kann durch die Sprache und aus der Sprache nicht deduziert werden.

Klar ist nur die *Abhängigkeit* von bestimmten Objekten und Sujets. In den Romanen artikuliert sie sich als wissenschaftlich-künstlerische Obsession, der die Protagonisten verfallen sind und der sie unterliegen. Freilich existieren sie nur durch diese und innerhalb dieser Obsession; gefesselt an die Idee der Perfektion, des Werkes oder eines manischen Lebensentwurfes sind sie unfähig, ohne diesen Vorwurf zu leben. Ist er erschöpft oder realisiert, kommt der Tod. Daher die Ambivalenz den Menschen und Dingen gegenüber. Einerseits ist alles Gegenstand von Haß und Abscheu, andererseits schlägt die negative Besetzung häufig um in Verehrung und Liebe – und umgekehrt. Von dieser Grundstruktur seines Denkens und Schreibens wird evident, daß seine Prosa zu argumentativer Differenziertheit unfähig ist. Die radikal alles umfassende und vorantreibende Dichotomie dieser Weltsicht *verhindert* geradezu begrifflich nachvollziehbare Einsichten in lebensweltliche (also auch politische) Zusammenhänge. Was die Größe vieler seiner Romane und Erzählungen (und der besten Theaterstücke) ausmacht – der Fluß einer monomanischen, repetitiven, musikalischen Sprache, die Suggestion unendlicher Fülle bei karger Handlung und Konstellation – gestattet weder Argumentation noch logische Hierarchien. Alles ist gleich, alles wird gleich gültig und gleich bedeutend. Darum sind seine im herkömmlichen Sinn fiktionalen Texte Höhepunkte der deutschen Literatur, und darum sind die Selbstvergewisserungen und exiplizit politischen Äußerungen so diffus und unspezifisch, so global und gleichzeitig provinziell, raunzende Beschwörungen des Imperfekten. Der Schriftsteller als »Übertreibungskünstler« oder »Übertreibungsspezialist« kann zwar vermöge dieser Gabe bloßliegende Nerven der Gesellschaft besonders schmerzhaft treffen, was Bernhard evidentermaßen gelegentlich gelungen ist, erweist sich jedoch als unfähig, gegenüber dem Politischen politisch zu argumentieren. Das *kann* unter gewissen Umständen notwendig sein, um automatisierte Wahrnehmungen zu öffnen; letztlich bleibt aber der undifferenzierte Verdammungston außerhalb der politischen Diskussion. Damit ist die Grenze seiner Möglichkeiten bezeichnet. Bernhards Kosmos des einsamen Geistesmenschen im perennierenden Kampf mit seiner und der gesellschaftlichen Vergangenheit, die tragikomische Verstrickung der Künstler und Pseudo-Künstler in die Trivialitäten des Lebens, die Qual der Existenz und die Lust an dieser Qual – das alles konstituiert einen *literarischen* Raum voller Selbstverweise und Spiegelungen. Der Blick hinaus verkümmert so zur bloßen Verdoppelung der primären Erfahrung individueller Heillosigkeit. Der Sprung aus der Kunst-Welt in die empirische wird zum Absturz in die Banalität der immer gleichen Verdammungen und Beschimpfungen. Was zu Beginn seines Œuvres ein heilsamer Schock war, ist schließlich nur noch Routine. Wer wie Bernhard zeit seines Lebens eine fundamental künstlerische Existenz geführt hat, ist lediglich als Künstler adäquat zu beschreiben. In der Pose des Praeceptor Austriae überschreitet er nur zu oft die Grenze zur unfreiwilligen Komik, gerade weil das Objekt seiner Erregung so offensichtlich der Selbstkritik und der Buße bedarf, seine Tiraden jedoch von jener Maßlosigkeit und Monotonie sind, die es den Angesprochenen leicht macht, sie wörtlich nehmen und ignorieren zu können. Die zwischen artistisch-elitärer Zurückgezogenheit und exhibitionistischem Grobianismus schwankende Selbstdarstellung Bernhards verlängert die fundamentale Ambivalenz seiner Charaktere und ihrer Antinomien ins Öffentliche hinein; was freilich dort in der Literatur, Mittel künstlerischer Konstruktion und Teil eines ästhetischen Verfahrens ist, wird hier, in den expliziten Stellungnahmen zur Gegenwart von Staat, Politik und Gesellschaft, zur schließlich nur noch unterhaltsamen oder ärgerlichen Plattitüde. Je scheinbar konkreter er sich zu Österreich und dem Zustand der Welt geäußert hat, desto banaler wurde die Zustandsbeschreibung und desto vorhersehbarer die Diagnose. Die Substanz des Anfangs war endlich im virtuosen Leerlauf der letzten Werke aufgebraucht. Je öffentlicher seine Texte, desto näher an den allgemeinen Banalitäten. Die Werke der 60er und frühen 70er Jahre bewahren allerdings jene Unbedingtheit, die gerade vermöge ihrer hermetischen Struktur das allgemeine Gerede konterkarieren, bevor sich die Texte des letzten Jahrzehnts ihm partiell wieder anschließen und die möglicherweise intendierte Absicht in die Leere der allgemeinen Redseligkeit verläuft.

Über die Autoren

Wolfgang Emmerich, geboren 1941, ist Professor für Neuere deutsche Literaturgeschichte und Kulturwissenschaft an der Universität Bremen. Wichtige Veröffentlichungen: *Zur Kritik der Volkstumsideologie*, 1971; *Kleine Literaturgeschichte der DDR*, 1981 (erweiterte Ausgabe 1988); *Lyrik des Exils*, 1985.

Rüdiger Frommholz, geboren 1925, ist Professor für Deutsche Sprache und Literatur und ihre Didaktik an der Universität Bielefeld. Wichtige Veröffentlichungen: *Wirkungen der Sprache und Dichtung. Studien am Werk Herders*, 1971; *Das Bild im Religionsunterricht*, 1974; *Deutschunterricht in der Diskussion* (als Koautor), 1979; Herausgeber der *Bielefelder Hochschulschriften*, seit 1972; Herausgeber der *Erzählungen Theodor Storms*, 1988. Zahlreiche weitere Beiträge zur Literaturwissenschaft und Literaturdidaktik.

Heinz Gockel, geboren 1941, ist Professor für Neuere deutsche Literaturwissenschaft an der Universität Bamberg. Wichtige Veröffentlichungen: *Mythos und Poesie. Zum Mythosbegriff in Aufklärung und Frühromantik*, 1981; *Max Frisch. Drama und Dramaturgie*, 1989; Mitherausgeber des Jacobi-Briefwechsels.

Gunter E. Grimm, geboren 1945, ist Professor für Literaturgeschichte an der Universität Würzburg. Wichtige Veröffentlichungen: *Lessing. Epoche – Werk – Wirkung* (als Koautor), 1975, ⁵1987; *Literatur und Gelehrtentum in Deutschland*, 1983; Herausgeber der Gedichte Lessings, Mitherausgeber von Werkausgaben Lessings und Herders.

Klaus H. Hilzinger, geboren 1946, ist Privatdozent an der Universität Stuttgart. Wichtige Veröffentlichung: *Die Dramaturgie des dokumentarischen Theaters*, 1976; Mitherausgeber der *Werke und Briefe* Schillers.

Uwe-K. Ketelsen, geboren 1938, ist Professor für Neuere deutsche Literaturwissenschaft an der Universität Bochum. Wichtige Veröffentlichungen: *Von heroischem Sein und völkischem Tod. Zur Dramatik des Dritten Reiches*, 1970; *Die Naturpoesie der norddeutschen Frühaufklärung*, 1974; *Völkisch-nationale und nationalsozialistische Literatur in Deutschland 1890–1945*, 1976; *Literatur und Drittes Reich*, 1992.

Gerhard Kurz, geboren 1943, Professor für neuere deutsche Literaturgeschichte und Allgemeine Literaturwissenschaft an der Universität Gießen. Wichtige Veröffentlichungen: *Traum-Schrecken*. *Kafkas literarische Existenzanalyse*, 1979; *Metapher, Allegorie, Symbol*, 1982; Herausgeber von *Der junge Kafka*, 1984.

Herbert Lehnert, geboren 1925, ist Professor für Deutsche Literatur an der University of California, Irvine, Cal. Wichtige Veröffentlichungen: *Thomas Mann – Fiktion, Mythos, Religion*, 1965; *Geschichte der deutschen Literatur vom Jugendstil zum Expressionismus*, 1978.

Johannes Mahr, geboren 1941, ist Professor für Neuere deutsche Literaturwissenschaft an der Universität Würzburg. Wichtige Veröffentlichungen: *Mythos und Politik in Hölderlins Rheinhymne*, 1972; *Eisenbahnen in der deutschen Dichtung*, 1981; *Michael Georg Conrad. Ein Gesellschaftskritiker des deutschen Naturalismus*, 1986.

Klaus Manger, geboren 1944, ist Professor für Neuere deutsche Literatur an der Universität Erlangen-Nürnberg. Wichtige Veröffentlichungen: *Das ›Narrenschiff‹. Entstehung, Wirkung und Deutung*, 1983; *Klassizismus und Aufklärung: Das Beispiel des späten Wieland*, 1991; Mitherausgeber der Werke Wielands.

Franz Norbert Mennemeier, geboren 1924, ist Professor für Allgemeine und Vergleichende Literaturwissenschaft an der Universität Mainz. Wichtige Veröffentlichungen: *Der Poesie-Begriff Friedrich Schlegels*, 1971; *Modernes deutsches Drama. Kritiken und Charakteristiken* (2 Bde.), 1973-75; *Bertolt Brechts Lyrik*, 1982; *Literatur der Jahrhundertwende. Europäisch-deutsche Literaturtendenzen 1870–1910* (2 Bde.), 1985-88.

Klaus Müller-Salget, geboren 1940, ist Professor für Neuere deutsche Literaturwissenschaft an der Universität Bonn. Wichtige Veröffentlichungen: *Alfred Döblin. Werk und Entwicklung*, 1972; *Erzählungen für das Volk. Evangelische Pfarrer als Volksschriftsteller im Deutschland des 19. Jahrhunderts*, 1984; *Erläuterungen und Dokumente zu Max Frisch: Homo faber*, 1987; Mitherausgeber der Sämtlichen Werke und Briefe Kleists.

Volker Neuhaus, geboren 1943, ist Professor für Neuere Deutsche und Vergleichende Literaturwissenschaft an der Universität Köln. Wichtige Veröffentlichungen: *Typen multiperspektivischen Erzählens*, 1971; *Günter Grass*, 1979; *Der zeitgeschichtliche Sensationsroman in Deutschland 1855–1878*, 1980; *Günter Grass – Die Blechtrommel*, 1982; Herausgeber der kommentierten Werkausgabe von Günter Grass.

Gerhard Neumann, geboren 1934, ist Professor für Neuere deutsche Literatur an der Universität München. Wichtige Veröffentlichungen: *Konfiguration. Studien zu Goethes ›Torquato Tasso‹*, 1965; *Ideenparadiese. Untersuchungen zur Aphoristik von Lichtenberg, Novalis, Friedrich Schlegel und Goethe*, 1975; *Franz Kafka: ›Das Urteil‹. Text, Materialien, Kommentar*, 1981; *Franz Kafka. Schriftverkehr* (als Koautor), 1990; Mitherausgeber der Kritischen Kafka-Edition.

Karl Richter, geboren 1936, ist Professor für Neuere deutsche Philologie und Literaturwissenschaft an der Universität Saarbrücken. Wichtige Veröffentlichungen: *Resignation. Eine Studie zum Werk Theodor Fontanes*, 1966; *Literatur und Naturwissenschaft. Eine Studie zur Lyrik der Aufklärung*, 1972, Herausgeber der Sämtlichen Werke Goethes nach Epochen seines Schaffens (Münchner Ausgabe).

Gerhard Sauder, geboren 1938, ist Professor für Neuere deutsche Philologie und Literaturwissenschaft an der Universität Saarbrücken. Wichtige Veröffentlichungen: *Empfindsamkeit*, Bd. 1, 1974 und Bd. 3, 1980; *Die Bücherverbrennung. Zum 10. Mai 1933*, 1983; Mitherausgeber der Sämtlichen Werke Goethes nach Epochen seines Schaffens (Münchner Ausgabe).

Ralf Schnell, geboren 1943, ist Professor für Neuere deutsche Literaturgeschichte an der Keio-Universität Tokio, Japan. Wichtige Veröffentlichungen: *Literarische innere Emigration 1933–1945*, 1976; *Die Literatur der Bundesrepublik*, 1986; *Die verkehrte Welt. Literarische Ironie im 19. Jahrhundert*, 1989.

Bernhard Sorg, geboren 1948, ist Professor für Neuere deutsche Literatur an der Universität Bonn. Wichtige Veröffentlichungen: *Thomas Bernhard*, 1977; *Das lyrische Ich. Untersuchungen zu deutschen Gedichten von Gryphius bis Benn*, 1984; *Der Künstler als Misanthrop. Zur Genealogie einer Vorstellung*, 1989.

Ulrich Stadler, geboren 1939, ist Professor für Neuere deutsche Literatur an der Universität Zürich. Wichtige Veröffentlichungen: *Der einsame Ort. Studien zu Weltabkehr im heroischen Roman*, 1971; *Die theuren Dinge. Studien zu Bunyan, Jung-Stilling und Novalis*, 1980; *E. T. A. Hoffmann. Epoche – Werk – Wirkung* (als Koautor), 1986.

Michael Winkler, geboren 1937, ist Professor für German Studies an der Rice University, Houston, Texas. Wichtige Veröffentlichungen: *George-Kreis*, 1972; *Deutsche Literatur im Exil 1933–1945*, 1977; *Stefan George*, 1990.

Literaturwissenschaft

Hartmut Böhme /
Nikolaus Tiling (Hg.)
**Leben, um eine Form
der Darstellung zu finden**
Studien zum Werk Hubert Fichtes
Band 10831

Carl Buchner /
Eckhardt Köhn (Hg).
Herausfordeung der Moderne
Annäherung an Paul Valéry
Band 6882

Hermann Burger
**Paul Celan
Auf der Suche nach der
verlorenen Sprache**
Band 6884

Michel Butor
Die Alchemie und ihre Sprache
*Essays zur Kunst und
Literatur. Band 10242*

Ungewöhnliche Geschichte
*Versuch über einen Traum
von Baudelaire*
Band 10959

Mathieu Carrière
**für eine Literatur
des Krieges, Kleist**
Band 10159

Victor Erlich
Russischer Formalismus
Band 6874

Käte Hamburger
Thomas Manns biblisches Werk
Band 6492

Frederik Hetmann
Traumgesicht und Zauberspur
*Märchenforschung, Märchen-
kunde, Märchendiskussion*
Band 2850

Gustav René Hocke
**Europäische Tagebücher
aus vier Jahrhunderten**
Motive und Anthologie
Band 10883

Ralf Konersmann
Lebendige Spiegel
Die Metapher des Subjekts
Band 10726

Jan Kott
Shakespeare heute
Band 10390

Leo Kreutzer
Literatur und Entwicklung
*Studien zu einer Literatur
der Ungleichzeitigkeit*
Band 6899

Fischer Taschenbuch Verlag

Literaturwissenschaft

Fischer Taschenbuch Verlag

fi 97 / 8 b

Philosophie

Fischer Taschenbuch Verlag

Philosophie

Ralf Konersmann
Erstarrte Unruhe
*Walter Benjamins Begriff
der Geschichte. Band 10962*

Susanne K. Langer
Philosophie auf neuem Wege
*Das Symbol im Denken, im Ritus
und in der Kunst. Band 7344*

Ludger Lütkehaus (Hg.)
„Dieses wahre innere Afrika"
*Texte zur Entdeckung des
Unbewußten vor Freud. Band 6582*

Niccolò Machiavelli
Politische Schriften
Herausgegeben von Herfried Münkler
Band 10248

Platon
Sokrates im Gespräch
Vier Dialoge. Band 6550

Jean-Jacques Rousseau
Schriften
*Herausgegeben von Henning Ritter
2 Bände: 6567/6568*

Bertrand Russell
Das ABC der Relativitätstheorie
Band 6579
Moral und Politik
Band 6573
**Philosophie
Die Entwicklung meines Denkens**
Band 6572

Joachim Schickel
Philosophie als Beruf
Band 7315

Hans Joachim Störig
**Kleine Weltgeschichte
der Philosophie**
Band 6562

Bernhard H. F. Taureck (Hg.)
**Psychoanalyse und Philosophie.
Lacan in der Diskussion**
Band 10911

Christoph Türcke
Sexus und Geist
*Philosophie im Geschlechter-
kampf. Band 7416*

Der tolle Mensch
*Nietzsche und der Wahnsinn
der Vernunft. Band 6589*

Voltaire
Philosophische Briefe
Band 10910

Charles Whitney
**Francis Bacon
Die Begründung der Moderne**
Band 6571

Franz Wiedmann
Anstößige Denker
*Die Wirklichkeit als Natur und
Geschichte in der Sicht
von Außenseitern. Band 6587*

Fischer Taschenbuch Verlag

Sozialwissenschaften

Julien Benda
Der Verrat der Intellektuellen
Band 6637

Peter L. Berger /
Thomas Luckmann
Die gesellschaftliche
Konstruktion der Wirklichkeit
Eine Theorie
der Wissenssoziologie
Band 6623

Ernest Borneman
Das Patriachat
Band 3416

Elias Canetti
Masse und Macht
Band 6544

Detlev Claussen
Grenzen der Aufklärung
Zur gesellschaftlichen
Geschichte des modernen
Antisemitismus
Band 6634

Richard van Dülmen
Religion und Gesellschaft
Beiträge zu einer
Religionsgeschichte
der Neuzeit
Band 6644

René Girard
Das Heilige und die Gewalt
Band 10970

Lothar Hack
Vor Vollendung der Tatsachen
Die Rolle von Wissenschaft und
Technologie in der dritten
Phase der Industriellen
Revolution. Band 6564

Jens Heise (Hg.)
Die kühle Seele
Selbstinterpretationen
der japanischen Kultur
Band 10520

Michael Kausch
Kulturindustrie und
Populärkultur
Kritische Theorie der
Massenmedien. Band 6636

Peter Kemper (Hg.)
»Postmoderne« oder
Der Kampf um die Zukunft
Die Kontroverse in
Wissenschaft, Kunst und
Gesellschaft. Band 6638

Macht des Mythos –
Ohnmacht der Vernunft?
Band 6643

Fischer Taschenbuch Verlag